Course Book

Impuls Deutsch 2

Intercultural | Interdisciplinary | Interactive

Niko Tracksdorf
Nicole Coleman
Steffen Kaupp
Damon Rarick

Ernst Klett Sprachen
Stuttgart

Herausgeber Niko Tracksdorf
Authors Niko Tracksdorf, Nicole Coleman, Steffen Kaupp, Damon Rarick

Guest Authors / Focus Groups Kyle Frackman (Kulturpunkt: Queer Germany), Joela Jacobs (Chapters 5–7), Priscilla Layne (Chapters 5–7), Maria Reger (Chapters 1–8), Didem Uca (Chapters 5–7), Petra Volkhausen (Chapter 4), Margrit Zinggeler (Chapter 3)

Consultants Lauren Brooks, Michael Byram, Stine Eckert (East-West), Katharina Häussler-Gross, Joela Jacobs (Diversity and Inclusion), Natasha Kelly (Diversity and Inclusion), Judith Keyler-Mayer (Grammar), Hartmut Rastalsky (Chapter 1), Kristina Reardon (English Language), Jennifer Redmann, Daniel Schoppen (Roller Coasters), Renae Watchman (Unit 95: Indigenous Peoples)

Redaktion Maria Reger, Ingrid Scholz
Glossary Editors Christina Wirth, Torsten Lasse
Project Manager Rebecca Mehne
Prepress Claudia Stumpfe
Design/Layout Niko Tracksdorf
Cover Design Andreas Drabarek
Typesetting Markus Dollenbacher, Satzkasten, Stuttgart

Authors and publisher would like to thank our consultants, the many colleagues (and students) who tested *Impuls Deutsch 2* in their classrooms, and our interns, who all offered invaluable suggestions and input during the development of the book. In addition to our official consultants named above, this includes (among others) Bolin Ai, Maureen Gallagher, Norbert Hedderich, and Shawna Rambur. Authors and publisher would like to thank the Wayne State University students Jordan Sampson and Nate Searle, who allowed us to adapt their idea for an original game, created for the class "Intercultural Competence for a Global World" in Fall 2019.

The audio and video material in this book can be downloaded and played by using the Klett Augmented app.

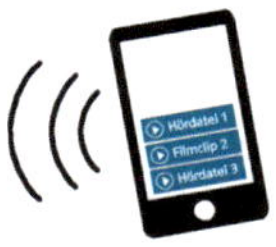

Install and open the free Klett Augmented app. | Start *Bilderkennung* and scan the **pages with audio and video.** | Download audio and video and play immediately or save for later.

Scan this page for further components belonging to this book.

Audio and video material for download at www.klett-usa.com/impuls
Code: ImDe%S2c

To purchase the online reader of your choice, visit www.klett-usa.com/Impuls2Readers
Add code: ID2+RE50 for a 50% discount at checkout.

1. Auflage 1 4 3 2 | 2023 22 21

Printed in Germany by Elanders GmbH, Waiblingen

Course Book:
ISBN 978-3-12-**605303**-7

Course Book + Online Interactive Workbook:
ISBN 978-3-12-**605307**-5

PREFACE

Herzlich Willkommen! Welcome to *Impuls Deutsch 2: Intercultural – Interdisciplinary – Interactive*, the second volume of our innovative textbook series for learning German in the college classroom. We are pleased to present you with a modern, theoretically sophisticated textbook that students will be eager to use and teachers will find both easy and enjoyable to implement in their classrooms. While the theories and methods that undergird this book are widely accepted and supported, *Impuls Deutsch 1* and *Impuls Deutsch 2* are unlike any other German textbook on the market. Their main distinguishing features include:

- **Multiple Perspectives**: *Impuls Deutsch* offers engaging content from multiple disciplines, designed specifically to appeal to our diverse student bodies.
- **Inclusiveness**: *Impuls Deutsch* sees its students and instructors as belonging to the German-speaking community. In this view, its interaction with and depiction of people is purposely sensitive to race, ethnicity, sexual orientation, gender, and dis/ability.
- **Structure**: *Impuls Deutsch* fully incorporates the flipped classroom approach into the three principal student components: LERNEN, MACHEN, and ZEIGEN. The success of the class depends on students coming to class prepared to engage with their fellow learners.
- **Flexibility**: *Vertiefungsstunden* are special units that do not introduce new grammar. They can be left out if you need wiggle room in your syllabus, but you can use them to reinforce grammar while engaging with new material.
- **Attitude**: Learning German should be fun. *Impuls Deutsch* elevates its tone in line with the maturity level of college students and instructors. We take our students and the issues they face seriously, but at the same time, our hope is that you will appreciate the playful elements of humor that we have built into *Impuls Deutsch*.

Organization of the Book: LERNEN → MACHEN → ZEIGEN

This book uses a flipped classroom concept, which puts students in the driver's seat and fosters learner autonomy. The workbook assignments in LERNEN will help students learn and practice new structures at their own pace prior to coming to class. Statistics, texts, and images in LERNEN provide students with background knowledge, freeing up time in the classroom for meaningful application. The MACHEN book, the German-only course book, emphasizes interaction, communication, and project-based learning. Every double page in MACHEN is an *Einheit*, conveniently designed for a 50-minute lesson. Finally, in the ZEIGEN book, students demonstrate and critically reflect on what they have learned.

The Subtitle in Context: Intercultural

Intercultural Competence is the ability to understand and communicate with members of diverse groups of people. *Impuls Deutsch* aims to not only help students practice and develop the foundations of intercultural competence with respect to the German-speaking world, but also to define and evaluate their own cultural identities in dialogue with others. Students reflect on these issues, deconstruct stereotypes in *Kulturpunkten*, compare their own perspectives to others, and challenge their own beliefs about cultures.

In several units in *Impuls Deutsch 2,* we have integrated specific activities for developing intercultural competence (e.g. a game that exposes students to cultural standards in Chapter 8) and aspects of cultural theory, such as modes of acculturation, phases of culture shock, and models of culture.

The Subtitle in Context: Interdisciplinary

Impuls Deutsch 2 not only integrates multiple disciplinary perspectives in each chapter but also reintroduces and recontextualizes them throughout the book to help students make meaningful connections across subject areas. All chapters include cultural products such as music, literature, and film and bring these disciplines into the context of other fields of studies that our students may be pursuing. Three chapters have a historical angle (1, 5, and 7) while also including other disciplinary perspectives such as biology, architecture, and linguistics. Chapters 2 and 3 merge engineering and the natural sciences with questions about cultural traditions and values. Chapter 4 focuses on environmental science and communication. Media studies are at the heart of Chapter 6 while also allowing students to connect their lived experiences with those of German-speaking people. And Chapter 8 introduces important concepts of cultural theory as well as different aspects of sociopolitics in the U.S. and the German-speaking countries. Learners are challenged to share their experience and expertise with other learners, to collaborate and problem-solve, and to apply what they are learning in their German class to their future careers. In this way, students realize deeper learning by working through multiple disciplinary lenses and an open exchange of ideas.

The Subtitle in Context: Interactive

Throughout *Impuls Deutsch 2,* students are presented with meaningful, content-based tasks that offer students multiple ways of putting what they have learned and practiced into action.

Impuls Deutsch 2 provides three interactive online tools to save instructors and students time in preparing and managing coursework. Both the preparatory LERNEN and reinforcing ZEIGEN chapters are available with auto-graded activities in the Learning Management System BlinkLearning. Vocabulary sets have been specifically developed for *Impuls Deutsch 2* on Quizlet, which may be used both for preparation and in-class.

Diversity and Inclusion

In recent years, conversations about diversifying and decolonizing curricula in languages have increased. In the United Kingdom, there is a database that aims to expand in particular literary readings to include marginalized voices. In North America, the Diversifying and Decolonizing the German Curriculum collective has been an outspoken proponent of being more aware of exclusive practices in our discipline as well as strategies to combat omissions of people from our classrooms.

Impuls Deutsch embraces a pluralistic and diverse view of the German-speaking countries: by representing German speakers of different origins and by including places and stories from different German-speaking countries, *Impuls Deutsch* acknowledges and attempts to reduce the exclusion of historically marginalized groups from the curriculum. The goal is to make all students feel included in today's contemporary German-speaking community.

In *Impuls Deutsch 2,* we continue with this approach and go beyond it in Chapters 5–8. We foreground three groups that have been marginalized in German society and also the German curriculum: Black Germans, Germans that have an affinity to or a relationship with Turkey, and Germans who identify as Jewish. We integrate the lived realities and cultural participation (of members) of these groups into almost every unit in Chapters 5–8.

Impuls Deutsch 2 also addresses issues of colonialism by looking at colonial traces in German cities and activism against those, by problematizing a romanticized notion of settler colonialism at heart of the German fascination with the "Wild West," as well as considering the social construction of race, racist images, and language use that stem from unaddressed histories of oppression.

The cultural diversity portrayed in this book includes not only different ethnic and religious groups but also the LGBTQ2S+ community, various gender identities, and people with dis/ability. *Impuls Deutsch 2* uses the gender star (without causing confusion for language learners), provides gender-neutral alternatives for gendered nouns in the vocabulary lists and glossary, and includes practice activities for gender-neutral writing in a dedicated unit at the beginning of the workbook. It continues to pay attention to representing people with different gender identities and sexual orientation and avoids ableist language and content to the greatest extent possible. This is not only an acknowledgement of the diversity within the German-speaking countries, but also an appreciation for our students, all of whom now become part of the heterogeneous, vibrant community of German speakers.

Impuls Deutsch and Learning with the ACTFL Standards

Impuls Deutsch 2 uses the 2017 NCSSFL-ACTFL Can-Do Statements, which are based on the ACTFL Proficiency Guidelines and the ACTFL Performance Descriptors for Language Learners. The sequencing of grammar, vocabulary, and cultural topics was designed according to ACTFL standards, aiming for the Intermediate levels on the ACTFL proficiency scale by the end of this book.

At the beginning of every chapter in MACHEN, learners are presented with learning goals that state what they will know and what they will be able to do by the end of the chapter. At the end of each chapter in ZEIGEN, learners assess their own progress by working through the Can-Do Statements covering their language and intercultural proficiencies. This self-assessment is a crucial part of the learner-focused pedagogy of *Impuls Deutsch 2*. By giving our students benchmarks to assess their own progress, they can take charge of their own learning. We encourage instructors and students to dedicate time to these lists, as tangible self-improvement is integral to the holistic experience of learning German with *Impuls Deutsch 2*. And progress should always be rewarded!

Listening Comprehension

Throughout *Impuls Deutsch 2*, students are presented with meaningful opportunities to practice their interpretive listening skills. In MACHEN, listening is practiced through a variety of engaging interpersonal communicative tasks. These authentic content-based tasks provide students with multiple affordances to communicate meaningfully with each other, which combines the productive task of interpersonal speaking with practicing their receptive interpretive listening skills. Besides this integrative listening practice, *Impuls Deutsch 2* also features three sophisticated signature formats that help learners improve their listening comprehension while at the same time connecting to the cultural topics they have encountered. In ZEIGEN, almost every unit features a so-called *Verstanden?* activity. As the double entendre suggests, learners on the one hand get to practice their listening comprehension through enjoyable audio texts, and on the other hand check whether they "understood" the topics with which they engaged throughout the unit. The *Verstanden?* listening exercises were purposefully built to prepare students to succeed on the ACTFL Oral Proficiency Interview (OPI).

Learners will have access to authentic voices in our chapter on East-West (hi)stories as they encounter longer interpretive listening tasks in our second signature format: *Zugehört*, a series of engaging conversations between Nicole Coleman and Stine Eckert about their experiences of growing up in West and East Germany, respectively. Learners encounter compelling personal insights that bring this historical period to life. At the same time, they engage in extensive interpretive listening practices through carefully scaffolded activities, which empower and motivate learners by building their confidence for interpersonal communication.

Lastly, each chapter has a *Video-Ecke*, in which people currently living in Germany share their opinions on topics from each chapter. Rather than presenting those insights in scripted, rehearsed videos, we recorded authentic videoconference interviews with a diverse group of German speakers. By not scripting the interviews, these videos expose our learners to authentic language use in a real-life context (video call). While this means that the speakers themselves might make the occasional grammatical mistake, or that our learners may not understand every single word they hear due to speed or variations in audio, students' listening comprehension will increase from video to video, preparing them to participate in similar video call scenarios with German-speakers in their own lives. In a world where this virtual form of communication and collaboration has become ubiquitous, students benefit from this new, authentic format of the *Video-Ecken* in *Impuls Deutsch 2*.

Intensive and Extensive Reading

In *Impuls Deutsch 2*, we take an inclusive approach to reading comprehension by combining two elements: 1) the development of close reading skills through intensive reading, and 2) extensive reading practice to develop and increase students' reading fluency.

With intensive reading, the goal is to completely deconstruct a text, trying to absorb as much meaning from it as possible. It describes the analytical close reading of a text, something that is very important for learners, especially in preparation for upper level seminars. Throughout *Impuls Deutsch 2,* learners get to practice their intensive reading skills on engaging authentic texts, for example when reading an excerpt from Gudrun Pausewang's youth novel *Die Wolke*, or the illustrated children's book *Penny Pepper* by Ulrike Rylance. These exercises are always scaffolded and accompanied by helpful reading strategies.

Besides the intensive reading, learners also engage in extensive reading in the second half of the book. Extensive reading gives students the chance to read longer texts, which they choose and which they can read at their own speed. In *Impuls Deutsch 2,* learners select one out of six exciting *Tatort DaF Krimis*, which they read over the course of one chapter. *Krimis* are one of the most-read genres in German-speaking countries. By reading one of these stories, students are thus also exposed to an interesting cultural facet. One significant benefit of extensive reading is that it strengthens vocabulary. When learners read a lot, they encounter words and lexical patterns in new contexts which allows them to develop an awareness of collocations. Furthermore, extensive reading is a fun way to see how grammar is used in context and how it communicates meaning in different contexts. Extensive reading also helps learners to build reading speed and fluency. Lastly, and probably most importantly, extensive reading helps learners to build confidence and to increase their motivation for further language learning.

We have included a set of scaffolded exercises in LERNEN and ZEIGEN, and four units in MACHEN, to provide learners with a chance to talk about their books and to share their thoughts and creative ideas with others. Throughout the reading units, students are provided with ample opportunities to engage creatively with exciting stories and get to see themselves as active readers of and in German. By combining intensive reading as a way to practice close reading with extensive reading as a strategy to build learners' reading fluency and contextual awareness of language use, *Impuls Deutsch 2* offers the best of both reading worlds.

Grammar

In *Impuls Deutsch 2,* we continue with the flipped classroom approach. Students learn and practice the grammar before coming to class and apply it in communicative and engaging activities in the classroom. The first four chapters of *Impuls Deutsch 2* introduce important new grammar items, such as *Konjunktiv II,* passive voice, and genitive, while also reviewing components introduced in the first volume of the textbook series.

The second half of *Impuls Deutsch 2* works a bit differently, because all necessary grammar will have been introduced by then. Therefore, we use the second part to reinforce the most important grammatical topics in a consistent and progressive manner in each chapter. Chapter 5 covers nouns and reviews cases. We use this to extend the students' knowledge about word order to focus on the middle field and the order of accusative and dative objects. Chapter 6 reviews, step by step and in detail, verb tenses. Chapter 7 not only reinforces prepositions and their cases but also extends this reiteration by introducing verb-preposition combinations that will allow students to write more sophisticated sentences. Chapter 7, as well as Chapter 8, which introduces and reviews ways of adding more details to nouns, exemplify our approach to grammar, in particular: mastery of grammar will enable students to communicate effortlessly in German and to write in an ever more complex manner, preparing them for the next level of language learning.

We hope you enjoy your teaching and learning experience with *Impuls Deutsch 2,*

Niko Tracksdorf *Nicole Coleman* *Steffen Kaupp* *Damon Rarick*

Inhaltsverzeichnis

KAPITEL 1:
Was war da los?
Ost-West-Geschichte(n)

KAPITEL 2:
Wer würde sich trauen?
Achterbahnen und anderer Nervenkitzel

Interdisziplinär	Interkulturell	Strukturen
Geschichte und Geografie Ost- und Westdeutschlands	Datum Zugehört: Vorstellung	Temporale Präpositionen: im, um, am
Medienwissenschaft und Geschichte: Ideologie und Neutralität	Wahrheit in Medien und Geschichte	
Architektur und Technik der Berliner Mauer	Reisefreiheit weltweit	Präteritum
Musik-Ecke: „Sind so kleine Hände“	Held*innen Zugehört: Fernsehgeschichten	Perfekt (Wh. = Wiederholung) Temporalsätze: wenn, als, bevor, während
Lese-Seite: „Zwischen uns die Mauer“		
Verkehrspsychologie Physik: Licht und Sicherheit	Ampelmännchen aus aller Welt	
Linguistik: Geschlechtergerechte Sprache	Zugehört: Frauengeschichten Kulturpunkt: Queer in Deutschland	Temporale Präpositionen: vor, nach, von … bis, seit
MaTHEMAtik: Prozentrechnung		Ablaut-Muster
	Video-Ecke: Assoziationen zur Einheit	Plusquamperfekt Temporalsätze: nachdem
Literatur: Gedicht von May Ayim	Die Einheit als ausgrenzendes Ereignis	
Linguistik: Regionalsprachen	Erinnerungskultur Zugehört: Identitätsgeschichten	Aussprache: Rhythmus Wortstellung: Zeit vor Ort
Filmgenres und -analyse	Filme und Geschichte	

Interdisziplinär	Interkulturell	Strukturen
	Kulturpunkt: Kirmes	Konjunktiv II: Wünsche Was ist der Modus bei Verben? Aussprache: das Ü
	Dirndlschleife als Symbol	
Design: Gestaltung von Freizeitparks und Themenwelten	Stereotype in Freizeitparks Kulturberater*in für Freizeitparks	Konjunktiv II der Modalverben Konjunktiv II: Ratschläge
	Bürger*innenbegehren Kulturpunkt: Ruhestörung	Konjunktiv II: höfliche Bitten Konjunktiv II: irreale Wünsche
Genre: Krimi Lese-Seite: „Penny Pepper“		
Ingenieurwesen: Werner Stengel und Innovationen	Deutsche Sprache weltweit Liechtenstein	Konjunktiv II der Vergangenheit
Physik: Kraft, Beschleunigung, Energie		
Ingenieurwesen/Design: Arten von Achterbahnen	Video-Ecke: Ein Park für alle?	Adjektivendungen (Wh.) Komparativ und Superlativ (Wh.)
MaTHEMAtik: Wahrscheinlichkeit	TÜV	
	Extreme Berufe und Hobbys	warum und weil (Wh.)
Anatomie: Körperteile Psychologie und Medizin: Phobien		Konditionalsätze mit wenn
Musik: Clueso und Helene Fischer Medizin: Burnout	Burnout: Vergleich und Perspektiven	

KAPITEL 3:
Wie wird das gemacht?
Die Schweiz als Herstellerin von Qualitätsprodukten

KAPITEL 4:
Wie leben wir nachhaltig?
Kommunikation für die Zukunft unseres Planeten

Interdisziplinär	Interkulturell	Strukturen
Geografie: Schweiz		Himmelsrichtungen (Wh.)
Geschichte: Schweiz	Politische Neutralität Kulturpunkt: Schweizer Banken	Aktiv und Passiv
Physik: CERN Wissenschaftler*innen		Passiv: Satzbildung, Zeitformen, Präsens
Mechanik: Uhren	Sprichwörter zur Zeit kulturelles Verständnis von Zeit	
Film: „Die göttliche Ordnung"	Filmpreise	Passiv: Präteritum
Politik: Schweiz	Frauenstimmrecht weltweit	
Medizin: Krankheiten Pharmazie: Homöopathie	Video-Ecke: Homöopathische Medizin Kulturpunkt: Drei-Länder-Grenzverkehr	Passiv: Modalverben und Doppelinfinitiv
Biologie/Technik: Lärm Dezibel vergleichen	Akzeptabler und störender Lärm (Perspektiven)	
Lebensmitteltechnologie: Käse	Nachhaltigkeit	Passiv: das Agens
MaTHEMAtik: Geometrie/Formen	Fair Trade und Nord-Süd-Gefälle	Passiv: das unpersönliche Passiv
Geografie und Linguistik: Sprachgrenzen	Komma vs. Punkt bei Zahlen	Aussprache: Deutsch in D-A-CH-L
Medienwissenschaften: Werbung	Deutsche Werbeslogans	
Linguistik: bedrohte Sprachen	Rätoromanisch Musik-Ecke: „Veta"	

Interdisziplinär	Interkulturell	Strukturen
Ökologie/Ökonomie/Sozialwissenschaft: Nachhaltigkeit	Video-Ecke: Was ist Nachhaltigkeit?	Relativsätze (Wh.) Kasus und Relativsätze: Nominativ (Wh.)
Naturwissenschaften: Klimawandel	Opfer des Klimawandels weltweit Klimawandel und soziale Medien	
Ökologischer Fußabdruck Ernährung und Klimawandel	Insekten als Lebensmittel (Perspektiven) Eigene Gewohnheiten reflektieren	Kasus und Relativsätze: Akkusativ (Wh.) n-Deklination Redemittel: Statistiken und Diagramme
Lese-Seite: „Die Wolke"	Perspektiven zur Atomkraft	Kasus und Relativsätze: Dativ (Wh.)
Politik: Die Grünen	Anti-Atomkraft-Bewegung Kulturpunkt: Streiken fürs Klima	Genitiv: Namen Genitiv: Nomen Redemittel: Bildbeschreibung
Stadtplanung und Ökologie: Subventionen und Bausteine	Förderprogramme für Fahrräder	
Ökologie: Plastik, CO_2, Fleischkonsum	Die Autobahn Kulturpunkt: Umweltfreundlich deutsch	Genitiv oder von + Dativ Relativsätze: Genitiv
Kommunikation: das Vier-Seiten-Modell Musik-Ecke: „Welt der Wunder"	(Kulturelle) Missverständnisse Nonverbale Kommunikation weltweit	Aussprache: das R
Medien und Ökologie: Nachhaltigkeitskommunikation		Genitivpräpositionen Übersicht: Präpositionen und Kasus
	Nachhaltigkeit und Ressourcen	

KAPITEL 5:
Wer sind wir?
Deutsch im Plural

KAPITEL 6:
Wie unterhalten wir uns?
Alte und neue Medien

Interdisziplinär	Interkulturell	Strukturen
Bereiche des öffentlichen Lebens	Titel des Kapitels reflektieren	
Geschichte: Einwanderung (Statistiken)	Gender-neutrale Pronomen (Wh.) Blickpunkt: Schami und Amo Identitätsdimensionen	Kasus: Nominativ, Akkusativ, Dativ (Wh.) Pronomen (Wh.)
	Blickpunkt: Grjasnowa und Chebli Kulturpunkt: Jüdisches Leben in Deutschland	
Genetik: DNA und Vererbung, DNA-Tests	Mythen und Fakten über *race* Blickpunkt: Owomoyela und Götze	
Geschichte: Pluralität im Kaiserreich, NS-Zeit, Vertreibungen	Minoritäten und ihre Sprachen Blickpunkt: Clasen und Massaquoi Jüd*innen im Nachkriegsdeutschland	Wortstellung: das Mittelfeld Wortstellung: Dativ + Akkusativ (Nomen)
Kulturtheorie: Kulturschock	Mosambik und Namibia, DDR und Afrika Blickpunkt: Weyhe und Engombe	Wortstellung: Dativ + Akkusativ (Nomen und Pronomen, zwei Pronomen)
Geografie und Politik: deutschsprachige Länder und Grenzen/Dreiländerecke	Görlitz/Zgorzelec Blickpunkt: Stokowski und M'Barek	
Politik: Flucht im Jahr 2015 Kunst: Documenta	Video-Ecke: „Pass.Worte" Blickpunkt: Ai Weiwei und Hiwa K.	Relativpronomen (Wh.)
Extensives Lesen: Einführung	Blickpunkt: Urspruch und Folkerts	
Linguistik: verwandte Worte, Sprachgeschichte	Dialekte, Jiddisch, Kiezdeutsch Blickpunkt: Dibaba und Saban	W-Fragen und ja/nein-Fragen (Wh.) Aussprache: W oder F
	Multikulturelle deutsche Küche Blickpunkt: Henke und Güngörmüs	Redemittel: Essen
Musik-Ecke: „Orient-Express" und „Berlin, Berlin"	Kulturpunkt: Heimat Blickpunkt: Namika und Şahin	

Interdisziplinär	Interkulturell	Strukturen
	Lügen (Perspektiven)	Verbzeiten: Überblick Verben: Vergangenheitsformen Perfekt (Wh.)
Tontechnik: Equipment für Audioaufnahmen	Deutschsprachige Podcasts	Finalsätze: um … zu (Wh.)
Extensives Lesen: Figuren		
Medienwissenschaften: Nachrichtenquellen	Wahrnehmung von Medien	Präteritum (Wh.)
Textsorte: Filmkritik	Video-Ecke: Was schauen wir?	Präsens (Wh.) Modalverben (Wh.)
Medienwissenschaften: Einschaltquoten	Kulturpunkt: Ernsthaft lustig? Reflexion zu Humor (Perspektiven)	Aussprache: das H
Soziologie und Medienwissenschaften: LGBTQ+ im Fernsehen	Repräsentation im Fernsehen	Verben: Zukunftsformen Futur I (Wh.)
Extensives Lesen: Update		Temporale Adverbien
Technik: Synchronstimmen	Kulturpunkt: Ostdeutsche Filmproduktion	Redemittel: Stimmen beschreiben
Musik-Ecke: „Sie kann nicht tanzen" Kommunikation: Sender-Empfänger-Modell		
Theater	Postmigrantisches Theater	
Medieninformatik: Augmented Reality	Videospiele weltweit	
Extensives Lesen: Fazit	Kultur im Buch	
	Perspektiven zu angemessenem Verhalten	

KAPITEL 7:
Wofür/Wogegen sind wir?
Protest, Widerstand, Mitbestimmung

KAPITEL 8:
Was prägt uns?
Transatlantische Beziehungen und Einflüsse

ANHANG:

Interdisziplinär	Interkulturell	Strukturen
	Pro- und Kontra-Perspektiven	Verben mit Präpositionalobjekt: für/gegen Sätze verbinden: Überblick Kausalsätze: da/weil/denn
Linguistik: Kölsch	Karneval/Fasching/Fastnacht Kulturpunkt: Kölle	Sätze verbinden: und/oder Verben mit Präpositionen: an/auf/über
Geschichte: die Weiße Rose	Video-Ecke: Erinnerungskultur	Verben mit Präpositionalobjekt: Dativ Sätze verbinden: aber/sondern
Musik-Ecke: „Die letzte Schlacht gewinnen wir“	68er als transnationale Bewegung Kulturpunkt: Protestieren für den Frieden	
Robotik Wirtschaft: Gewerkschaften	Streiken und Mitbestimmen	Komparativ und Superlativ (Wh.) Da- und wo-Komposita (Wh.)
Kunst: Graffiti und Street Art	Kunstgeschmack (Perspektiven)	Sätze verbinden: dass
Geschichte: Kolonialismus Soziale Medien und Protest	Rassismus im öffentlichen Raum und in der Literatur	Da-Komposita mit dass-Sätzen
Feminismus und Literatur: May Ayim	Organisationen für Schwarze Deutsche	
Städteplanung	Arten des Gedenkens	Sätze verbinden: obwohl
	Soziale Medien, #MeToo, #MeTwo	Sätze verbinden: Adverbien Aussprache: der ng/nk-Laut
Textsorte: Rezension	Wahrnehmung von und Perspektiven zu Humor	

Interdisziplinär	Interkulturell	Strukturen
Kulturtheorie: Kulturmodelle Musik-Ecke: „Die Amerikaner“	Kulturdefinitionen Kulturstandards und Stereotype	Adjektive: prädikativ und adverbial Positiv, Komparativ und Superlativ
Geschichte: Auswanderung nach Nordamerika	Modelle von Akkulturation Video-Ecke: Auswanderung Kulturpunkt: Kirchen	Kausal- und Finalsätze (Wh.) Nomen spezifizieren: Überblick Adjektivendungen (Wh.)
Musik: Oper	Kultursubventionen Gründe für Auswanderung nachvollziehen Perspektiven der Auswanderung	Partizip I als Adjektive (Wh.) Partizip II als Adjektive
Literatur und Film: Karl May, Ost-Western, Western aus indigener Perspektive	Kulturelle Aneignung, Sensibilität Historische Parallelen ziehen	
Musik: Harlem Hellfighters, Musicals	Kulturelle Einflüsse (Musik)	Genitiv als Attribut Präpositionalphrasen
Linguistik: Texas German und Pennsylvania Dutch	Einflüsse von und auf Sprache verstehen Kulturpunkt: Deutsches Englisch	Aussprache: Satzakzent
Politik: Wahlsysteme	Werte in Politik und Gesellschaft Repräsentation in politischen Systemen	Adjektivbildung mit Suffixen
Sport: Olympia	Organisation von Sport vergleichen	Appositionen
Bildungspolitik: Deutsches Schulsystem	Perspektiven zur Bildung Kulturelle Traditionen (Schule)	
Astronomie und Wissenschaft: NASA	Kulturdimensionen nach Hofstede kritisch reflektieren	
Andragogik: Lernstrategien und lebenslanges Lernen	Perspektiven und Präferenzen zum Deutschkurs vergleichen	

Additional Resources

BlinkLearning is the Learning Management System (LMS) for all digital versions of *Impuls Deutsch 2*. The platform contains all homework assignments for the interactive workbooks **LERNEN** (completed before class) and **ZEIGEN** (completed after class). If you've purchased the blended bundle, you will find a code to register for BlinkLearning inside of the back book cover. You can also purchase a code at klett-usa.com/impuls.

With the **Klett Augmented app**, you can scan and play media featured throughout *Impuls Deutsch 2*. Simply open the app on your smartphone or tablet and hover over a page, and the program will automatically detect audio files, images, videos, or links. You may then play them directly on the device, bookmark your favorites, and/or download them for offline use. The app also includes direct access to the PONS online dictionary.

Impuls Deutsch 2 offers official vocabulary sets for **Quizlet**—a mobile and web-based learning application that helps you master vocabulary using flashcards, interactive games, and tests. You can find the *Impuls Deutsch 2* Quizlet sets at klett-usa.com/quizlet (or use Klett Augmented to scan a vocabulary page at the beginning of each **LERNEN** unit or the alphabetized list located at the end of **MACHEN**).

Tatort DaF features gripping crime stories for adult learners. The storylines take place at various settings in Germany, Austria, and Switzerland. Information about the local culture, regional highlights, and authentic maps can be found throughout the story. Students will read one of the crime stories in the second half of *Impuls Deutsch 2*. Please read the section **Intensive and Extensive Reading** in the Preface for more information.

Symbols

Listen. *Impuls Deutsch 2* includes more than 150 audio files for practicing your listening and pronunciation skills. Access the files with the Klett Augmented app or visit www.klett-usa.com/impuls2resources.

Watch. Whenever you see this symbol, you will be asked to watch a video. You can do this either with the Klett Augmented app or by visiting www.klett-usa.com/impuls2resources.

Recherche **Research.** Whenever you see this symbol, you are asked to do online research on a given topic. We encourage you to use German versions of websites, such as wikipedia.**de** (not **.com**).

Write. You will write reflective blog entries to share your thoughts and opinions about some of the topics featured in *Impuls Deutsch 2*. If you use the blended or online bundle, you will submit your reflections via BlinkLearning (check with your instructor in case they have another submission preference).

Speak. In each chapter, you will record yourself speaking German. If you use the blended or online bundle, you will share your recordings with your instructor using BlinkLearning (check with your instructor in case they have another submission preference).

Quelle: **Authentic Texts.** A short source is quoted under each authentic text. Full text sources and copyright information can be found at the back of the book on page N-2.

WAS WAR DA LOS?

OST-WEST-GESCHICHTE(N)

In **chapter 1**, you'll learn …

- to ask and answer questions about meaningful events and people in the recent past.
- to describe authentic historical images and to make assumptions about their meaning.
- to understand and summarize the main ideas and a few supporting facts from texts about historical events.
- to contrast ideological viewpoints presented in texts about historical events.
- to ask for and provide information about specific historical events.
- to understand a straightforward description, such as one of the architecture of the Berlin Wall.
- to exchange information about biographies of historical figures.
- to visualize core information from texts through diagrams, drawings, etc.
- to use your language to plan a presentation in a group.
- to answer questions about, and to express your views on longer literary texts, poems, and movie trailers.
- about important dates and events of German post-war history.
- about how school shapes the way we talk about historical events of divided Germany.
- about people's attempts to escape from the GDR.
- about youth organizations in East and West Germany and their social role.
- about questions of gender equality in East and West Germany.
- about the guest and contract worker programs in the GDR and FRG.

0: Willkommen (zurück)

Welcome (back) to *Impuls Deutsch*!

Impuls Deutsch aims to go beyond just practicing grammatical structures. You will be encouraged to participate in meaningful conversations with others, you will learn about and discuss topics from other disciplines, and you will explore the cultures of German-speaking countries as well as your own culture. This will allow you to reflect on your own place in the world as part of a global, intercultural community.

Browsing through the **MACHEN** book, which is your course book for *Impuls Deutsch*, you will notice that English will not be used after this brief introduction, with the exception of some glosses. Using a German-only approach in the course book will help you to immerse yourself in the language from the first day on, and learn German very effectively. To ensure you are prepared for the German-only assignments, conversations, and texts in class, you will find a variety of preparatory activities and detailed grammar explanations in the **LERNEN** workbook, and many reinforcing activities and cultural insights in the **ZEIGEN** follow-up workbook.

1 Das ist mir wichtig

1) Schreiben Sie Ihren Namen in die Mitte der Tabelle. In die anderen Felder schreiben Sie wichtige Personen, Plätze, Interessen und Begriffe aus Ihrem Leben. Jedes Feld sollte nur ein Wort haben.

2) Bilden Sie im Kurs zwei Kreise (Innenkreis und Außenkreis) oder zwei lange Reihen. Sprechen Sie 3–4 Minuten lang mit der Person, die Ihnen direkt gegenüber ist. Versuchen Sie in der Zeit so viel über die Wörter (und damit über die Person) herauszufinden, wie Sie können.

3) Nach 3–4 Minuten wechseln Sie zur nächsten Person. Ihr*e Professor*in gibt Ihnen ein Signal. Stellen Sie nun der neuen Person Fragen über ihre Wörter.

2 Eine Umfrage: Das letzte Mal

1) Sie bekommen eine der 16 Fragen zugeteilt. Starten Sie mit Ihrer Frage eine Umfrage im Kurs. Alle 20 Sekunden müssen Sie mit einer neuen Person sprechen. Machen Sie sich dazu Notizen.

Wann hast du zum letzten Mal …

1) ferngesehen? Was …?
2) eine Zeitung gelesen? Was …?
3) getwittert? Was …?
4) dein Portemonnaie vergessen? Wo …?
5) ein Selfie gemacht? Wo …?
6) bei einem Film geweint? Bei welchem …?
7) einen Brief geschrieben? Warum …?
8) gesungen? Was …?
9) gefeiert? Was …?
10) gelacht? Warum …?

Wann bist du das letzte Mal …

11) ins Kino gegangen? Was …?
12) im Meer geschwommen? Wo …?
13) geflogen? Wohin …?
14) zu spät gekommen? Warum …?
15) vor Wut explodiert? Warum …?
16) im Unterricht eingeschlafen?

Meine Frage: Nummer ______

Notizen:

____

____

____

____

____

____

____

____

2) Zu viert: Erstellen Sie eine Tabelle mit Ihren Ergebnissen und erzählen Sie Ihrer Gruppe davon.

3 Geschichte und Geschichten

1) Zu zweit: Sprechen Sie darüber, was Sie in den letzten Monaten gemacht haben.

Benny:	Letzten Monat bin ich nach Alabama gefahren. Ich habe meine Großmutter besucht. Wir sind dann nach Florida gefahren und haben Disneyworld besucht.
Xu:	Bist du allein nach Alabama gefahren?
Benny:	Nein, ich bin mit meinen Geschwistern gefahren. Wir haben ein Auto gemietet.
Xu:	Was hast du in Disneyworld gegessen und getrunken? …

2) Im Kurs: Sammeln Sie an der Tafel (links), was Sie in den letzten Monaten alles gemacht haben. Sammeln Sie dann an der Tafel (rechts), was in der Welt in den letzten Monaten passiert ist.

3) Zu zweit: Sprechen Sie über ein Ereignis auf der rechten Seite. Was ist passiert? Warum? Welche Details kennen Sie?

4 Geschichtspuzzle

Zu zweit: Was ist wann passiert? Person A findet die Informationen auf Seite A-1, Person B auf Seite A-11. Fragen Sie einander und wechseln Sie sich ab.

Option 1:
Was ist am 8. Mai 1945 passiert?
Am 8. Mai war das Ende vom Zweiten Weltkrieg.

Option 2:
Wann war das Ende vom Zweiten Weltkrieg?
Am 8. Mai 1945.

Grammatik

am [Datum]
im [Monat]
---- [Jahr]

1. Der Bau von der Berliner Mauer beginnt.
2. Gründung von der Bundesrepublik Deutschland (BRD)
3. Arbeiter*innenaufstand[1] in der DDR
4. Wiedervereinigung / Tag der Deutschen Einheit
5. Ende vom Zweiten Weltkrieg ✓
6. Studierendendemonstrationen im Westen
7. Die DDR öffnet die Berliner Mauer.
8. Präsident Reagan sagt: „Mr. Gorbachev, tear down this wall!"
9. Gorbatschow wird Generalsekretär der KPdSU[2] in der Sowjetunion.
10. Die BRD schließt Verträge mit osteuropäischen Staaten.
11. Gründung von der Deutschen Demokratischen Republik (DDR)
12. 120.000 Menschen demonstrieren in Leipzig in der DDR.
13. Gründung von der SED[3] im Osten
14. Ungarn beginnt, den Eisernen Vorhang zu Österreich abzubauen.
15. JFK hält seine berühmte Berlin-Rede.
16. 4.000 Geflüchtete aus der DDR dürfen aus der BRD-Botschaft in Prag in den Westen ausreisen.

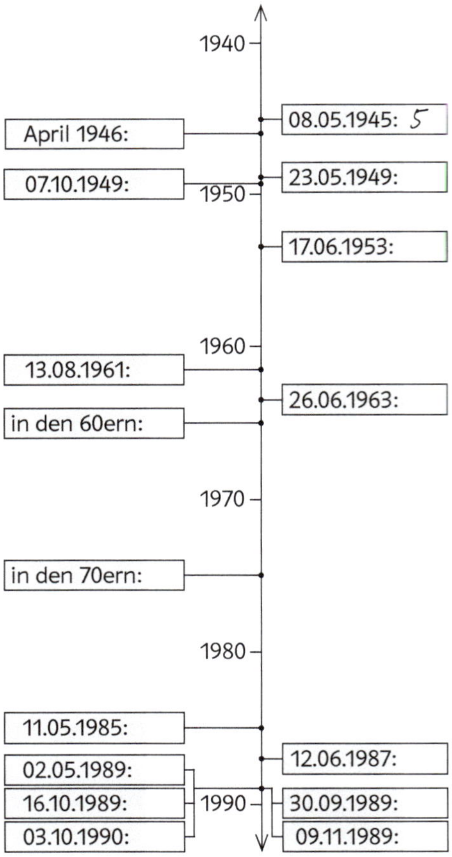

[1] der Arbeiter*innenaufstand – *workers' uprising*
[2] die KPdSU – *Communist Party of the Soviet Union*
[3] SED – *Socialist Unity Party of Germany*

5 Die beiden deutschen Staaten und ihre Grenze

1) Hören Sie zu und markieren Sie alle Städte und Regionen, die Sie hören.

2) Hören Sie nochmal und tragen Sie auf der Karte die innerdeutsche Grenze ein.

3) Hören Sie den Text nochmal und beantworten Sie die Fragen.

Was kann man heute in Hof machen und/oder sehen?

In welchem Bezirk (*district*) hat Inge früher gewohnt und in welchem Bundesland wohnt sie heute?

Warum war die Grenze in Lübeck besonders gut gesichert?

In welchem Land war Helmstedt?
In welchem Land war Marienborn?

Was besucht Linus in Bad Sachsa?

Wen haben Emmas Eltern in Westberlin besucht?

Was hat Thien in Jena gemacht?

6 Gedankenexperiment

1) Ihr Kursraum wird zu Ihrer Stadt. Ihr*e Professor*in sagt Ihnen, wo Osten, Westen, Süden und Norden sind oder wo zum Beispiel der Campus liegt. Sie positionieren sich so, wie Sie wohnen. Ihr*e Professor*in kreiert dann eine „Grenze" mitten durch die Stadt, das heißt, durch den Kursraum.

2) Bleiben Sie in der Position für ein paar Momente stehen und überlegen Sie: Wen können Sie nun nicht mehr besuchen? Können Sie noch dort arbeiten, wo Sie jetzt arbeiten? Wo ist Ihre Familie? Wo sind Ihre Freund*innen, die nicht im Kurs sind?

3) Visualisieren Sie Ihre Gefühle. Stellen Sie Ihre Emotionen dar. Sie können sie z. B. zeichnen, aber auch darüber schreiben.

Checkpoint Charlie

2: OST-WEST-PERSPEKTIVEN ZUM 17.06.1953°

7 Mehr Hausaufgaben?

1) Ihr*e Professor*in erhöht Ihr Hausaufgabenpensum. Sie müssen nun jeden Tag eine Aufgabe mehr machen. Wie reagieren Sie?

Ich akzeptiere die zusätzlichen (*additional*) Hausaufgaben. Mein*e Professor*in denkt, dass sie nötig (*necessary*) sind und hat sicher Recht.
Ich ärgere mich, weil ich weniger Freizeit habe, aber ich mache die Hausaufgaben.
Ich mache die zusätzlichen Hausaufgaben, aber sehr schlecht.
Ich mache die zusätzlichen Hausaufgaben nicht und akzeptiere eine schlechtere Note.
Ich spreche mit den anderen Studierenden, um gemeinsam gegen die zusätzlichen Hausaufgaben zu protestieren.
____

2) Zu dritt: Sie oder Ihre Mitstudierenden haben einen Protest organisiert. Welche Möglichkeiten hat Ihr*e Professor*in, um darauf zu reagieren? Sammeln Sie ein paar Ideen. Warum hat Ihr*e Professor*in vielleicht das Pensum erhöht? Kann er*sie es verteidigen?

3) Überlegen Sie sich zwei Überschriften (*headlines*) für einen Bericht über Ihren Protest in der Unizeitung: eine aus der Studierendenperspektive, eine aus der Professor*innenperspektive.

8 Ein Ereignis beschreiben

1) Lesen Sie die folgenden Fakten über die Ereignisse vom 17. Juni 1953:

- Im Mai 1953 erhöhte die DDR-Regierung die Arbeitsnormen um 10,3 %. [Die Arbeiter*innen mussten also 10 % mehr arbeiten.] Der Lohn (*wage/salary*) blieb gleich.
- Am 15. und 16. Juni protestierten Ostberliner Arbeiter*innen auf Großbaustellen.
- Am 17. Juni fanden in der ganzen DDR Demonstrationen statt.
- Die Sowjetunion erklärte den Ausnahmezustand (*state of emergency*) und sowjetische Panzer (*tanks*) waren auf den Straßen.
- Es starben 55 Menschen und die Polizei, Stasi und Sowjetarmee inhaftierten 15.000 Personen.

2) Lesen Sie nun die folgenden Wörter, die die Demonstrant*innen beschreiben. Sie kommen aus einem Zeitungsartikel über das Ereignis. Was denken Sie: Sind diese Wörter positiv oder negativ?

die Aufrührer (*rioters*)	bezahlte Rowdies (*paid thugs*)	verkommen (*depraved*)
Verbrecher (*criminals*)	sie tobten (*to rampage*)	sie provozierten (*to provoke*)

Wörter aus einem Artikel in: Junge Welt, 19.6.1953 (lt. Angabe der Bibliothek für Bildungsgeschichtliche Forschung)

3) Raten Sie: Aus welchem Land (BRD oder DDR) kommt der Artikel? Welche Perspektive vertritt der Artikel? Warum denken Sie das?

4) Spekulieren Sie: Wie könnte ein Artikel in Ihrem Land über diese Ereignisse berichtet haben?

9 Bilder erzählen Geschichten

1) Sie arbeiten an einem Artikel über den 17. Juni 1953 und Ihr*e Redakteur*in hat das folgende Bild für Ihren Artikel ausgewählt. Beschreiben Sie, was Sie auf dem Bild sehen.

2) Sprechen Sie darüber, welche Botschaft das Bild vermittelt. Die Fragen helfen Ihnen: Welche Geschichte erzählt das Bild (nicht)? Arbeiten Sie wohl für eine DDR- oder eine BRD-Zeitung? Und warum hat die Redaktion gerade dieses Bild gewählt?

3) Finden Sie eine Bildunterschrift und schreiben Sie sie unten auf.

---

10 Geschichte lernen

Sie haben die DDR-Perspektive schon in Aktivität 8 besprochen. In der BRD wurde der 17. Juni zum Nationalfeiertag. Die BRD interpretierte das Ereignis so, dass die Demonstrant*innen eine Vereinigung mit Westdeutschland wollten. Deshalb war der 17. Juni von 1953 bis 1990 der „Tag der deutschen Einheit". So lernten Schüler*innen in Ost und West auch in ihrem Geschichtsunterricht ganz unterschiedlich über diesen Tag.

Überlegen Sie: Kennen Sie andere Ereignisse (aus der amerikanischen oder Weltgeschichte), die mehrere Interpretationen haben könnten? Welche Ereignisse? Sammeln Sie die Ereignisse im Kurs und sprechen Sie darüber, wer welche Interpretation von dem Ereignis haben könnte.

Beispiel (Kolumbus):
Spanische Geschichtsbücher schreiben wahrscheinlich/sicherlich anders über Kolumbus als Bücher aus der Sicht von amerikanischen Ureinwohner*innen.

11 Freies Reisen

1) Wer Reisefreiheit besitzt, ist frei und kann in andere Länder reisen. Sprechen Sie darüber im Kurs: Bedeutet das Wort „Reisefreiheit" etwas für Sie persönlich? Kennen Sie Leute, für die dieses Wort etwas bedeutet?

2) Die meisten Menschen haben eine Nationalität. Welche? Das ist ein Zufall. ist Zufall. Aber dieser Zufall führt zu mehr oder weniger Privilegien. Manche Menschen haben auch gar keinen Pass, andere haben Pässe von zwei oder mehreren Ländern. Sammeln Sie im Kurs: Kennen Sie Länder, in denen es keine Reisefreiheit gibt oder gab?

3) Hier sehen Sie den deutschen und den US-amerikanischen Pass. Was glauben Sie: Mit welchem Pass kann man in mehr Länder(n) reisen, arbeiten oder wohnen? Sprechen Sie darüber in einer Gruppe: War das immer so?

12 Die Berliner Mauer und der Todesstreifen

1) Ab dem 13. August 1961 baute die DDR-Regierung eine Mauer um Westberlin herum. Erst benutzte sie Stacheldraht, dann auch Beton. Am Ende bestand die Mauer in Berlin aus vielen Elementen. Hören Sie eine Beschreibung von der Berliner Mauer und kreuzen Sie alle Elemente an, die Sie hören.

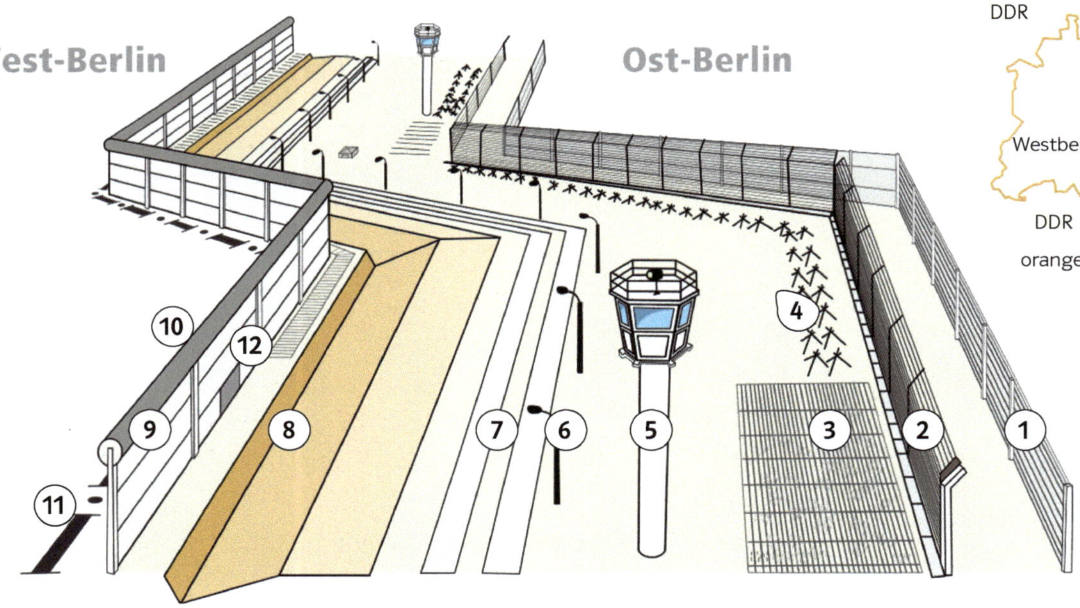

orange = Berliner Mauer

- ① der Hinterland-Sicherheitszaun
- ② der Signalzaun
- ③ der „Stalin-Rasen"
- ④ die Panzersperren
- ⑤ der Wachturm
- ⑥ die Lichttrasse
- ⑦ der Kolonnenweg
- ⑧ die Kfz-Sperre (der Sperrgraben)
- ⑨ die Mauer
- ⑩ die Rohranlage
- ⑪ die Grenze
- ⑫ die Schlupftür

2) Zu welchen Elementen haben Sie keine Informationen gehört? Was denken Sie: Was ist die Funktion von diesen Elementen?

3) **Zu zweit: Jedes Element der Mauer hatte eine Funktion. Hören Sie die Beschreibung noch einmal und machen Sie sich Notizen zu den Funktionen. (Konzentrieren Sie sich auf Verben und Nomen. Sie müssen keine kompletten Sätze schreiben.) Eine Person konzentriert sich auf die grauen, die andere auf die grünen Elemente.**

- der Hinterland-Sicherheitszaun ______
- der Signalzaun ______
- der „Stalin-Rasen" ______
- die Panzersperren ______
- der Wachturm ______
- die Lichttrasse ______
- der Kolonnenweg ______
- die Kfz-Sperre (der Sperrgraben) ______
- die Mauer ______
- die Rohranlage ______
- die Grenze ______
- die Schlupftür ______

4) **Fragen Sie die andere Person nach den Funktionen ihrer Elemente. Sie können die Informationen von oben und die Wörter aus dem Kasten (unten) benutzen, um die Funktion zu erklären.**

Carla: Welche Funktion hatten die Stolperdrähte mit Warnsignalen?
Dessa: Die Stolperdrähte alarmierten die Grenzsoldat*innen, dass jemand etwas in der Grenzzone machte. Wozu diente die Kfz-Sperre?
Carla: Die Kfz-Sperre verhinderte eine Flucht im Auto oder im Lastwagen.

Verben: alarmieren, bauen, dienen zu, markieren, signalisieren, sperren, verhindern, versichern, warnen vor, zeigen … können, sollen, dürfen, müssen, wollen

Nomen: das Auto, die Flucht, die Grenzsoldat*innen, der Lastwagen, die Mauer, die Menschen, der Panzer, die Stahldornen, der Todesstreifen …

13 Fluchtversuche

1) **Zu fünft: Im Kalten Krieg konnten Menschen aus dem Osten nicht einfach in den Westen reisen. Lesen Sie eine Fluchtgeschichte (Seite A-1, A-2, A-5, A-9 oder A-17). Jede Fluchtgeschichte erzählt von einer Person, die von Ostberlin nach Westberlin geflohen ist oder fliehen wollte. Erzählen Sie einander die Fluchtgeschichten und schreiben Sie die Nummer der Fluchtgeschichte, zu der diese Informationen passen.**

Beruf	Wann?	Woher?	Wohin?	Wie?
Elektriker	09.10.1961	Albrechtshof	Berlin-Neukölln	in einer „trojanischen Kuh"
Fotograf	05.12.1961	Berlin-Treptow	Berlin-Wannsee	mit einer Kamera
Lokführer	07.07.1969	Potsdam (Drewitz)	Checkpoint Charlie	mit Pfeil, Bogen, Seilwinde
Gabelstaplerfahrer	31.05.1983	Friedrichstraße	Reichstag	mit einem Leichtbauflieger
keine Angabe ♀	26.05.1989	Volkspark Treptow	Richtung Spandau	mit einem Zug

2) **Wenn Sie fertig sind, sprechen Sie mit anderen Personen im Kurs, bis Sie alle Informationen ergänzt haben.**

3) **Spekulieren Sie: Was motiviert Menschen dazu, solche Methoden anzuwenden und sich in Gefahr zu begeben, um ihr Land verlassen zu können? Können Sie diese Gründe mit den Gründen von geflüchteten Menschen heute vergleichen?**

14 Jugendorganisationen

1) Zu viert: In LERNEN haben Sie aufgelistet, mit welchen Jugendorganisationen Sie direkte oder indirekte Assoziationen haben. Erzählen Sie in der Gruppe etwas über die Jugendorganisationen, die Sie auf der Liste haben, und was Sie in jeder Organisation gemacht haben.

2) Individuell: In LERNEN haben Sie sich Notizen für eine eigene Organisation oder einen eigenen Verein für Jugendliche gemacht. Arbeiten Sie mit Ihren Notizen und bereiten Sie eine kleine Präsentation für Teil 3 vor: Welches Thema hat Ihr Verein? Für wen ist er? Für welches Alter? Was machen Sie in dem Verein? Beschreiben Sie auch eine typische Aktivität/Sitzung im Detail. Seien Sie kreativ.

3) Präsentieren Sie in Ihrer 4er-Gruppe Ihre Idee für einen neuen Verein.

4) Die Gruppe wählt den Verein, der der Gruppe am besten gefällt. Stellen Sie sich vor, der Verein existiert schon. Schreiben Sie individuell eine kurze E-Mail an eine*n Freund*in und erzählen Sie, was Sie mit dem Verein am Wochenende gemacht haben. Verwenden Sie dabei viele temporale Konjunktionen.

Neue Nachricht

An miagross@email.de

Betreff Verein

Liebe Mia,

letztes Wochenende bin ich mit meinem Verein nach … gefahren. Während wir im Bus waren, haben wir viele Lieder gesungen. Bevor wir am Ziel angekommen sind, haben wir … gesehen und … gespielt. Als wir am nächsten Tag nach … gefahren sind, haben wir …

Senden

Grammatik

Als … *verb, verb* … .
Wenn … *verb, verb* … .
Bevor … *verb, verb* … .
Während … *verb, verb* … .
… *verb* … , **als** … *verb.*
… *verb* … , **wenn** … *verb.*
… *verb* … , **bevor** … *verb.*
… *verb* … , **während** … *verb.*

15 Held*innen der Kindheit

1) In Gruppen: Sie haben für LERNEN fiktive oder reale Kinderheld*innen und Idole von Personen recherchiert, die in den 70ern und 80ern Kinder waren. Präsentieren Sie Ihre Held*innen.

2) Wer waren die Lieblingsheld*innen Ihrer Kindheit? Schreiben Sie Stichwörter zu einer Figur (Aussehen, Informationen, Kontext). Sie können auch eine kleine Skizze machen.

3) Fragen Sie nun drei andere Personen im Kurs nach den Lieblingsheld*innen aus ihrer Kindheit. Bitten Sie die Personen darum, ihre Lieblingsheld*innen zu beschreiben und zu erzählen, was sie so toll an den Figuren fanden.

4) Was haben Sie erfahren? Sammeln Sie die Trends und Highlights aus dem Kurs.

16 Musik-Ecke: „Sind so kleine Hände"

Bettina Wegner

„Sind so kleine Hände" (1979)

Bettina Wegner ist eine deutsche Liedermacherin und Lyrikerin. Ihr bekanntestes Lied ist „Sind so kleine Hände". Die bekannte amerikanische Folk-Sängerin Joan Baez sang das Lied auf Deutsch. Wegner wurde 1947 in Berlin geboren. Ihre Eltern zogen mit ihr nach der Gründung der DDR nach Ostberlin. Sie war Mitbegründerin des Hootenanny-Klubs, wo Künstler*innen unzensiert (*uncensored*) eigene Texte und Lieder bringen konnten. Diese Freiheit dauerte jedoch nicht lange: Die Mitglieder benannten den Klub in Oktoberklub um. Er gehörte jetzt zur FDJ, der offiziellen Jugendorganisation der DDR.

Wegners politische Arbeit war bei den Behörden der DDR unpopulär und sie wurde 1983 von Ostberlin nach Westberlin ausgebürgert.

1) Hören Sie Bettina Wegners Lied „Sind so kleine Hände". Was ist Ihr erster Eindruck? Worum geht es in dem Lied?

2) Hören Sie das Lied ein zweites Mal. Ordnen Sie den Fragen die Körperteile zu, über die Wegner singt.

1 Finger	**2** Füße	**3** Ohren	**4** Münder
5 Augen	**6** Seelen	**7** Rückgrat (*backbone*)	

- ☐ Wem darf man das Sprechen nicht verbieten?
- ☐ Worauf darf man nicht treten?
- ☐ Was darf man nicht verbinden (*blindfold*)?
- ☐ Worauf darf man nicht schlagen (*hit*)?
- ☐ Was darf man nicht beugen (*bend*)?
- ☐ Was darf man nicht zerbrüllen (*yell at till sth. breaks*)?
- ☐ Wen darf man nicht quälen (*torture*)?

3) Warum darf man den Körperteilen keine Gewalt antun?

4) Was ist das Fazit am Ende vom Lied?

5) Wegner wollte zuerst nicht gegen das Regime protestieren, weil sie Rücksicht auf ihr Kind nahm. Dann aber doch. Können Sie verstehen, dass Wegner ihre Meinung geändert hat, obwohl sie Mutter war? Stellen Sie sich vor, Sie haben Kinder: Nehmen Sie an den Protesten teil oder bleiben Sie zu Hause? Warum?

17 Schriftliche vs. mündliche Kommunikation

1) Wie kommunizieren Sie mit Freund*innen und Familie: schriftlich (SMS, E-Mail, Briefe ...) oder mündlich (Telefon, Video-Chat ...)? Was sind die Vor- und Nachteile von diesen Optionen? Sammeln Sie unten Ideen.

	schriftlich	mündlich
Vorteile		
Nachteile		

2) Vergleichen Sie Ihre Vor- und Nachteile mit den Ideen einer anderen Person. Haben Sie ähnliche Ideen?

18 Markus' Brief an Katja, 18. November 1984

In LERNEN haben Sie die Geschichte von Markus und Katja kennengelernt und auch einen Brief von Katja an Markus gelesen. Lesen Sie jetzt die Antwort von Markus. Machen Sie dann die Aktivitäten auf der nächsten Seite.

Liebe Katja, 18. November 1984

danke für deinen Brief. Gut, dass du geschrieben hast. Das lange Warten hat mich fast verrückt gemacht. Leider habe ich wirklich so viel gewartet und war immer irgendwie traurig, wenn ich den leeren Briefkasten sah. Am Freitag habe ich dann aufgehört zu warten ... Und dann kam er endlich der Brief ... Gut, ich werde mal versuchen, meine Zeit nicht mit Warten zu verlieren, aber man kann sich ja nicht aussuchen, wie sehr man jemanden lieb hat und wie sehr man da auf Post von demjenigen wartet, oder?

Ja, ja. Scheiß Mauer. Weißt du, was mich sehr ärgert? Wir haben nicht die Möglichkeiten, uns richtig kennenzulernen. Deshalb können wir nicht zusammenwachsen wie zwei eng stehende Bäume. Darum weiß ich auch nicht, was ich machen soll. Ich bin richtig hilflos, entschlussunfähig (*undecisive*). [...] Wir müssen wohl nach unserer Rumänienreise entscheiden, wie es mit uns weitergeht. Die Sache mit der Seilbahn ist nicht schlecht, aber da sind viele Probleme. Müssen wir dann bereden. Ich plane. In meinen Träumen bin ich schon fast auf dem Dach. Aber die Realität ... [...] Ich frage mich: Reicht mein Gefühl zu dir aus? Darum warten wir bis Rumänien. Du, komm sobald wie möglich mal wieder her. Ich habe Angst, dich zu verlieren. Ich hoffe, du verstehst mich. Du siehst, ein ziemliches Chaos in meinen Gedanken. [...]

Sag mal, manchmal, hörst du mich da? Da rede ich mit dir. Versuch es mit Telepathie.
Tschüss!

Quelle: Katja Hildebrand, „Zwischen uns die Mauer", Thienemann-Esslinger Verlag (vereinfacht)

1) **Lesen Sie den Brief von Markus einmal durch. Wie geht es ihm? Wie fühlt er sich? Unterstreichen Sie die Wörter und Ausdrücke, die seine Gefühle beschreiben. Erzählen Sie einer anderen Person, welche Wörter Sie unterstrichen haben und wie Markus sich fühlt.**

2) **In Zeile 6 und 7 schreibt Markus sehr emotional über die Mauer. Er benutzt ein Bild (eine Metapher) dafür, was die Mauer für Katja und für ihn bedeutet. Stellen Sie diese zwei Zeilen visuell mit einer Zeichnung dar.**

3) **In den Zeilen 9 bis 11 schreibt Markus über einen Plan mit einer Seilbahn, aber er nennt keine Details zu diesem Plan. Suchen Sie zuerst online, was eine Seilbahn ist. Spekulieren Sie dann mit einer anderen Person: Was könnte der Plan sein? Was möchte Markus machen? Warum? Denken Sie, das ist ein guter Plan?**

Recherche

4) **Markus schreibt: „Du siehst, ein ziemliches Chaos in meinen Gedanken.“ Was meinen Sie: Warum schreibt er das? Warum sind seine Gedanken chaotisch? Sammeln Sie ein paar Ideen und besprechen Sie diese im Kurs.**

19 Ist Liebe stärker als Distanz?

In Zeile 11 schreibt Markus: „Ich frage mich: Reicht mein Gefühl zu dir aus?“ Er fragt sich, ob seine Gefühle für Katja stark genug sind, um dafür die Flucht zu riskieren und seine gewohnte Umgebung hinter sich zu lassen. Was können Menschen machen, damit eine Beziehung auf Distanz funktioniert? Welche Optionen hatten Markus und Katja? Welche Optionen gibt es heute?

Markus und Katja, damals	heute
täglich telefonieren	

6: Ampelmann – Eine Ost-West-Geschichte°

20 Ampelmännchen global

1) In kleinen Gruppen: Sehen Sie sich die Ampelmännchen aus den verschiedenen Ländern an und beschreiben Sie die Unterschiede.

Japan

England

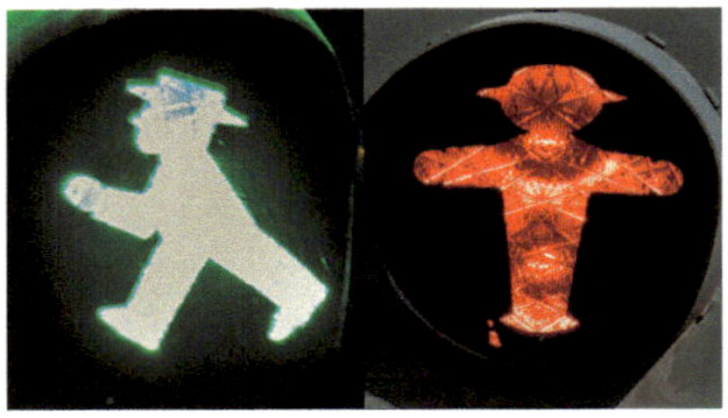

DDR

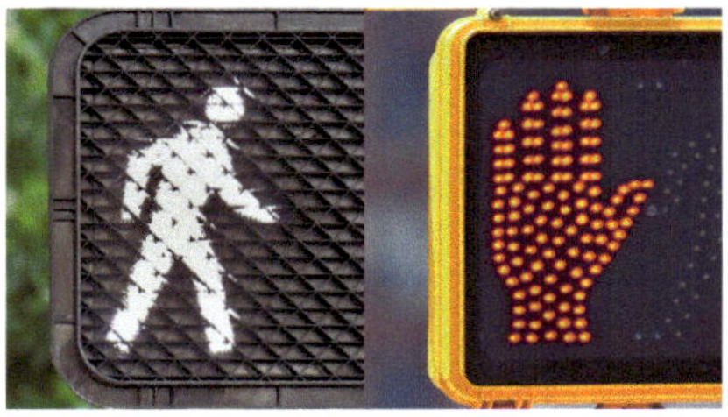

USA

Frankreich

BRD

In … … ist das Männchen rot/grün/weiß. … trägt das Männchen einen Hut.
… gibt es kein Männchen, sondern … … ist das Männchen dick(er)/dünn(er) (als) …

2) Sprechen Sie jetzt im Kurs: Welches Ampelmännchen gefällt Ihnen gut oder nicht so gut? Warum? Was glauben Sie: Wann sorgt ein Ampelmännchen für Sicherheit? Gibt es bessere oder schlechtere Ampelmännchen für die Sicherheit?

21 Karl Peglau und das Ost-Ampelmännchen

1) Lesen Sie die kurze Geschichte vom Ost-Ampelmännchen und beantworten Sie die Fragen.

Karl Peglau, ein Berliner Verkehrspsychologe, reichte einen Plan für neue Ampelsymbole und auch für ein Ampelmännchen im Oktober 1961 ein. Eine Kommission nahm seinen Vorschlag an. Als Verkehrspsychologe ging es Peglau um Emotionen. Er meinte, dass ein Ampelmännchen dann gut ist und für Sicherheit sorgt, wenn es sympathisch aussieht, weil die Leute es dann besser wahrnehmen. Deshalb bekam das Männchen eine Nase und einen etwas dickeren Bauch. Außerdem trug es einen Hut. Auch der trug dazu bei, dass das Ampelmännchen so süß aussah. Die nette Figur hatte aber auch noch einen anderen Vorteil: Weil sie dicker war, hatte sie eine größere Fläche und damit gab es mehr Licht. Mehr Licht bedeutete auch mehr Sicherheit.

Welchen psychologischen Grund gibt es für die Form vom Ost-Ampelmännchen?

____

Warum ist das Ost-Ampelmännchen noch gut für die Verkehrssicherheit?

____

2) Sprechen Sie im Kurs: Basierend auf den beiden Prinzipien, welche Ampelmännchen aus Aktivität 20 sind besonders sicher oder nicht so sicher? Erklären Sie Ihre Entscheidung.

22 Das Ost-Ampelmännchen nach der Wende

Lesen Sie jetzt, wie es nach der Wende weiterging. Beantworten Sie die Fragen nach jedem Textabschnitt.

Nach der Wiedervereinigung sollte es nur noch ein Ampelmännchen geben. Wie bei so vielen Sachen, entschieden sich die Politiker*innen für das West-Ampelmännchen. Die Menschen wollten ihr nettes Ost-Ampelmännchen aber nicht verlieren und protestierten. Schließlich beschlossen die Politiker*innen, dass auch das Ost-Ampelmännchen erlaubt ist. Seitdem gibt es in vielen ost- und auch westdeutschen Städten das Ost-Ampelmännchen.

Frage: Wie kam es, dass das Ost-Ampelmännchen doch erlaubt ist?

Doch mit Ampeln war es noch nicht genug. Das Ost-Ampelmännchen ist heute eine Ikone. Und das kam so: Als der Designer Markus Heckhausen in Berlin die Ost-Ampelmännchen sah, fand er sie so toll, dass auch er sie retten wollte. Er baute aus einem alten Ampelglas eine Lampe und präsentierte sie an seinem Haus. Den Leuten gefiel die Lampe und so machte er weiter. Später eröffnete er den ersten Ampelmann-Shop, wo es viele Dinge mit den Ampelmännchen zu kaufen gibt.

Frage: Wie wurde das Ost-Ampelmännchen zur Ikone?

Inzwischen gibt es viele Fans vom Ost-Ampelmännchen. Und viele Menschen finden das Ost-Ampelmännchen schöner als das West-Ampelmännchen. Dass es auch sicherer ist, fand Dr. Claudia Peschke von der Jacobs University in Bremen heraus. In einer Studie aus dem Jahr 2013 reagierten die Testpersonen schneller auf das Ost-Ampelmännchen als auf das West-Ampelmännchen. Die Forscher*innen sagten, dass die ausgestreckten (*spread out*) Arme vom roten und der dynamische Gang vom grünen Ampelmännchen ein klareres Signal senden als das West-Ampelmännchen.

Fragen: Hatte Karl Peglau Recht? Ist das Ost-Ampelmännchen sicherer? Woher wissen wir das?

23 Ampelmännchen Stille Post

1) Unter www.klett-usa.com/impuls2links finden Sie den Link zum Ampelmannshop. Gehen Sie auf die Webseite und schauen Sie sich das Sortiment an. Welche Dinge gibt es mit dem Ampelmann-Motiv? Listen Sie Ihre drei bis fünf Favoriten auf. Stellen Sie sie dann im Kurs vor und sagen Sie, warum Sie diese Dinge gewählt haben.

Recherche

2) Bilden Sie eine Kette. Eine Person flüstert (*whispers*) ein Wort aus ihrer Favoritenliste ins Ohr der zweiten Person, die es dann der dritten Person zuflüstert und so weiter. Schaffen Sie es, komplette Wörter am Ende herauszubekommen?

24 Haushalten unter schwierigen Bedingungen

1) Zu dritt: Welche Arbeiten muss mensch im und ums Haus herum machen?

Beispiele: einkaufen, die Kinder baden, Rasen mähen …

____

____

____

____

Kulturpunkt

Das Pronomen „mensch" kommt aus der feministischen Sprachkritik. Die Kritik ist, dass „man" (im Englischen *one/you*), grammatikalisch gesehen männlich ist, weshalb die Assoziation schnell „Mann" sein kann.

2) Welche Erfindungen machen heute die Hausarbeiten für eine Mehrheit einfacher? (Viele dieser Dinge gab es in der DDR in den meisten Haushalten nicht.)

Beispiel: Die Waschmaschine.

3) Der Frauenanteil der Vollzeitarbeiter*innen in der DDR war bei 49,9 %. Das bedeutet, dass genauso viele Frauen wie Männer Vollzeit arbeiteten. Haushalt und Kindererziehung blieben aber Frauensache. Sie kümmerten sich um 80 % der Aufgaben. Diskutieren Sie über die Informationen und Fragen.

- In der DDR gab es für fast alle Kinder einen Platz in der Krippe und im Kindergarten. Aber die Eltern mussten die Kinder morgens fertig machen, nachmittags abholen usw. Wie lange dauerte das wohl?
- Ein Telefon gab es in den wenigsten Haushalten. 1989 hatten erst 16 % eins. Wie konnten die Menschen dann z. B. einen Arzttermin ausmachen? Wie lange dauerte das wohl?
- 1960 hatten nur 60 % der DDR-Haushalte einen Staubsauger und eine Waschmaschine, nur 10 % hatten eine Geschirrspülmaschine. Wie lange dauerte wohl das Saubermachen, Waschen und Spülen ohne diese Maschinen?
- Beim Einkaufen gab es nicht alles in einem Laden. Die Leute mussten in verschiedene Läden gehen. Manchmal mussten sie auch lange warten. Sie wollten Orangen kaufen und mussten mit Bus und Bahn durch die Stadt zum Laden fahren. Wie lange dauerte das wohl?

4) Geben Sie eine Einschätzung, wie viele Stunden DDR-Bürger*innen in der Woche für die Kindererziehung und den Haushalt arbeiteten. Wie viele Stunden arbeiteten Frauen in Vollzeitjobs insgesamt?

25 Norm vs. Wirklichkeit in den beiden deutschen Staaten

1) In beiden deutschen Staaten schrieb man Gleichberechtigung als Verfassungsgrundsatz fest. Aber es gab und gibt immer noch eine Diskrepanz zwischen Norm und Wirklichkeit. Rekonstruieren Sie basierend auf den Informationen aus LERNEN, welche Rolle die Frau in den beiden deutschen Staaten hatte und welche Veränderungen es wann gab. Machen Sie sich dazu Stichpunkte in der Tabelle auf der rechten Seite.

DDR	BRD
– Seit 1949 waren Frauen auf dem Papier gleichberechtigt.	

2) **Zu dritt: Vergleichen und ergänzen Sie zunächst Ihre Ergebnisse. Diskutieren Sie dann darüber: Welcher deutsche Staat war in Sachen Gleichberechtigung fortschrittlicher? Begründen Sie Ihre Meinung.**

3) **Halten Sie die Ergebnisse Ihrer Diskussion in einem kurzen Statement schriftlich fest.**

26 Geschlechtergerechte Sprache

1) **Haben Sie schon einmal den Begriff „Fräulein" gehört? Recherchieren Sie online folgende Informationen:**

Von wann bis wann war der Begriff gebräuchlich?

Für wen gab es den Begriff?

Was bedeutet das Suffix -lein?

Welchen Begriff verwenden wir heute?

Welche Äquivalente kennen Sie aus anderen Sprachen?

2) **Zu zweit: Vergleichen Sie Ihre Ergebnisse und überlegen Sie, warum der Begriff heute nicht mehr gebräuchlich ist.**

3) **In dem Kulturpunkt sehen Sie mit dem Pronomen „mensch" ein Beispiel, wie man mit Sprache Aufmerksamkeit für marginalisierte Gruppen schaffen und inklusiver sein kann. Kennen Sie andere Beispiele? Sammeln Sie Ideen/Beispiele im Kurs.**

8: Vertrags- und Gastarbeit in der DDR und BRD

27 Eine kleine Geschichte der Arbeitsmigration

Lesen Sie den Text und beantworten Sie gemeinsam mit einer anderen Person die Fragen.

Nachdem der Zweite Weltkrieg geendet hatte, versuchten die Alliierten in West- und Ostdeutschland, die Wirtschaft in beiden Ländern schnell wieder aufzubauen.

In Westdeutschland half vor allem der Marshall-Plan. Schon Mitte der 1950er war die Wirtschaft so stark, dass man von einem Wirtschaftswunder sprach. Aber es gab ein Problem: Es gab nicht genug Arbeitskräfte. Also schloss die BRD Abkommen mit anderen Ländern in Europa, um Gastarbeiter*innen nach Deutschland zu bringen. Das erste Abkommen war mit Italien und es gab später auch Abkommen mit Griechenland, Spanien, der Türkei und Portugal.

In Ostdeutschland schloss die Regierung staatliche Abkommen mit ihren sozialistischen Bruderländern. Sie brauchten mehr Arbeitskräfte für die steigende Produktion. In Ostdeutschland nannte man diese Arbeitskräfte „Vertragsarbeiter*innen". Die ersten Vertragsarbeiter*innen kamen 1968 aus Ungarn. Später kamen weitere aus Algerien, Kuba, Vietnam, Angola und Mosambik.

Die ursprüngliche Idee war, dass diese Arbeitskräfte nach ein paar Jahren wieder in ihre Heimat zurückgehen. Deshalb hatten die DDR und BRD keinen guten Plan für die Integration der Arbeitskräfte. Viele Gast- und Vertragsarbeiter*innen blieben aber nach dem Ende der offiziellen Programme in Deutschland. Oft kam und kommt es heute noch zu sozialer Ausgrenzung dieser Menschen und zu xenophobischer und rassistischer Gewalt.

Fragen:

a) Warum brauchten die DDR und BRD nach dem Zweiten Weltkrieg Arbeitskräfte aus anderen Ländern?
b) Wann sind die ersten Gastarbeiter*innen nach Westdeutschland gekommen und woher kamen sie?
c) Aus welchen Ländern kamen Vertragsarbeiter*innen in die DDR?
d) Warum ist das Leben für diese Menschen in Deutschland nicht immer einfach?

28 Arbeitsmigration in Zahlen

Recherche

Wie viele Gast- und Vertragsarbeitskräfte sind in den Jahren 1960 bis 1980 in die BRD und die DDR gekommen? Öffnen Sie entweder den Link für die BRD oder die DDR unter www.klett-usa.com/impuls2links und suchen Sie die Zahlen für drei Länder aus Aktivität 27. Notieren Sie sich Ihre Ergebnisse. Aus welchen Ländern kamen die meisten Vertragsarbeiter*innen in die DDR und Gastarbeiter*innen in die BRD?

29 Vertrags- und Gastarbeit in Film und Literatur

1) Zu dritt: Kennen Sie Bücher oder Filme, die von Migration, Integration und Fremdenfeindlichkeit oder Rassismus handeln? Erstellen Sie eine Liste.

2) Diskutieren Sie in einer kleinen Gruppe: Was kann man von fiktionalen Texten und Filmen über Themen wie Migration, Integration und Fremdenfeindlichkeit oder Rassismus lernen? Bekommt man andere Informationen wie zum Beispiel über Zahlen (Aktivität 28)? Welche Form von Information ist für Sie wichtiger?

3) Machen Sie eine 5-minütige Online-Recherche zu dem Film „Almanya: Willkommen in Deutschland". Finden Sie so viele Informationen wie möglich (Autor*in, Regisseur*in, Jahr, Charaktere, Genre, Themen etc.). Benutzen Sie für Ihre Recherche nur deutsche Webseiten. Notieren Sie unten die Informationen.

Recherche

Teile von Cast und Crew von „Almanya: Willkommen in Deutschland" bei der Berlinale 2011 in Berlin

4) Sprechen Sie mit anderen Personen im Kurs über Ihre Informationen und vergleichen Sie, was Sie herausgefunden haben.

5) Sie hören jetzt eine Beschreibung des Romans „Sungs Laden" von Karin Kalisa. Beantworten Sie die R/F-Fragen.

richtig	falsch	
		„Sungs Laden" ist ein realistischer, historischer Roman.
		Minh kommt mit seinem Vater in die Schule, um über die vietnamesische Kultur zu sprechen.
		Minh und seine Großmutter bringen eine alte Holzpuppe mit und spielen ein Puppentheater.
		Das Theater erzählt die Geschichte von einer vietnamesischen Vertragsarbeiterin in der DDR.
		Alle Schüler*innen und Lehrer*innen sind vom Puppentheater gelangweilt.
		Die Rezension sagt, dass der Roman „Sungs Laden" nicht zu empfehlen (*recommend*) ist.

6) Von welcher Geschichte möchten Sie mehr erfahren? „Almanya" oder „Sungs Laden"? Warum? Sprechen Sie mit zwei anderen Personen und beschreiben Sie, warum Sie die eine oder die andere Geschichte bevorzugen.

9: Die Wende

30 Protokoll vom Mauerfall

1) Lesen Sie das Protokoll vom 9. November 1989.

Tag:	Die SED entschied, das Reisen in die BRD zu erlauben. (Partizip: entschieden)
18 Uhr:	Günter Schabowski begann die Pressekonferenz. (begonnen)
18:53 Uhr:	Schabowski sagte: „Permanente Ausreisen können über alle Grenzpunkte der DDR zur BRD und zu Berlin (West) erfolgen." (gesagt)
direkt danach:	Reporter Peter Brinkmann fragte, wann die Regelung beginnt. (gefragt)
danach:	Schabowski antwortete: „Sofort." (geantwortet)
19:05 Uhr:	Die Nachrichtenagentur AP meldete: „Die DDR-Grenzen sind offen." (gemeldet)
20:15 Uhr:	80 Ostberliner*innen kamen zu mehreren Grenzübergängen in Berlin. (gekommen)
danach:	Die Grenzsoldat*innen wussten nicht, was sie tun sollten. (gewusst)
danach:	Die Stasi erklärte den Grenzoffizieren, dass sie die Leute nach Hause schicken sollten. (erklärt)
danach:	Die Grenzoffiziere sagten: „Wir können Ihnen heute die Ausreise nicht erlauben."
21:30 Uhr:	1.000 Menschen waren am Grenzübergang Bornholmer Straße. (gewesen)
21:40 Uhr:	Die Grenzoffiziere ließen einige laute Menschen über die Grenze. Sie stempelten (*stamped*) „ungültig" in den Pass. (gelassen; gestempelt)
23:15 Uhr:	20.000 Menschen am Grenzübergang Bornholmer Straße riefen: „Macht das Tor auf!" (gerufen)
23:20 Uhr:	Oberstleutnant Harald Jäger, der oberste Offizier an der Bornholmer Straße, öffnete die Grenze. (geöffnet)
23:40 Uhr:	Die Stasi erlaubte auch die Öffnung der anderen 6 Grenzübergänge in Berlin. (erlaubt)
1:00 Uhr:	Tausende West- und Ostberliner*innen kletterten über die Mauer am Brandenburger Tor. (geklettert)
in der Nacht:	Ostberliner*innen gingen in Westberlin spazieren. West- und Ostberliner*innen feierten. Sie tanzten auf der Mauer am Brandenburger Tor. (gegangen; gefeiert; getanzt)

2) **Zu viert: Machen Sie in Ihrer Gruppe eine Reihe. Die erste Person verbindet Satz 1 und 2 mit „nachdem", die zweite Person Satz 2 und 3 mit „nachdem" usw. Denken Sie daran: „nachdem" + Plusquamperfekt, sonst Präteritum.**

Beispiel: Nachdem die SED entschieden hatte, das Reisen in die BRD zu erlauben, begann Günter Schabowski die Pressekonferenz.

3) **Erzählen Sie jetzt kurz im Kurs, wie es zum Mauerfall kam. Was waren die wichtigsten Entscheidungen, Fehler oder Ereignisse? Benutzen Sie das Perfekt.**

31 Der 9. November – eine emotionale Nacht

1) **Ihr*e Professor*in zeigt Ihnen einige Videosequenzen vom 9. November an der Bornholmer Straße. Sie brauchen nicht darauf zu achten, was die Menschen sagen, beobachten Sie die Emotionen und machen Sie sich Notizen zu den Fragen.**

Welche Emotionen sehen Sie? Sind die Menschen glücklich, ängstlich, aufgeregt, gespannt, traurig …?
Wie reden die Menschen? (laut, leise, höflich, schnell …)
Wie ist die Atmosphäre? (harmonisch, angespannt, wütend, fröhlich …)
Wann sehen Sie das? (z.B. als die Menschen an der Grenze warteten; nachdem die Offiziere die Grenze geöffnet hatten …)

2) **Sprechen Sie nach dem Sehen über Ihre Beobachtungen. Können Sie die Emotionen verstehen?**

3) **Vielleicht haben Sie es im Video gehört: Die Menschen haben „Wir kommen wieder" gerufen. Was meinten sie wohl damit?**

32 Video-Ecke: Assoziationen zur Einheit

1) **Schauen Sie sich das erste Video an. Die Personen assoziieren Wörter zur Deutschen Einheit. Notieren Sie sich so viele Wörter wie möglich.**

Assoziationen

2) **Sprechen Sie: Können Sie die Assoziationen verstehen? Gibt es überraschende Assoziationen? Oder fehlt Ihrer Meinung nach etwas? Wie erklären Jan und Li ihre Assoziationen? Sind ihre Assoziationen eher positiv, eher negativ oder beides? Woran könnte das liegen?**

3) **Sehen Sie nun das zweite Video, in dem Nardos, Jan und Mahdi mehr zu der Spannung an positiven und negativen Assoziationen sagen. Wie erklären sie die Spannungen? Wer denkt vielleicht eher positiv oder eher negativ über die Deutsche Einheit? Inwiefern ist das eine persönliche Reaktion und inwiefern sind es Gruppen, die solche Assoziationen haben? Welche Gruppen?**

33 Eine Chronik der Wende

Rufen Sie sich nochmal in Erinnerung, wie es zur Wende kam. Erstellen Sie eine Liste mit den wichtigsten Ereignissen.

34 „Das neue ‚Wir' ohne uns"

1) Zu zweit: Betrachten Sie das Bild unten und beschreiben Sie, was Sie sehen. Benutzen Sie Redemittel zur Bildbeschreibung wie zum Beispiel „Auf dem Bild sieht man ...", „Auf der linken/rechten Seite ..." etc.

2) Zu zweit: Das Bild gehört zu dem Artikel, aus dem Sie in LERNEN 34b einen Ausschnitt gelesen haben. Der Artikel hat den Titel „Das neue ‚Wir' ohne uns". Wer ist „wir" und wer ist „uns"? Wer ist Teil der Einheit und wer nicht? Illustriert das Bild den Titel gut? Warum (nicht)?

35 May Ayim und die deutsche (Sch)Einheit

1) Zu zweit: Machen Sie ein Brainstorming zu dieser Frage: Wenn Sie an das Thema „Fall der Mauer im Jahr 1989" denken, welche Konnotationen hat das für Sie? Denken Sie an etwas Positives? Negatives? Denken Sie auch an das Video, das Sie über die Bornholmer Straße (Aktivität 31) gesehen haben, und an die Video-Ecke.

2) Lesen Sie diese Titel von Zeitungsartikeln aus deutschen Zeitungen vom November 1989. Wie wird der Mauerfall hier beschrieben? Vergleichen Sie diese Beschreibungen mit Ihrem Brainstorming in Teil 1 oben. Gibt es Gemeinsamkeiten?

In dieser Nacht war das deutsche Volk
das glücklichste der Welt

Eine Flut befreiter Menschen

Berlin wird leben und die Mauer wird fallen

Das Volksfest auf der Mauer

3) 1990 schrieb May Ayim das Gedicht „grenzenlos und unverschämt – ein gedicht gegen die deutsche sch-einheit". „sch-einheit" ist ein Wortspiel aus „Schein" und „Einheit". Benutzen Sie ein Online-Wörterbuch und definieren Sie (auf Deutsch) alle drei Wörter. Benutzen Sie in Ihrer Antwort sowohl Nomen als auch Pronomen.

Recherche

Schein: ______________________________

____

Einheit: ______________________________

____

sch-einheit: ______________________________

____

4) Zu zweit: Lesen Sie diesen Teil aus May Ayims Gedicht und sprechen Sie mit einer anderen Person über die Fragen dazu.

Wie beschreibt das lyrische Ich seine Identität?
Wer sind die Anderen, ihr/euch, in diesem Gedicht?
Wie sehen die Anderen das lyrische Ich?
Wie wollen die Anderen das lyrische Ich sehen?
Wie reagiert das lyrische Ich auf die Aggressionen der Anderen?
Warum ist das Wort FREIHEIT in Großbuchstaben geschrieben?
Wo findet das lyrische Ich Freiheit?

ich werde trotzdem
afrikanisch
sein
auch wenn ihr
mich gerne
deutsch
haben wollt
und werde trotzdem
deutsch sein
auch wenn euch
meine schwärze
nicht paßt
ich werde
noch einen schritt weitergehen
bis an den äußersten rand
wo meine schwestern sind
wo meine brüder stehen
wo
unsere FREIHEIT
beginnt

Quelle: May Ayim, „grenzenlos und unverschämt. ein gedicht gegen die deutsche sch-einheit", Orlanda Verlag

5) Zu zweit: Der Untertitel des Gedichts ist „gegen die deutsche sch-einheit". Was sagt das Gedicht, warum die Einheit nur ein Schein ist? Sammeln Sie Ideen mit einer anderen Person.

____

____

____

11: WER WIR SIND

36 Wer seid ihr?

1) Glauben Sie, dass Geschichte und Sozialisierung etwas mit Identität zu tun haben? Sprechen Sie darüber in der Gruppe.

Wo sind Sie aufgewachsen? Welche Traditionen gab es?
Gab es ein (historisches) Ereignis, das Ihre Kindheit und Jugend geprägt hat?
Sind diese Dinge heute auch noch wichtig für Sie? Wenn ja, warum ist das so? Wenn nein, was hat sich verändert?

2) Wie identifizieren Sie sich heute? Denken Sie an Kategorien und Gruppierungen, die wichtig für Ihre Identität sind (zum Beispiel: Nationalität, Heimatstadt, Universität, Lieblingssportmannschaft, Gender etc.). Sprechen Sie mit anderen Personen darüber, wie/womit Sie sich identifizieren.

3) Was ist positiv und negativ, wenn man Menschen so kategorisiert? Schreiben Sie Aspekte in die Tabelle.

Positive Aspekte	Negative Aspekte

4) Teilen Sie jetzt Ihre Ideen im Kurs.

37 Regionalsprachen

1) Haben Sie in Aktivität 36 auch Sprache genannt? Glauben Sie, dass Sie Wörter benutzen, die andere Menschen in Ihrem Land nicht benutzen oder dass Sie manche Wörter anders aussprechen?

2) Es gibt viele Dialekte in Deutschland. Ein Professor*innenteam hat Umfragen gemacht und daraus Landkarten entwickelt. Diese heißen „Atlas zur deutschen Alltagssprache" und zeigen, wo die Deutschen wie sprechen. Öffnen Sie den Link, den Sie für diese Aktivität unter www.klett-usa.com/impuls2links finden und suchen Sie sich drei Wörter/Wortgruppen heraus.

Recherche

Tipp: Klicken Sie am besten erstmal links auf die einzelnen Runden, dort werden die Wörter gelistet, um die es geht. Es gibt dort zum Beispiel Menschen (wie Junge/Bub oder Großeltern), Essen (wie Brötchen und Kartoffeln), kleine Wörter (wie nein und ich), Dinge im Haushalt und vieles mehr.

3) Schauen Sie sich die Karten an und notieren Sie:

a) Wie heißen die Varianten von dem Wort?
b) Wo sind die Wortgrenzen von Ihrem Wort? Das heißt: In welchem Teil von Deutschland sagen die Menschen was? Sie können nach Norden, Süden, Osten und Westen unterscheiden oder auch nach Bundesländern und Städten. Zum Beispiel sagt man nur in Berlin „Schrippe" zu Brötchen.

4) Präsentieren Sie Ihre Ergebnisse. Sprechen Sie darüber, wo Dialektgrenzen in Deutschland sind (Nord-Süd, Ost-West etc.).

38 Wer sind „die Deutschen“? Erinnerungskultur 30 Jahre nach dem Mauerfall

1) 2019 feierte Deutschland „30 Jahre Mauerfall“. Viele Politiker*innen und die Medien feiern den 9. November als eine Befreiung der DDR-Bürger*innen aus der Diktatur. Das ist eine sehr westliche Perspektive, die die historische und soziale Komplexität der Wiedervereinigung stark vereinfacht. Lesen Sie nun einen Teil aus einem Interview mit dem Soziologen Steffen Mau und beantworten Sie die Fragen.

Tagesspiegel: Was war denn das „Normal“, was hat die Lebensweise geprägt?

Steffen Mau: Gerade die Gleichförmigkeit. Wir haben gewohnt wie alle anderen auch. Alle sind auf dieselben Schulen gegangen und in dieselbe Kaufhalle [Supermarkt]. Wir haben in der Freizeit alle sehr ähnliche Dinge gemacht. Auch sozial gab es wenige Unterschiede. In der DDR hat man eine sehr gute, breite Allgemeinbildung bekommen, viele Arbeiter lasen oder gingen ins Theater. Die DDR war eine stark nivellierte Gesellschaft mit einer proletarischen Mentalität. Und das prägt (*shapes/defines*) Ostdeutschland bis heute.

Quelle: Tagesspiegel.de (vereinfacht)

Frage:
Herr Mau sagt, dass „Gleichförmigkeit“ das Leben in der DDR definiert hat. Welche Beispiele gibt er dafür? Warum kann diese Gleichförmigkeit etwas Positives sein?

Tagesspiegel: Bald feiern wir den 30. Jahrestag des Mauerfalls. Wird dann doch wieder die „Befreiung“ der Ostdeutschen im Mittelpunkt stehen?

Steffen Mau: Im Mittelpunkt stehen Diktatur und der Unrechtsstaat DDR. Das ist natürlich Erinnerungspolitik für die Opfer (*victims*) und Bürgerrechtler (*civil rights activist*) – es ist richtig, daran zu erinnern. Aber viele andere Ostdeutsche können sich nicht mit dieser Erinnerung identifizieren. Die DDR war nicht nur eine Diktatur. Diese Perspektive zeigt auch andere Dinge, die Teil der DDR waren: Privatheit, kleine Freiheiten, sozialer Eigensinn (*obstinacy*), die Proteste gegen das System.

Quelle: Tagesspiegel.de (vereinfacht)

Frage:
Warum ist es problematisch, dass die Erinnerungskultur die DDR nur als Diktatur erinnert?
Was sind die Konsequenzen?

2) Kennen Sie Beispiele von „Erinnerungskultur“ aus Ihrem Land, wo die offizielle Erinnerung die Erinnerung von einzelnen Personen ignoriert oder falsch präsentiert? Sprechen Sie darüber in einer Gruppe.

Offizielle Erinnerung	Erinnerung einzelner Personen

39 Geschichte: Eine Komödie oder ein Drama?

Zwei sehr beliebte und bekannte Filme über die DDR sind „Good Bye, Lenin!" (2003) und „Das Leben der Anderen" (2006). Beide Filme haben viele Preise gewonnen, aber sie sind ganz unterschiedlich. Ein Film ist eine Komödie und ein Film ist ein Drama, Thriller oder Melodram (das Genre ist nicht ganz klar).

Überlegen Sie erst individuell und sprechen Sie dann im Kurs: Was erwarten Sie von einer Komödie über die DDR und was erwarten Sie von einem Drama? Welche Rolle spielt dabei die Politik? Welche Rolle spielt das Alltagsleben?

Für Aktivität 40 gibt es zwei Optionen. Bearbeiten Sie Option A oder B.

40 Option A: „Good Bye, Lenin!"

1) Schauen Sie sich den Trailer von „Good Bye, Lenin!" online an. Was können Sie über die folgenden Elemente im Film schließen?

Recherche

Wer sind die Hauptcharaktere? (Beispiel: eine Mutter)

____

Wie ist die Stimmung? (Beispiel: fröhlich, traurig …)

____

Was passiert?

____

____

____

2) Um seine kranke Mutter zu schützen, kreiert Alex seine eigene Vision der Wiedervereinigung. Mit einem Freund dreht er eine Nachrichtensendung. In seiner Version erlaubt der DDR-Generalsekretär BRD-Bürger*innen in osteuropäischen Botschaften die Einreise in die DDR. Diese Menschen, so Alex, wollten nicht mehr in einem kapitalistischen Land, sondern in der sozialistischen DDR leben. So erklärt Alex, warum man auf einmal Westdeutsche in den Ostberliner Bezirken Mitte oder Friedrichshain treffen kann. Kontrastieren Sie Alex' Version mit dem, was in Wirklichkeit passiert ist. Welchen Eindruck haben Sie davon: Finden Sie die Idee gut, schlecht, falsch, lustig …? Warum?

3) Am Ende von der Szene hört man Alex' Stimme aus dem Off, die sagt: „Die DDR, die ich für meine Mutter schuf, hätte ich mir vielleicht so gewünscht." Was meint er damit?

4) **Jetzt sind Sie dran. Welches Ereignis der Weltgeschichte erzählen Sie anders? Aber Achtung: In „Good Bye, Lenin!" sind die neuen Geschichten positiv. Sie sind utopisch, aber theoretisch denkbar. Seien Sie kreativ und schreiben Sie eine „Geschichte" positiv neu!**

Für Aktivität 40 gibt es zwei Optionen. Bearbeiten Sie Option A oder B.

40 Option B: „Das Leben der Anderen"

1) **Schauen Sie sich online den Trailer von „Das Leben der Anderen" an. Was können Sie über die folgenden Elemente im Film schließen?**

Recherche

Wer sind die Hauptcharaktere? (Beispiel: ein Schriftsteller)

____

Wie ist die Stimmung? (Beispiel: fröhlich, traurig …)

____

Was passiert?

____

____

____

2) **Recherchieren und notieren Sie sich einige Informationen über die Stasi: Was war die Stasi? Was hat sie gemacht? Wer hat bei der Stasi gearbeitet? Was sind „informelle Mitarbeiter*innen"?**

Recherche

3) **Sprechen Sie in kleinen Gruppen über eine der drei Fragen unten. Mischen Sie dann die Gruppen und erzählen Sie, worüber Sie gesprochen haben. Sie können auch Ihre Meinung zu den anderen Themen sagen.**

Im Film bezeichnet der Protagonist, Dreyman, den Stasibeamten Wiesler als guten Menschen. Kann eine Person für die Stasi arbeiten und ein guter Mensch sein? Warum (nicht)? Und ist es gut oder nicht so gut, wenn der Film das so zeigt?

Warum haben Menschen vielleicht für die Stasi spioniert? Warum haben sie etwas über Personen in ihrer Nachbarschaft oder ihrer Klasse erzählt?

Kennen Sie Situationen, in denen Menschen etwas Falsches oder Unmoralisches tun, weil sie es müssen oder einen Befehl bekommen? Wie finden Sie das? Können Sie es verstehen?

41 Auswertung und Diskussion

1) **Stellen Sie im Kurs Ihre wichtigsten Erkenntnisse vor.**

2) **Diskutieren Sie jetzt in kleinen Gruppen (mit Mitgliedern, die Option A und B bearbeitet haben): Gibt es ein Genre, das besonders gut für Filme über Geschichte ist? Gibt es ein Genre, das sich nicht eignet? Macht es einen Unterschied, wenn die Geschichte für manche Menschen schlimm war und es Opfer (*victims*) gab, z. B. von einer Diktatur?**
Sie können auch über Ihre Erfahrungen mit anderen Filmen (z. B. über den Zweiten Weltkrieg oder den Vietnamkrieg) sprechen.

42 Einen Brief an die andere Seite schreiben

Stellen Sie sich vor, Sie haben die DDR verlassen und sind in die BRD gezogen oder Sie haben die BRD verlassen und sind in die DDR gezogen. Sie schreiben einen Brief an eine Person auf der anderen Seite.

1) Planung

Überlegen Sie sich zuerst:

- Warum haben Sie die DDR/BRD verlassen? Aus Liebe? Aus politischen Gründen? Aus einem anderen Grund?
- Wann schreiben Sie den Brief?
- Wem schreiben Sie? (einem*einer Freund*in, Familienmitglied, Kolleg*in, Bekannten …)
- Was gefällt Ihnen in Ihrem neuen Zuhause besonders gut?
- Was vermissen Sie von früher und von Ihrem alten Zuhause?
- Was haben Sie nicht erwartet? Was hat Sie überrascht?
- Wie fühlen Sie sich insgesamt?

Machen Sie sich für alle Elemente Notizen oder kreieren Sie eine Mindmap, die Sie später zusammen mit dem Brief einreichen sollen.

2) Erster Entwurf

Schreiben Sie einen ersten Entwurf. Vergessen Sie nicht die Grußformel und die typischen Elemente von Briefen.

3) Arbeit am Entwurf

Konzentrieren Sie sich jeweils auf einen Aspekt und nehmen Sie sich genug Zeit für jedes Element.

- Verben: Sind alle Verben in der richtigen Zeit konjugiert (Präteritum/Perfekt/Plusquamperfekt/Präsens/Futur)?
- Konjunktionen: Nehmen Sie sich drei Hauptsätze an verschiedenen Stellen vor und verbinden Sie diese mit einer Konjunktion. Vielleicht brauchen Sie „nachdem“, „bevor“, „seit“, „während“, „wenn“, „als“ oder auch „weil“ oder „da“.
- Präpositionen: Überprüfen Sie die temporalen Präpositionen. Haben Sie überall den Dativ benutzt?

4) Finaler Entwurf

Schreiben Sie Ihren finalen Entwurf und schicken Sie ihn an Ihre*n Professor*in. Schicken Sie auch Ihre Notizen und/oder Ihre Mindmap mit.

Wer würde sich trauen?

Achterbahnen und anderer Nervenkitzel

In **chapter 2**, you'll learn …

- to ask and answer questions about personal preferences, such as preferred rides and attractions in theme parks.
- to give a presentation about the design of different theme park rides.
- to use your language to research information necessary to plan a trip to Germany.
- to express how you would react in a scary situation and have a conversation about things one can be afraid of.
- to ask and answer questions about the representation of different cultures in theme parks around the world and to reflect critically about cultural stereotypes inherent in such *Themenwelten*.
- to collect arguments for and against the expansion of theme parks, including hypothetical observations about the impact such expansions would have on neighboring communities.
- to express the ups and downs of your life and state what you could have done differently.
- to formulate polite requests within the context of debates about the environmental impact of theme parks.
- to understand a simple recording of a person's biography and bring statements about the person's life into the correct order.
- to understand the main points presented in non-fictional texts about topics such as accidents in theme parks.
- to read and understand the main plot elements of a fictional story.
- to critically reflect on how fictional stories employ stereotypes in their depictions of different cultures.
- about *Schaustellerei* as a profession, as well as the pros and cons of such a lifestyle.
- about the history and physics of roller coasters.
- about the historical roots, facts and figures, and traditional customs of *Oktoberfest* in Munich and critically reflect on the cultural stereotypes implicit to *Oktoberfest* culture.
- about the accessibility of German theme parks and how they could be improved to make parks more accessible.
- about the country of Liechtenstein, its history, culture, and economy.

43 Auf dem Volksfest

1) Welche Attraktionen sehen Sie? Ordnen Sie zu.

die Achterbahn	der Freifallturm	das Karussell	das Riesenrad
der Autoscooter	die Geisterbahn	das Kettenkarussell	die Schießbude
das Dosenwerfen	der Hau den Lukas	der Luftballon-Pfeilwurf	die Wildwasserbahn

2) Fragen Sie andere Personen im Kurs, was sie gerne auf einem Volksfest machen würden. Was würden sie nicht so gerne machen? Warum (nicht)?

Grammatik
würde + Infinitiv

Tiana: Was würdest du gerne auf einem Volksfest machen?
Minh: Ich würde gerne eine Bratwurst essen und mit der Geisterbahn fahren. Und du?
Tiana: Ich würde nicht gerne mit der Geisterbahn fahren, weil ich Angst habe. Ich würde aber gerne mit der Achterbahn fahren. Ich liebe Achterbahnen!

44 Ich würde lieber ...

Schreiben Sie drei Fragen auf, die Sie zwei oder drei Personen gerne stellen würden. Benutzen Sie den Konjunktiv in der „ihr"-Form. Machen Sie dann eine Umfrage im Kurs. Sprechen Sie immer mit zwei oder drei Personen.

Beispiele: Würdet ihr lieber mit der Geisterbahn oder mit der Wildwasserbahn fahren? Würdet ihr lieber Popcorn ...

1. ______________________________

2. ______________________________

3. ______________________________

45 Schaustellerei

Was ist richtig und was ist falsch? Lesen Sie den Text und korrigieren Sie mündlich die falschen Aussagen.

Seit dem Mittelalter sind Schausteller*innen das Herzstück[1] von diversen Volksfesten, vom kleinsten Dorffest bis zum weltberühmten Oktoberfest. Sie bauen die großen Zelte auf und wieder ab, verkaufen Eintrittskarten, Essen und Getränke, betreiben[2] Fahrgeschäfte, spielen Musik, tanzen auf Bühnen oder unterhalten[3] die Menschen im Varieté. Andere machen Reparaturen, backen Brot oder installieren neue elektrische Kabel. Insgesamt gibt es mehr als 5.500 Schausteller*innenbetriebe in Deutschland. Jedes Jahr bauen sie bei fast 10.000 großen und kleinen Volksfesten und Jahrmärkten ihre Geschäfte auf und ab. Viele Familien arbeiten schon seit Generationen als Schausteller*innen bei solchen Volksfesten und wissen genau, wie sie die richtige Volksfest-Atmosphäre schaffen.

Die Arbeit der Schausteller*innen ist aber nicht leicht. Sie müssen mit den Volksfesten von Stadt zu Stadt reisen und leben meistens in Wohnwagen[4]. In den Wintermonaten können sie nur wenig Geld verdienen, weil es kaum Volksfeste gibt. Dennoch gibt es im Winter viel zu tun: Die Schausteller*innen müssen Fahrgeschäfte reparieren, sich für Volksfeste bewerben[5] und neue Regeln umsetzen. Dieses Leben ist oft stressig für Kinder, weil sie keinen festen Wohnort haben und oft auf ein Internat[6] müssen, wenn die Eltern arbeiten. Trotzdem freuen sich einige Kinder auf das Leben auf Volksfesten und darauf, die Familientradition weiterzuführen[7]. Damit wird das Wissen der Familien weitergegeben.

[1] das Herzstück – *centerpiece*
[2] betreiben – *to operate*
[3] unterhalten – *to entertain*
[4] der Wohnwagen – *caravan, trailer*
[5] bewerben – *to apply*
[6] das Internat – *boarding school*
[7] weiterführen – *to continue*

richtig	falsch	Schausteller*innen
		... sind mit ihrer Arbeit sehr wichtig für Volksfeste.
		... bleiben nur für eine kurze Zeit an einem Ort.
		... haben ein stressfreies Leben.
		... müssen im Winter nichts machen.
		... schicken ihre Kinder von Stadt zu Stadt auf die Schule, wo sie gerade sind.

46 Wer würde sich trauen, Schausteller*in zu sein?

Zu dritt: Würden Sie gerne als Schausteller*in arbeiten? Sammeln Sie Vor- und Nachteile.

Vorteile	Nachteile

15: OKTOBERFEST – DAMALS UND HEUTE°

47 Oktoberfest: Geschichte und Statistiken

Hören Sie die Informationen und ordnen Sie sie chronologisch ein (Nr. 1–6).

erstes Karussell
München übernimmt Festleitung
Oide Wiesn
Bavaria-Statue
abbaubare Festhallen
Hochzeit

48 Oktoberfest 2019 in Zahlen

Zu dritt: Lesen Sie zuerst die Fragen und dann den Text im Anhang (Person 1 auf Seite A-2, Person 2 auf Seite A-12, Person 3 auf Seite A-18). Füllen Sie nun als Team die Tabelle mit den korrekten Informationen aus.

Besucher*innen	
Arbeitskräfte	
Fläche Oktoberfest-Areal	
Gastronomiezelte (groß/mittelgroß)	/
Sitzplätze insgesamt	
Sitzplätze im größten Zelt	
Schausteller*innengeschäfte (z. B. Buden)	
Ochsen (Stück)	
Gegenstände im Fundbüro (Stück)	
Bierkonsum (Maß bzw. Liter)	
gesamter Wasserverbrauch (Liter)	
Toiletten (Sitzplätze)	
Toiletten (Stehplätze) in Metern	

49 Oktoberfest-Reise

Zu dritt: Finden Sie heraus, wann das nächste Oktoberfest in München stattfindet und planen Sie Ihre Reise nach München. Hier sind die Kriterien:

Recherche

Ihr Team will am ersten Tag an der Eröffnungsfeier im ältesten Wiesnzelt „Schottenhamel" auf der Theresienwiese teilnehmen. Sie möchten sich gerne um 12 Uhr an der Bavaria-Statue in München treffen und wollen insgesamt drei Tage (zwei Nächte) in München bleiben und dann zurückfliegen.

Von welchem Flughafen würde es losgehen?
Wann würden Sie ankommen?
Wie lange würde die Reise dauern?
Wie würden Sie vom Flughafen/Bahnhof in die Innenstadt kommen?

50 Traditionen: Singen, Tanzen, Dirndl tragen

1) **Auf dem Oktoberfest wird viel musiziert und gesungen. Das „Fliegerlied" ist ein populäres Lied, das die Leute oft auf dem Oktoberfest singen und zu dem sie tanzen. Lesen Sie den Songtext im Internet. Suchen Sie dann online nach einem Video. Singen (und tanzen) Sie mit.**

Recherche

2) **Zu zweit: Lesen Sie den Text zum Dirndl und sprechen Sie darüber, wie Sie diese bayrische Tradition finden. Gibt es ähnliche Traditionen in Ihrem Land? Würden Sie auf dem Oktoberfest auch ein Dirndl tragen? Warum (nicht)? Wenn ja, würden Sie bei der Tradition der Dirndlschleife mitmachen?**

Was verrät die Dirndlschleife auf dem Oktoberfest?
Es ist eine Tradition, dass Mädchen und Frauen ein Dirndl zum Oktoberfest tragen. Wo sie die Dirndlschleife (*bow*) binden, ist bedeutungsvoll. Machen sie ihn rechts, sind sie vergeben (verheiratet, manchmal verlobt oder verliebt). Binden sie ihn links, sind sie ledig oder single (aber auch vielleicht verlobt oder verliebt). Ist die Schleife in der Mitte, dann ist die Person Jungfrau (*virgin*), ein Kind oder ein junges Mädchen. Ist sie hinten, bedeutet das, dass die Frau entweder eine Witwe oder eine Kellnerin ist.

3) **Denken Sie, dass Männer auch an dieser Tradition teilnehmen sollten? Warum (nicht)? Was könnten Männer tragen, um klar zu machen, dass sie vergeben, ledig/single, Junggeselle (*bachelor*), verwitwet oder Kellner sind?**

16: FREIZEITPARKS

51 Kugellager zu Parks

1) In LERNEN haben Sie ein Brainstorming zu Ihren Erfahrungen mit Freizeitparks gemacht. Erzählen Sie jetzt den anderen Personen im Kurs davon. Arbeiten Sie mit der Kugellager-Methode: Bilden Sie am Anfang einen Innen- und einen Außensitzkreis. Sprechen Sie zwei Minuten über Ihre Erfahrungen. Dann dreht sich der Außenkreis im Uhrzeigersinn. Sagen Sie, wo Sie waren, was es dort zu sehen gab, ob es ein Thema oder mehrere Themenwelten gab, was Sie besonders gut und/oder nicht so gut fanden, ob Sie Freizeitparks mögen und warum (nicht) etc.

2) Machen Sie sich nun Notizen zu dem, was Sie gehört haben:

Freizeitparks: ______________________________

Themen(welten): ______________________________

Gut/Positiv: ______________________________

Schlecht/Negativ: ______________________________

Eine Person mag Freizeitparks zum Beispiel, weil … ______________________________

Eine Person mag keine Freizeitparks zum Beispiel, weil … ______________________________

52 Recherche zu Freizeitparks

1) Recherchieren Sie den Park, der Ihnen aus der Liste unten zugeteilt wird.

Recherche

Suchen Sie Informationen über Ihren Park, zum Beispiel Anzahl der Besucher*innen, wo der Park liegt, wie lange es ihn gibt und was es dort zu sehen gibt. Notieren Sie das Thema des Parks oder die Themen, wenn der Park verschiedene Themenwelten hat. Sie können auch Bewertungen lesen: Was finden die Leute an dem Park gut oder nicht so gut? Am Ende überlegen Sie: Würden Sie diesen Park gerne besuchen? Wenn ja, was würden Sie dort machen? Wenn nein, was könnte man an dem Park verändern, damit er Ihnen besser gefallen würde?

1) Belantis Leipzig
2) Dinosaurierland Rügen
3) Erlebnispark Tripsdrill
4) Europa-Park Rust
5) Filmpark Babelsberg
6) Hansa-Park
7) Heide Park Soltau
8) Legoland Deutschland
9) Magic Park Verden
10) Movie Park Germany
11) Phantasialand
12) Playmobil FunPark
13) Ravensburger Spieleland
14) Saalfelder Feengrotten

2) Zu dritt: Jede Person hat einen anderen Park recherchiert. Präsentieren Sie die wichtigsten Infos zu Ihrem Park in der Gruppe. Sie können auch ein paar Bilder zeigen. Machen Sie sich Notizen, während die anderen präsentieren.

53 Deutschland und die USA in Freizeitparks

1) Arbeiten Sie in Gruppen.

Gruppe 1: Deutschland in den USA
Haben Sie schon einmal eine „deutsche" Themenwelt in einem amerikanischen Freizeitpark gesehen? Was gab es dort? Wie sahen die Häuser, die Straße(n), die Fahrgeschäfte aus? Welches Essen gab es? Empfinden Sie diese Darstellung als akkurat oder stereotypisch? Warum haben die Designer*innen diese Darstellung vielleicht gewählt? Welches Image möchten sie vermitteln? Welche Deutschen könnten sich mit diesem Image identifizieren, welche nicht?

Gruppe 2: USA in Deutschland
Oft werden die USA entweder als Wilder Westen (Saloons, Cowboys etc.) oder als Großstadt (Hochhäuser, Freiheitsstatue etc.) dargestellt. Was oder wen repräsentiert diese Darstellungsweise? Was oder wer fehlt? Warum wählen die Designer*innen gerade diese Darstellung? Welches Image möchten sie vermitteln? Identifizieren Sie die USA mit diesem Image? Warum (nicht)?

2) Informieren Sie die anderen Gruppen kurz über Ihre Diskussion.

3) Machen Sie Vorschläge dazu, was die Designer*innen anders und/oder besser machen könnten.

An ihrer Stelle würde ich (nicht) …

54 Kulturberater*in für einen Themenpark

1) Nun sind Sie dran. Sie sind Kulturberater*in für einen Park. Wie würden Sie Deutschland oder ein anderes Land, das Sie sehr gut kennen, darstellen? Wählen Sie ein Thema (Deutschland oder ein anderes Land) und entwerfen Sie ein bestimmtes Fahrgeschäft / eine Achterbahn oder eine Straße für den Park. Überlegen Sie, ob Sie Ihr Thema historisch oder modern, realistisch oder abstrakt darstellen. Machen Sie eine Skizze und schreiben Sie ein paar erklärende Informationen dazu.

Was würde es dort geben? Was könnten Gäst*innen dort sehen? Welche Farben und Bilder würden Sie benutzen? Welches Essen würden Sie anbieten? …

2) Zu zweit: Tauschen Sie nun Ihre Skizze mit einer anderen Person und schauen Sie sich den Entwurf für eine Minute an. Sprechen Sie dann miteinander darüber und geben Sie sich Ratschläge. Sagen Sie, was man noch anders machen könnte.

An deiner Stelle würde ich (nicht) …

55 Freizeitparks und ihre Umgebung

1) Stellen Sie sich vor, dass Sie in Ihrer Stadt einen großen Freizeitpark mit 2 Millionen Besucher*innen pro Jahr haben. Überlegen Sie: Welche positiven Auswirkungen könnte der Freizeitpark auf die Stadt, die Region und die direkte Nachbarschaft haben? Welche Probleme könnte es für die benachbarte(n) Menschen, Tiere und Natur von Freizeitparks geben? Machen Sie sich zuerst individuell Notizen. Sammeln Sie sie dann zu dritt oder viert.

Positive Aspekte	Negative Aspekte

2) Hören Sie jetzt mehrere Menschen, die über weitere Aspekte sprechen. Tragen Sie diese in die Tabelle oben ein.

3) Diskutieren Sie über die Vor- und Nachteile von Parks in der Nachbarschaft. Welche Aspekte könnten für welche Personen wichtig sein? Was denken Sie? Was könnten Lösungen für diese Probleme sein?

56 Bürger*innenbegehren

1) Das Phantasialand möchte den Park erweitern und neue Hotels und Attraktionen bauen. Hören Sie, was die drei Personen sagen, und diskutieren Sie darüber im Kurs: Warum soll der Park erweitert werden? Was sind die Vorteile? Was sind die Probleme? Welche Lösungen und/oder Kompromisse schlagen die Personen vor? Haben Sie Ideen, wie man den Konflikt lösen kann?

2) In vier Gruppen: Sie bekommen einen Teil von einem Brief, den Bürger*innen an den NRW-Umweltminister geschrieben haben. Finden Sie für Ihren Teil einen Titel, der das Thema oder das Argument am besten beschreibt. Schreiben Sie dann 3–5 Schlüsselwörter auf, die wichtig sind, um Ihren Teil zu verstehen. Suchen Sie online nach Definitionen der Wörter auf Deutsch.

TEIL 1 Titel: ______________________

Wörter: ______________________

____

TEIL 2 Titel: ______________________

Wörter: ______________________

____

TEIL 3 Titel: ______________________

Wörter: ______________________

____

TEIL 4 Titel: ______________________

Wörter: ______________________

____

3) Präsentieren Sie das Argument und die Schlüsselwörter im Kurs und notieren Sie sich die Informationen von den anderen Gruppen. Fassen Sie den Brief zusammen: Was ist das Hauptargument? Warum sind die Menschen gegen die Erweiterung vom Phantasialand?

4) Formulieren Sie eine Forderung als höfliche Bitte. (Beispiel: Könnten Sie bitte gegen den Ausbau stimmen?)

____

____

57 Gedanken übersetzen

1) Zu dritt: Lesen Sie den Dialog unten. Zwei Personen diskutieren. Die Gedankenblasen daneben sind für den*die „Gedanken-Übersetzer*in". Diese Person liest „zwischen den Zeilen" und fasst die irrealen Wünsche von den anderen in Worte. Schreiben Sie Wunschsätze in die Denkblasen.

Wenn sie doch …

Ach wenn er doch nur …

Biologin: Schützen Sie doch die Tiere! Wir brauchen Tiere.
Architekt: Aber wir brauchen auch den Platz. Siedeln Sie doch die Tiere in einen anderen Wald um!
Biologin: Aber denken Sie doch bitte an die Tiere – ein Umzug ist sehr stressig.
Architekt: Das verstehe ich, aber unser Park ist zu klein.
Biologin: Könnten Sie nicht woanders bauen?
Architekt: Das ist schwierig, da wohnen ja auch noch Menschen.
Biologin: Aber Tiere sind ja genauso wichtig wie Menschen.
Architekt: Das stimmt und sie haben auch eine sehr gute Fürsprecherin mit Ihnen.
Biologin: Danke. Was machen wir denn jetzt?
Architekt: Wir überlegen nochmal, wie wir das am besten für alle machen können.

Wenn …

Wenn …

2) Lesen Sie danach den Dialog mit dem*der „Gedanken-Übersetzer*in" in verteilten Rollen vor.

18: „Penny Pepper: Alarm auf der Achterbahn"°

58 Kriminalgeschichten

1) **In LERNEN haben Sie eine Tabelle für drei Kriminalgeschichten gemacht. Erzählen Sie anderen Personen im Kurs, welche Elemente Ihre Geschichten haben. Dann sprechen die anderen über ihre Geschichten.**
2) **Vergleichen Sie: Welche Unterschiede gab es zwischen Ihren Geschichten und denen der anderen Personen?**
3) **Zu Hause haben Sie aufgeschrieben, warum Sie Kriminalgeschichten (nicht) mögen. Sprechen Sie nun mit vielen Personen und sammeln Sie mehr Pro- und Contra-Argumente für Kriminalgeschichten. Danach sammelt der ganze Kurs die Argumente in einer Tabelle an der Tafel.**

59 Der Fall: Dinge verschwinden auf dem Rummel

Penny und ihre Freundinnen sind auf dem Rummel, um Spaß zu haben. Aber dann gibt es einen Fall für die Detektivinnen:

Es war etwas ganz Furchtbares passiert! Meine Geldbörse war weg! Mit dem ganzen Geld von Oma drin!!! Ich hatte Omas kostbares Geld verloren! :-(Und alles, was sonst noch drin war.

Vor lauter Schreck hab ich angefangen zu zittern. Ida, Marie und Flora haben mich getröstet und gesagt, dass wir die Geldbörse schon finden werden. Flora meinte, sie hat ja zum Glück kleine Hunde drauf und ist leichter zu sehen, als wenn sie zum Beispiel grau wäre oder so. Flora ist eigentlich auch ziemlich clever.

Wir haben dann überall geguckt, wo wir vorher waren:
- Beim Eis …
- Bei der Zuckerwatte (*cotton candy*) …
- Beim Monster Turbo Shooter …
- Bei dem Affen …

Wir haben meine Geldbörse aber nicht gefunden. Als Flora ihr Handy rausholen wollte, wurde uns jetzt allen ganz kalt im Bauch!!! Floras Handy war weg!

Quelle: Ulrike Rylance, „Penny Pepper: Alarm auf der Achterbahn", dtv junior

1) **Zu zweit: Beantworten Sie die Fragen zum Text.**

   Was passiert auf dem Rummel? Wie reagiert Penny und wie reagieren ihre Freundinnen?
   Warum ist Flora optimistisch, dass sie das gestohlene Objekt finden können?
   Wo suchen die Freundinnen nach dem Objekt? Können sie es finden?
   Ist Penny das einzige Diebstahlopfer (*victim of theft*)?

2) **Was würden Sie alles verlieren, wenn jemand Ihre Geldbörse stehlen würde? Machen Sie eine Liste.**
3) **Zu zweit: Benutzen Sie Ihre Liste aus Teil 2 und erzählen Sie einer anderen Person, was Sie alles verlieren *würden* und warum das ein Problem *wäre*.**

60 Die Tatverdächtigen

1) Immer mehr Dinge verschwinden auf dem Rummel, aber Penny und ihre Freundinnen haben schon drei Tatverdächtige. Lesen Sie die Täter*innenprofile und beantworten Sie die Fragen zum Text.

1. Konrad: Absolut und sowieso (⇒ Meine [Pennys] Idee!)
Alarmstufe: feuerrot!
Da gibt es gar keinen Zweifel. Er ist quasi zum Taschendieb geboren. [Ich sage nur: sein Grinsen, seine Geldgier (*greed*), sein verbrecherischer Charakter!]

2. Der falsche Polizist: mit dem falschen Lächeln. (⇒ Idas Idee!)
Alarmstufe: hellrot
Warum sonst zieht er sich hinter einer Bude um? Und vor allem – warum starrt er so lange in den Taschenspiegel und lächelt sich selbst an? Vielleicht ist er ja in Wahrheit ein Verbrecher, der aus dem Gefängnis abgehauen (*escape*) ist? Und jetzt braucht er Geld und lächelt deshalb Leute an, und wenn er sie mit seinem falschen Lächeln hypnotisiert hat, dann zieht er ihnen das Geld aus der Tasche und sie merken es nicht!

3. Die Blutbach-Familie aus meinem Haus (⇒ Floras Idee!)
Alarmstufe: orange
Mutter und Tochter Blutbach. Das könnte sein. Woher sonst haben die so viel Geld, um endlos Bilder von sich malen zu lassen? Sonst haben die Blutbachs nämlich nie Geld und borgen sich immer Eier und Milch und so was von uns!

4. Herr oder Frau Unbekannt (⇒ Maries Idee!)
Alarmstufe: gelblich
Es könnte ja auch jemand sein, den wir NICHT kennen.

Quelle: Ulrike Rylance, „Penny Pepper: Alarm auf der Achterbahn", dtv junior

Fragen:

a) Für jeden Verdächtigen schreiben die Freundinnen eine Alarmstufe auf. Welche Attribute machen Konrad zum Tatverdächtigen mit der Alarmstufe feuerrot?
b) Was glauben die Freundinnen, wer der Polizist wirklich ist? Und wie versucht er, von Menschen Geld zu bekommen?
c) Was machen die Blutbachs, wenn sie kein Geld haben?

2) Diskutieren Sie zu zweit: Wer ist basierend auf den Profilen wahrscheinlich der*die Täter*in? Warum denken Sie das? Spekulieren Sie: Wie hat/haben der*die Täter*in(nen) Pennys Geldbörse und andere Dinge gestohlen?

(Wollen Sie wissen, wer wirklich der*die Täter*in war? Das erfahren Sie zu Hause in ZEIGEN, Aktivität 60b.)

61 Taschendiebstähle auf dem Oktoberfest

1) Rechts sehen Sie eine Statistik zu Taschendiebstählen auf dem Oktoberfest. Beschreiben Sie die Statistik.

2) Wie viele Taschendiebstähle gab es 2019? Ist das mehr oder weniger als 2018? Haben Sie eine Erklärung für diese Entwicklung?

3) Haben Sie höhere oder niedrigere Zahlen erwartet? Warum?

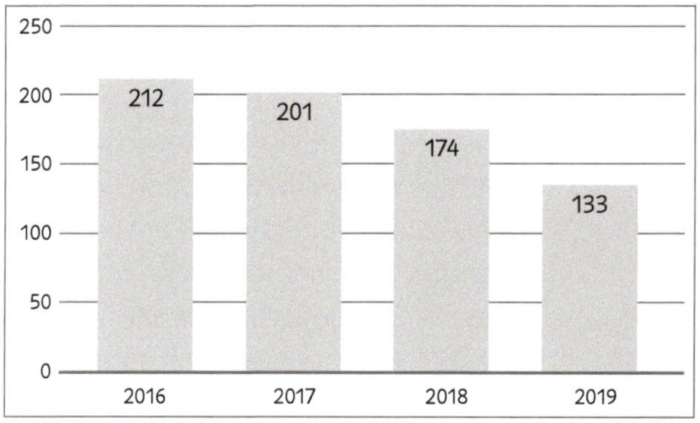

Quelle: Polizeipräsidium München

62 Unsere Lieblingsachterbahnen

1) Im Kurs: Haben Sie eine Lieblingsachterbahn aus Stahl? Sammeln Sie zusammen die Lieblingsstahlachterbahnen des Kurses. Wenn Sie den Namen nicht kennen, recherchieren Sie online.

Recherche

2) Zu viert oder fünft: Teilen Sie sich die Achterbahnen auf (jede Person bekommt zwei) und nutzen Sie den Link, den Sie unter www.klett-usa.com/impuls2links finden, um sich Informationen und Bilder von den zwei Achterbahnen anzusehen. Schreiben Sie dann den Namen der Hersteller neben die jeweilige Achterbahn.

Recherche

3) Diskutieren Sie in Ihrer Gruppe: Von wie vielen Herstellern kommen die Favoriten im Kurs? Aus welchen Ländern kommen diese Hersteller? Wie viel Prozent kommen aus Ländern, in denen Deutsch gesprochen wird?

63 Achterbahn-Guru Werner Stengel

1) Der Ingenieur Werner Stengel hat über 600 Achterbahnen auf der Welt designt. Für seine technischen Innovationen hat er einen Ehrendoktor von der Universität Göteborg und das Bundesverdienstkreuz erhalten. Lesen Sie die Stationen seines Lebens und raten Sie: Was sind die ersten zwei Ereignisse und was sind die letzten zwei? (Lassen Sie die Kästchen zuerst noch leer.)

Er plante über 600 Achterbahnen.
„Super Acht" war ein großer Erfolg.
Werner Stengel wurde im Jahr 1936 in Bochum geboren.
Werner Stengel studierte Bauingenieurwesen.
Alle Achterbahnhersteller arbeiteten mit Werner Stengel.
Er arbeitete an einem Autoscooter.
Werner Stengel lernte Anton Schwarzkopf und Otto van der Ville kennen.
Er arbeitete für Schwarzkopf und van der Ville an der ersten Stahlachterbahn Deutschlands.
Stengel berechnete Energie und Geschwindigkeit mit exakten mathematischen Methoden.
Werner Stengel gründete sein eigenes Ingenieurbüro.
Stengel entwickelte den ersten vertikalen Looping der Nachkriegszeit.
Er arbeitete im Ingenieurbüro Brunner.

2) Hören Sie jetzt den Beitrag zum Leben von Werner Stengel und bringen Sie die Ereignisse in Teil 1 in die richtige Reihenfolge. Haben Sie die ersten und letzten Ereignisse richtig erraten?

3) Zu zweit: Erzählen Sie die Biografie rückwärts und sagen Sie dabei jeweils, ohne welches (vorherige) Ereignis es nicht passiert wäre.

Nick:	Er plante über 600 Achterbahnen.
Natasha:	Er hätte nicht über 600 Achterbahnen geplant, wenn die Achterbahnhersteller nicht mit ihm gearbeitet hätten.
Nick:	Die Achterbahnhersteller hätten nicht mit ihm gearbeitet, wenn er den ersten vertikalen Looping nicht entwickelt hätte.
Natasha:	Er hätte den ersten vertikalen Looping nicht entwickelt, wenn …

64 „Stammbaum“ der Achterbahnhersteller

Zu viert: Den Achterbahnhersteller Anton Schwarzkopf gibt es heute nicht mehr, aber viele der heutigen Achterbahnhersteller in deutschsprachigen Ländern sind Teil einer großen „Familie“, die ihn als Ursprung hat. Lesen Sie die Informationen auf Seite A-3 und tragen Sie die Unternehmen in den Stammbaum ein.

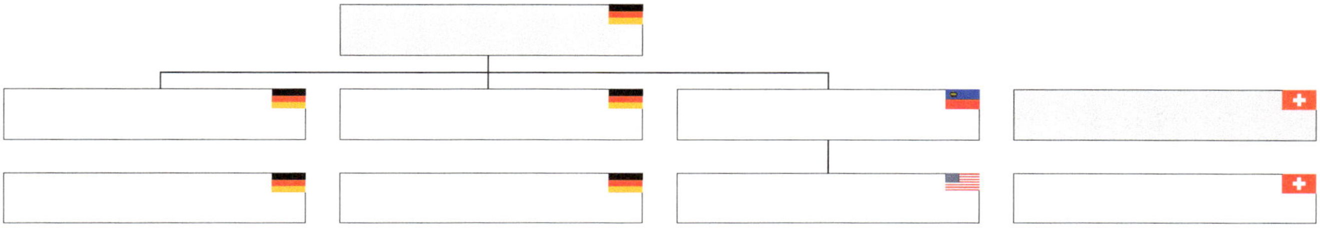

65 Liechtenstein

Recherche

Intamin Amusement Rides ist einer der erfolgreichsten Achterbahnhersteller und ist unter anderem bekannt für viele Rekordachterbahnen. Unter den höchsten und schnellsten Achterbahnen der Welt sind viele von Intamin. Der Unternehmenssitz ist in Schaan in Liechtenstein. Was wissen Sie über Liechtenstein? Arbeiten Sie zu viert und machen Sie eine Online-Recherche. Finden Sie dabei die Antworten auf ein paar der folgenden Fragen:
Wo liegt das Land? Was sind die benachbarten Länder? Wie groß ist das Land? Wie heißt die Hauptstadt? Wie viele Menschen leben in Liechtenstein? Welche Sprache(n) spricht man dort? Was ist die Währung? Gibt es in Liechtenstein Universitäten? Was kann man in Liechtenstein machen? Welche großen Unternehmen gibt es im Land?

20: Schwerelos – Physik der Achterbahn

66 Mathematik auf Deutsch

1) Auf einer Skala von 1 bis 5: Wie sehr mögen Sie oder wie gut sind Sie in Mathematik und Physik? Basierend auf Ihren Zahlen bilden Sie nun kleine Gruppen, sodass es in jeder Gruppe Mathe-Fachleute gibt. Sprechen Sie dann in der Gruppe: Warum mögen Sie Mathematik (nicht)?

2) Individuell: In welcher Reihenfolge hören Sie diese Aufgaben? Sortieren Sie.

$\sqrt[3]{125}=5$	$5\frac{1}{2}\cdot(1+1)=11$	$\sqrt{16}=4$	$12:2=6$
$\frac{5}{16}+\frac{3}{16}=\frac{1}{2}$	$(2+4)\cdot 3=18$	$2^3+3,5=11,5$	$2\cdot(7+2)=18$
$\frac{3}{4}+\frac{1}{8}=\frac{7}{8}$	$a^2+b^2=c^2$	$4^2+8=24$	$3\frac{13}{30}+2\frac{1}{15}=5\frac{1}{2}$

3) In Gruppen: Vergleichen Sie Ihre Antworten und lesen Sie die Aufgaben dann laut vor.

4) In Gruppen: Lesen Sie die folgenden Aufgaben erst laut vor, dann überlegen Sie, wie man sie mathematisch schreibt. Ordnen Sie sie dann der anderen Seite von der Gleichung (*equation*) zu.

1. acht mal zwei ist gleich
2. acht plus zwei ist
3. drei hoch zwei ist
4. fünf plus ein Achtel ist gleich
5. sechzehn durch drei ist gleich
6. sechzehn hoch drei ist
7. zwei Drittel plus ein Halb ist
8. zwei hoch drei ist gleich
9. *a* zum Quadrat plus zwei ist elf, also ist *a* gleich (eine Variable)
10. acht geteilt durch zwei ist gleich
11. die vierte Wurzel aus sechzehn ist gleich
12. drei Halbe plus drei Drittel ist gleich
13. drei minus Klammer-auf minus eins plus drei Klammer-zu ist
14. minus drei Klammer-auf eins plus drei Klammer-zu ist
15. sechs Fünfundzwanzigstel minus fünf Fünfundzwanzigstel ist
16. sechstausend minus achthundertfünfundsiebzig ist

10	2	zwei hoch vier	viertausendsechsundneunzig
drei	4	zehn minus eins	minus zwölf
$5,\overline{3}$ (Periode drei)	5.125	sieben Sechstel	fünf Komma eins zwei fünf
8	0,04	zwei Komma fünf	eins hoch eins

67 Achterbahnphysik

1) Zu zweit: In LERNEN haben Sie einen Text über die Physik von Achterbahnen gelesen. Wie nennt man sonst noch die folgenden Gesetze und Kräfte aus der Formelsammlung?

Formelsammlung

☐	das 2. Newtonsche Gesetz	$F = m \cdot a$	= Kraft = Masse · Beschleunigung
☐	die Gravitation	$g = 9{,}81\ m/s^2$	= konstant (auf der Erde: 9,81 Meter/Sekunde²)
☐	die Zentrifugalkraft	$F_{ZENT} = m \cdot v^2/r$	= Masse · Geschwindigkeit²/Radius
☐	potentielle Energie	$E_{POT} = m \cdot g \cdot h$	= Masse · Gravitation · Höhe
☐	kinetische Energie	$E_{KIN} = ½ \cdot m \cdot v^2$	= ½ • Masse · Geschwindigkeit²

a) die Schwerkraft
b) Lageenergie
c) die Fliehkraft (eine Scheinkraft)
d) Bewegungsenergie
e) das Aktionsprinzip

2) Schauen Sie sich die Grafik der „Impuls Deutsch Achterbahn" an. Welche Form(en) von Energie gibt es an den vier Punkten? (Die Achterbahn bewegt sich an allen vier Punkten.)

Punkt A potentielle Energie kinetische Energie
Punkt B potentielle Energie kinetische Energie
Punkt C potentielle Energie kinetische Energie
Punkt D potentielle Energie kinetische Energie

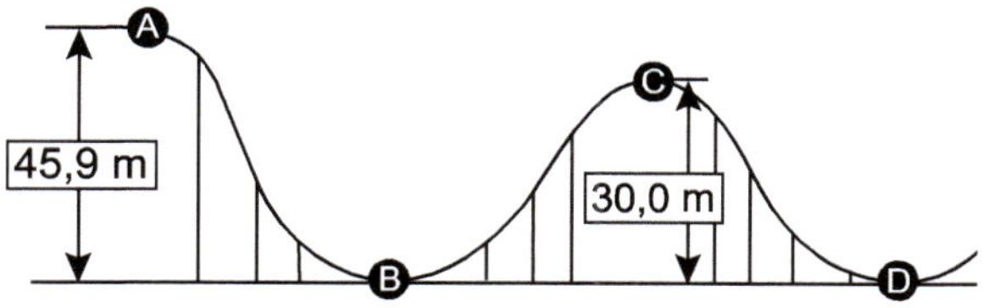

„Impuls Deutsch Achterbahn"

68 Wie schnell ist die Achterbahn?

1) Im Modell der „Impuls Deutsch Achterbahn" gibt keine Reibung (*friction*). Das heißt, die Summe der potentiellen und kinetischen Energie ist konstant. Sie ist also für alle vier Punkte gleich. Berechnen Sie diese Gesamtenergie ($E = E_{POT} + E_{KIN}$). Benutzen Sie dabei die Geschwindigkeit an Punkt A (= 2 m/s).

	Die Geschwindigkeit (v) in Metern/Sekunde
Punkt A	2 m/s
Punkt B	
Punkt C	
Punkt D	

2) Berechnen Sie jetzt die Geschwindigkeit für die anderen drei Punkte.

3) Geschwindigkeiten werden normalerweise in km/h angegeben statt m/s. Berechnen Sie die Werte in km/h.

69 Welche Kräfte wirken in der Achterbahn?

Die Achterbahn folgt ganz einfachen physikalischen Gesetzen. Was macht aber Achterbahnen besonders? Es sind unterschiedliche g-Kräfte, die auf die mitfahrenden Personen wirken. Im Tal (B) der Achterbahn fühlen sich die Mitfahrenden schwerer, auf dem Hügel (C) fühlen sie sich leichter. Sie erleben Beschleunigungen. Fährt der Wagen durch ein Tal, dann wirken kurzfristig bis zu 5 g (= 5 • 9,81 m/s^2) auf die Mitfahrenden ein. In diesem Moment wiegen sie das Fünffache ihres Körpergewichts. Die g-Zahl bezeichnet somit den Faktor, um den sich das Körpergewicht infolge einer Beschleunigung erhöht.

Im Tal wirken die Zentrifugalkraft und die Schwerkraft auf die Mitfahrenden. Die Zentrifugalkraft ist zentral für die Schwere der Personen, weil sie zur Schwerkraft addiert wird.

Im Tal gilt: $a_{Gesamt} = a_{ZENT} + g$
Auf dem Hügel gilt: $a_{Gesamt} = - a_{ZENT} + g$

Formelsammlung

Zentrifugalbeschleunigung $a_{ZENT} = v^2/r$ Geschwindigkeit^2/Radius

Beispiel: Im Tal (B) mit einem Radius von 30 Metern gilt:

$a_{Gesamt} = v^2/r + g$
$= (30{,}08 \text{ m/s}) / 30 \text{ m} + g$
$= 30{,}16 \text{ m/s}^2 + g$ $= 3{,}07 \cdot 9{,}81 \text{ m/s}^2 + g$
$= 3{,}07 \cdot g + g$
$= 4{,}07 \cdot g$

Die Fahrgäste wiegen also das 4,07-fache ihres Körpergewichtes oder einfach 4,07g.

1) Finden Sie mithilfe der obigen Informationen heraus, wie viel g im Tal D wirkt. Sein Radius ist 35 m.

2) Berechnen Sie, wie viel g auf dem Hügel C wirkt. Der Radius ist 30 m. Tipp: Die Mitfahrenden werden aus dem Sitz gedrückt, sie erfahren Luftzeit oder auch in Deutschland ganz einfach „Airtime" genannt.

70 Unterschiedliche Achterbahntypen

1) In LERNEN haben Sie unterschiedliche Sitzpositionen für Achterbahnen kennengelernt. Schauen Sie sich die Bilder an und schreiben Sie unter jedes Bild die Namen für diese Coaster-Typen.

2) Beschreiben und erraten. Arbeiten Sie zu viert: Eine Person wählt ein Bild und beschreibt es. Die anderen Personen raten, welches Bild beschrieben wird. Dann beschreibt die nächste Person ein Bild. Benutzen Sie beim Beschreiben die folgenden Informationen:

Adjektiv-Nomen-Phrasen (glückliche Menschen / steile Kurven etc.), die Position in Bezug auf die Schiene (auf/unter/über/neben etc.), und Situation (sitzend/stehend/liegend/sich drehend etc.)

Beispiel: Die Personen fahren liegend unter der Schiene durch steile Kurven.

3) In Gruppen: Sie haben über unterschiedliche Sitzpositionen gesprochen und in LERNEN haben Sie verschiedene Elemente einer Achterbahn (Loopings, Schrauben, Auffahrt etc.) kennengelernt. Wählen Sie einen Achterbahntyp und finden Sie auf der Webseite, die Sie unter www.klett-usa.com/impuls2links finden, eine Achterbahn von diesem Typ in Ihrem Land. Überlegen Sie dann, welche Elemente die Bahn hat und wie sie marketingtechnisch mit positiven (bombastischen) Adjektiven präsentiert werden kann.

Recherche

Schritt 1: Machen Sie eine Liste mit den wichtigsten Merkmalen und Eigenschaften Ihrer Bahn (Höhe, Geschwindigkeit, Loopings etc.).	*103 km/h Höchstgeschwindigkeit; Flying Coaster*
Schritt 2: Sammeln Sie möglichst viele Adjektive, die Ihre Achterbahn gut beschreiben und die für das Marketing gut sind.	*steil, spektakulär*
Schritt 3: Schreiben Sie mit den Merkmalen und Adjektiven Formulierungen für Ihre Präsentation.	*spektakuläre Höchstgeschwindigkeit*

4) Stellen Sie nun im Kurs Ihre Achterbahn in der „Marketingsprache" vor.

71 Holzachterbahnen im Vergleich

1) Zwei Freund*innen sprechen über ihren Besuch im Europa-Park und im Heide Park. Sie hören im Gespräch Informationen über zwei Holzachterbahnen: „Colossos" im Heide Park und „Wodan" im Europa-Park. Sie vergleichen die beiden Bahnen mit „T Express" in Südkorea. Notieren Sie die Informationen in der Tabelle.

„Wodan – Timburcoaster"

„Colossos – Kampf der Giganten"

„T Express"

	„Wodan"	„Colossos"	„T Express"
Höhe			
maximale Geschwindigkeit			
Fahrzeit			
theoretische Kapazität			
Hersteller			

2) Zu dritt: Vergleichen Sie die drei Achterbahnen. Benutzen Sie Adjektive im Komparativ und Superlativ. Welche Bahn hat die längste Fahrzeit? Hat die schnellste Bahn eine höhere Kapazität als die langsamste? Etc.

72 Video-Ecke: Ein Park für alle?

1) Zu zweit: Bei der Gestaltung eines Parks geht es nicht nur um Sitzpositionen, Elemente und technische Daten der Achterbahnen, sondern auch darum, dass Menschen den Park selbst genießen können. Was muss ein Park für Sie haben, damit Sie ihn genießen können? Füllen Sie die linke Seite der Tabelle aus.

wichtig für uns	wichtig für Nardos, Mahdi, Marie, Li, Charlotte und Jan

2) Zu zweit: Denken Sie jetzt an alle Menschen in all ihrer Vielfalt. Was denken Sie ist wichtig, damit wirklich ALLE einen Freizeitpark genießen können? Füllen Sie wieder nur die linke Seite der Tabelle aus.

unsere Ideen	Ideen von Jana, Lorenz und Marie

3) Zu zweit: Nardos, Mahdi, Marie, Li, Charlotte und Jan erzählen, was für sie wichtig ist. Danach teilen Jana, Lorenz und Marie ihre Ideen für einen „Freizeitpark für alle". Tragen Sie die Informationen in die rechte Seite der Tabelle ein.

4) Zu zweit: Vergleichen Sie Ihre mit den anderen Ideen. Woran haben Sie auch gedacht? Woran nicht? Was hat Sie überrascht? Denken Sie an Ihren letzten Parkbesuch: Gab es da alle Aspekte, die Sie, Jana, Lorenz und Marie angesprochen haben? Warum (nicht)? Was kann man tun, damit Parks für alle zugänglicher sind?

22: GEPRÜFTE SICHERHEIT°

73 Gefährlich oder sicher?

1) Zu zweit: Vergleichen Sie unten: Was ist Ihrer Meinung nach gefährlich und was ist sicher? Spekulieren Sie auch, warum etwas gefährlich oder sicher sein könnte.

Beispiel: Das Flugzeug könnte gefährlich sein … , weil es fliegt, weil es schnell ist, weil …
Das Flugzeug könnte sicher sein … , weil es einen Gurt gibt, weil die Technik gut erforscht ist, weil …

das Flugzeug

die Fähre

die Stechmücke

die Achterbahn

der Blitz

das Auto

der Hai

der Zug

2) Vergleichen Sie: Was ist gefährlicher und was ist sicherer? Was ist am gefährlichsten? Spekulieren Sie auch, warum etwas gefährlicher oder sicherer ist als etwas anderes.

Beispiel: Das Flugzeug könnte gefährlicher als eine Fähre sein, weil …
Das Auto könnte am gefährlichsten sein, weil …

3) Überprüfen Sie Ihre Vermutungen mit den Daten auf Seite A-3. Was ist tatsächlich am gefährlichsten? Und warum könnte es schwer sein, die Daten miteinander zu vergleichen? Was kann man einfach vergleichen und was eher nicht?

74 Unfälle auf Fahrgeschäften

Kombinieren Sie die Unfälle (oder denken Sie sich etwas aus) und schreiben Sie Nachrichtentexte im Perfekt.

Ein Vater und seine Tochter haben gestern beim Autoscooter auf dem Volksfest ein Schleudertrauma bekommen. Sie waren mit einem anderen Autoscooter zusammengestoßen.

- durch die Luft fliegen
- eine Gondel dreht sich um
- eine Kette reißt
- ein Waggon löst sich
- auf den Boden fallen
- ein Schleudertrauma bekommen
- ein Waggon löst sich und fährt in die Zuschauenden
- zusammenstoßen
- leicht/schwer verletzt werden

75 Unfälle in Freizeitparks in den USA

1) Lesen Sie den Bericht über Unfälle in amerikanischen Freizeitparks. Unterstreichen Sie die Informationen über die Verletzungen.

Sind die Freizeitparks in den USA unsicher?

Die Organisation „Children's Hospital" berichtete im Jahr 2013 von Unfällen in Freizeitparks. Sie schrieb, dass von 1990 bis 2010 in den USA 92.885 Kinder in Notaufnahmen[1] kamen, weil sie sich bei Fahrgeschäften, zum Beispiel Achterbahnen, verletzt hatten. Pro Jahr kann man mit 4.423 Verletzungen rechnen. Die meisten davon (70 %) passieren im Sommer, durchschnittlich jeden Tag 20. Allerdings kommen auch sehr viele Menschen in amerikanische Freizeitparks. Der Verband der Vergnügungsparks IAAPA sagt, dass 335 Millionen Besucher*innen pro Jahr in die permanenten Parks von Disney oder Six Flags kommen. Außerdem besuchen noch 85 Millionen Menschen Wasserparks.
Die Organisation „Children's Hospital" denkt, dass die Freizeitparks generell sicher sind, aber man müsste noch viel mehr tun. Ein richtig effektives Sicherheitssystem gibt es nicht. Es gibt in den USA eine Kommission für die Sicherheit von Verbraucherprodukten (CPCS). Diese Kommission überwacht wandernde Einrichtungen[2], wie zum Beispiel einen Zirkus. Sie etabliert auch Sicherheitsstandards für Vergnügungsparks, aber die Parks müssen diese Standards nicht umsetzen. Es gibt keine staatliche Organisation, die Standards für Parks kontrolliert. Es gibt auch keine unabhängige Prüforganisation, wie zum Beispiel in Deutschland den TÜV. Die Verantwortung[3] liegt bei den Staaten oder bei den Parks selbst. Die IAAPA glaubt aber nicht, dass ein Bundesprogramm an der Sicherheit etwas ändern würde, die Sicherheit ist schon herausragend[4].

[1] die Notaufnahme – *emergency room*
[2] wandernde Einrichtungen – *traveling facilities*
[3] die Verantwortung – *responsibility*
[4] herausragend – *outstanding/excellent*

2) Zu zweit: Sprechen Sie jetzt über die Gründe und die Argumente zum Thema „Sicherheit". Sind US-Freizeitparks unsicher? Was steht im Artikel? Was meint die Organisation „Children's Hospital"? Was meint die IAAPA? Und was ist Ihre Meinung dazu?

76 Sicherheit prüfen

In Deutschland prüft der TÜV alle „fliegenden Bauten" – das sind auch Karussells und andere Fahrgeschäfte. Suchen Sie sich ein Fahrgeschäft aus, das Sie jetzt kennen, und erstellen Sie eine Checkliste. Schreiben Sie alles auf, was der*die Prüfer*in machen muss. Die Wörter im Kasten helfen Ihnen.

Steht das Fahrgeschäft sicher?
____

Bremsen (*pl.*)	~~sicher stehen~~
Waggon (*m.*)	kaputt
Elektronik (*f.*)	ist fest verankert[1]
Türen (*pl.*)	ist nicht zu schnell
Beschleunigung (*f.*)	funktionieren
Kette (*f.*)	sind festgezogen[2]
Schrauben (*pl.*)	schließen sicher
Gondel (*f.*)	
Haltebügel (*pl.*)	

[1] verankern – *fixed*
[2] festziehen – *to tighten*

77 Extreme Hobbys und Berufe

1) Individuell: Schauen Sie sich die Liste der Sportarten und Hobbys an. Entscheiden Sie dann: Welche Hobbys und Sportarten würden Sie als Extremsportarten und -hobbys kategorisieren und welche nicht? Ranken Sie mit den Zahlen 1–15, wobei 15 die extremste Sportart / das extremste Hobby ist.

Hai Tauchen

Surfen

Highlining

Kochen

Eisklettern

Skifahren

Klippenspringen

Fußball

Base-Jumping

Motorsport

Train-Surfing

Free-Climbing

Reiten

Eishockey

Achterbahnfahren

2) Zu zweit: Vergleichen Sie Ihre Rankings. Begründen Sie, warum Sie etwas als extrem eingestuft haben.

Renée: Warum denkst du, dass Reiten extrem ist?
Tim: Ich denke, dass Reiten extrem ist, weil …
Warum denkst du, dass Eishockey extremer ist als Achterbahnfahren?

3) Zu zweit: Schauen Sie sich an, welchen Aktivitäten Sie 1 bis 5 Punkte gegeben haben. Wie könnten diese Dinge zu einem Extremsport oder -hobby werden? Seien Sie kreativ.

Renée: Reiten wäre ein Extremsport, wenn das Pferd besonders wild wäre.

4) Zu zweit: Welche der 15 Sportarten und/oder Hobbys würden Sie gerne ausprobieren? Welche nicht? Unter welchen Konditionen würden Sie es tun?

Tim: Für 100.000 Euro würde ich mit Haien tauchen.
Renée: Ich würde mit Haien tauchen, wenn ich (oder der Hai) einen Metallkäfig hätte.

78 Eine extrem schnelle Recherche

1) In Gruppen: Machen Sie eine schnelle Recherche zu einer der Personen (mit Zeitlimit). Woher kommt sie? Was ist das extreme Hobby / der extreme Beruf? Was sind die Highlights der Karriere?

Recherche

Reinhold Messner — Brigid Wefelnberg — Andy Holzer — Alexander Huber
Katia Krafft — Jochen Schweizer — Felix Baumgartner — Dirk Auer

2) Präsentieren Sie die Person im Kurs. Jede Gruppe hat maximal 30 Sekunden.

3) Können Sie andere Berufe nennen, in denen Personen auch sehr mutig sind und extreme Dinge tun, dafür aber vielleicht nicht so bekannt werden?

79 Fensterputzer: 259 Meter über der Stadt

1) Asan Emre hat einen atemberaubenden Job. Als Fensterputzer hat er die Aufgabe, die Fenster am Commerzbank-Turm in Frankfurt zu putzen – in 259 Metern Höhe. Hören Sie gut zu und beantworten Sie die Fragen.

Hat Asan Emre Angst bei seinem Job? Wenn ja, wann?
Welche zwei Dinge findet Emre am wichtigsten bei seinem Job?
Wie viele Quadratmeter Fenster hat der Commerzbank-Turm?
Wie lange dauert es, alle Fenster zu putzen?
Wie findet Emre seinen Arbeitsplatz?
Was mag er daran, so hoch oben zu arbeiten?
Dürfen Emre und seine Kolleg*innen bei jedem Wetter arbeiten?

2) Zu dritt: Sprechen Sie mit anderen Personen im Kurs: Würden Sie diesen Beruf machen wollen? Warum (nicht)? Benutzen Sie „weil"-Sätze in Ihrer Antwort.

80 Lebendig fühlen?

1) Im Kurs sehen Sie die ersten zwei Minuten eines Videos, in dem der Alpinist und Kletterprofi David Lama als erster Mensch auf den 6.895 Meter hohen Lunag Ri in Nepal geklettert ist. Zu zweit: Beschreiben Sie, was Sie sehen und Ihre Eindrücke. Benutzen Sie möglichst viele Adjektive.

Beispiel: Ich sehe … Es ist cool, aber ich hätte große Angst.

2) Im April 2019 sind die Tiroler David Lama (28) und Hansjörg Auer (35) sowie der US-Amerikaner Jess Roskelley (36) auf den 3.295 Meter hohen Berg Howse Peak im Nationalpark Banff in Alberta geklettert. Sie hatten bereits viel Erfahrung: Lama wurde zweimal Jugendweltmeister im Klettern. Auer kletterte spektakuläre Routen ohne Sicherung (Free Solo) und Roskelley kletterte als erster 20-Jähriger auf den Mount Everest. Trotz ihrer Erfahrung gerieten die drei beim Klettern in Banff in eine Lawine und starben. Weil sie bekannt waren, gab es viele Reaktionen im Internet. Lesen Sie die Konversation aus einem Online-Forum und beantworten Sie die Fragen.

Julia: Ich kann es irgendwie noch gar nicht glauben. Auer war ein Held meiner Jugend, ein Vorbild, was das Bergsteigen angeht. Sehr traurige Tage.

Merle: Wer den Tod sucht, wird ihn früher oder später finden. Leid tut mir nur die Familie.

Julia: Er und andere suchen nicht den Tod, sondern das Leben. Und ich glaube, sie leben mehr als viele andere. Hast du schon einmal Bungee-Jumping, Fallschirmspringen oder sowas gemacht? Es ist sehr sicher, aber du zitterst und hast Angst um dein Leben. Der ganze Körper ist voller Adrenalin. Du lebst also intensiver – mit einem kleinen Risiko. Auch Todkranke – Leute die wissen, dass sie sterben müssen – sagen, dass sich plötzlich alles lebendiger anfühlt. Bergsteigen ist eine Form, das mit kalkulierbarem Risiko auch zu erleben, vielleicht die schönste, denn man ist auch gleichzeitig noch inmitten der Natur.

Merle: Ich akzeptiere deine Argumente. Ich verstehe nur die Kernaussage nicht: Ich bringe mich bewusst in Lebensgefahr, um mich lebendig zu fühlen??!

Fragen:
Was denken Sie: Wer könnte auch Extremsport machen? Merle oder Julia? Warum?
Lesen Sie noch einmal die unterstrichenen Sätze. Stimmen Sie Julia und/oder Merle zu? Warum?
Was ist Ihre Definition von Held*innen und Vorbildern? Wer sind Ihre Held*innen und Vorbilder?
Denken Sie, dass Lama, Auer und Roskelley Helden und Vorbilder waren/sein sollten?

81 Wie fühlt sich Angst an?

1) Wovor kann man Angst haben? Schreiben Sie zuerst individuell drei Dinge oder Situationen auf. Sammeln Sie dann im Kurs die Informationen an der Tafel.

2) Was fühlen Sie wo, wenn Sie Angst haben? Zeichnen Sie unten ein, wo man Angst fühlen kann. Schreiben Sie daneben, was man fühlt oder was im Körper passiert.

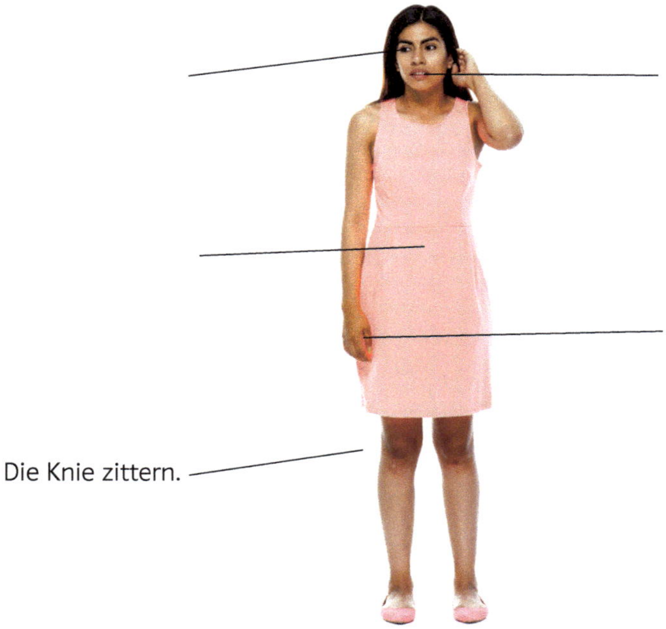

3) Zu dritt: Vergleichen Sie Ihre Ergebnisse. Erzählen Sie einander, in welchen Situationen Sie diese Gefühle fühlen oder gefühlt haben.

Beispiel: Meine Hände zittern, wenn ich ein Solo auf der Trompete spielen soll.

82 Flucht – Kampf – Angststarre

1) Zu dritt: Sie haben in LERNEN einen Audiotext darüber gehört, welche Prozesse im Körper ablaufen, wenn wir Angst haben. Rekapitulieren Sie noch einmal zu dritt, was warum passiert.

2) Diskutieren Sie darüber, was Vor- und Nachteile davon sind, dass der Körper so reagiert. Wann ist Angst (un)produktiv und (ir)rational?

3) Haben Sie Strategien, wie Sie mit Angst umgehen? Sammeln Sie zu dritt mindestens fünf Tipps und benutzen Sie den Konjunktiv.

Beispiel: Wenn ich Angst vor einer Präsentation hätte, würde ich vorher in meiner Studiengruppe üben.

4) Gedankenexperiment: Was wäre, wenn es keine Angst geben würde? Was würde passieren? Schreiben Sie 4–5 Sätze.

83 Was würdest du machen, wenn …?

Zu zweit: Interviewen Sie einander darüber, was Sie in den Szenarien machen würden.

Szenario 1: Sie laufen zu zweit durch einen dunklen Wald. Plötzlich sehen Sie etwas, das lang, gebogen und glänzend ist. Eine Schlange?!?!

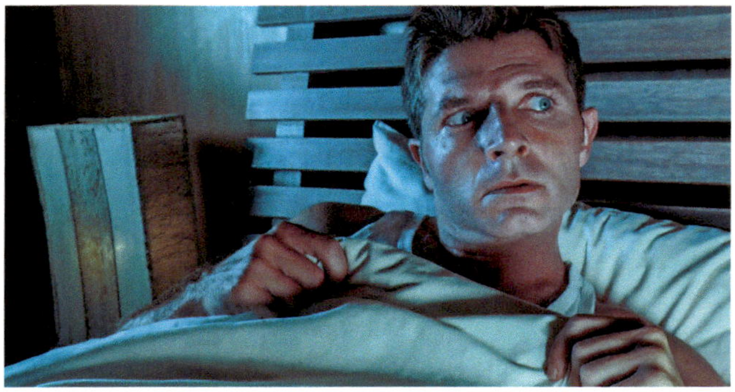

Szenario 2: Sie sind alleine zu Hause und hören auf einmal Schritte. Ein Einbrecher?!?!

Hope: Wie würdest du in Szenario 1 reagieren?
Ernesto: Ich würde mich zuerst sehr erschrecken.
Hope: Und dann? Was würdest du machen? …

84 Ausreden

1) Sie sind mit Ihren Freund*innen im Freizeitpark, aber Sie möchten nicht mit den Achter- und Geisterbahnen fahren. Überlegen Sie sich drei kreative Ausreden. Benutzen Sie den Konjunktiv II.

Beispiele: Ich würde ja mitfahren, müsste ich nicht so dringend auf die Toilette.
Ich würde ja mitkommen, wenn meine Oma es mir nicht verboten hätte.

Ausrede 1: ______________________________

Ausrede 2: ______________________________

Ausrede 3: ______________________________

2) Sprechen Sie mit vielen Personen im Kurs und laden Sie sie zu einer Achterbahnfahrt ein. Wenn Sie gefragt werden, benutzen Sie natürlich Ihre Ausreden.

3) Stimmen Sie im Kurs ab: Wer hat die kreativste Ausrede in welcher Situation?

25: DAS LEBEN IST EINE ACHTERBAHN

85 Die Achterbahn des Lebens

1) Wie auf einer Achterbahn gibt es im Leben immer ein Auf und Ab, also positive und weniger positive Erfahrungen. Beschriften Sie die unterschiedlichen Teile der Achterbahn mit Momenten aus Ihrem Leben.

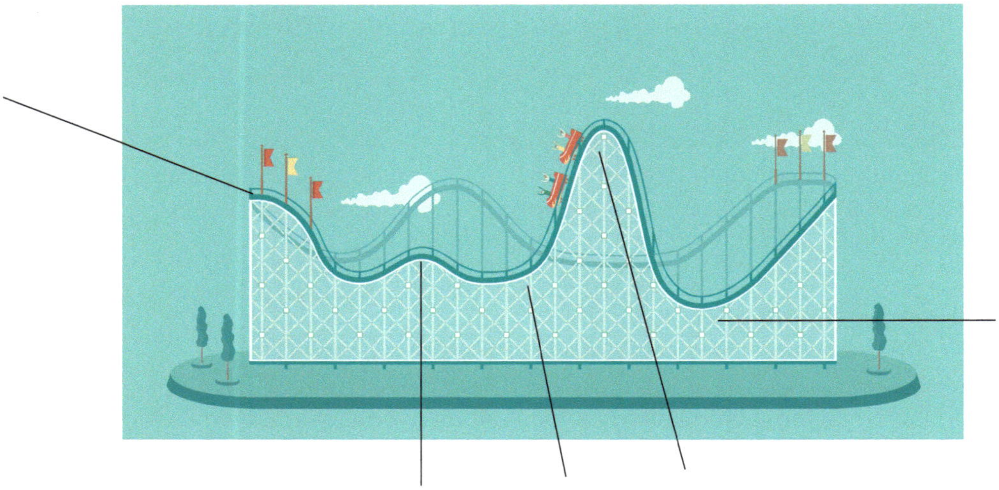

2) Zu zweit: Erzählen Sie einer anderen Person im Kurs von Momenten Ihrer Lebensachterbahn. Sagen Sie der Person, warum die Momente eher positiv oder eher negativ waren.

Redemittel

Ein Höhepunkt/Tiefpunkt in meinem Leben war, als …
Alles ist in meinem Leben bergauf/bergab gegangen, als … Der absolute Höhepunkt/Tiefpunkt war, als …

3) Erzählen Sie der anderen Person, was Sie heute in den Situationen anders machen würden.

Beispiel: Ich würde ein Semester in Deutschland studieren, um mein Deutsch zu verbessern.

86 Clueso: Leben ohne Plan wie auf der Achterbahn

1) Hören Sie das Lied „Achterbahn" von Clueso. Wie ist die Stimmung in dem Lied?

2) Suchen Sie online den Liedtext von „Achterbahn" und lesen Sie die erste Strophe. Die Person will ein Leben ohne Plan. Aber alle anderen haben klare Erwartungen für sie. Diskutieren Sie zu zweit: Was erwarten andere von der Person? Nennen Sie so viele Details wie möglich.

Recherche

3) Was finden Sie besser: ein Leben mit oder ohne Plan leben? Warum?

4) Stellen Sie sich vor, Sie haben für Ihr Leben gar keinen Plan. Was würden Sie alles machen? Erzählen Sie einer anderen Person von Ihren Ideen. Benutzen Sie dabei den Konjunktiv II.

Beispiel: Ich würde erst um 12 Uhr aufstehen.

87 Musik-Ecke: „Achterbahn“

Helene Fischer

„Achterbahn“ (2017)

Helene Fischer ist eine Schlagersängerin, Tänzerin und Schauspielerin. Sie wurde in Krasnojarsk (Russland) geboren und ist die Tochter eines russlanddeutschen Ehepaars. Sie machte eine Ausbildung zur Musicaldarstellerin an der Stage & Musical School Frankfurt. Sie hat mehr als 16 Millionen Tonträger verkauft und ist damit eine der erfolgreichsten Sänger*innen Deutschlands. Von ihrer Single „Atemlos durch die Nacht“ allein verkaufte Fischer über 1 Million Tonträger. Die Melodien ihrer Lieder sind sehr eingängig und die Texte beschäftigen sich oft mit Themen wie Liebe und Sehnsucht (*longing*).

1) Hören Sie Helene Fischers Lied „Achterbahn“. Was ist Ihr erster Eindruck? Was ist vielleicht das Thema des Liedes?

2) Suchen Sie online nach dem Liedtext von „Achterbahn“. Suchen Sie die Wörter, die Sie nicht kennen, in einem Wörterbuch. Beantworten Sie die folgenden Fragen zum Refrain:

Recherche

Wie fühlt sich die Person? Was sind ihre Emotionen? Welche Wörter drücken diese Emotionen aus? Haben Sie auch manchmal eine Achterbahn in Ihrem Kopf? Was bedeutet das?

3) Helene Fischer singt in diesem Lied auch über Schicksal (*fate*) und sagt, dass man manchmal Dinge findet, die man nicht aktiv sucht. Kennen Sie das? Was haben Sie im Leben schon einmal gefunden, was Sie nicht gesucht haben? Sprechen Sie mit einer anderen Person darüber.

88 Abgestürzt: Vom Manager zum Obdachlosen

1) Dieses Interview von Deutschlandfunk Kultur (DFK) erzählt, wie der frühere Top-Manager Karl Völker[1] auf der Straße landete. Lesen Sie den Auszug aus dem Interview.

DFK: Sie waren einmal Manager der Modemesse „Bread and Butter“. Sie haben gearbeitet wie verrückt. Dann bekamen Sie einen Burnout. Warum wurden Sie dann wohnungslos, Herr Völker?
Völker: Es war eine Kette. Es war nicht nur ein Burnout. Es war, um es medizinisch zu beschreiben, ein totaler psychovegetativer Erschöpfungszustand in Verbindung mit einer ganz massiven Depression. Und ich war einfach wie komplett paralysiert. Ich wusste genau, was mit mir passiert, konnte aber nichts dagegen machen, weil ich einfach wie gelähmt war.
DFK: Und wie haben Sie gelebt in dieser Zeit?
Völker: Ich habe nie draußen geschlafen, das habe ich mich nie getraut, dafür bin ich einfach nicht geschaffen. Es gibt in Berlin ja genug Möglichkeiten, in den sogenannten Nachtcafés die Nacht zu verbringen. Da darf man zwar nicht schlafen, aber man darf einfach sitzen, dösen, Tee trinken, was auch immer.
DFK: Wie haben Sie denn da wieder hinausgefunden? Hatten Sie Hilfe von anderen, oder haben Sie es alleine geschafft?
Völker: Nein, ich habe es natürlich nicht alleine geschafft. Ich glaube, das schafft auch keiner alleine. Der wichtigste Schritt dabei ist erstmal, sich selber einzugestehen, dass man Hilfe braucht. Das war für mich ganz schwer.

Quelle: Deutschlandfunk Kultur (vereinfacht) [1] Name von der Redaktion geändert.

2) Zu zweit: Beantworten Sie die Fragen zum Text.

Was war Karl Völker von Beruf vor seinem Burnout?
Wie beschreibt Völker seine Burnout-Erkrankung? Paraphrasieren Sie seine Gedanken in Ihren eigenen Worten.
Wie hat Karl Völker gelebt in der Zeit, als er keine Wohnung hatte?
Was war für ihn der erste Schritt, um aus der Situation herauszukommen?

3) Burnout ist heutzutage eine häufige Krankheit. Was denken Sie: Welche Gründe gibt es dafür, dass so viele Menschen Burnout haben? Sprechen Sie darüber mit anderen Personen im Kurs.

26: Projekt 2 – Ein Exposé°

89 Mein Themenbereich

Stellen Sie sich vor, Sie wären Direktor*in von einem Freizeitpark und müssten einen neuen Themenbereich mit Attraktionen für die ganze Familie planen und diesen in einem Expert*innenpanel präsentieren.

1) Planung

Welches Thema hätte Ihr Themenbereich? Schreiben Sie einen kurzen Text dazu, in dem Sie das Thema beschreiben und erklären, warum es interessant wäre. Seien Sie bei kulturellen Themen sensibel.

Welche Attraktionen hätte Ihr Themenbereich? Bitte denken Sie an Teenager, Familien und auch Senior*innen. Wie würden die Attraktionen zu dem Thema passen? Was wären die Namen der Attraktionen?

Jeder Themenbereich hat eine Achterbahn. Was wäre eine gute Achterbahn für Ihren Themenbereich? Beschreiben Sie die Achterbahn im Detail: Welcher Typ? Welches Material? Welche Antriebsart? Welche Elemente und Effekte würde es geben? (Wenn Sie Expert*in sind, können Sie den Coaster auch im Achterbahnsimulator NoLimits2 planen.)

Was würden Sie in Ihrem Themenbereich tun, damit er barrierefrei und für alle zugänglich wäre?

Was gäbe es in Ihrem Themenbereich zu essen und trinken? Gäbe es auch Souvenirs?

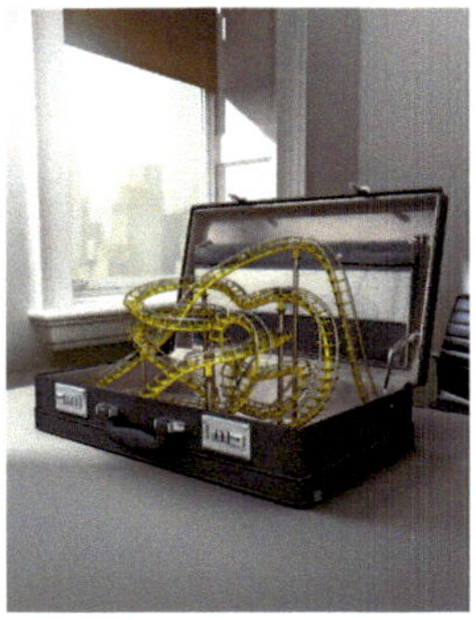

2) Visualisierung

Erstellen Sie eine Broschüre als Werbung für den Themenbereich. Beschreiben Sie die Attraktionen und benutzen Sie möglichst viele Adjektive, die gut für das Marketing sind.

3) Präsentation

Präsentieren Sie Ihren Themenbereich einem Expert*innenpanel (im Kurs). Da es nur ein Vorschlag ist, benutzen Sie den Konjunktiv II.

WIE WIRD DAS GEMACHT?

DIE SCHWEIZ ALS HERSTELLERIN VON QUALITÄTSPRODUKTEN

In **chapter 3**, you'll learn …

- to describe the geographical location of the Swiss cantons.
- to ask and answer questions about major events from Swiss history.
- to have a conversation about major Swiss industries, to easily understand spoken information and answer questions about Swiss companies.
- to follow written and spoken instructions describing production processes for products such as Swiss watches, chocolate, and pharmaceuticals.
- to have simple conversations about topics of personal interest, such as your opinion on noise pollution or how you experience time.
- to use your language to research and talk about things you can do in different Swiss cities, such as Locarno, Geneva, and Basel.
- to understand the main viewpoints of and a few supporting facts about political topics such as gender inequality.
- to ask and answer questions about historical aspects of Swiss and other European film festivals.
- to have a simple conversation about current voting rights issues from an intercultural perspective.
- to formulate and express arguments for the benefits of bi- or multilingualism.
- to understand the details of movie trailers and to give presentations about films you like.
- to give a presentation based on factual information you have researched online about intercultural topics.
- about major Swiss inventions and their inventors.
- about Swiss campaigns for and against women's suffrage.
- about Swiss multilingualism and its role in the educational system as well as in product marketing.
- about endangered languages and what can be done to save them from becoming extinct.

90 Ein Blick auf die Schweiz

1) **Zu zweit: Sie hören einen Text über die Schweiz. Eine Person konzentriert sich auf die Informationen (links) auf Seite A-4, die andere Person konzentriert sich auf die Informationen (links) auf Seite A-13.**

2) **Hören Sie den Text ein zweites Mal und notieren/verbessern Sie Ihre Antworten.**

3) **Erzählen Sie der anderen Person, was Sie gelernt/verstanden haben. Notieren Sie die Informationen auf der anderen Seite.**

4) **Arbeiten Sie mit der anderen Seite. Hören Sie den Text ein drittes Mal. Vergleichen Sie dann nochmals Ihre Antworten.**

91 Schweizer Kantone

Zu zweit: Person 1 wählt einen Schweizer Kanton und beschreibt die geografische Lage des Kantons in Relation zu den anderen Kantonen. Person 2 muss raten, welcher Kanton beschrieben wird. Dann beschreibt Person 2 die Lage eines Kantons und Person 1 muss raten.

Beispiel:

Tim:	Mein Kanton liegt westlich von Luzern. Er ist auch nördlich von Wallis.
Nina:	Heißt dein Kanton Bern?
Tim:	Richtig, Bern ist mein Kanton.

92 Schweizer Erfindungen

1) Zu zweit: Welche Schweizer Erfindungen kennen Sie? Erzählen Sie, was Sie schon einmal benutzt, gekauft, probiert oder in der Hand gehabt haben.

2) Wie heißen die Erfindungen oben? Arbeiten Sie mit einer anderen Person zusammen und kombinieren Sie.

- der Absinth
- die Alufolie
- das Müsli
- die Bircherreibe
- *1* das Zellophan
- die elektrische Zahnbürste
- die Helvetica-Schrift
- die Knoblauchpresse
- die Kunstseide („Rayon")
- die LCD-Anzeige
- das Milchpulver
- die Milchschokolade
- das Mineralwasser mit Kohlensäure
- das Schweizer Taschenmesser
- der Pulverkaffee
- der Reißverschluss
- der Sparschäler
- der Klettverschluss
- die Toblerone
- der Zuckerwürfel

93 Was wurde wo und von wem erfunden?

Recherche

Sie bekommen (individuell / zu zweit / als Gruppe) eine Erfindung aus Aktivität 92 zugeteilt. Finden Sie online heraus, was wann wo von wem erfunden wurde. Schreiben Sie auf, was mit der Erfindung alles gemacht werden kann bzw. gemacht wurde. Präsentieren Sie Ihre Erfindung dann in kleinen Gruppen.

28: Geschichte(n) der Schweiz

94 Meilensteine der Schweizer Geschichte

1) Sie bekommen ein Kärtchen (individuell / zu zweit / zu dritt) mit Informationen zu einem Ereignis der Schweizer Geschichte. Auf dem Kärtchen ist ein Satz im Passiv. Schreiben Sie diesen ins Aktiv um.

Beispiel:

Der Vertrag wird **von der Regierung** unterschrieben.

Die Regierung unterschreibt den Vertrag.
(Nominativ) (Akkusativ)

2) Bilden Sie nun eine lebende Timeline. Stellen Sie sich mit Ihrem Ereignis in der richtigen Reihenfolge auf. Lesen Sie dann chronologisch die Ereignisse vor.

95 Gründungsmythen

1) Zu dritt: Beschreiben Sie das Bild rechts.

Was sehen Sie auf dem Bild?
Was machen die Personen auf dem Bild?
Was liegt auf dem Kopf von dem Jungen am Baum?
Spekulieren Sie: Warum halten die Soldaten im Hintergrund einen Stab[1] mit einem roten Hut?
Was denken Sie: Aus welchem Jahrhundert ist die Szene?
Was glauben Sie: Wo spielt die Szene?
Kommt Ihnen diese Szene bekannt vor?
Wenn ja, welche Geschichte illustriert das Bild?

Kupferstich von Matthäus Merian d. Ä. (1593–1650)

2) Das Bild zeigt eine wichtige Szene im Gründungsmythos[2] der Schweiz. Kennen Sie die Legende von Wilhelm Tell? Hören Sie einen kurzen Text zu dieser Legende. Notieren Sie sich folgende Informationen:

In welchem Jahr soll das geschehen sein?

In welchem Dorf fand diese Szene statt?

Was repräsentiert der Hut auf dem Stab?

Wer ist der Mann mit der Armbrust[3]?

Was musste dieser Mann machen?

Was versteckte er unter der Jacke?

Was machte Tell am Ende der Geschichte?

[1] der Stab – *staff* oder *pole* [2] der Gründungsmythos – *founding myth / legend (of a country, city, or state)* [3] die Armbrust – *crossbow*

96 Schweizer Neutralität

1) Zu zweit: Sie kennen den Begriff „Neutralität". Aber was bedeutet das eigentlich? Überlegen Sie sich 2–3 Sätze mit der Struktur „Wenn man neutral ist, dann ..." oder „Neutralität bedeutet, dass ...".

2) Zu zweit: Ist Neutralität etwas Positives? In welchen Situationen kann Neutralität negative Konsequenzen haben? Schreiben Sie in der Tabelle Beispiele von Situationen/Kontexten, in denen Neutralität positiv und negativ ist.

Positive Neutralität	Negative Neutralität

3) Sprechen Sie mit anderen Personen im Kurs und vergleichen Sie, was Sie in Ihre Tabellen geschrieben haben. Sagen Sie den anderen Personen, ob Sie ihnen zustimmen und warum (nicht).

4) Individuell: Lesen Sie den Text über die Schweizer Neutralität. Entscheiden Sie, ob die Aussagen richtig oder falsch sind. Wenn sie falsch sind, korrigieren Sie die Aussagen.

Neutralität ist das wichtigste Element der Schweizer Außenpolitik. Es bedeutet, dass die Schweiz nicht Teil von bewaffneten Konflikten mit anderen Staaten sein kann. Der historische Ursprung (*origin*) geht zurück auf den Wiener Kongress. Großmächte wie Österreich, Frankreich und Preußen haben überlegt, was sie mit der Schweiz machen sollen, als sie die Grenzen Europas neu verhandelt haben. Die Mächte hatten unterschiedliche Pläne und zuletzt war die Neutralität der Schweiz der Kompromiss. England, Russland, Frankreich, Preußen und Österreich haben 1815 die Garantie gegeben, dass sie die Unabhängigkeit der Schweiz respektieren. Die Schweiz musste versprechen, bei allen Konflikten neutral zu bleiben. Die Schweizer Neutralität existiert noch heute.

richtig	falsch	
		Die Schweizer Neutralität wurde nach dem Zweiten Weltkrieg implementiert.
		Schweizer Neutralität bedeutet, die Schweiz darf nicht Teil von bewaffneten Konflikten sein.
		Österreich hat die Unabhängigkeit der Schweiz nicht respektiert.
		Die Schweizer Neutralität wurde 1990 abgeschafft (*abolish*).

5) Zu zweit: Die dunkle Seite der Schweizer Neutralität und der Mut von „Flüchtlingsmutter" Gertrud Kurz. Lesen Sie den Text und sprechen Sie über die Diskussionsfragen.

Ab Frühjahr 1942 wurden tausende Jüd*innen von den Spezialeinheiten der Nazis nach Osten deportiert und im gleichen Jahr begann der Massenmord in Konzentrations- und Vernichtungslagern (*extermination camps*). Trotz der Bedrohung für jüdische Menschen reagierte die Schweiz nicht mit einer offeneren Flüchtlingspolitik. Im August 1942 gab es ein neues Gesetz, durch das die Schweizer Grenzen komplett für jüdische (und andere) Flüchtlinge geschlossen wurden. Dieses Gesetz wurde stark kritisiert, vor allem von Gertrud Kurz. Sie wurde „Fluchtlingsmutter" genannt, weil sie eine Organisation für Flüchtlinge in der Schweiz gründete. Sie protestierte gegen die Grenzschließung und schrieb einen Brief an die Regierung. Schließlich lockerten (*loosened*) die Politiker die Grenzschließung. Mit ihrem Engagement rettete Kurz viele Leben.

Wie reagierte die Schweiz auf die ansteigende (*increasing*) Zahl von jüdischen Flüchtlingen? Wie wurde auf die Regierungsentscheidung reagiert? Was gründete Gertrud Kurz? Warum wird sie „Flüchtlingsmutter" genannt?

97 Ein Tag in Genf

1) Zu zweit: In LERNEN haben Sie Genf kennengelernt und interessante Orte und Sehenswürdigkeiten in der Stadt recherchiert. Erzählen Sie nun einer anderen Person, was Sie an einem perfekten Tag in Genf machen würden. Dann erzählt die andere Person von ihrem Tag und Sie machen sich unten Notizen.

Sehenswürdigkeiten	Kultur	Essen & Trinken

2) Präsentieren Sie gemeinsam im Kurs über Ihren perfekten Tag in Genf. Was würden Sie machen? Wo würden Sie essen? Welche Orte würden Sie besuchen? Warum?

98 Der Large Hadron Collider am CERN

1) Am Europäischen Kernforschungszentrum CERN bei Genf gibt es den Large Hadron Collider. Lesen Sie den Text langsam durch und beachten Sie die roten und gelben Markierungen.

Der Large Hadron Collider LHC ist der größte Teilchenbeschleuniger der Welt: Er hat einen Umfang (*circumference*) von fast 27 Kilometern. Der LHC liegt in einer Tiefe von etwa 100 Metern im Grenzgebiet zwischen der Schweiz und Frankreich am Europäischen Forschungszentrum CERN in der Nähe von Genf. Der LHC wird von Physiker*innen benutzt, um die Bausteine der Welt zu untersuchen. **Sie versuchen, mit dem LHC die großen Fragen der Physik zu beantworten.** Im LHC kreisen zwei Strahlen aus Teilchen in umgekehrter (*opposite*) Richtung bei Lichtgeschwindigkeit. An vier Stellen im Ring kollidierten die Teilchen bei sehr hoher Energie. An diesen Kollisionspunkten werden Zustände wie kurz nach dem Urknall erreicht. Mit Sensoren werden die Kollisionen der Teilchen von den Physiker*innen analysiert. Die Physiker*innen beobachten die Teilchen, die neu entstehen.

Quelle: Weltmaschine.de (gekürzt und vereinfacht)

2) Zu zweit: Lesen Sie den Text noch einmal gemeinsam mit einer anderen Person laut vor und beantworten Sie unten die Fragen.

Was wollen Physiker*innen mit dem LHC untersuchen?
Was passiert mit den Teilchen im LHC?
Wie analysieren Physiker*innen die Kollisionen der Protonenpakete?

3) Die zwei rot markierten Sätze stehen im Passiv. Formulieren Sie diese Sätze ins Aktiv um. Der gelb markierte Satz ist ein Aktivsatz. Formulieren Sie diesen Satz im Passiv.

99 Fabiola Gianotti: Die Frau an der Spitze von CERN

1) Seit 2016 ist Fabiola Gianotti die Generaldirektorin von CERN. Sie ist die erste Frau in dieser Position. Hören Sie gut zu und füllen Sie die Lücken in der Kurzbiografie von Gianotti aus.

Fabiola Gianotti wurde 1960 in ____________ geboren. Sie ist experimentelle Teilchenphysikerin und arbeitet seit 1994 als ____________ am CERN. Davor hat sie an der ____________ Mailand promoviert. Sie hat bei CERN schon an vielen ______________ und Experimenten mitgearbeitet, wie zum Beispiel dem ATLAS-Experiment. Gianotti hat auch zu R&D, Software-Entwicklung und ________________ beigetragen (*contribute*). Sie hat bereits über 500 Aufsätze in _________________ Zeitschriften veröffentlicht (*publish*). Seit 2013 hat sie auch eine Honorar-Professur an der University of Edinburgh und 2017 hat Forbes Magazine sie unter die „Top 100 most influential women" ________________. 2016 wurde sie als erste Frau zur ___________________ von CERN gewählt.

2) Zu zweit: Vergleichen Sie, was Sie in die Lücken geschrieben haben. Jede Person schreibt zwei Fragen zum Text, die mit Informationen aus dem Text beantwortet werden können. Stellen Sie der anderen Person Ihre Fragen. Dann beantworten Sie die Fragen der anderen Person.

CERN Generaldirektorin Fabiola Gianotti mit Dr. Frederic Bordry, Dr. Oliver Brüning und Dr. Lucio Rossi an der LHC-Verbindungstür (Dezember 2019)

Fabiola Gianotti (rechts) und Margrethe Vestager, geschäftsführende Vizepräsidentin der EU-Kommission und EU-Kommissarin für Wettbewerb und Digitales (Januar 2020)

3) In Gruppen: Kennen Sie andere Wissenschaftlerinnen wie Gianotti, die wichtige Beiträge (*contributions*) zur Wissenschaft geleistet haben und durch ihre Arbeit (inter)national bekannt sind? Recherchieren Sie Informationen über eine Person und schreiben Sie eine Kurzbiografie nach dem Modell der Gianotti-Biografie.

Recherche

30: WIE WERDEN SCHWEIZER UHREN HERGESTELLT?°

100 Zeit, was ist das eigentlich?

1) Wir alle kennen das Wort „Zeit". Oft werden Sätze wie „Ich habe keine Zeit" oder „Das kostet so viel Zeit" benutzt. Machen Sie eine kleine Umfrage im Kurs zum Thema „Zeit". Welche Assoziationen haben Personen zu diesem Konzept? Sprechen Sie mit mindestens vier anderen Personen und notieren Sie ihre Antworten.

Fragen:
Trägst du eine Armbanduhr? Warum (nicht)? Wenn nein, woher weißt du, wie spät es ist?
Wie viel Zeit brauchst du für typische tägliche Aktivitäten? (z. B. zum Duschen)
Womit verbringst du jeden Tag die meiste Zeit? (Zeit verbringen = *to spend time*)
Benutzt du einen Terminkalender? Wie managst du deine Zeit?
Was assoziierst du mit „Zeit" und „Uhren"? Positive/Negative Dinge? Warum?

2) Präsentieren Sie im Kurs Ihre Ergebnisse aus der Umfrage. Sagen Sie auch, welche Antworten Sie am interessantesten fanden und warum.

3) Recherchieren und diskutieren Sie: Wie wird in Ihrer Familie / Ihrer Region / Ihrem Land Zeit gemessen? Gibt es andere Methoden, um Zeit zu messen? Von welchen (kulturellen, nationalen, ethnischen) Gruppen werden diese Methoden benutzt?

Recherche

101 Die Schweizer Uhrenindustrie: Eine lange Tradition

1) Zu zweit: Hier sehen Sie fünf Aussagen zur Geschichte der Schweizer Uhrenindustrie. Lesen Sie den Satzanfang und finden Sie das passende Satzende. In beiden Teilen sind wichtige Signalwörter markiert. Diese Wörter helfen Ihnen beim Kombinieren. Sie können für diese Wörter auch ein Wörterbuch benutzen.

Die Uhrmacher*innenkunst wurde von den Hugenotten nach Genf gebracht, _e_

Es war die Zeit der Calvinistischen Reformation und Schmuck war verboten, ____

Die Produktion von Taschenuhren in Heimarbeit war im ganzen Juragebiet (von Genf bis Basel) verbreitet, ____

Die erste Schule für Uhrmacher*innen wurde 1824 in Genf eröffnet, ____

Weil die Herstellung von Uhren höchste Präzision braucht, ____

a) deswegen begannen die Goldschmied*innen, tragbare Uhren herzustellen.
b) arbeiten die Uhrmacher*innen mit Lupen (*magnifying glasses*), Mikroskopen und speziellen Werkzeugen, wie Pinzetten (*tweezers*) und Schraubenziehern (*screwdrivers*).
c) aber heute kann eine Uhrmacher*innenausbildung in sieben Ausbildungszentren in der Schweiz gemacht werden.
d) aber es wurden auch große Kirchen- und Pendeluhren gebaut.
e) die im 16. Jahrhundert aus Frankreich flohen.

2) **Zu zweit: Beantworten Sie die Fragen zum Text mit einer anderen Person. Formulieren Sie Ihre Sätze im Aktiv, wie im Beispiel.**

Beispiel: Woher kamen die Hugenotten? Antwort: Die Hugenotten kamen aus Frankreich.

Was brachten die Hugenotten in die Schweiz?
Warum begannen Uhrmacher*innen, tragbare Uhren herzustellen?
Haben Uhrmacher*innen im Juragebiet nur Taschenuhren produziert?
Welche Werkzeuge benutzen Uhrmacher*innen für die Uhrenherstellung? Warum?

102 Woraus werden Schweizer Qualitätsuhren hergestellt?

Zu zweit: In LERNEN haben Sie etwas über die Teile einer Uhr gelernt. Jetzt erfahren Sie, aus welchen Rohstoffen Schweizer Uhren hergestellt werden. Arbeiten Sie mit einer anderen Person: Finden Sie die fehlenden Informationen in Ihrer Tabelle. Formulieren Sie die Fragen im Passiv, wie im Beispiel.

Anita: Aus welchem Material wird das Gehäuse hergestellt?
Amos: Das Gehäuse wird aus Plastik oder … hergestellt.

Person 1: Informationen auf Seite A-3
Person 2: Informationen auf Seite A-12

Rohstoff / Teile	Gehäuse	Rädchen, Zahnrad	Feder	Ziffernblatt	Zeiger
rostfreier Stahl (*stainless steel*)					
Gold, Silber, Keramik					
Messing, Metalllegierung (*brass, metal alloy*)					
Glas					

103 „Wie ein Schweizer Uhrwerk funktionieren."

1) **Spekulieren Sie zu zweit: Im Deutschen gibt es den Ausdruck, etwas „funktioniert wie ein Schweizer Uhrwerk". Was bedeutet dieser Ausdruck? Ist es positiv oder negativ, wenn etwas wie ein Schweizer Uhrwerk funktioniert? Welche Adjektive können einen Prozess beschreiben, der so funktioniert?**

2) **Zu Hause haben Sie idiomatische Ausdrücke/Sprichwörter zum Thema „Zeit" (auf Deutsch, Englisch oder anderen Sprachen) recherchiert. Was haben Sie gefunden?**

3) **Vergleichen Sie die unterschiedlichen Sprichwörter im Kurs. Was haben sie gemeinsam? Welche Unterschiede gibt es? Wie wird Zeit in den Sprichwörtern porträtiert?**

31: Das Filmfestival in Locarno

104 Von Genf nach Locarno

1) **Zu zweit: In Einheit 29 haben Sie einen perfekten Tag in Genf, in der französischen Schweiz, geplant. Jetzt geht es weiter in die italienische Schweiz: nach Locarno. Es gibt viele Möglichkeiten, um von Genf nach Locarno zu kommen. Finden Sie heraus, welche der Optionen unten tatsächlich möglich sind.**

   Optionen: mit dem Auto, mit dem Zug, mit dem Flugzeug, mit dem Fahrrad, zu Fuß

2) **Sie haben eine der möglichen Optionen zugeteilt bekommen. Recherchieren Sie diese Route und beantworten Sie die Fragen.**

   Recherche

   Wie lange dauert die Reise ohne Pausen? Was kostet sie?
   Wo müssen Sie halten und/oder umsteigen? Welche interessanten Städte/Kantone/Länder sind auf dem Weg?
   Wo würden Sie gerne einen Zwischenstopp machen? Für wie lange? Welche Sprachen werden dort gesprochen?

3) **Im Kurs: Ein paar Teams präsentieren ihre Ergebnisse. Der Kurs entscheidet: Wann ist welche Option am sinnvollsten?**

105 Das Locarno Film Festival

1) **Zu zweit: Seit über 70 Jahren findet jedes Jahr das Locarno Film Festival statt. Es ist eines der 15 A-Kategorie Filmfestivals weltweit. Der größte Preis des Locarno Film Festivals ist der Goldene Leopard. Recherchieren Sie online, welche Filme in den letzten zehn Jahren mit diesem Preis ausgezeichnet wurden. Welche Titel kennen Sie?**

   Recherche

2) **In Gruppen: Sie bekommen ein Filmfestival / einen Filmpreis zugeteilt. Welche Filme wurden in den letzten drei Jahren mit den großen Preisen ausgezeichnet? Sind es die gleichen?**

   Internationale Filmfestspiele von Venedig (Goldener Löwe)
   Internationale Filmfestspiele von Cannes (Goldene Palme)
   Internationale Filmfestspiele Berlin (Goldener Bär)
   Montreal World Film Festival (Grand Prix des Amériques)
   Toronto International Film Festival (Publikumspreis)
   The Academy Awards (Oscar)

106 Filmkritiker*in sein

1) Es gibt viele Kriterien dafür, ob ein Film gut ist oder nicht. Welche Kriterien sind besonders wichtig? Ranken Sie Ihre Top 5-Kriterien.

Durch gute Filme … / Gute Filme …

- werde ich zum Lachen gebracht.
- werde ich emotional bewegt.
- werde ich unterhalten.
- werde ich informiert.
- werde ich zum Nachdenken gebracht.
- werden soziale oder politische Probleme angesprochen.
- werde ich in eine Fantasiewelt entführt.
- sind relevant für die heutige Zeit.
- sind für Jung und Alt gemacht.
- sind ästhetisch ansprechend.
- sind spannend.
- haben gute Spezialeffekte.
- haben einen guten Soundtrack.
- haben gute Schauspieler*innen.
- ______________________________
- ______________________________

2) In Gruppen: Sprechen Sie über diese Kriterien. Vergleichen Sie: Welche Kriterien finden alle wichtig? Bei welchen gibt es unterschiedliche Meinungen? Erklären Sie, warum etwas für Sie wichtig oder unwichtig ist. Einigen Sie sich dann in der Gruppe auf fünf Kriterien.

3) Finden Sie in der Gruppe einen Film aus den letzten Jahren, der in allen fünf Punkten besonders gut war. Warum dieser Film? Sprechen Sie über den Film im Präteritum (Aktiv oder Passiv).

Beispiel: Durch den Film „Get out" wurde ich unterhalten. Der Film war spannend.

4) Alle Gruppen präsentieren ihren Film und die Kriterien im Kurs.

107 „Die göttliche Ordnung"

1) Einer der erfolgreichsten Schweizer Filme der letzten Jahre war „Die göttliche Ordnung" von Petra Volpe aus dem Jahr 2017. Schauen Sie sich zuerst den Originaltrailer auf Schweizerdeutsch an. Wie ist die Stimmung? Ist der Film Ihrer Meinung nach ein Drama, eine Komödie oder ein Thriller? Warum denken Sie das? Beschreiben Sie, was und wen Sie sehen. Was machen die Personen?

2) Sehen Sie jetzt den Trailer auf Hochdeutsch. Was denken Sie: Was ist das Thema? In welchem Jahr spielt der Film? Welche Kriterien von Aktivität 106 wurden hier gut umgesetzt?

3) Denken Sie, dass ein Film zu diesem Thema heute relevant ist? Warum (nicht)?

32: Demokratie – mit oder ohne Frauen?

108 Frauenstimmrecht im internationalen Vergleich

1) Zu zweit: Sehen Sie sich die Tabelle zum Frauenstimmrecht an und schreiben Sie drei unterschiedliche Fragen im Passiv Präteritum für die andere Person auf. Dann beantwortet die andere Person die Fragen mündlich.

Beispiele: In welchen Ländern wurde das Stimmrecht für Frauen am Ende vom Ersten Weltkrieg eingeführt?
Wann wurden Adelheid Popp und 7 andere Frauen ins nationale Parlament gewählt?

____

____

____

____

____

Jahr		Staaten (Auswahl)	erste Frauen in nationalen Parlamenten
1893		Neuseeland[1] (⇒ 1919)	Elizabeth Reid McCombs (1933)
1902	die Frühen	Australien[2] (⇒ 1962)	Dorothy Margaret Tangney (1943)
1906		Finnland	Miina Sillanpää + 18 andere Frauen (1907)
1913		Norwegen	Anna Rogstadt (1911), Karen Platou (1921)
1917		Russland	Maria Aleksandrovna Spiridonova (1922)
1918	1. Welle Ende 1. WK	Deutschland, Aserbaidschan, Polen, Österreich, Großbritannien[1] (⇒ 1928)	Marie Juchacz + 36 andere Frauen (DE, 1919), Adelheid Popp + 7 andere Frauen (AT, 1919)
1919		Luxemburg, Schweden[1] (⇒ 1921)	Marguerite Thomas-Clement (LU, 1919)
1920		Tschechien, USA[2] (⇒ 1965)	Jeannette Rankin (USA, 1917)
1931		Spanien, Sri Lanka	Clara Campoamor + 2 andere Frauen (ES, 1931), Adeline Molamure (LK, 1931)
1932		Brasilien, Thailand	Carlota Pereira de Queirós und Bertha Lutz (BR, 1933), Orapin Chaiyakarn (TH, 1949)
1944		Frankreich, Bulgarien, Israel, Jamaika	Francine Lefébvre + 32 andere Frauen (F, 1945)
1945	2. Welle Ende 2. WK	Senegal, Togo, Vietnam	Caroline Diop Faye (SN, 1963)
1946		Italien, Jugoslawien, Venezuela	Elettra Pollastrini + 20 andere Frauen (IT, 1946)
1947		Japan, Argentinien, Malta	Katō Shidzue + 38 andere Frauen (J, 1946)
1952		Griechenland, Libanon	Eleni Scourti (GR, 1953)
1953	die Späten	Mexiko, Syrien	Aurora Jiménez de Palacios (MX, 1954)
1971		Schweiz	Tilo Frey, Hedi Lang + 8 andere Frauen (1971)
1984		Liechtenstein	Emma Eigenmann (1986)

[1] eingeschränkt, Stimmrecht wie Männer später (⇒ …) [2] zuerst (de facto) nur weiße Frauen, andere später (⇒ …)

2) Zu viert: In LERNEN haben Sie Gründe dafür recherchiert, warum die Schweiz das Frauenstimmrecht erst so spät einführte. Berichten Sie in der Gruppe von Ihren Rechercheergebnissen. Sprechen Sie vor allem über die folgenden Aspekte:

- Was hat Sie am meisten überrascht?
- An welche Gründe hatten Sie nicht gedacht?
- Welche Fragen haben Sie jetzt?

3) Stellen Sie Ihre Ergebnisse im Kurs vor.

Kulturpunkt

Die Schweiz ist bekannt für ihr politisches System, die direkte Demokratie. Das bedeutet, dass es viele Referenden gibt. Bis zu viermal im Jahr stimmen die Schweizer Bürger*innen über Sachfragen ab.

109 Frauenstimmrecht: JA oder NEIN?

Das Frauenstimmrecht wurde in der Schweiz durch eine Volksabstimmung – der männlichen Bevölkerung – eingeführt. Unten sehen Sie zwei Abstimmungsplakate zum Frauenstimmrecht. Wählen Sie in Ihrer Gruppe ein Plakat aus und analysieren Sie es mithilfe der Leitfragen.

Layout:
Welche Wörter und Bilder sehen Sie auf dem Plakat?
Welche Farben werden auf dem Plakat benutzt?
Wie ist die Sprache (einfach oder kompliziert, lange oder kurze Sätze etc.)?

Botschaft:
In welcher Rolle präsentiert das Plakat die Frau?
Warum soll sie (nicht) politisch aktiv sein?

Wirkung:
Was soll das Plakat bewirken (Information, Emotion, Provokation, Sensibilisierung, Appell etc.)?
Wie wirkt das Plakat (die Wörter, Bilder, Farben …) auf Sie?
Erregt es Ihre Aufmerksamkeit? Warum (nicht)?

Bewertung:
Ist das Plakat insgesamt (Inhalt und Layout) überzeugend?
Denken Sie, dass das Plakat Wähler beeinflusst hat?
Warum (nicht)?

der Schnuller = *pacifier*

110 Wahlrecht im eigenen Land

1) Machen Sie eine Liste mit Personen und Gruppen, die in Ihrem Land nicht wählen dürfen.

2) In Gruppen: Warum dürfen diese Personen oder Gruppen nicht wählen? Notieren Sie die Gründe in Stichworten.

3) Zu zweit: Was halten Sie von den Gründen in Teil 2? Gibt es Gegenargumente?

4) In Gruppen: Überlegen Sie, wie diese Gruppen besser repräsentiert werden und mehr partizipieren könnten. Welche konkreten Möglichkeiten gibt es, unterrepräsentierten Gruppen zu mehr Rechten zu verhelfen?

111 Was kann dagegen gemacht werden?

1) Zu zweit: Unten sehen Sie eine Liste von Krankheiten. Was kann/muss/soll/darf (nicht) gegen diese Krankheiten gemacht werden? Welche Medikamente können eingenommen werden? Oder soll einfach nur viel geschlafen werden? Sprechen Sie darüber mit einer anderen Person und formulieren Sie mindestens zwei Tipps pro Krankheit. Benutzen Sie Passivkonstruktionen mit Modalverben.

Kopfschmerzen

Bei Kopfschmerzen soll viel Wasser getrunken werden. Bei Kopfschmerzen kann auch ...

Bauchschmerzen

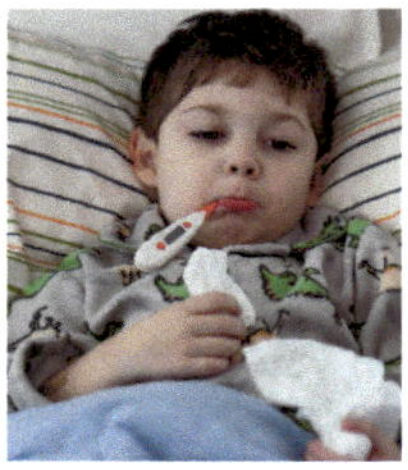

Fieber

2) Sprechen Sie mit zwei anderen Gruppen und vergleichen Sie Ihre Tipps. Gibt es große Unterschiede? Werden bei den anderen Personen mehr oder weniger Medikamente benutzt?

3) Erzählen Sie im Kurs von Ihren Vergleichen. Benutzen Sie wieder das Passiv, wie unten im Beispiel.

Beispiel: Jane und Alec sagen, bei Kopfschmerzen kann Aspirin benutzt werden. Wir finden das nicht so gut. Bei Kopfschmerzen soll einfach viel geschlafen werden.

112 Das Basler Pharmaunternehmen Roche Schweiz

1) Lesen Sie die folgenden Fragen über das Basler Pharmaunternehmen Roche.

Wann wurde Roche gegründet?
Wie viel Prozent des Forschungs- und Entwicklungsbudgets (*R&D budget*) der Firma werden in der Schweiz ausgegeben?
Wie viele Menschen werden bei Roche in der Schweiz ausgebildet?
In welchen drei Kategorien werden von Roche Produkte hergestellt?

2) Jetzt hören Sie Informationen, mit denen Sie die Fragen beantworten können. Hören Sie gut zu und machen Sie sich Notizen.

3) Zu zweit: Vergleichen Sie Ihre Antworten mit einer anderen Person.

113 Wie viel Geld investieren Schweizer Pharmaunternehmen in die Gesundheitsindustrie?

1) Zu zweit: Schweizer Pharmaunternehmen investieren jährlich ca. 140 Millionen Franken in die Gesundheitsindustrie. Hier sehen Sie ein Diagramm, das zeigt, wie viel die Top 5 im Jahr 2016 investiert haben. Wie viel Geld haben diese fünf Unternehmen insgesamt investiert?

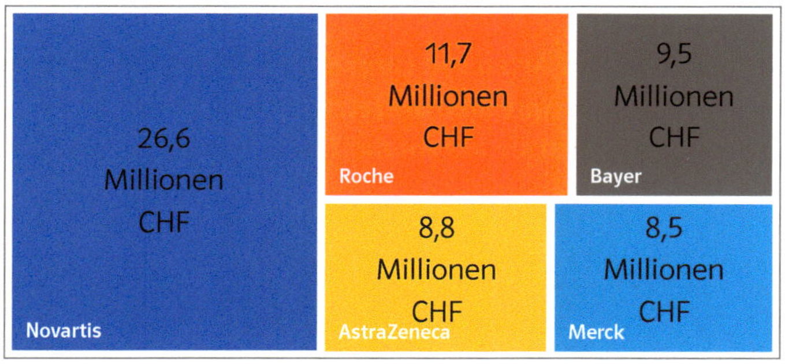

Quelle: Webseiten der jeweiligen Firmen

2) Zu zweit: Hier sehen Sie zwei Pro- und zwei Contra-Argumente von Fachleuten für und gegen die hohen Investitionen der Pharmaunternehmen in die Gesundheitsindustrie. Schreiben Sie die Sätze ins Aktiv um.

Pro:

Mit dem Geld sollen neue Behandlungen (*treatments*) von Ärzt*innen erforscht werden.

____

Durch innovative Methoden können kranke Menschen besser von Ärzt*innen behandelt werden.

____

Contra:

Durch das Geld kann von Pharmaunternehmen Einfluss (*influence*) gekauft werden.

____

Spenden (*donations*) dürfen von Ärzt*innen bei der Krankenbehandlung nicht berücksichtigt (*consider*) werden.

____

3) In kleinen Gruppen: Welche Fragen haben Sie noch zu diesem Thema? Formulieren Sie gemeinsam 2–3 Fragen.

Beispiel: Wie viel Geld investiert der Staat?

114 Video-Ecke: Homöopathische Medizin

1) Schauen Sie sich das erste Video an und schreiben Sie dann in der Tabelle auf, was Charlotte, Jana, Jan, Marie und Nardos von homöopathischen Medikamenten halten.

Charlotte	Jana	Jan	Marie	Nardos

2) Schauen Sie sich das zweite Video an. Wofür benutzen die Personen homöopathische Medizin? Wofür nicht? Sprechen Sie darüber mit einer anderen Person im Kurs.

3) Schauen Sie sich das dritte Video an. Was sagen die Personen über die Einstellung zu homöopathischer Medizin in Deutschland allgemein? Hören Sie gut zu und diskutieren Sie dann über diese Frage in kleinen Gruppen.

34: LÄRMVERSCHMUTZUNG IN TRANSKULTURELLER PERSPEKTIVE°

115 Lärm im Alltag

1) Zu Hause haben Sie notiert, welche Arten von Lärm es in Ihrem Alltag gibt. Sie haben diese Formen von Lärm auch in zwei Kategorien eingeteilt. Sprechen Sie jetzt mit mehreren Personen: Welchen Lärm gibt es? Welcher Lärm stört sie? Welchen Lärm finden sie akzeptabel? Notieren Sie die Antworten der anderen Personen in der Tabelle.

akzeptabler Lärm	störender Lärm

2) Teilen Sie die Ergebnisse der Interviews im Kurs.

3) Zu zweit: Was machen Sie gegen Lärm in Ihrem Alltag? Wie kann Lärm vermieden werden?

Beispiel: Ich trage Ohrstöpsel, wenn ich Hausaufgaben mache. Autolärm kann vermieden werden, wenn Menschen mehr mit dem Fahrrad fahren.

116 Wie laut ist das?

Zu zweit: Lärm wird als Schallpegel (*sound level*) in dB (Dezibel) gemessen. Unten sehen Sie eine Übersicht, die zeigt, wie laut gewisse Dinge sind. Arbeiten Sie mit einer anderen Person und erfragen Sie die fehlenden Informationen. Benutzen Sie für die Fragen und Antworten das Passiv. Notieren Sie die fehlenden Informationen.

Frage: Wann werden ________ Dezibel erreicht?

Antwort: ________ Dezibel werden zum Beispiel bei ____________ (oder ____________) erreicht.

Schall-pegel (dB)	Beispiele	Schall-pegel (dB)	Beispiele
10		80	
25		95	
45		110	
55		120	
70		140	

Person 1 findet die Informationen auf Seite A-5, Person 2 auf Seite A-11.

117 Wie kann Lärm reguliert werden?

1) Lesen Sie den kurzen Text über die Grundlagen der Lärmschutzverordnung (LSV) in der Schweiz, ein Gesetz, das die Vermeidung von Lärm reguliert. Markieren Sie im Text alle Passivkonstruktionen und beantworten Sie dann zu zweit die Fragen zum Text. Benutzen Sie das Passiv in Ihren Antworten.

In der Schweiz wurde bereits in den siebziger Jahren erkannt, dass die Lärmbelastung (*noise pollution*) für Menschen zum großen Problem unserer Gesellschaft wird. Für die meisten Einwohner*innen ist Lärmbelastung die größte Belastung (*stress*) in ihrem Leben. Deshalb wurde 1986 eine verbindliche Norm erlassen, die Lärmschutzverordnung (LSV). Sie reguliert den maximal erlaubten Lärmpegel in Gebäuden wie Mehrfamilienhäusern, Büros, Hotels, Spitälern (Spital = Krankenhaus) usw. Die Normwerte (*standard values*) werden für jeden Gebäudetyp und für die Raumnutzung definiert. (Wird in dem Raum gearbeitet, geschlafen etc.?) In einem Wohnzimmer darf der Lärmpegel höher als in einem Schlafzimmer sein, in einem Büro höher als in einer ärztlichen Praxis. Alle Gebäude, die seitdem gebaut werden, müssen die Norm erfüllen. In vielen Kantonen werden Baubewilligungen (*building permits*) nur erteilt, wenn bewiesen (*prove*) wird, dass der Neubau die Norm erfüllt.

Fragen:
Wann wurde in der Schweiz erkannt, dass Lärmbelastung ein großes Problem ist?
Was wurde in der Schweiz gegen dieses Problem gemacht?
Was wurde in der LSV definiert?
Welche Unterschiede bei den Normgrenzen gibt es?
Wann werden in der Schweiz Baubewilligungen erteilt?

2) Recherchieren Sie: Welche Gesetze, Regeln und Normen gibt es in Ihrer Heimatstadt / Ihrem Heimatstaat, die Lärm und Lärmbekämpfung definieren? Zum Beispiel: Gibt es eine Uhrzeit, nach der man keine Partys mehr feiern darf? Sprechen Sie im Kurs über Ihre Rechercheergebnisse.

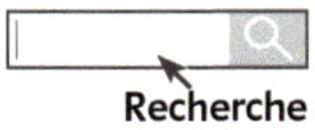
Recherche

118 Heute wird relaxt: Ein Tag voller Ruhe

1) Studien haben gezeigt, dass Lärm negative physische, psychische, soziale und ökonomische Auswirkungen und Konsequenzen haben kann. Deshalb ist es wichtig, dass man für sich selbst Orte und Momente von Ruhe findet. Gemeinsam wollen wir nun einen „perfekten Tag der Ruhe" auf unserem Campus planen. Benutzen Sie Passivkonstruktionen wie im Beispiel. Welche Regeln gibt es für einen Tag ohne Lärm? Schreiben Sie vier Regeln.

Beispiel: Am Morgen wird 20 Minuten Zeitung gelesen. Danach wird in Gruppen entspannte Musik gehört.

____

____

____

____

____

____

2) Vergleichen Sie Ihre Regeln mit denen von anderen Personen im Kurs. Wählen Sie dann gemeinsam die sechs besten Regeln.

35: SCHWEIZER KÄSE

119 Einführung und Geschichte

1) Zu zweit: Zu Hause haben Sie sich intensiv mit einem Text zur Geschichte und Tradition von Schweizer Käse beschäftigt. Versuchen Sie, sich gemeinsam mit einer anderen Person an die wichtigsten Informationen zu erinnern. Welche Informationen passen in die Kategorie „Kultur und Tradition“? Und welche Informationen gehören in die Kategorie „Produktionsprozess und Wissenschaft“? Schreiben Sie mindestens drei Elemente in jede Spalte. Wenn Sie sich nicht mehr gut erinnern, dürfen Sie sich auch noch einmal kurz den Text in LERNEN anschauen.

Kultur und Tradition	Produktionsprozess und Wissenschaft

2) Vergleichen Sie mit zwei anderen Paaren, was Sie in die Tabelle geschrieben haben. Was ist für Sie und die anderen Paare am interessantesten? Was möchten Sie noch über Käse (in der Schweiz) wissen? Formulieren Sie eine Frage. (Beispielfrage: Ich möchte wissen, wie die Löcher in den Käse kommen.)

120 Schweizer Käsevielfalt

1) In LERNEN haben Sie gelesen, dass es in der Schweiz über 700 Käsesorten gibt. Hier sehen Sie sechs unterschiedliche Käsesorten. Jede Person bekommt eine Käsesorte. Gehen Sie auf die Webseite für diese Aktivität über www.klett-usa.com/impuls2links. Recherchieren Sie: Wo wird der Käse hergestellt? Wie schmeckt der Käse (Geschmacksattribute)? Hat er andere besondere Eigenschaften?

Recherche

Appenzeller

Emmentaler

Le Gruyère AOP

Walliser Raclette AOP

Bündner Bergkäse

Sbrinz AOP

2) Präsentieren Sie Ihren Käse im Kurs. Dann wählt der Kurs den beliebtesten Schweizer Käse und erklärt, warum dieser Käse gewinnt.

121 Wie wird Schweizer Qualitätskäse hergestellt?

1) Bei der Produktion von Schweizer Käse gibt es mehrere Schritte. Hören Sie gut zu und ergänzen Sie die Lücken.

Schritt 1: Die Milch wird im Käsefertiger unter Rühren langsam auf 30 bis 32 Grad Celsius ________________.

Schritt 2: Milchsäurebakterien und ________________ werden der Milch zugegeben. Dadurch gerinnt (*congeal*) die Milch nach 35 Minuten: Es gibt eine dicke ______________, die „Gallerte".

Schritt 3: Die dicke Gallerte wird mit einer drehenden Käseharfe (*cheese wire cutter*) ____________. Durch diese Bearbeitung kann die ______________ austreten (*escape*). Die kleinen Teile heißen „Bruch" oder „Körner". Je länger die Käseharfe rührt, desto ____________ wird der Käse, weil er weniger Flüssigkeit enthält.

Schritt 4: Die „Bruchmasse" wird weiter ________________ und erwärmt: für __________________ auf 35, für Hartkäse auf bis _____ Grad Celsius.

Schritt 5: Die feste ______________ wird in eine Form mit Löchern ________________. Die Molke fließt durch die Löcher ab (*drain off*).

Schritt 6: Die Käselaibe (*cheese loafs*) werden in einem Salzbad mit ca. 22 % Salz und einer ________________ von 15 Grad Celsius gebadet. Der Käse nimmt __________ auf und verliert noch mehr Flüssigkeit. Rund um den schwimmenden Käse wird eine Rinde gebildet. Der ________________ des Käses wird im Salzbad intensiviert.

Schritt 7: Im Reifekeller wird der Käse __________________. Dabei wird die Rinde dicker. Während der _______________ (wenige Tage bis mehrere Jahre) pflegt ein*e „Affineur*in" den Käse. Er*Sie reibt den Käselaib mit Kräutersalz (*herb salt*), Most oder Weißwein ein. Dadurch ______________ der Käse individuelle Aromen.

2) Lesestrategie: Jeder Absatz in einem Text hat ein Thema. Das Thema wird oft von einem oder zwei Schlüsselwörtern angezeigt. In der linken Tabelle sehen Sie wichtige Wörter für jeden Schritt in der Käseproduktion, in der rechten die Themen. Ordnen Sie die Themen den richtigen Schritten zu.

Schritt	Wichtige Wörter
1	rühren, erhitzen
2	Milchsäurebakterien, Lab, gerinnt, Gallerte
3	Käseharfe, zerschnitten, Flüssigkeit
4	erwärmt, Weichkäse, Hartkäse
5	Form, Löcher, Flüssigkeit
6	Salzbad, Salz, Rinde
7	Reifekeller, lagern, Reifezeit, Aroma

Schritt	Thema
	Aus Milch wird Gallerte.
	Die Bruchmasse wird erwärmt.
	Die Masse wird gepresst.
1	Die Milch wird erhitzt.
	Käse wird in Salzbad gebadet.
	Der Käse wird gelagert.
	Aus Gallerte wird Bruchmasse.

3) Zu zweit: Benutzen Sie die Informationen aus dem Text und aus der Tabelle oben und erstellen Sie mit einer anderen Person eine Checkliste, die von Ihnen als Käser*in bei der Käseherstellung benutzt werden könnte. Vergleichen Sie Ihre Liste dann mit den Listen von anderen Paaren.

36: FORMVOLLENDETE SCHOKOLADE

122 Wird hier gequizzt?

1) In LERNEN haben Sie einiges über Schokolade gelernt. Jetzt können Sie im Team zeigen, wie viel Sie noch wissen. Ihr*e Professor*in teilt Teams ein. Team 1 wählt die erste Kategorie. Sie hören eine Antwort, zu der Sie die Frage formulieren müssen. Wenn Ihr Team die Antwort = die Frage weiß, heben Sie die Hand. Ist Ihr Team am schnellsten, dürfen Sie Ihre Frage stellen. ACHTUNG: Sie müssen Ihre Frage im Passiv formulieren.

Team 1: Wir nehmen „Schweizer Schokoladenindustrie" für 200 Schweizer Franken, bitte.
Spielleiter*in: Die Antwort ist „138.153 Tonnen".
Team 3: Wie viel Schokolade wurde 2018 ins Ausland exportiert?
Spielleiter*in: Das ist korrekt. Wählen Sie die nächste Kategorie, bitte.
Team 3: Wir nehmen …

Kakaoanbau	Schweizer Schokoladenindustrie	Schokoladenkonsum
CHF 100	CHF 100	CHF 100
CHF 200	CHF 200	CHF 200

Kulturpunkt

In der Schweiz (und Liechtenstein) wird mit Schweizer Franken (CHF) bezahlt. Ein Franken wird in 100 Rappen unterteilt.

2) Überlegen Sie sich jetzt Ihren Einsatz für die Finalrunde. Wie viele Punkte möchten Sie setzen? Dann stellt Ihr*e Professor*in die letzte „Frage".

123 Das Leben ist wie eine Schachtel Pralinen …

1) Zu zweit: Kennen Sie das Filmzitat „Das Leben ist wie eine Schachtel Pralinen, man weiß nie, was man kriegt"? Unterhalten Sie sich mit einer anderen Person darüber, was das Zitat bedeuten könnte.

2) Ihre Woche als Pralinenschachtel: Suchen Sie sich vier Pralinen aus der Schachtel aus. Welche Form haben Ihre Pralinen? Wonach schmecken sie? Wie symbolisieren sie vier Ihrer Erlebnisse aus der letzten Woche / Ihrem Leben? Machen Sie sich zuerst Notizen im Kasten auf der rechten Seite. Erzählen Sie dann zwei anderen Personen von Ihrer Woche / Ihrem Leben mithilfe Ihrer Pralinen.

Vokabeln

rund – eckig
das Kleeblatt, ⸚er 
das Blatt, ⸚er 

3) Zu dritt: Schauen Sie sich in Ihrer Gruppe noch einmal an, welchen Pralinen Sie welche Erlebnisse zugeordnet haben. Mit welchen Formen, Farben und Symbolen haben Sie Positives/Negatives verbunden? Woran könnte das liegen?

124 Auf die Form kommt es an!

Schauen Sie sich die drei Produkte von Cailler, Toblerone und Lindt an. Welche Formen wurden gewählt (Körper und Flächen)? Haben die Designs einen Bezug zur Schweiz? Wenn ja, welchen? Welche Gründe könnte es für die Designs geben?

Die typischste Form für Schokolade ist die rechteckige Tafel.

125 In der Schokoladenfabrik

1) Zu zweit: Designen Sie zusammen die Schokofabrik von Schokoladenvampir Clemens. Person 1 beschreibt ein Detail, das Person 2 einzeichnet. Dann beschreibt Person 2 ein Detail, das Person 1 einzeichnet. Benutzen Sie viele Begriffe aus der Geometrie.

Beispiele: Das Haus ist quadratisch. Das Haus hat dreieckige Fenster. An der Wand hängen Schokoladenkugeln.

2) Schreiben Sie drei weitere Sprüche im unpersönlichen Passiv für Clemens' Schild.

37: Die vielsprachige Schweiz

126 Wo wird was gesprochen?

1) Hören Sie den Text und schreiben Sie in die Kantone auf der Karte, welche Sprachen wo gesprochen werden: Deutsch (D), Französisch (F), Italienisch (I) oder Rätoromanisch (R).

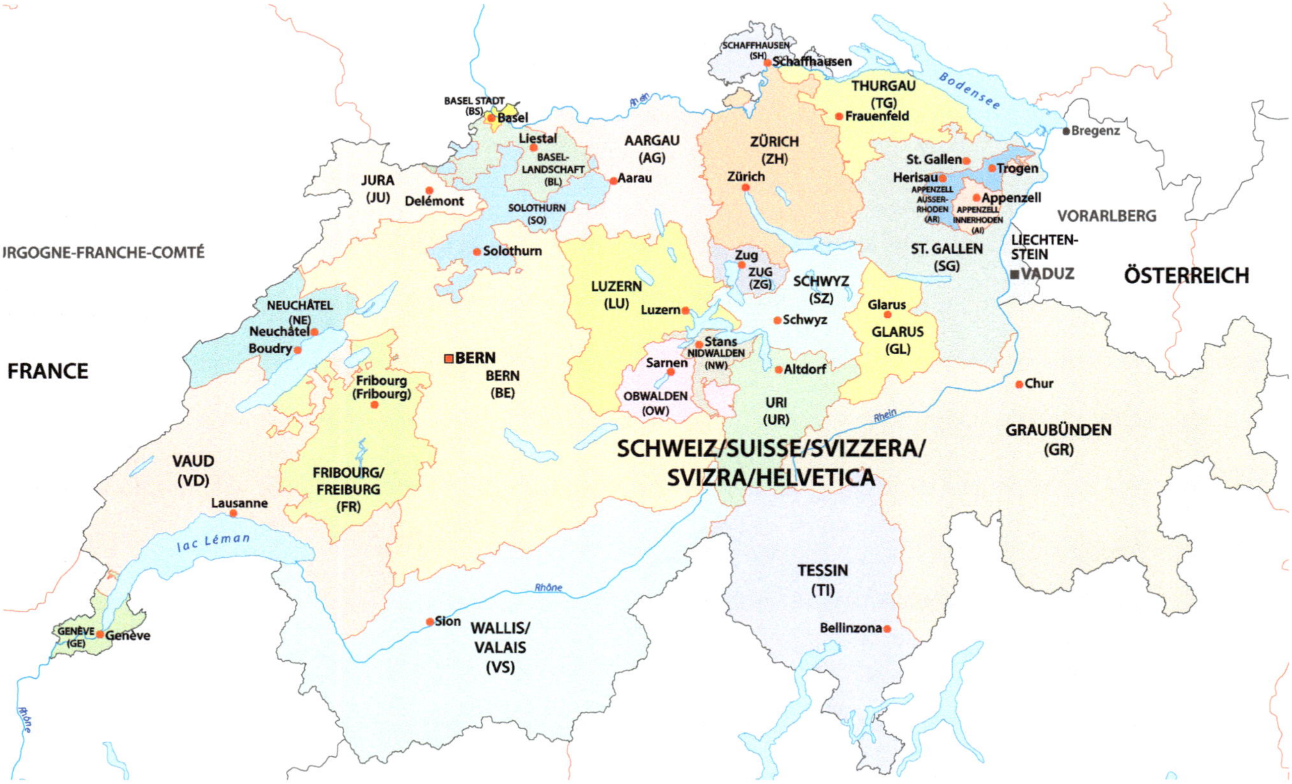

2) Hören Sie noch einmal und ergänzen Sie die Informationen über die Sprachen.

Deutsch
wird in _____ Kantonen gesprochen;
wird von _____ % der Schweizer*innen gesprochen.

Schweizerdeutsch
wird von _____ % mindestens einmal pro Woche in der deutschsprachigen Schweiz gesprochen;
wird von _____ % in der italienischsprachigen Schweiz gesprochen.

Italienisch
wird im Kanton ______________ und im Süden vom Kanton ______________ gesprochen;
wird von _____ % der Schweizer*innen gesprochen.

Französisch
wird in der Westschweiz als Hauptsprache in ______ Kantonen gesprochen;
wird mit Deutsch zusammen auch noch in den Kantonen ______________, ______________ und ______________ gesprochen;
wird von _____ % der Schweizer*innen gesprochen;
ist die ______ häufigste Sprache in der Schweiz.

Rätoromanisch
wird im Kanton ______________ gesprochen; wird von _____ % der Schweizer*innen gesprochen.

3) Werden in Ihrer Heimat auch mehrere Sprachen/Dialekte gesprochen? Oder benutzen Sie vielleicht Wörter und Formulierungen, die nur in Ihrer Region bekannt sind? Fragen Sie andere Personen im Kurs, welche regionalen Sprachphänomene sie kennen.

127 In der Schule

1) Sammeln Sie Ideen im Kurs: Was wird in der Schule gemacht? Benutzen Sie das unpersönliche Passiv.

In der Schule wird gerechnet.

*Den Schüler*innen wird geholfen.*

2) Überlegen Sie dann: Für welche dieser Aktivitäten wird Sprache gebraucht? Lesen Sie dann den Text und beantworten Sie die Fragen.

<u>Unterrichtssprache</u>

Unterrichtssprache ist je nach Kanton Deutsch, Französisch, Italienisch oder Rätoromanisch. In mehrsprachigen Kantonen (Freiburg, Bern, Wallis: Deutsch und Französisch; Graubünden: Deutsch, Italienisch, Rätoromanisch) wird je nach Region oder Gemeinde die eine oder die andere Landessprache als Unterrichtssprache benutzt. In den deutschsprachigen Kantonen ist Dialekt bzw. Mundart die gesprochene Sprache, der Schriftverkehr findet in der Standardsprache statt.

<u>Fremdsprachen</u>

- Ab der Primarstufe werden zwei Fremdsprachen (eine zweite Landessprache und Englisch) unterrichtet;
- die erste Fremdsprache wird spätestens ab dem dritten Primarschuljahr, die zweite Fremdsprache spätestens ab dem fünften Primarschuljahr unterrichtet;
- die Kantone Tessin und Graubünden können von dieser Staffelung (*staggering*) abweichen, wenn dort zusätzlich eine dritte Landessprache obligatorisch unterrichtet wird.

Quelle: bildungssystem.educa.ch/de (gekürzt und vereinfacht)

Welche Regeln gibt es in den Schweizer Schulen zur Unterrichtssprache und zu Fremdsprachen?
Wie viele Sprachen müssen pro Kanton angeboten werden?
Wo wird wohl Deutsch und wo wird Schweizerdeutsch gesprochen (in den deutschsprachigen Kantonen)?
Auf dem Schulhof? Im Unterricht? Im Sportunterricht? …
Was glauben Sie: Warum wird in den Schweizer Schulen so viel Wert auf Sprache gelegt?
Wie ist das in Ihrem Heimatland? Gibt es in den Schulen mehrere Unterrichtssprachen? Warum (nicht)?

128 Schweizerdeutsch

1) Bei Wikipedia gibt es einige Artikel im schweizerdeutschen Dialekt. Rufen Sie über www.klett-usa.com/impuls2links den Artikel zu Schweizerdeutsch auf und schreiben Sie zwei Sätze in Hochdeutsch um. Recherche

2) Was fällt Ihnen auf? Welche Laute (Schweizerdeutsch wird geschrieben, wie es gesprochen wird) gibt es öfter im Schweizerdeutschen als im Hochdeutschen? Schreiben Sie ein paar Beispielwörter auf.

isch = ist (sch ist ein häufiger Laut)

3) Das Schweizer Hochdeutsch benutzt diese Laute öfter. Das R und das CH klingen zum Beispiel anders als im Hochdeutschen, das z. B. in Hannover benutzt wird. Hören Sie drei Personen und ordnen Sie zu.

Schweizerdeutsch   Schweizer Hochdeutsch   Deutsches Hochdeutsch

38: Produktmarketing in vier Sprachen°

Für Aktivität 129 gibt es zwei Optionen. Bearbeiten Sie Option A oder B.

129 Option A: Schweizer Produktmarketing

1) Zu zweit oder zu dritt: Sehen Sie sich die Schweizer Webseite (.ch) von einem der Produkte unten an und recherchieren Sie die Antworten auf die Fragen.

Recherche

Gruppe 1: Swatch | Gruppe 2: Toblerone | Gruppe 3: Elmex | Gruppe 4: Rivella

Fragen:
- In welchen Sprachen gibt es Informationen? Welche Landessprachen der Schweiz werden auf der Webseite benutzt? Welche Landessprachen der Schweiz gibt es auf der Produktseite nicht?
- Vergleichen Sie die Seiten in den Schweizer Landessprachen: Haben die verschiedenen Seiten die gleichen Informationen bzw. den gleichen Inhalt? Welche Unterschiede gibt es?
- Englisch ist eine Werbesprache, die auch im Deutschen gerne benutzt wird. Finden Sie auch auf den Schweizer Seiten englische Wörter oder Sätze?
- Notieren Sie Slogans oder Wörter, die für das Produkt stehen. Analysieren Sie die Slogans: Welche Wirkung haben die Slogans/Wörter? Warum werden sie vielleicht benutzt?

2) Zwischenbericht: Erzählen Sie den anderen Gruppen von Option A, was Sie gefunden haben. Vergleichen Sie die Werbesprache und die Slogans.

Für Aktivität 130 gibt es zwei Optionen. Bearbeiten Sie Option A, wenn Sie für Aktivität 129 Option A bearbeitet haben.

130 Option A: Vielsprachige Werbung

1) Jetzt sind Sie dran. Kreieren Sie in Ihrer Gruppe ein eigenes Produktmarketing für ein Produkt Ihrer Wahl. Das kann ein Schweizer Produkt sein, das Sie in diesem Kapitel kennengelernt haben, oder ein anderes Produkt, das es in vielen Ländern gibt. Versuchen Sie außer Deutsch noch mindestens eine weitere Sprache in Ihrer Werbung zu benutzen.

2) Stellen Sie Ihr Produkt und das Marketing im Kurs vor.

Für Aktivität 129 gibt es zwei Optionen. Bearbeiten Sie Option A oder B.

129 Option B: Die vier Sprachen in der Schweiz

1) Zu viert: Jede Person liest einen Teil von einem Text über die Schweizer Sprachen (Seite A-5, A-7, A-9 oder A-17).

2) Individuell: Identifizieren Sie das Thema von Ihrem Textabschnitt und geben Sie ihm eine Überschrift.

3) Individuell: Schreiben Sie 3–5 Schlüsselwörter auf, die Sie brauchen, um Ihren Teil verstehen zu können.

4) Zu viert: Sprechen Sie mit den anderen Option B-Gruppen und vervollständigen Sie die Informationen unten.

Teil 1 - Thema/Überschrift: ______________________________

Wörter: ______________________________

Teil 2 - Thema/Überschrift: ______________________________

Wörter: ______________________________

Teil 3 - Thema/Überschrift: ______________________________

Wörter: ______________________________

Teil 4 - Thema/Überschrift: ______________________________

Wörter: ______________________________

5) Zu viert: Besprechen Sie, welche Probleme der Autor konkret identifiziert.

Für Aktivität 130 gibt es zwei Optionen. Bearbeiten Sie Option B, wenn Sie für Aktivität 129 Option B bearbeitet haben.

130 Option B: „Produkt" Sprache

1) Recherchieren Sie: Was sind die Vorteile davon, bilingual zu sein oder mehrere Sprachen zu können?

Recherche

2) Kreieren Sie jetzt ein „Produktmarketing" fürs Sprachenlernen. Sie können konkret eine Sprache bewerben oder ganz allgemein das Sprachenlernen. Sie können zeichnen, schreiben oder auch Bilder aus dem Internet benutzen.

3) Stellen Sie Ihr Produktmarketing im Kurs vor.

131 Bedrohte Sprachen

1) In kleinen Gruppen: Es gibt Amtssprachen (offizielle Sprachen in einem Land) und Minderheitensprachen (kleine Sprachen, die von einer ethnischen Minderheit in einem Land gesprochen werden). Es gibt große Sprachen, die von vielen, und kleine Sprachen, die nur von wenigen Menschen gesprochen werden. In der Schweiz ist eine kleine Sprache sogar die vierte Nationalsprache. Sie heißt Rätoromanisch. Kennen Sie noch andere kleine Sprachen? Wo werden diese Sprachen gesprochen? Sammeln Sie Ideen.

Deutsch und Sorbisch

2) Kleine Sprachen sind oft vom Aussterben bedroht. Warum sprechen junge Leute vielleicht nicht so oft oder so gerne kleine Sprachen? Wer spricht diese Sprachen? Warum ist das ein Problem? Was kann dagegen getan werden?

3) Jetzt verschaffen Sie sich einen Überblick über bedrohte Sprachen im UNESCO Atlas der gefährdeten Sprachen (www.klett-usa.com/impuls2links). Was sind die Kriterien für die Kategorien, das heißt, wann ist eine Sprache bedroht? Und wie viele bedrohte Sprachen gibt es in Deutschland, Österreich, der Schweiz und in Ihrem Heimatland? Überraschen Sie diese Zahlen?

Recherche

132 Kleine Sprachen in der Schweiz

Zu zweit: In der Schweiz gibt es zehn kleine Sprachen. Sprechen Sie miteinander darüber und vervollständigen Sie die Tabelle zu vier Sprachen. Person 1 findet Informationen auf Seite A-6 und Person 2 auf Seite A-14.

Name	Herkunft	Region	Sprecher*innen
		Tessin und Graubünden	
			sehr, sehr wenige Menschen
	Vermischung von Latein mit keltischen und rätischen Sprachen		
Franko-provenzalisch			

133 Musik-Ecke: „Veta“

Astrid Alexandre

„Veta“ (2018)

Astrid Alexandre wurde 1981 in Haiti geboren. Sie wuchs in Belgien und der Schweiz auf. Sie besuchte die Schule in der Schweiz und studierte Musik in Basel. Sie arbeitete beim Radio und zwar bei Radiotelevisiun Svizra Rumantscha (also dem rätoromanischen Radiosender). Sie singt auf Sursilvan, das ist einer von fünf rätoromanischen Dialekten. Sie singt aber auch auf Englisch, Französisch und Schweizerdeutsch. 2016 bekam sie für ihre mehrsprachige Musik einen Preis von der Stadt Chur.

1) **Überlegen Sie: Warum sprechen oder schreiben manche Künstler*innen in mehreren Sprachen? Glauben Sie, dass bestimmte Sprachen besonders gut für bestimmte Emotionen sind?**

2) **Hören Sie einen Ausschnitt aus dem Lied „Veta“, das Alexandre zusammen mit Pascal Gamboni singt. Gamboni singt auch viele Lieder auf Rätoromanisch. Sie werden die Wörter nicht verstehen, achten Sie deshalb auf die Emotionen: Welche Atmosphäre hat das Lied? Was könnte das Thema sein? Wie finden Sie das Lied?**

3) **Hören Sie jetzt noch Ausschnitte aus Liedern von Alexandre in anderen Sprachen. Hören Sie Unterschiede? Ist ihre Stimme immer gleich? Sind der Stil und die Emotionen gleich? Woran könnten die Unterschiede oder Gemeinsamkeiten liegen?**

4) **Welches Lied finden Sie am schönsten? Warum?**

134 Sprachproduzent*innen

Zu zweit oder zu dritt: Sammeln Sie erst Vor- und Nachteile für Szenario 1, 2 oder 3. Sie können auch überlegen, was gute Gegenargumente für die Nachteile sind. Sprechen Sie dann miteinander darüber. Schreiben Sie dabei keinen Text, sondern sprechen Sie so frei wie möglich. Wenn Sie hängen bleiben, beginnen Sie einfach noch einmal.

<u>Szenario 1</u>
Eine Autorin möchte Bücher auf Rätoromanisch schreiben. Sie überzeugt ihre Agentin, dass Bücher auf Rätoromanisch geschrieben werden sollten.

<u>Szenario 2</u>
Ein*e Musikproduzent*in hat eine coole Band entdeckt, die auf Rätoromanisch rappt. Xier überzeugt xiesen Chef, dass Musik auf Rätoromanisch produziert werden sollte.

<u>Szenario 3</u>
Eltern und Lehrkräfte sprechen darüber, dass Rätoromanisch auf jeden Fall in der Primarschule gelernt werden sollte.

Vorteile

____

____

____

____

____

Nachteile

____

____

____

____

____

40: Projekt 3 – Eine Produktvorstellung°

135 Vermarkten Sie ein regionales Produkt

1) Recherche

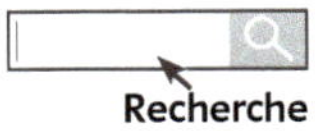
Recherche

Recherchieren Sie, welche Produkte in Ihrer Region produziert werden. Wählen Sie eines der Produkte aus, für das Ihre Region besonders bekannt ist.

Recherchieren Sie, wie das Produkt hergestellt wird. Welche Materialien werden benutzt? Welche Produktionsschritte gibt es? Welche Maschinen/Werkzeuge werden dafür gebraucht?

2) Prozessbeschreibung

Benutzen Sie die Informationen Ihrer Recherche und erstellen Sie eine Prozessbeschreibung. Diese Beschreibung soll die einzelnen Herstellungsschritte dokumentieren.

Stellen Sie die Produktionsschritte visuell dar, damit sie einfacher zu verstehen sind. Wählen Sie das Medium für die Darstellung (Video, PowerPoint, Zeichnung etc.). Die Bilder sollen auch beschriftet werden.

3) Produktmarketing

Überlegen Sie jetzt, wie Sie das Produkt vermarkten können. Warum ist es ein Produkt, das gekauft werden sollte? Was kann damit gemacht werden? Wo kann das Produkt gekauft werden?

4) Produktpräsentation

Stellen Sie nun Ihr Produkt im Kurs vor. Präsentieren Sie sowohl Ihre Prozessbeschreibung als auch das Produktmarketing. Sie können die Form der Präsentation frei wählen. Die anderen Personen im Kurs dürfen dann Fragen stellen und entscheiden, ob sie das Produkt kaufen würden.

WIE LEBEN WIR NACHHALTIG?

KOMMUNIKATION FÜR DIE ZUKUNFT UNSERES PLANETEN

In **chapter 4**, you'll learn …

- to ask and answer questions about the definition, causes, and effects of climate change.
- to compare viewpoints about environmental activism with classmates and have conversations about your own carbon footprint.
- to understand key information related to sustainability and to match them to visual and textual descriptors.
- to understand information about an innovative product or project and why it reduces carbon emissions.
- to answer questions about key information in informational texts about topics such as anti-nuclear energy movements.
- to identify and describe fictional characters' emotional responses.
- to talk about events that have had a strong impact on your life.
- to use your language to identify and communicate strategies to achieve a better work-life-balance.
- to create textual and visual artifacts that encourage people in your life to act more sustainably.
- to give a presentation on topics you have researched, such as Green parties in different countries.
- to use your language to exchange information that you have researched online.
- to deal with the ambiguity inherent in interpersonal communication.
- about historical aspects of the German Green Party.
- about the ramifications of climate change for wildlife and about innovative German projects that promote sustainability.
- about Friedemann Schulz von Thun's "four-sides" communication model.
- about issues of sustainability in the fashion industry.

41: Was ist Nachhaltigkeit?

136 Video-Ecke: Was ist Nachhaltigkeit?

1) Schauen Sie sich das Video an und notieren Sie sich in Stichworten, wie die Personen „Nachhaltigkeit" definieren und warum Jan und Nardos denken, dass das Thema wichtig für Studierende ist.

Definitionen: ______________________________

____

Warum wichtig? ______________________________

____

2) Zu zweit: Sammeln Sie auf der linken Seite, was Sie als Student*in tun können, um nachhaltig zu leben.

Ihre Ideen	Ideen aus dem Video

3) Zu zweit: Schauen Sie jetzt, was die Personen aus dem Video tun, um nachhaltig zu handeln. Tragen Sie dies auf der rechten Seite ein und vergleichen Sie. Woran haben Sie (nicht) gedacht? Was davon wäre auch für Sie möglich? Was nicht? Warum (nicht)?

137 Multidimensionale Nachhaltigkeit

1) Zu zweit: Ordnen Sie die Überschriften den Erklärungen zu.

a) Ursprung vom Wort „Nachhaltigkeit"
b) Definition
c) Kategorien von Nachhaltigkeit
d) Elemente von ökologischer Nachhaltigkeit
e) Elemente von sozialer Nachhaltigkeit
f) Elemente von ökonomischer Nachhaltigkeit

☐ Nachhaltig ist ein Handeln, das Menschen jetzt und in der Zukunft weltweit vergleichbare oder bessere Lebensbedingungen sichert.

☐ Ökosysteme, Natur, nachwachsende Rohstoffe, Klimaschutz, Emissionsvermeidung, Abfallreduktion, Tierschutz

☐ Umwelt, Wirtschaft und Gesellschaft

☐ Lebensstandard, fairer Handel, Arbeit, regionale und lokale Märkte von Produkten, Weltmarkt

☐ Chancengleichheit, Teilhabe (*participation*), Pluralität, ethisches Verhalten, Recht auf Gesundheit, Verantwortung gegenüber der nächsten Generation

☐ Hans Carl von Carlowitz formulierte 1713: Nicht mehr Holz fällen, als der Wald auf natürliche Weise in kurzer Zeit regenerieren kann.

2) Zu zweit: Wer handelt wie nachhaltig? Der Anfang und das Ende stimmen. Ordnen Sie die mittleren Satzteile zu.

Unternehmen,	die saisonale und lokale Waren kaufen,	wirtschaften nachhaltig.
Menschen,	die an die nächste Generation denkt,	essen nachhaltig.
Geschäfte,	die Fahrrad statt Auto fahren,	handeln nachhaltig.
Alle,	die lokale Lieferanten haben,	leben nachhaltig.
Politik,	die Waren ohne Verpackung verkaufen,	plant nachhaltig.

Achtung: Gender!

jemand, **der**
eine Person, **die**

Oder gendersensibel:
alle, **die** (*pl.*)

3) Individuell: Wer handelt noch nachhaltig? Schreiben Sie selbst einen Satz wie oben.

____

138 Global vernetzt: Mode als Beispiel

1) Überlegen Sie im Kurs oder in kleinen Gruppen: Ist Mode nachhaltig oder nicht? Könnte Mode nachhaltig sein?

2) Zu zweit: Welche Lösungsansätze gibt es für die Probleme von Fast Fashion? Person 1 findet die Informationen auf Seite A-7 und Person 2 auf Seite A-15.

	Fast Fashion	Mögliche Lösungen
Produktion		
Abfall		
Schadstoffe		

3) Sprechen Sie im Kurs darüber: Zu welcher Nachhaltigkeitskategorie gehört jedes Element (sozial, ökologisch, ökonomisch)?

4) Wer profitiert wovon (zum Beispiel: das Unternehmen, die Arbeitskräfte, Konsumierenden, Tiere, die Umwelt)?

5) In Gruppen: Warum leben und kaufen nicht alle Menschen nachhaltig? (Denken Sie zum Beispiel an Preise, an Marketing, an Gruppendruck (*peer pressure*), an kulturelle Praktiken oder an Trends.) Beschreiben Sie Szenarien, die uns davon überzeugen sollen, möglichst jedes Jahr unseren Kleiderschrank komplett zu ändern.

6) Im Kurs: Wie können Sie diejenigen, die von fehlender Nachhaltigkeit profitieren, oder diejenigen, die nicht nachhaltig leben (können), überzeugen, nachhaltiger zu leben, zu kaufen, zu wirtschaften? Sammeln Sie Argumente an der Tafel.

z. B.: Wenn ein T-Shirt eine bessere Qualität hat, hält es länger und es muss nicht so schnell ein neues gekauft werden.

42: KLIMAWANDEL°

139 Klimawandel: Ursachen und Folgen

Zu zweit: In LERNEN haben Sie einen Text über den Klimawandel gelesen. Was haben Sie behalten? Machen Sie sich zusammen mit einer anderen Person zu den folgenden Fragen ein paar Notizen.

Was ist Klimawandel?

____

____

Was sind die Ursachen?

____

____

Was sind die Folgen?

____

____

Wo sehen Sie die Folgen von Klimawandel in Ihrem Land?

____

____

140 Tiere im Klimastress

Zu zweit: Fische, Vögel, Insekten, Polartiere – sie alle leiden unter den Folgen des Klimawandels. Welche Probleme haben diese vier Gruppen? Auf den Seiten A-8 (Person 1) und A-16 (Person 2) finden Sie die Informationen. Lesen Sie die Informationen und beschreiben Sie die Probleme mit Ihren eigenen Worten. Ergänzen Sie Ihre Tabelle mit den Informationen der anderen Person. Diskutieren Sie dann darüber: Was haben Sie schon gewusst? Was nicht?

Tiergruppe	Probleme durch den Klimawandel
	*Wenn das Wasser wärmer wird, ist ...*

141 Fidschi im Klimawandel

1) Die Inselgruppe Fidschi im Südpazifik ist ein prominentes Beispiel dafür, wie der Klimawandel das Leben der Menschen drastisch verändert. Hören Sie gut zu und ergänzen Sie die Sätze.

Der Meeresspiegel steigt mit jedem ____________________. Deshalb werden Teile von vielen Dörfern regelmäßig überschwemmt. Oder sie stehen bereits ____________________ im Wasser. 2012 gab es erste ____________________ von versunkenen Friedhöfen auf Fidschi. Etliche Dörfer hat der Ozean schon komplett verschluckt. Der ________________ Meeresspiegel zerstört Leben und Kultur auf den Inseln langsam, aber unaufhaltsam. Das __________________ beschädigt die Häuser, egal ob sie aus Holz oder Stein gebaut sind. Und es macht die Erde unfruchtbar: Gemüse und Getreide können in den überschwemmten Teilen der Dörfer nicht mehr __________________ werden. Auch wird das Meer wärmer. Die Fischer*innen müssen weiter hinausfahren, um etwas __________________ zu können. Aber selbst dann finden sie nicht immer __________________ Fische.

Es gibt Dörfer, die in __________________ Regionen umgesiedelt wurden. Doch nicht alle Dorfgemeinschaften wollen das. Ihr Dorf zu __________________, würde für sie bedeuten, ihre Heimat, ihre Geschichte und ihre Kultur aufzugeben.

2) Zu zweit oder zu dritt: Beschreiben Sie mit Ihren eigenen Worten, welche konkreten Folgen der Klimawandel für die Republik Fidschi hat.

142 Andere Folgen

1) In Gruppen: Diskutieren Sie hier über zwei weitere Folgen des Klimawandels. Welche praktischen Konsequenzen könnten diese für Ihren Alltag haben? Sammeln Sie ein paar Ideen.

Folge 1: Weil Ozeane, Meere und Seen immer wärmer werden, wandern Fische den Polen entgegen oder schwimmen in tiefere Regionen, um dort kälteres Wasser zu finden. Auch wurde beobachtet, dass die Erderwärmung das Wachstum und die Reproduktion von Fischen negativ beeinflusst. Für die weltweite Fischerei bedeutet das, dass die Erträge weniger werden und dass viele Fischer*innen selber migrieren oder länger fahren müssen, um genug Fische zu fangen.

Beispiel für eine praktische Konsequenz: Fisch könnte immer teurer werden.

____

____

Folge 2: Eine Studie des medizinischen Fachjournals Parasites and Vectors vom Januar 2019 kommt zu folgendem Resultat: Die Erderwärmung macht aus Südeuropa einen Lebensraum, in dem sich die Spezies Anopheles sehr wohl fühlt. „Anopheles" ist der lateinische Name der Mückenart, die Malaria bzw. verschiedene Arten von Malaria übertragen kann. Auch deutsche Forscher*innen sind sich sicher, dass in den nächsten Jahrzehnten Malariamücken im Süden Europas heimisch werden.

____

____

2) Stellen Sie im Kurs Ihre Ideen vor. Diskutieren Sie gemeinsam darüber, welche Ideen Sie für realistisch halten und warum.

143 Mein Fußabdruck

1) In kleinen Gruppen: In LERNEN haben Sie Ihren ökologischen Fußabdruck ausgerechnet. Sammeln Sie, welche Kategorien es bei der Berechnung gab und schreiben Sie sie auf.

______ ______ ______ ______

2) Sprechen Sie jetzt über Ihre Ergebnisse. Was haben Sie herausgefunden? Was hat Sie an Ihren Ergebnissen überrascht?

3) Überlegen Sie zusammen, was Sie tun könnten, um Ihren Fußabdruck kleiner zu machen. Schreiben Sie drei Veränderungen für den Alltag auf und präsentieren Sie sie dann im Kurs. Versuchen Sie mindestens einen Relativsatz mit Nominativ zu benutzen, wie im Beispiel.

Ich könnte mehr Lebensmittel essen, die regional produziert werden.

______

______

______

______

______

4) Sprechen Sie im Kurs: Welche Ideen können Sie leicht umsetzen? Welche sind schwieriger?

144 Essen für einen gesunden Planeten

1) Zu zweit: Die Menschheit lebt zurzeit so, als hätte sie 1,7 Erden und nicht nur eine, die ihr Ressourcen bereitstellt. Die Planeten-Diät hat zum Ziel, dass alle nur noch so viel/wenig konsumieren, dass unsere eine Erde genug Kapazitäten für alle hat. In LERNEN haben Sie gelesen, was Essen mit Klimawandel zu tun hat. Machen Sie sich jetzt ein paar Stichpunkte und sprechen Sie darüber. Welches Essen ist gut oder nicht gut für den Planeten?

gut	nicht gut

2) **Individuell: Hören Sie einen Text zur Planeten-Diät und füllen Sie die Lücken aus.**

Bei der Planeten-Diät geht es um die ______________ von Menschen und von unserem Planeten. Falsche Ernährung trägt zu vielen Krankheiten bei, z.B. zu ______________ und ______________. ______________ Menschen weltweit leiden an Hunger, ______________ sind unterernährt (*undernourished*) und nochmal ______________ sind übergewichtig (*overweight*). Die Landwirtschaft hat auch Auswirkungen auf die ______________. Es gibt zum Beispiel weniger ______________ und mehr Felder. Eine Kommission hat die Planeten-Diät entwickelt, um den Menschen und dem Planeten zu helfen: ______________ frühzeitige Tode (*early deaths*) sollen dadurch verhindert werden. Um gesund zu bleiben und den Planeten zu schonen, sieht der Speiseplan so aus: Pro Tag darf man ______________ Nüsse, ______________ Hülsenfrüchte (*legumes*), ______________ Fisch, ______________ rotes Fleisch, ______________ Hühnchen, ______________ Milchprodukte, ______________ Getreide und ______________ Obst und Gemüse essen. Verglichen mit heute müsste weltweit der Konsum von rotem Fleisch und Zucker um ______________ reduziert werden, im globalen Norden aber deutlich mehr: Deutsche dürften nur noch ______________ von dem Fleisch essen, das sie im Moment zu sich nehmen. Die Verschwendung von Lebensmitteln müsste außerdem um ______________ verringert werden.

3) **Sprechen Sie zu dritt: Würde es Ihnen schwerfallen, nach der Planeten-Diät zu leben? Müssten Sie Ihren Speiseplan sehr ändern? Welche Argumente könnten Menschen vielleicht überzeugen, so zu essen?**

145 Noch eine Lösung?

1) **In kleinen Gruppen: Beschreiben Sie das Bild. Was wird hier verglichen? Welche Botschaft vermittelt die Infografik?**

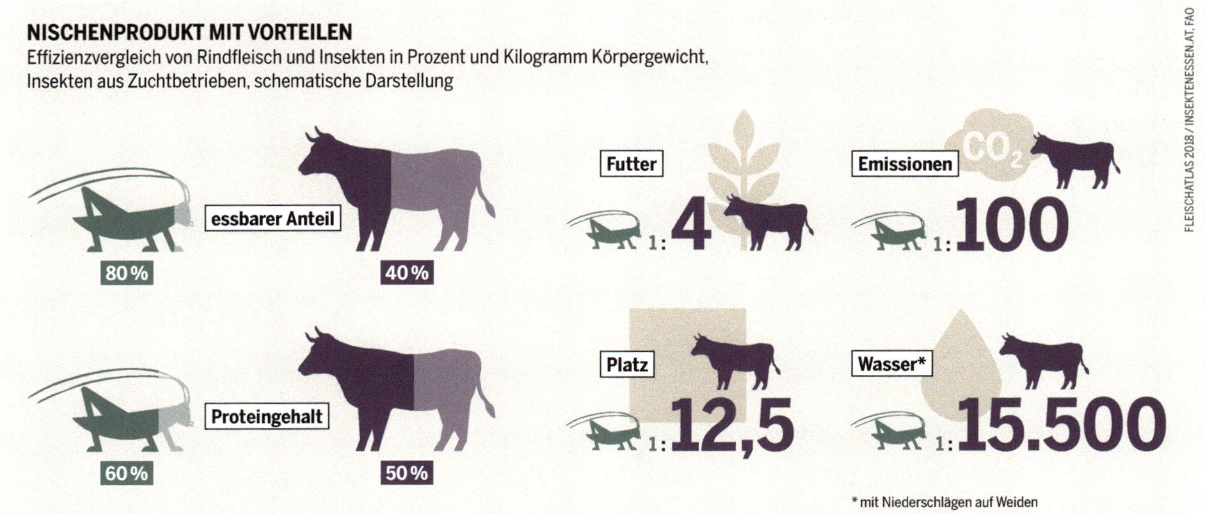

2) **Diskutieren Sie im Kurs: Ist das eine Lösung für Sie persönlich? Warum (nicht)?**

44: „Die Wolke"

146 Ein Tag, an dem sich dein Leben veränderte

1) Individuell: Denken Sie an einen Tag, der Ihr Leben verändert hat, positiv oder negativ. Sammeln Sie in der Wortwolke zuerst ein paar Wörter, um diesen Tag zu beschreiben (Assoziationen, Gefühle, Emotionen etc.).

2) Zu zweit: Zeigen Sie Ihre Wolke einer anderen Person. Die andere Person soll raten (*guess*), an welchen Tag oder an welches Ereignis Sie sich erinnern.

3) Beschreiben Sie nun einer anderen Person mit mehr Details den Tag, an dem sich Ihr Leben veränderte. Nutzen Sie die folgenden Fragen:

Wo warst du? Mit wem? Wie hat dieser Tag dein Leben verändert? Mit welchen Emotionen verbindest du diesen Tag?

147 Fluchtplan bei einem Notfall

1) Der Roman „Die Wolke" beschreibt einen atomaren Unfall in einem Kernkraftwerk. Es gibt aber auch andere Notfälle und Katastrophen. Machen Sie eine Liste von Notfällen und Katastrophen, von denen wir heutzutage betroffen sind.

____

____

2) Zu zweit: Wählen Sie eine Notfallsituation von Ihrer Liste und füllen Sie die Tabelle mit Ideen für einen Fluchtplan aus. Vergleichen Sie Ihre Tabelle mit anderen Personen im Kurs.

Notfallplan	
Was nehmen Sie mit?	
Mit welchen Personen kommunizieren Sie?	
Wie oder womit fliehen Sie?	
Wer braucht Hilfe?	

3) In Gruppen: Welche Rolle spielt Technologie in einer Notfallsituation? Wie kann Technologie helfen? Sprechen Sie darüber mit anderen Personen im Kurs.

Mit einem Computer kann man …
In einem Notfall ist ein Smartphone gut, weil …

148 „Die Wolke“: ABC-Alarm in der Schule

1) Lesen Sie den ersten Absatz aus dem Roman „Die Wolke“ und markieren Sie Wörter, mit denen die Stimmung und die Atmosphäre beschrieben werden. Wenn Sie Wörter nicht kennen, benutzen Sie ein Wörterbuch.

An diesem Freitagmorgen gab es einen leichten Wind. Als Janna-Berta aus dem Fenster schaute, sah sie die jungen Blätter des Baumes in der Sonne glitzern (*sparkle*). Man sah die Schatten des Baumes auf dem Asphalt des Schulhofs. Auf die Dächer schneite es Kirschblütenblätter. Der Himmel war tiefblau. Nur wenige Wolken und die waren ganz weiß und leicht. Für einen Maimorgen war es außergewöhnlich warm. Die Sicht (*view*) war klar. Plötzlich hörte man eine Sirene. Herr Benzig brach seinen Kommentar zur neuen Französisch-Lektion mitten im Satz ab und schaute auf seine Armbanduhr.

Quelle: Gudrun Pausewang, „Die Wolke“, Ravensburger Verlag (vereinfacht)

2) Zu zweit: Wie ist die Stimmung in diesem ersten Absatz? Ist es ein schöner Tag? Woran können Sie das sehen? An welcher Stelle ändert sich die Stimmung? Welches Wort markiert die Stimmungsänderung?

3) Zu zweit: Lesen Sie den zweiten Absatz. Hier wurden die Wörter „Probealarm“ und „ABC-Alarm“ benutzt. Machen Sie mit einer anderen Person eine Online-Recherche. Was bedeuten diese Wörter? Schreiben Sie eine Definition für beide Wörter. Benutzen Sie in Ihrer Definition einen Relativsatz mit „bei“ oder „mit“ (+ Dativ).

Recherche

„Neun vor elf“, sagt er. „Komische Zeit für einen Probealarm.“
„Das ist ein ABC-Alarm!“, ruft Elmar.

Quelle: Gudrun Pausewang, „Die Wolke“, Alinea Verlag

Probealarm: ______________________________

____

ABC-Alarm: ______________________________

____

4) Zu zweit: Lesen Sie den dritten Absatz. Wie reagiert Janna-Berta auf den ABC-Alarm? An wen denkt sie?

Durch den Lautsprecher hören sie die Stimme des Direktors: „ABC-Alarm! Der Unterricht endet sofort. Alle Schüler gehen so schnell wie möglich nach Hause.“
Er sagt noch mehr, aber alle laufen zum Fenster. „Verstehst du, was das soll?“, fragt Meike. Janna-Berta schüttelt den Kopf. Ihr wird kalt. Irgendetwas ist geschehen. Aber was? Sie denkt an Uli, ihren kleinen Bruder.

Quelle: Gudrun Pausewang, „Die Wolke“, Alinea Verlag

5) Zu zweit: An wen würden Sie in solch einer Situation denken? Mit wem würden Sie kommunizieren?

149 „Die Wolke“: Filmische Darstellung

Es gibt auch eine Verfilmung von „Die Wolke“. Ihr*e Professor*in zeigt Ihnen den deutschen Trailer des Films. Notieren Sie in der Tabelle Adjektive, die die Stimmung und die Atmosphäre in diesem Trailer beschreiben. Teilen Sie dann die Adjektive mit den anderen Personen im Kurs.

Adjektive: Atmosphäre und Stimmung
angespannt,

45: UMWELTBEWEGUNGEN

150 Die Anti-Atomkraft-Bewegung der 1970er und 1980er Jahre

1) Hören Sie den Text zur Anti-Atomkraft-Bewegung in Deutschland und füllen Sie die Lücken aus. Vergleichen Sie Ihre Antworten mit einer anderen Person.

Seit Mitte der 1960er Jahre gab es ______________ genutzte Kernkraftwerke in Deutschland. Es hieß, dass sie eine sichere, ______________ und wirtschaftliche Form der Energie produzieren. Nach der Ölkrise 1973 plante die Bundesregierung den Ausbau der Kernenergie. Man prognostizierte eine Steigerung des Energiebedarfs. Kernenergie sollte die ______________ sein. Die BRD plante, bis 1985 __________ neue Atomkraftwerke zu bauen. Gegen den Bau eines Kernkraftwerkes in der kleinen südbadischen Stadt Wyhl gab es 1975 eine erste große ______________ von Atomkraftgegner*innen. Die Menschen in der Region hatten Angst um die ______________ der Bevölkerung. Zuerst versuchten sie, mit juristischen Mitteln den Bau zu stoppen. Das funktionierte aber nicht. Danach benutzten sie ______________ Mittel: Sie besetzten (*occupy*) den Bauplatz, wo das Kernkraftwerk gebaut werden sollte. Dieser __________ der kleinen Bevölkerung fand bundesweite Unterstützung. Bei der Räumung des Bauplatzes kam es zu gewaltsamen Kämpfen mit der Polizei. Das war ein wichtiger ______________ der Anti-Atomkraft-Bewegung.

2) Zu zweit: Lesen Sie den Text und unterstreichen Sie alle Genitivphrasen mit den Nomen, die sie ergänzen und/ oder modifizieren. Besprechen Sie mit einer anderen Person, was sie bedeuten. Wenn Sie sich nicht sicher sind, dürfen Sie ein Wörterbuch benutzen.

3) In kleinen Gruppen: Beantworten Sie die folgenden Fragen zum Text:

- Warum gab es seit den 1960er Jahren Kernkraftwerke in Deutschland?
- Worauf sollten Kernkraftwerke die Antwort sein?
- Wie haben Menschen in der Stadt Wyhl auf den geplanten Bau eines Kernkraftwerks im Jahr 1975 reagiert?
- Welche Wirkung/Konsequenzen hatte diese Reaktion?

151 Anti-Atomkraft in der Politik: Wahlplakate der Grünen Partei

1) Zu zweit: Unten sehen Sie Wahlkampfplakate der Grünen. Beschreiben Sie zusammen mit einer anderen Person jedes Plakat im Detail. Was können Sie sehen? Welche Elemente, Symbole und Farben gibt es? Sie sollen sie nur beschreiben, nicht interpretieren. Vergrößern Sie die Plakate mit Klett Augmented.

1979

1983

1990

2009

2) **Welche Wörter auf den Plakaten sind für Sie neu? Erstellen Sie eine Liste mit diesen Wörtern und fragen Sie dann andere Personen: „Was ist die Bedeutung des Wortes ____________? Hast du eine Idee?" Wenn niemand das Wort kennt, benutzen Sie ein Online-Wörterbuch.**

3) **Was sind die Themen der Plakate? Was ist die Botschaft der Grünen auf diesen Plakaten? Ist die Botschaft immer ähnlich? Wie hat sich die Botschaft verändert (oder nicht)? Sprechen Sie über diese Themen.**

4) **Gibt es in Ihrem Land eine Grüne Partei? Suchen Sie Wahlplakate der Partei. Welche Themen finden Sie auf diesen Plakaten? Sind die Botschaften der deutschen Grünen und der Partei in Ihrem Land ähnlich?**

Recherche

5) **Im Kurs: Erzählen Sie von den Ergebnissen Ihrer Recherche und vergleichen Sie.**

152 Ihre eigene Umweltbewegung

1) **Zu zweit: In Aktivität 151 haben Sie vier Wahlplakate der Grünen analysiert. Jetzt sollen Sie kreativ werden und selbst ein Plakat erstellen. Arbeiten Sie mit einer anderen Person. Was ist das Thema Ihres Plakats? Für welche Ideen und Werte steht Ihre Umweltbewegung? (Denken Sie an aktuelle Themen.) Benutzen Sie Text, Grafiken, Zeichnungen etc.**

2) **Im Kurs: Präsentieren Sie Ihr Plakat und behandeln Sie die folgenden Fragen: Was ist das Thema Ihres Plakats? Was sind die Ziele Ihrer Bewegung? Welche Methoden der Kommunikation benutzt Ihr Plakat (Humor, Sarkasmus, Emotion, Information etc.)? Wer sind Ihre Adressat*innen?**

46: Deutschland, grünes Vorbild°

153 Subventionen für Fahrräder in Deutschland

1) Zu zweit: Zu welchem Bild passen die folgenden Beschreibungen? Beantworten Sie die Fragen.

Mit einem **Lasten-E-Bike** (auch E-Lastenrad oder E-Cargo-Bike genannt) kann man Gegenstände/Personen transportieren, weil es viel Platz hat.

Pedelecs haben Pedale. Wenn Fahrer*innen sie betätigen, bekommen sie vom Elektromotor Hilfe. Pedelecs gelten als Fahrräder, weil sie maximal 25 km/h fahren können. Deshalb brauchen Fahrer*innen keinen Führerschein und müssen keinen Helm tragen. Sie dürfen mit dem Pedelec auf Fahrradstraßen und Radwegen fahren.

S-Pedelecs sind bis zu 45 km/h schnell und gelten nicht als Fahrräder, obwohl man in die Pedale treten muss. Fahrer*innen dürfen nicht auf Fahrradstraßen oder Radwegen fahren und brauchen einen Führerschein, einen Helm und ein Kennzeichen, um mit S-Pedelecs zu fahren. Sie müssen mindestens 16 Jahre alt sein.

Ein **E-Bike** ist streng genommen kein Fahrrad, weil nicht gleichzeitig in die Pedale getreten werden muss. E-Bikes funktionieren eher wie Scooter oder Roller: E-Gasgriff betätigen und es geht los! Viele sagen „E-Bikes", wenn sie in Wirklichkeit von Pedelecs sprechen. E-Bike-Fahrer*innen benötigen Führerschein, Helm und Haftpflichtversicherung.

1

2

3

4

- Was ist der Unterschied zwischen Pedelecs, S-Pedelecs, E-Bikes und Lasten-E-Bikes?
- Wer ist schon einmal mit einem E-Bike oder einem Pedelec gefahren? Wo? Wann?
- Sind E-Bikes praktisch in Ihrem Land / in Ihrer Stadt / in Ihrem Leben?

2) In kleinen Gruppen: Informieren Sie sich über verschiedene Förderprogramme in Deutschland, indem Sie die Informationen in der Tabelle genau lesen und unbekannte Wörter nachschlagen. Beantworten Sie dann die Fragen.

Wo?	**Förderprogramm/Subvention**
Baden-Württemberg	Das Land zahlt Unternehmen und Organisationen bis zu 4.000 € für den Kauf von E-Lastenrädern. Private Personen können nicht an diesem Förderprogramm teilnehmen.
Erlangen-Höchstadt	Der Landkreis zahlt beim Kauf eines S-Pedelecs einen Zuschuss von 200 €.
München	Die Stadt zahlt 25 % der Nettokosten eines E-Bikes (bis zu € 500). Für Lasten-E-Bikes zahlt die Stadt bis zu 1.000 €.
Nordrhein-Westfalen	Das Land übernimmt 30 % der Kosten eines Lasten-E-Bikes (bis zu 1.000 € für Privatleute und 2.500 € für Unternehmen).
Regensburg	Die Stadt zahlt beim Kauf eines Pedelecs einen Zuschuss (bis zu 600 € für ein Pedelec und 1.000 € für ein Lastenpedelec).

- Was sind die Vor- und Nachteile der verschiedenen Förderprogramme in der Tabelle?
- Welches Programm finden Sie am besten oder am effektivsten?
- Gibt es ähnliche Programme in Ihrem Land? An Ihrer Universität? In Ihrer Stadt?

154 Die „Stadt der Zukunft“

1) Lesen Sie die Liste der 15 Bausteine einer „Stadt der Zukunft“ einmal durch.

2) In kleinen Gruppen: Jede Gruppe diskutiert einen oder mehrere Bausteine aus der Liste und beantwortet folgende Fragen.

Welchen Baustein haben Sie diskutiert? __________

Wie verstehen Sie den Baustein? Definieren oder erklären Sie, was der Baustein mit der „Stadt der Zukunft“ zu tun hat.

____

____

____

____

Machen Sie eine Liste mit Beispielen, wie der Baustein in einer „Stadt der Zukunft“ aussehen würde.

2018 hat das Umweltbundesamt (UBA) in Deutschland 15 Bausteine für die „Stadt der Zukunft“ veröffentlicht.

1. Kompakt wohnen, Flächen sparen, Verkehr vermeiden
2. Grünes Umfeld schaffen und bewahren
3. Mehr Platz für Begegnung (*encounter*) und Miteinander
4. Kurze Wege – direkt zum Ziel
5. Attraktive und funktionsgemischte Gebiete (*areas*) schaffen
6. Ruhiges Wohnen ermöglichen
7. Schadstofffreier und treibhausgasneutraler Verkehr
8. Vorrang (*priority*) für öffentliche Verkehrsmittel, Fuß- und Radverkehr und Bike- und Carsharing
9. Nutzen statt besitzen
10. Ressourcen schonen (*preserve*)
11. Mobilität bezahlbar machen
12. Partizipativ planen, kooperativ agieren
13. Barrierefreie Mobilität für alle ermöglichen
14. Tempo an urbanes Leben anpassen
15. Sicher

Quelle: umweltbundesamt.de

____

____

____

3) Sprechen Sie mit zwei oder drei anderen Gruppen über Ihren Baustein. Tauschen Sie sich aus.

155 HafenCity Hamburg: Die „Umwelthauptstadt Europas“

Die Stadt Hamburg baut seit dem Jahr 2001 die HafenCity, eine nachhaltige „Stadt der Zukunft“, die viele der UBA-Bausteine umsetzt. Auf einer Fläche von 157 ha entsteht eine lebendige Stadt mit maritimer Atmosphäre, in der die Nutzung von Arbeitsplätzen und Wohnungen, Kultur und Freizeit, Tourismus und Einzelhandel kombiniert werden – ganz anders als in „normalen“ Innenstädten, in denen Büros und Geschäfte präferiert werden.

Recherche

1) Zu zweit oder zu dritt: Suchen Sie im Internet nach kurzen Videos zur HafenCity Hamburg und vergleichen Sie das, was Sie im Video sehen, mit den 15 Bausteinen.

2) Wie finden Sie die Stadt? Würden Sie gerne dort arbeiten, wohnen und leben? Warum (nicht)? Gibt es Städte wie die HafenCity in Ihrem Land?

47: Deutschland, grünes Vorbild?

156 Umweltschutz in Deutschland – die Kehrseite

1) Individuell: Ist Deutschland wirklich ein Vorbild? Sie bekommen eine Aufgabe zugeteilt. Bearbeiten Sie die Aufgabe mithilfe einer Online-Recherche und notieren Sie sich die Ergebnisse, um sie später mit den anderen Studierenden zu teilen.

Recherche

Aufgabe 1: Die Heinrich-Böll-Stiftung veröffentlichte zusammen mit dem Bund für Umwelt und Naturschutz den „Plastikatlas 2019". Rechts sehen Sie eine Grafik, die angibt, wie viel Plastikmüll die EU-Länder im Jahr 2016 produziert haben. Wo liegt Deutschland in diesem Ranking? Finden Sie auch heraus, wie hoch die Plastikmüllproduktion pro Kopf in Ihrem Heimatland ist.

Aufgabe 2: Obwohl der CO_2-Ausstoß 2018 leicht sank, ist Deutschland noch immer einer der größten CO_2-Sünder (*sinner*) in Europa – international lag es zu der Zeit auf Platz 6. Finden Sie heraus, was der Pro-Kopf-Ausstoß in Deutschland – und in Ihrem Heimatland – im letzten Jahr war.

Aufgabe 3: Fleischkonsum ist in Deutschland ein großes Thema. Traditionelle deutsche Gerichte enthalten meistens Fleisch. Neben dem relativ hohen Pro-Kopf-Verbrauch (zuletzt waren es rund 60 Kilogramm pro Jahr) ist es auch ein Problem, dass sehr viel Fleisch in Deutschland produziert und von der Regierung subventioniert (*subsidized*) wird. Das Resultat: Fleisch ist in deutschen Supermärkten extrem billig und große Mengen werden z. B. nach Afrika exportiert, wo es heimische Produkte im Preis unterbietet (*undercuts*). Gehen Sie auf Webseiten von deutschen Supermarktketten (z. B. Aldi, Edeka, Lidl) und finden Sie die aktuellen Angebote für Fleisch. Vergleichen Sie die Preise mit Angeboten von Supermärkten aus Ihrer Universitätsstadt.

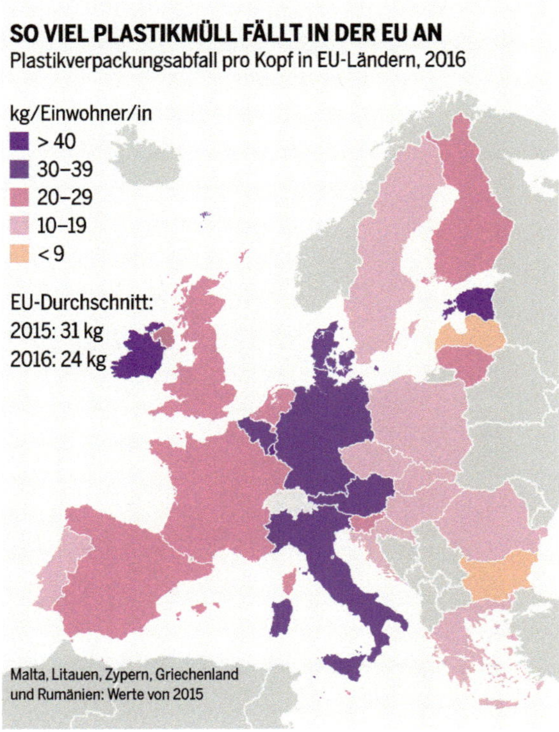

Notizen:

2) In Gruppen: Sprechen Sie jetzt mit drei oder vier anderen Personen im Kurs, die die gleiche Aufgabe wie Sie bearbeitet haben. Vergleichen Sie Ihre Rechercheergebnisse. Ergänzen Sie Ihre Notizen, wenn nötig.

3) Gruppenpuzzle: Kommen Sie zu dritt zusammen, jede Person hat eine andere Aufgabe bearbeitet. Präsentieren Sie Ihre Rechercheergebnisse. Machen Sie sich Notizen, während die anderen beiden Studierenden präsentieren. Sprechen Sie dann darüber: Wo gibt es Gemeinsamkeiten und/oder Unterschiede bei den Themen? Was finden Sie interessant? Warum?

Notizen:

157 Die Deutschen und ihre Autobahn

1) Zu zweit: Immer wieder gibt es in Deutschland eine Diskussion darüber, ob es auf den Autobahnen ein generelles Tempolimit von 120 km/h geben sollte. Dass das umweltfreundlicher wäre, zeigen zum Beispiel Untersuchungen des Umweltbundesamts. Trotzdem führt dieses Thema unter den Deutschen zu erhitzten Debatten. Lesen Sie hier vier Meinungen dazu und erstellen Sie eine Liste. Welche Argumente für und gegen ein Tempolimit werden hier genannt?

Gerald, 53 (Berlin): Ich bin definitiv für ein Tempolimit, denn es ist besser für das Klima. Wir verbrauchen weniger Benzin und das senkt den CO_2-Ausstoß. Wenn alle Leute nur noch höchstens 120 km/h auf der Autobahn fahren dürften, könnten wir in Deutschland bis zu drei Millionen Tonnen CO_2 sparen. Das ist sehr viel.

Eileen, 32 (Frankfurt): Autobahn mit Tempolimit? Das ist doch dann keine Autobahn mehr! Deutschland ist für seine Autobahnen bekannt. Für viele Tourist*innen ist das ein Muss: Einmal auf die Autobahn und so schnell fahren, wie sie wollen. Die Autobahn ist ein Stück deutsche Kultur, das sollten wir nicht einfach so ändern.

Marie, 19 (Oberstdorf): Ich verstehe nicht, warum die Leute so rasen müssen. Für viele ist das wie ein Sport, glaube ich. Ihnen ist es egal, ob sie andere auf der Autobahn in Gefahr bringen. Also, ich denke, ein Tempolimit ist eine gute Idee. Ich habe auch gelesen, dass es dann weniger Verkehr und Staus geben würde.

Jürgen, 60 (Bremen): Ich habe das Recht, auf der Autobahn so schnell zu fahren, wie ich will. Das gehört zu meinen Freiheiten als Deutscher. Die Regierung will überall mitreden und das finde ich nicht richtig. Ich habe noch nie einen Unfall verursacht. Warum soll ich dann gezwungen werden, nur noch im Schneckentempo zu fahren?

Pro	Contra
______	______
______	______
______	______

2) Zu zweit: Wären Sie für oder gegen ein generelles Tempolimit auf Deutschlands Autobahnen? Warum?

158 Umweltschutz – Nur, wenn es mir nicht wehtut?

1) Zu zweit: Umfragen ergeben, dass die große Mehrheit der Deutschen mit dem Umweltschutz in ihrem Land nicht zufrieden ist. Doch damit meinen sie vor allem das, was die Politik tut oder nicht tut. Die Aktivitäten in dieser Einheit geben einen Eindruck davon, dass viele Deutsche nur dann umweltfreundlich und nachhaltig handeln, wenn es nicht zu viel Mühe macht. Wie ist das bei Ihnen? Wie weit gehen Sie für den Umweltschutz bzw. einen nachhaltigen Lebensstil? Was möchten Sie nicht aufgeben, auch wenn es besser für die Umwelt und die Gesellschaft wäre?

2) Vergleichen Sie im Kurs: Welche Dinge können viele Personen im Kurs nur schwer oder gar nicht aufgeben? Überlegen Sie gemeinsam: Was müsste passieren, damit sie ihre Meinung ändern?

159 Die vier Seiten einer Nachricht: „Das Wasser in der Badewanne ist kalt."

1) Zu zweit: Zu Hause haben Sie das Vier-Seiten-Modell kennengelernt und auch, welche Fragen zu welcher Ebene aus der Perspektive der sprechenden und der zuhörenden Person passen. An welche Fragen erinnern Sie sich noch?

Sachinhalt: ______________________ ______________________

Appell: ______________________ ______________________

Selbstaussage: ______________________ ______________________

Beziehungsebene: ______________________ ______________________

2) Zu zweit: In LERNEN haben Sie einen Text zum Vier-Seiten-Modell gelesen. In diesem Text gab es die Aussage: „Das Wasser in der Badewanne ist kalt." Wählen Sie jeweils eine Perspektive und schreiben Sie: Wie kann Person 1 es meinen (Mund)? Wie kann Person 2 es verstehen (Ohr)? Und wie kann Person 2 dann reagieren (Mund 2)?

Sachebene: ______________________

Beziehungsebene: ______________________

Reaktion: ______________________

160 Die vier Seiten einer Nachricht: Was ist gemeint, was wird verstanden?

1) In Gruppen: Lesen Sie einen der drei Dialoge und spielen Sie diesen theatralisch.

Dialog 1:
Fatima: Es ist grün.
Herbert: Ich fahr' ja schon!
Fatima: Was? Ich wollte dir nur sagen, dass die Ampel grün ist.

Dialog 2:
Fatima: Es ist grün.
Herbert: Danke.
Fatima: Nix danke! Ich komme noch zu spät!

Dialog 3:
Fatima: Es ist grün.
Herbert: Warum willst du auch immer erst so spät losfahren, auch wenn du einen Termin hast?
Fatima: Der Termin ist mir nicht so wichtig, ich will dir nur helfen.

2) In Ihren Gruppen: Was, denken Sie, meinte der*die Sprecher*in? Und wie hat es der*die Empfänger*in verstanden? Erinnern Sie sich an das Vier-Seiten-Modell und kreuzen Sie für Ihren Dialog an, was Sie denken.

Was empfängt Herbert?			Was meint Fatima?			
D1	D2	D3	D1	D2	D3	
						Die Ampel ist grün. (Sachinhalt)
						Ich habe es eilig. Ich muss schnell zu einem Termin. (Selbstaussage)
						Ich will dir helfen. / Du brauchst meine Hilfe. (Beziehung)
						Fahr doch! (Appell)

3) Im Kurs: Berichten Sie kurz den anderen Gruppen von Ihrem Dialog.

161 Die vier Seiten einer Nachricht: Vier Reaktionen auf eine Nachricht

1) Jetzt machen wir ein Rollenspiel, um die vier Seiten einer Nachricht besser zu verstehen. Sie bekommen entweder eine grüne Karte mit einer Nachricht oder eine gelbe Karte mit Instruktionen für die Reaktion auf eine Nachricht. Nehmen Sie sich eine Minute Zeit, um die Instruktionen genau zu lesen und zu verstehen.

2) Wenn Ihr*e Professor*in ein Signal gibt, kommen immer eine Person mit einer gelben und eine Person mit einer grünen Karte zusammen. Die Person mit der grünen Karte liest die Nachricht auf der Karte so vor, wie auf der Karte beschrieben. Die Person mit der gelben Karte reagiert genauso, wie ihre Karte es erklärt. Beim nächsten Signal suchen Sie sich eine neue Person.

3) Jetzt wird getauscht: Personen mit einer grünen Karte bekommen eine gelbe Karte und Personen mit einer gelben Karte bekommen jetzt eine grüne. Dann machen wir das gleiche Spiel noch einmal.

162 Musik-Ecke: „Welt der Wunder"

Marteria

„Welt der Wunder" (2014)

Der Rostocker Marten Laciny ist seit seinem 16. Lebensjahr als Rapper unter dem Namen Marteria aktiv. Er wurde 1982 geboren. Er benutzt auch den Künstlernamen Marsimoto. Seit 2003 lebt er in Berlin-Friedrichshain. In seiner Jugend war er auch ein begabter Fußballspieler. Er hat in den Jugendmannschaften bei Hansa Rostock gespielt und auch für die deutsche Jugendnationalmannschaft. 1999 wurde er während einer Reise von einem Modelscout in New York City entdeckt und danach hat er als Model in der ganzen Welt gearbeitet. Musikalisch war er zuerst als Mitglied der Gruppe Underdog Cru aktiv. Seit 2008 hat er einen Vertrag mit dem Label „Four Music". Sein letztes Album erschien 2018 und hieß „Live im Ostseestadion".

1) Schauen Sie sich das Video zum Lied an. Wie ist Ihr erster Eindruck? Welche Stimmung wird durch das Lied und die Bilder vermittelt?

2) Suchen Sie online nach dem Liedtext von „Welt der Wunder" und lesen Sie den Text. Suchen Sie Wörter, die Sie nicht kennen, in einem Wörterbuch.

Recherche

3) Wählen Sie eine Textzeile, die Sie besonders interessant finden, und überlegen Sie für diese Zeile, was Ihrer Meinung nach die vier Seiten der Nachricht sind. Also: Was ist der Sachinhalt? Welche Selbstaussage gibt es? Welche Beziehung wird zum Publikum ausgedrückt? Was ist der Appell? Machen Sie sich hierzu ein paar Notizen.

4) Zu zweit: Erzählen Sie einer anderen Person von Ihren Ideen aus Teil 3. Überlegen Sie dann gemeinsam, welche Botschaft „Welt der Wunder" vermittelt.

49: Was bewegt zu nachhaltigem Handeln?

163 Wo und warum handeln wir nachhaltig?

1) Zu zweit: In Einheit 41 wurde Nachhaltigkeit so definiert: „Nachhaltig ist ein Handeln, das Menschen jetzt und in der Zukunft weltweit vergleichbare oder bessere Lebensbedingungen sichert." Arbeiten Sie mit einer anderen Person und überlegen Sie zuerst, wo Sie in Ihrem Leben nachhaltig handeln. Machen Sie sich hierzu ein paar Notizen.

Beispiel 1: ______________________________

____

Beispiel 2: ______________________________

____

Beispiel 3: ______________________________

____

2) Erklären Sie jetzt den anderen Personen im Kurs, was Sie in diesen drei Beispielen zu nachhaltigem Handeln bewegt. Machen Sie das wegen Ihrer moralischen Werte? Wegen der Umwelt? Wegen der Zukunft kommender Generationen? Aus Gewohnheit? Etc.

3) Zu zweit: Wie können Sie effektiv kommunizieren, dass dieses nachhaltige Handeln ein Ziel ist? Wählen Sie ein Beispiel und schreiben Sie dazu eine überzeugende Nachricht (einen kurzen Slogan). Denken Sie wieder an die vier Seiten einer Nachricht.

____

____

164 Nachhaltigkeitskommunikation: Der Bumerang

1) Zu zweit: Der Nachhaltigkeitsrat hat ein „Bumerang Nachhaltigkeitsvideo" produziert. Spekulieren Sie mit einer anderen Person: Was ist die Verbindung zwischen einem Bumerang und dem Thema „Nachhaltigkeit"?

2) Schauen Sie sich das Bumerang-Video an. Was ist Ihre erste Reaktion? Beschreiben Sie Ihre Emotionen. Benutzen Sie diese Struktur:

Ich fühle mich [Adjektiv] wegen [Artikel plus Nomen].
Beispiel: Ich fühle mich angespannt (*tense*) wegen der Musik.

3) Die Nachricht am Ende ist: Alles, was wir heute tun, kommt auf die nächste Generation zurück. Analysieren Sie mit einer anderen Person den Sachinhalt und den Appell.

4) Diskussion im Kurs: Wie effektiv bewegt dieses Video zu nachhaltigem Handeln? Sammeln Sie an der Tafel Argumente dafür, warum das Video effektiv oder nicht effektiv ist.

165 Nachhaltigkeitskommunikation: Unser Planet stirbt!

Samstag, 3. Februar 2007 0,50 €
Bild
UNABHÄNGIG · ÜBERPARTEILICH
KÖLN
www.bild.de
SCHOCKIERENDER WELTKLIMA-BERICHT
UNSER PLANET STIRBT!
Konkurrenz? Gib's nich! KinderFestPreise ohne Ende*
129,–
Live ARD
Super Bowl
ARD
NACHRICHTEN
● Jetzt amtlich: Erde immer heißer! ● Schlimmste Kohlendioxid-Konzentration seit 650 000 Jahren ● Immer häufiger Hitze-Wellen und Katastrophen-Wetter ● Meeresspiegel steigt dramatisch! ● Kiel, Hamburg und Rostock in Gefahr ● UND AN ALLEM IST NUR DER MENSCH SCHULD!
Gesundheits-Murks-Reform beschlossen
rameder. kupplung.de
VS.
CARL ZEISS JENA
rameder.
ANHÄNGERKUPPLUNGEN
0800 – 8 300 300

1) **Zu zweit: Bild ist eine Boulevardzeitung. 2007 hat sie einen European Newspaper Award für diese Titelseite in der Kategorie „Klimakatastrophen“ gewonnen. Beschreiben Sie zuerst genau, was Sie auf dieser Seite sehen. Welche visuellen Elemente gibt es? Welche Textelemente und welche Emotionen/Effekte werden hier benutzt?**

2) **Die Hauptnachricht ist: „Unser Planet stirbt!“ Denken Sie noch einmal an das Vier-Seiten-Modell: Was sind hier die Sachinformation und der Appell? Vergleichen Sie Ihre Ideen mit zwei anderen Personen im Kurs.**

3) **In der Gruppe: Diese Titelseite benutzt starke Wörter wie „schockierend“, „stirbt“, „dramatisch“ und „Gefahr“. Es wird also ein sogenanntes „Katastrophenszenario“ präsentiert. Was denken Sie: Ist das eine gute Art, um Menschen zu nachhaltigem Handeln zu animieren? Warum (nicht)?**

166 Nachhaltigkeitskommunikation: Kapitalismus und Nachhaltigkeit

1) **Zu zweit: Auch Firmen, die ihre Produkte verkaufen möchten, versuchen zu kommunizieren, dass sie nachhaltig arbeiten. Zu Hause haben Sie ein Beispiel einer Anzeige gesucht, in der ein Produkt oder eine Dienstleistung mit Fokus auf dem Thema „Nachhaltigkeit“ beworben wird. Beschreiben Sie einer anderen Person diese Anzeige. Diese Person soll versuchen, Ihre Anzeige zu skizzieren. Danach beschreibt die andere Person ihre Anzeige und Sie skizzieren sie unten.**

2) **Zu zweit: Besprechen Sie mit der anderen Person, was die Appelle Ihrer beiden Anzeigen sind.**

3) **Zu zweit: Vergleichen Sie Ihre Anzeigen mit dem Bumerang-Video und der Bild-Titelseite. Wie unterscheiden sich die vier? Denken Sie an visuelle Elemente, Textelemente, aber auch an Aspekte wie Emotionen und Appelle. Welche Kommunikation finden Sie am effektivsten und warum? Nutzen Sie die folgende Struktur:**

Ich finde __________ am effektivsten wegen ____.
Beispiel: Ich finde das Bumerang-Video am effektivsten wegen der dramatischen Musik.

50: Nachhaltigkeit im Uni-Alltag°

167 Meine Ressourcen

1) Wie gut managen Sie Ihre Ressourcen? Kreuzen Sie die Aussagen an, die am besten zu Ihnen passen.

ZEIT
- Ich erledige wichtige Aufgaben immer sofort.
- Ich warte bis zur letzten Minute, bevor ich mit den Hausaufgaben oder einem Projekt anfange.
- Ich benutze einen Tages- oder Wochenplaner.
- Ich nehme mehr Projekte oder Aufgaben an, als ich realistischerweise erledigen kann.

GELD
- Ich koche selbst, um Geld zu sparen.
- Ich kaufe oft Dinge, die ich gar nicht wirklich brauche.
- Am Ende des Monats bin ich meistens pleite.
- Ich schreibe auf, wie viel Geld ich jeden Monat ausgebe, oder benutze eine App dafür.

GESUNDHEIT
- Ich schlafe mindestens sieben Stunden pro Nacht.
- Ich fühle mich oft überwältigt.
- Ich mache regelmäßig Sport oder gehe spazieren.
- Ich vergesse oft zu essen.

2) Zu zweit: Vergleichen Sie Ihre Antworten mit den Antworten einer anderen Person. Diskutieren Sie dann darüber, ob Sie Dinge gerne anders machen möchten und warum (nicht).

168 Meine Ziele

1) Drei Studierende – Yasamin, Moritz und Alex – wurden gefragt, welche Ziele sie für die nächsten sechs Monate haben. Hören Sie gut zu. Wer sagt was? Schreiben Sie anschließend Ihre eigenen Ziele für die nächsten sechs Monate auf.

	Y	M	A
Dinge unternehmen			
mehr lernen			
zum Spaß lesen			
einen guten Eindruck als Praktikantin hinterlassen			
weniger gestresst sein und besser schlafen			
eine tolle Zeit mit Freund*innen verbringen			

Meine Ziele für die nächsten sechs Monate:

____

____

____

2) Zu zweit oder zu dritt: Vergleichen Sie Ihre Ziele.

169 Mein soziales Netzwerk

1) In kleinen Gruppen: Finden Sie heraus, welche Organisationen oder Angebote auf dem Campus oder in der Stadt bei den folgenden Herausforderungen helfen können.

Recherche

Ich will mein Zeitmanagement verbessern.

____

Ich habe nicht genug Geld, um Essen zu kaufen.

____

Ich habe oft depressive Gedanken.

____

Ich möchte mehr Sport machen, aber ich habe keine Motivation.

____

Ich glaube, ich habe ein Alkoholproblem.

____

Ich will lernen, wie ich sparsamer sein kann.

____

2) Stellen Sie im Kurs alle Organisationen und Angebote vor, die Sie für Teil 1 gefunden haben. Gibt es Angebote, die Sie auf dem Campus oder in der Stadt vermissen und/oder dort gerne sehen würden? Wenn ja, welche wären das?

170 Meine Study-Work-Life-Sleep-. . .-Balance

1) Individuell: Überlegen Sie nun, was Sie anders oder besser machen möchten, um Ihre Ressourcen – Zeit, Geld, Gesundheit – nachhaltiger zu managen. Was oder wer kann Ihnen dabei helfen?

Ressource	Was möchte ich anders machen?	Was/Wer kann mir dabei helfen?
Zeit		
Geld		
Gesundheit		

2) Zu zweit: Erzählen Sie einer anderen Person von Ihren Plänen. Hat die andere Person vielleicht Tipps für Sie?

Beispiel: Kennst du die Pomodoro-Technik? Sie hilft mir, mich auf meine Hausaufgaben zu konzentrieren.

3) Sprechen Sie zu zweit darüber: Gibt es Dinge, die Sie ändern möchten, aber nicht ändern können? Warum?

51: Projekt 4 – Eine Kommunikationsstrategie°

171 Eine Kommunikationsstrategie entwickeln

Sie haben in diesem Kapitel viel über das Thema „Nachhaltigkeit und Nachhaltigkeitskommunikation" gelernt. Nun entwickeln Sie eine eigene Kommunikationsstrategie. Ihr Ziel ist, in Ihrer Umgebung/Region Menschen zu nachhaltigem Handeln zu bewegen. Das Thema oder den Fokus wählen Sie selbst, beachten Sie dabei die folgenden Punkte:

1) Mit welchem konkreten Thema wollen Sie sich beschäftigen?

2) Welches Medium wollen Sie benutzen: ein Video, ein Plakat, eine Aktion etc.?

3) Welche Elemente hat Ihr Produkt: Textelemente, Bilder, Symbole, Farben, Nonverbales etc.?

4) Berücksichtigen Sie die folgenden Tipps:

- Zielgruppe kennen und „abholen".
- Ziel: Defizite im Wissen beheben.
- Fokus auf Einstellungen und Handlungsmotivationen setzen.
- Unterschiedliche Lebensstile berücksichtigen.
- Der moralische Zeigefinger ist eher negativ.
- „Katastrophenszenarien" haben wenig Erfolg.
- Positive Beispiele aufzeigen, die Sinn machen und leicht zu kopieren sind.
- Emotionen UND rationale Argumente einbinden.
- Optionen für Verhaltensänderung aufzeigen: Was kann ich konkret tun?

5) Entwerfen Sie Ihre Kommunikationsstrategie.

6) Präsentieren Sie Ihre Kommunikationsstrategie im Kurs.

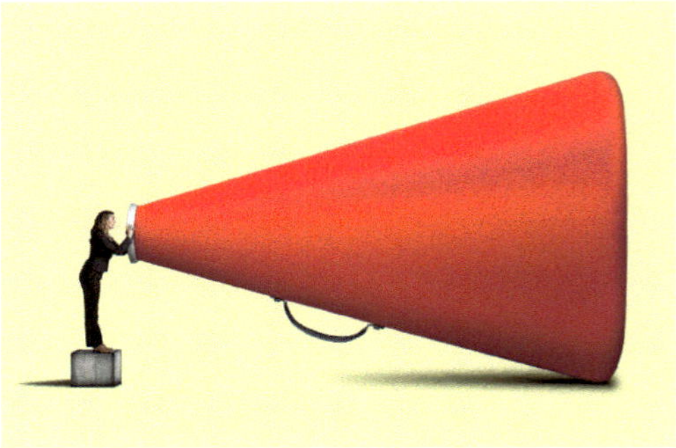

Wer sind wir?

Deutsch im Plural

In **chapter 5**, you'll learn …

- to have simple conversations about celebrities you know/like and to be able to explain what you like about them.
- to give a creative presentation about a famous German person based on online research.
- to understand the main ideas of statistics and graphics about cultural topics, such as migratory movements.
- to exchange information about groups in diasporas and to have a simple conversation about their experiences.
- to understand personal stories dealing with questions of identity and the diaspora.
- to understand and compare key information in texts about myths and facts about biology and race.
- to identify essential information about discrimination, persecution, and genocide in the Third Reich.
- to describe a linguistic map of the German Empire and a map of expulsion and compare the two.
- to understand accounts reflecting on questions of identity in border regions.
- to read and understand blurbs summarizing the content of crime stories.
- to understand informational texts about intercultural issues, such as the cultural role of different food dishes.
- to use your language to talk about how certain food dishes differ in their preparation in different countries.
- to ask and answer questions about the concept of *Heimat* across different languages and what it means to you.
- about how artists engage with the topic of migration, flight, and expulsion.
- about the socio-political connotations of non-standard German language varieties.
- about the different phases people go through when they experience culture shock.
- about the Madgermanes, former Mozambican contract workers in the GDR.

52: PROMINENTE

Daniel Brühl
Schauspieler (er)

Max Czollek
Lyriker (er)

Helene Fischer
Sängerin (sie)

Mark Forster
Sänger (er)

Olivia Jones
Dragqueen (sie)

Florence Kasumba
Schauspielerin (sie)

Sibel Kekilli
Schauspielerin (sie)

Angelique Kerber
Sportlerin (sie)

Alexandra Maria Lara
Schauspielerin (sie)

Nelson Müller
Koch (er)

Marcel Nguyen
Sportler (er)

Cem Özdemir
Politiker (er)

Mesut Özil
Sportler (er)

Kim Petras
Sängerin (sie)

Celia Šašić
Sportlerin (sie)

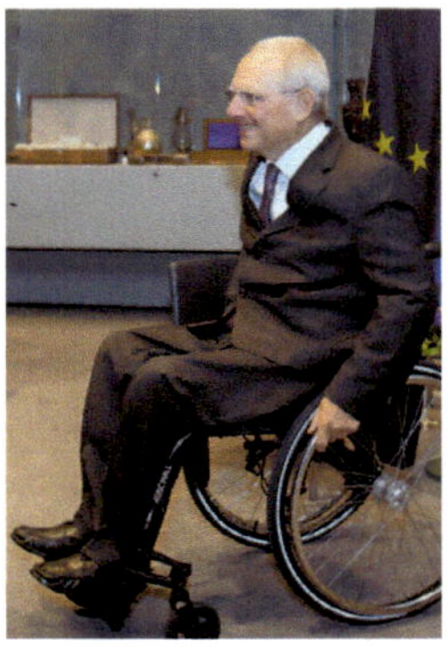

Wolfgang Schäuble
Politiker (er)

Saša Stanišić
Autor (er)

Hella von Sinnen
Moderatorin (sie)

Klaus Wowereit
Politiker (er)

Ranga Yogeshwar
Physiker, Moderator (er)

Berühmte Personen

1) Welche berühmten Persönlichkeiten (z. B. aus den Bereichen Sport, Film/Fernsehen, Literatur, Politik, Musik, Unterhaltung etc.) in Ihrem Land finden Sie besonders gut? Schreiben Sie ein paar Informationen über diese Personen.

Vorname: ______	Vorname: ______	Vorname: ______
Nachname: ______	Nachname: ______	Nachname: ______
Beruf: ______	Beruf: ______	Beruf: ______
Informationen:	Informationen:	Informationen:
______	______	______
______	______	______
______	______	______
______	______	______
______	______	______
______	______	______

2) Zu dritt oder zu viert: Sprechen Sie über Ihre berühmten Personen und erklären Sie, warum Sie sie gut finden.

3) Individuell: Auf der linken Seite sehen Sie 20 Prominente aus Deutschland. Sie bekommen jetzt eine Person zugeteilt. Recherchieren Sie Informationen über diese Person und machen Sie sich Notizen.

Recherche

Wo ist die Person aufgewachsen und wo wohnt sie? Wie alt ist sie?

______

______

Warum (oder wofür) ist diese Person berühmt?

______

______

Was können Sie über das Privatleben der Person sagen?

______

______

Was ist noch interessant?

______

______

4) Im Kurs: Präsentieren Sie Ihre Person. Sagen Sie in 30 Sekunden so viel über die Person, wie Sie können. Tipp: Sprechen Sie so schnell, wie Sie können.

5) Dieses Kapitel heißt „Deutsch im Plural". Warum haben wir diese 20 Personen ausgewählt? Spekulieren Sie.

6) Denken Sie an den Beginn dieser Aktivität. Sie haben mit zwei oder drei Personen über Ihre und deren Lieblingspersönlichkeiten gesprochen. Wie repräsentativ waren oder sind diese Persönlichkeiten für Ihr Land? Wie viele Gruppen repräsentieren Sie?

7) In Gruppen: Erstellen Sie eine repräsentative und vielfältige Liste mit Persönlichkeiten aus Ihrem Land, die möglichst viele Gruppen einschließt.

173 Die deutsche Bevölkerung im 21. Jahrhundert

1) In Gruppen: Beschreiben Sie die Grafiken. Was stellen die Diagramme dar?

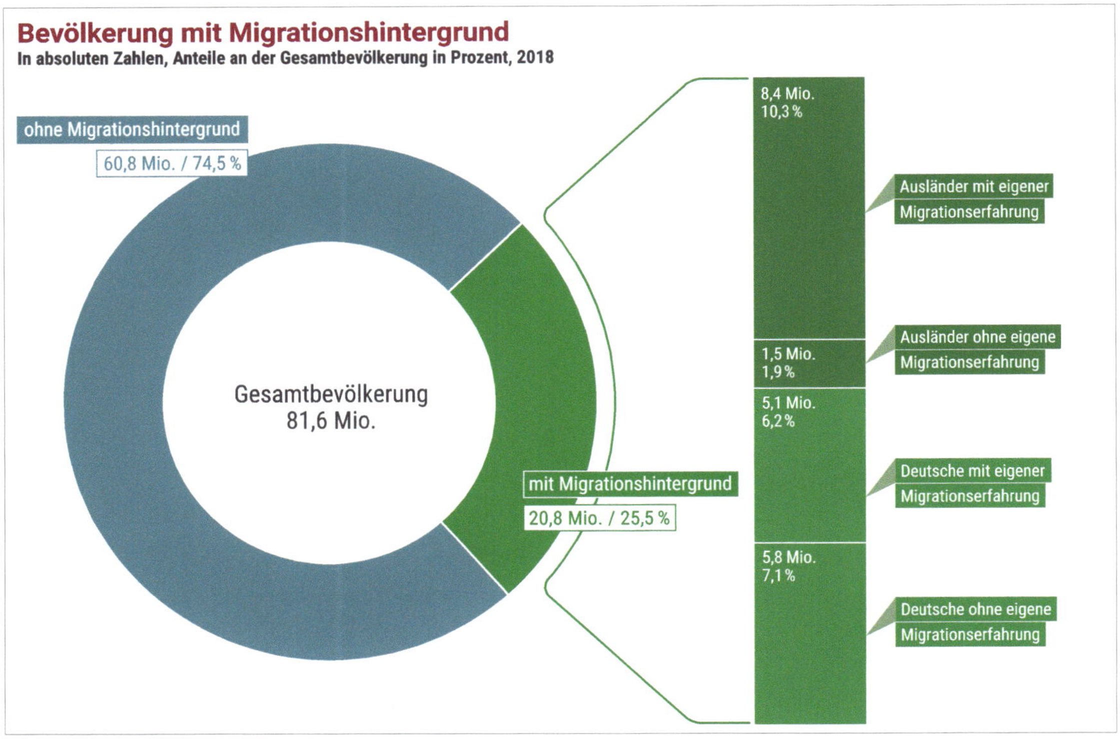

Quelle: Statistisches Bundesamt: Mikrozensus – Bevölkerung mit Migrationshintergrund.

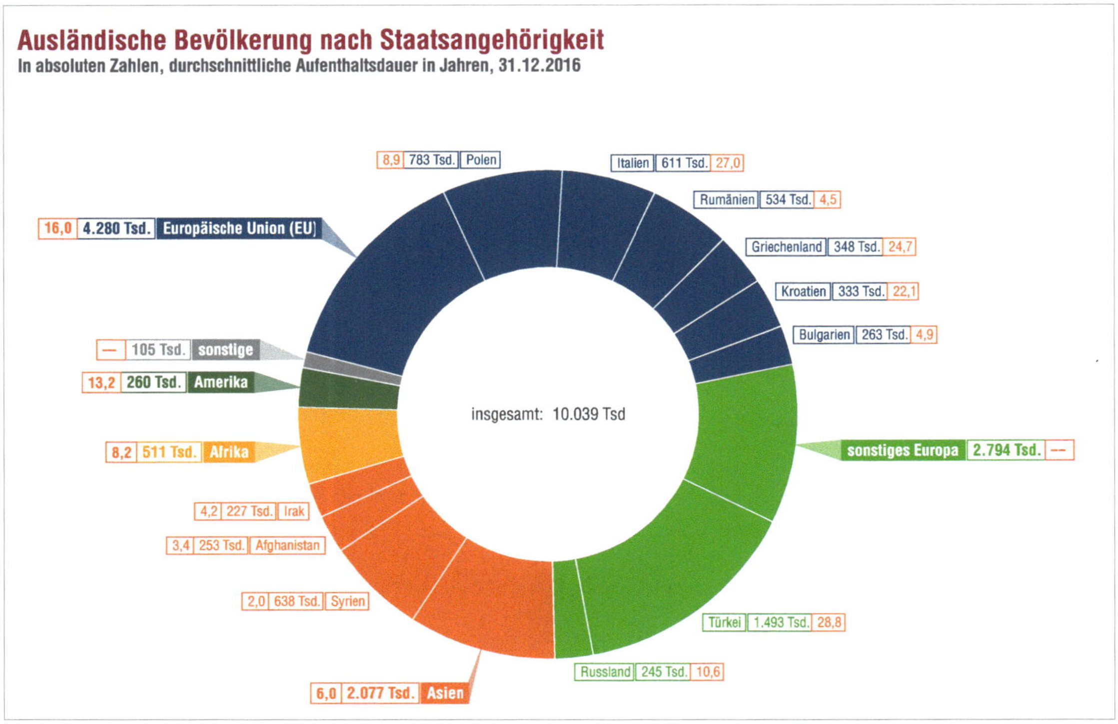

Quelle: Statistisches Bundesamt: Ausländische Bevölkerung. Ergebnisse des Ausländerzentralregisters (AZR).

2) **Denken Sie an die Informationen über die Migration in Deutschland, die Sie in LERNEN gelesen haben: Mit welchen Ereignissen der Migrationsgeschichte können Sie die Zahlen und die Dauer des Aufenthalts ausländischer Menschen in Deutschland in der zweiten Grafik erklären?**

3) **Welche Gruppen, die in LERNEN Aktivität 173i vorkamen, sind in diesen Grafiken nicht repräsentiert?**

4) **Sprechen Sie: Finden Sie es problematisch, Menschen in „mit" und „ohne Migrationshintergrund" einzuteilen? Warum (nicht)?**

174 Woher kommen Schwarze Deutsche?

1) **Statistiken zählen nur ausländische Staatsangehörige und Deutsche, deren Vorfahr*innen seit den 1960er Jahren nach Deutschland eingewandert sind. Nun sprechen wir über eine Gruppe, die wir in diesen Statistiken nicht sehen: Schwarze Deutsche. Hören Sie den Text und vervollständigen Sie die Legende. Die Informationen unten helfen.**

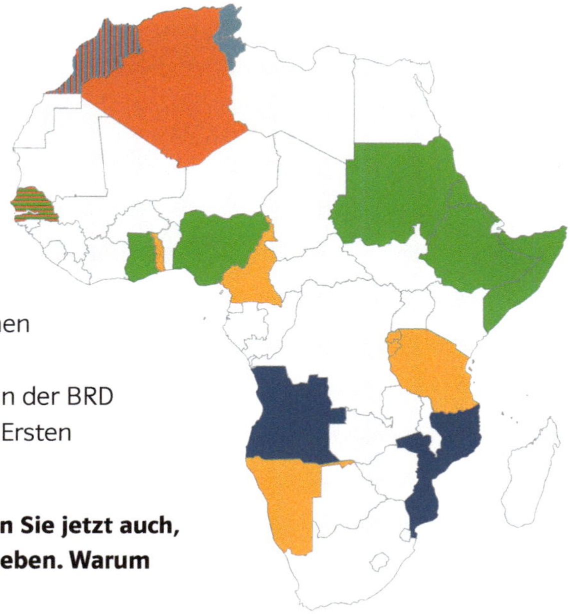

c   a   d

f   b   e

a) Migrant*innen und Flüchtlinge seit 1990
b) Deutsche Kolonien
c) Soldaten nach dem Zweiten Weltkrieg (nicht auf der Karte)
d) Vertragsarbeiter*innen in der DDR
e) Gastarbeiter*innen in der BRD
f) Soldaten nach dem Ersten Weltkrieg

2) **Überprüfen Sie Ihre Antworten bei einem zweiten Hören. Hören Sie jetzt auch, wie viele Schwarze Menschen heute ungefähr in Deutschland leben. Warum gibt es keine genaue Zahl?**

____

3) **Sprechen Sie über Ihre Ergebnisse.**

Beispiel: Wofür steht die Farbe Grau? → Sie steht für Soldaten nach dem 2. Weltkrieg.

175 Superdiversität

1) **Wir haben in Kapitel 1 schon Kategorien gesammelt, über die wir uns identifizieren (z. B. Ethnie, Beruf, Religion). Erinnern Sie sich noch oder fallen Ihnen noch weitere Kategorien ein?**

2) **Einwandernde Gruppen sind nicht homogen, was manchmal übersehen wird. Die Kategorien in Teil 1 zeigen aber, dass es in allen Gruppen Heterogenität gibt. Fallen Ihnen Gruppen ein, die oft als homogen präsentiert werden? Gibt es zum Beispiel einen Begriff oder ein Stereotyp über (große) Gruppen von Menschen? Welche?**

Beispiel: Alle Deutschen sind effizient.

3) **Homogenität kann zu Stereotypen und diese können zu Diskriminierung führen. Kennen Sie Beispiele dafür?**

4) **Die Idee, dass alle Gruppen, sowohl Einheimische als auch die Einwander*innen, heterogen sind, hat Anthropologe Steven Vertovec „Superdiversität" genannt. Das heißt, dass Diversität nicht nur Herkunft bedeutet, sondern auch für andere Identitätskategorien steht. Andere Menschen sprechen wegen dieser Heterogenität auch von der postmigrantischen Gesellschaft, um ein „neues Wir", das plural und heterogen ist, zu reflektieren. Können diese Ideen gegen Stereotype und Diskriminierung helfen? Warum (nicht)?**

54: DIASPORA

176 Was bedeutet Diaspora?

1) Menschen, die historisch oder kulturell zusammengehören, aber nicht im gleichen Land leben, leben in einer Diaspora. Zum Beispiel leben jüdische Menschen in vielen Ländern der Welt. Sie hatten jahrhundertelang kein Heimatland und sind eine Gemeinschaft über Ländergrenzen hinweg (*beyond*). Andere Gruppen hatten immer ein Heimatland, leben aber aus historischen oder wirtschaftlichen Gründen in großen Gruppen in der Diaspora. Indische Menschen bilden die größte Diasporagruppe der Welt. Können Sie sich vorstellen, warum das so ist?

2) Zu zweit oder in Gruppen: Was haben Menschen innerhalb dieser Gruppen gemeinsam und welche Unterschiede haben sie in verschiedenen Ländern entwickelt (Sprache, Religion, Ethnie, Kultur, Geschichte)? Zum Beispiel sprechen Jüd*innen verschiedene Sprachen, haben aber eine gemeinsame Religion. Wo leben sie? Warum? Sammeln Sie Informationen in der Tabelle. Kennen Sie andere Diasporagruppen?

Recherche

Wer?	Gemeinsamkeiten	Unterschiede	Wo?	Warum?
Jüd*innen				
Latinx				
Kurd*innen				

3) Im Kurs: Vergleichen Sie Ihre Ergebnisse. Überlegen Sie dann: Was haben Sie Neues gelernt?

177 Grenzenlose Möglichkeiten

Nutzen Sie Ihre Recherche und geben Sie Beispiele für folgende Sätze. Sie können individuell oder in der Gruppe überlegen. Teilen Sie Ihre Beispiele im Kurs.

Diaspora kann bedeuten, dass Menschen schon sehr lange in dem Land leben, wo sie wohnen.

Jüdische Menschen leben seit vielen Jahrhunderten in Ländern wie Russland, Deutschland und Polen.

… dass Menschen mehr als eine Heimat haben.

… dass Menschen mehr als einen Pass haben.

… dass Menschen dazugehören und gerne dort leben, wo sie wohnen.

… dass nicht alle in einer Diasporagruppe die gleiche Sprache sprechen oder aus dem gleichen Land kommen.

1) Zu zweit oder in Gruppen: Lesen Sie einen Abschnitt pro Team. Worum geht es? Machen Sie sich Notizen zu allem, was Ariel über die Diaspora und das Jüdischsein sagt.

Ariel (21) aus Berlin

(A) Mein Vater ist in den 90er Jahren als Kontingentflüchtling aus der ehemaligen Sowjetunion nach Deutschland gezogen. Dort stand „Jude" als Nationalität in seinem Pass und jüdische Menschen hatten viele Nachteile. Im Kommunismus war Religion nicht zentral und er hat auch nicht viel über die jüdische Kultur gelernt. Sein Großvater hat ihm ein bisschen über die Feiertage erzählt.

(B) Mein Vater hat meine Mutter auf einer Reise nach Israel kennengelernt. Die Familie ihres Vaters kam aus Polen und hat den Holocaust in Shanghai und Südamerika überlebt. Ihre Großmutter wurde durch den Kindertransport von Österreich nach England gerettet, aber sie hat ihre Eltern nie wieder gesehen. Unsere Verwandten leben in Israel, Brasilien und den USA.

(C) Diaspora bedeutet für mich heute, dass ich zu einer Gemeinschaft gehöre, die auf der ganzen Welt lebt. Berlin ist meine Heimat, aber ich habe eine besondere Verbindung zu allen Ländern, die wichtige Stationen für meine Familie waren. Wir kochen zum Beispiel ein paar russische Gerichte, die mein Vater mir beigebracht hat. Ich finde es cool, dass es auf der ganzen Welt jüdische Gemeinden gibt, und ich will noch viel mehr reisen, um sie kennenzulernen.

(D) Die jüdische Kultur ist mir wichtig und ich bin in eine Gemeinde gegangen, um mehr darüber zu lernen. Aber ich bin nicht orthodox oder streng religiös. Hebräisch hab ich auch nur ein wenig für meine Bar Mitzvah gelernt, aber das war Althebräisch, also nicht die moderne Sprache, die in Israel gesprochen wird. Jüdischsein ist für mich eher eine Frage der Tradition und der Kultur, auch wenn ich in der Schule anderen Religionsunterricht hatte.

(E) In der Gemeinde habe ich ein paar gute Freund*innen kennengelernt, die auf die jüdische Schule gegangen sind. Wir spielen immer noch zusammen Fußball und Basketball im jüdischen Sportverein Makkabi. Letztens waren wir auf einer Meschugge-Party. Da legt ein israelischer DJ auf und es ging total ab. Mein Kumpel Michael hat da seinen neuen Freund kennengelernt. Der hat uns die amerikanische Comedyshow „Black Mitzvah" von Tiffany Haddish gezeigt, in der sie über ihre Identität als Schwarze Jüdin spricht.

MAKKABI DEUTSCHLAND

2) Sammeln Sie im Kurs, was Ariel über die Diaspora und das Jüdischsein sagt.

3) Welche Fragen haben Sie an Ariel? Überlegen Sie sich mindestens drei Fragen und diskutieren Sie mögliche Antworten im Kurs.

____

____

____

4) Was denken Sie über die Diaspora? Schreiben Sie Ihre Gedanken auf. Wenn Sie möchten, können Sie auch eigene Erfahrungen teilen.

____

____

____

55: WAS ERZÄHLT UNSERE DNA?°

179 Genetik auf Deutsch

Setzen Sie die korrekten Begriffe aus dem Kasten unten in die Lücken ein.

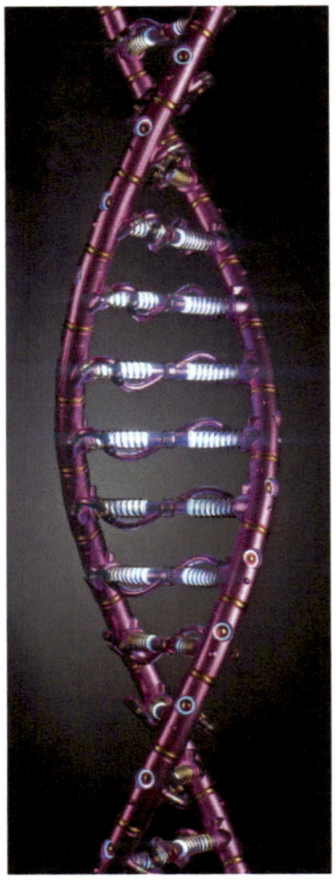

Die DNA, auf Deutsch DNS (______________________), enthält das Erbgut (*genetic makeup*) eines Menschen. Sie befindet sich in jeder _______________. Dort steckt sie in sogenannten _______________, von denen Menschen normalerweise 46 haben und zwar 23 Paare. Ein Satz wird von der Mutter und ein Satz vom Vater vererbt (*passed on*).

Die DNA sieht aus wie eine Strickleiter (*rope ladder*), die verdreht ist (*twisted*). Das nennen wir auch __________________. Die beiden Stränge bestehen aus Zucker, die Sprossen zwischen den Strängen aus vier Basen. Diese Basen heißen ______________________ ______________________. Die Kombination der Basen ergibt einen Code, der unsere Genetik bestimmt. Unsere Zellen benutzen diesen Code als Bauplan, um zum Beispiel _______________ herzustellen. Die Information, die den Plan für ein bestimmtes Protein enthält, heißt __________________.

Doppelhelix	Desoxyribonukleinsäure	Proteine	Zelle
Chromosomen	Adenin, Thymin, Guanin und Cytosin		Gen

180 Wie funktioniert Vererbung?

1) Lesen Sie den Text und vervollständigen Sie die Grafik mit den Buchstabenkombination und den Augenfarben.

Wir haben einen Satz Chromosomen von unserer biologischen Mutter und einen Satz von unserem biologischen Vater bekommen. Diese haben auch jeweils einen Satz von ihren biologischen Eltern bekommen. Das heißt, dass wir nicht unbedingt wissen, was vererbt wird. Manche Charakteristika sind nämlich rezessiv und nur wenn beide biologischen Eltern das rezessive Merkmal vererben, können wir es sehen. Deshalb können zwei braunäugige Menschen (braune Augen sind dominant) zum Beispiel ein Kind mit blauen Augen haben.

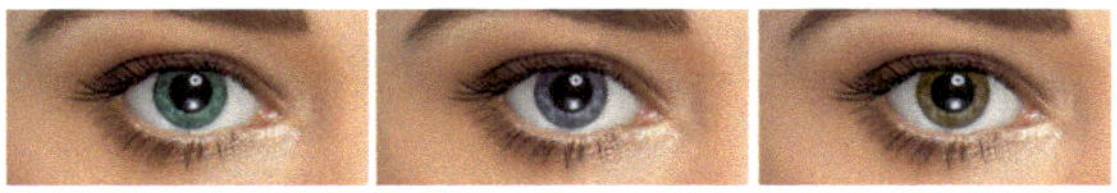		biol. Mutter, braune Augen	
		dominant vererbtes Braun (B)	rezessiv vererbtes Blau (b)
biol. Vater, braune Augen	dominant vererbtes Braun (B)		*Bb (braun)*
	rezessiv vererbtes Blau (b)		

2) So einfach wie hier funktioniert unser Erbgut aber nicht. Die meisten Charakteristika werden durch eine Kombination von vielen Genen bestimmt und manche Gene bestimmen mehrere Eigenschaften. Lesen Sie weiter und beantworten Sie unten die Frage.

Die Haarfarbe wird vom Farbstoff Melanin bestimmt – je mehr Melanin, desto dunkler. Blonde und rote Haare gibt es, wenn ein Gen nicht richtig arbeitet. Eine kleine Änderung im Gen KITLG hat zur Konsequenz, dass die Haare viel weniger Melanin produzieren, sie sind dann blond. Das Gen MC1R aktiviert im Körper die Produktion von dunklen Haaren. Wenn es hier einen Fehler gibt, dann werden die Haare rot.

Frage: Warum haben nur ein Prozent der Menschen blonde und weniger als ein Prozent der Menschen rote Haare?

181 Mythen und Fakten über Biologie und *race*

1) Biologische Rassentheorien sind falsch und heute widerlegt (*debunked*). Diese Theorien haben aber über Jahrhunderte eine Hierarchie kreiert, die Diskriminierung und auch Versklavung legitimieren sollte. Auch heute gibt es noch biologische Theorien. Sortieren Sie die Fakten (rechts) zu den Fragen (links).

Es ist erwiesen (*proven*), dass *race* ein soziales Konstrukt ist. Warum haben wir dann verschiedene Phänotypen und Hautfarben?

Wir sind alle *homo sapiens sapiens*. Sollten wir deshalb lieber nicht über *race* sprechen?

Menschen verschiedener *racial* Gruppen können bestimmte Krankheiten bekommen. Ist das kein Beweis für biologische Unterschiede?

Es stimmt, dass wir genetisch nicht über verschiedene distinkte *racial* Gruppen sprechen können: **Die Unterschiede in der DNA sind zwischen Menschen innerhalb einer *racial* Gruppe größer als zwischen den Gruppen.** Es ist trotzdem wichtig über *race* zu sprechen, denn die soziale Erfahrung von *race* (also die Wahrnehmung von Melaningehalt) ist real.

Genotyp = Gene. Es gibt kein Gen für Hautfarbe. Mehrere Gene kombiniert bestimmen den Melaningehalt in der Haut = Hautton.
Phänotyp = Aussehen. Verschiedener Melaningehalt hat **keine klaren Grenzen, sondern eine langsame Abstufung (*gradation*).** Trotzdem wurden Menschen wegen ihres Melaningehalts rassifiziert. Heute werden diese scheinbar (*seemingly*) biologischen Kategorien um soziale Erfahrungen erweitert, woraus politische Positionierungen von weiß und Schwarz entstehen.

Krankheiten haben viele Gründe: Stress, auch durch Diskriminierung, kann zu Krankheiten führen, Armut auch. Andere Krankheiten haben mit Geografie zu tun: Die Sichelzelle zum Beispiel schützt vor Malaria. Dadurch gibt es sie häufiger bei Menschen, die aus Malariaregionen stammen. Diese Krankheiten werden auch vererbt.

2) Sprechen Sie in kleinen Gruppen: Warum argumentieren Menschen heute immer noch mit Biologie, wenn es zu Ungleichheit (*inequality*) kommt?

182 Was sagen uns DNA-Tests?

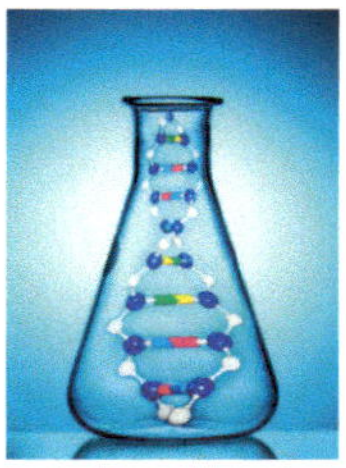

1) Sprechen Sie im Kurs: Hat jemand schon einmal einen DNA-Test zur Abstammungsforschung (*genealogy*) gemacht? Oder hätten Sie Interesse daran, solch einen Test zu machen? Warum (nicht)?

2) Sie schauen sich gleich ein Video an, das Menschen zeigt, die einen DNA-Test gemacht haben, um die Frage „Bin ich deutsch?" zu beantworten. Sprechen Sie in kleinen Gruppen: Was impliziert die Frage? Glauben Sie, dass ein DNA-Test diese Frage beantworten kann?

3) Sehen Sie nun das Video und machen Sie sich Notizen zu den Fragen.

Was denken die Menschen, woher sie kommen?
Woher kommen sie dem DNA-Test zufolge „wirklich"?
Was überrascht die Menschen?
Welche (stereotypen) Assoziationen beschreiben sie?

4) Sprechen Sie über Ihre Eindrücke.

5) Recherchieren Sie und berichten Sie dann im Kurs: Was können DNA-Tests über unsere Herkunft aussagen und was können sie nicht?

Recherche

183 Sprachen im Deutschen Reich

Beschreiben Sie die historische Karte. In grau sehen Sie Preußen, das größte Land im Deutschen Kaiserreich. Welche Sprachen wurden wo in Preußen gesprochen?

Beispiel: Im Norden, an der Grenze zu Dänemark, wurde Dänisch gesprochen.

Minoritätensprachen in Preußen, 1905

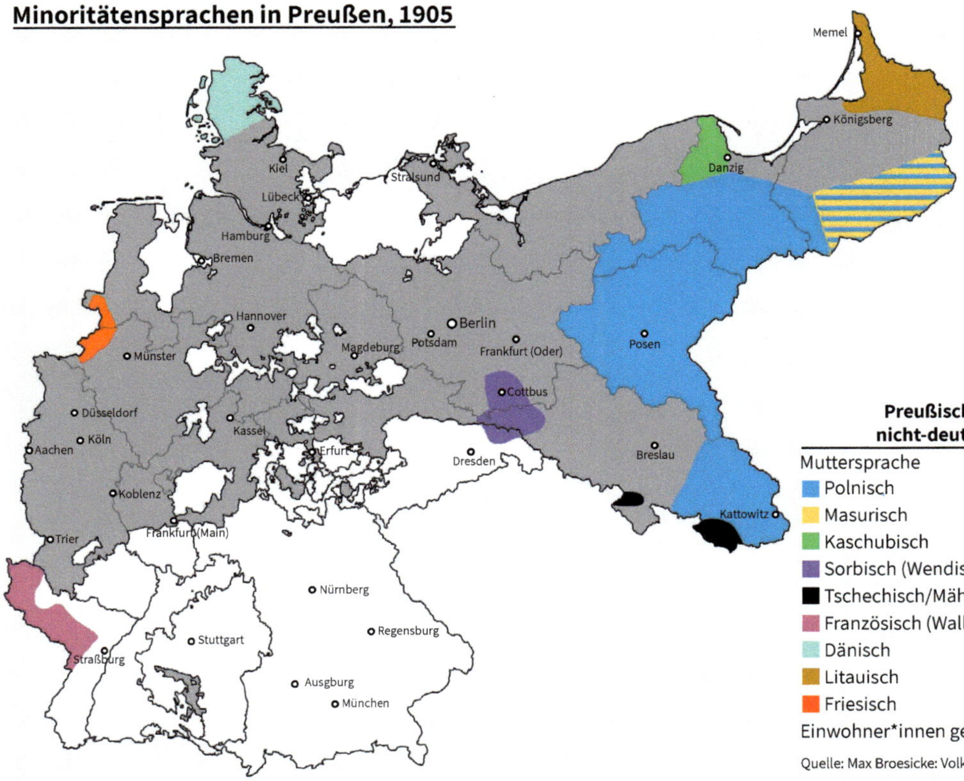

Preußische Bürger*innen mit nicht-deutscher Muttersprache

Muttersprache	absolut	%
Polnisch	3.325.717	8,92
Masurisch	248.185	0,66
Kaschubisch	72.544	0,19
Sorbisch (Wendisch)	63.143	0,17
Tschechisch/Mährisch	103.282	0,28
Französisch (Wallonisch)	11.837	0,03
Dänisch	139.577	0,37
Litauisch	101.534	0,27
Friesisch	19.885	0,05
Einwohner*innen gesamt	37.293.324	100,00

Quelle: Max Broesicke: Volkszählungsergebnisse von 1905 in Preußen.

184 Die Verfolgung von Pluralität

1) Lesen Sie den Text und markieren Sie alle Stellen, in denen es um Diskriminierung von Gruppen geht.

Das Deutsche Reich war linguistisch, ethnisch und religiös multikulturell. Doch die Nazis bekämpften Pluralität.

Sie verboten zum Beispiel in Schlesien die polnische Sprache. Auch die sorbische Sprache und Französisch sollten im Deutschen Reich (auch in Elsass-Lothringen) nicht gesprochen werden. Menschen, die diese Sprachen in der Öffentlichkeit sprachen, konnten inhaftiert werden.

Es ging natürlich nicht nur um Sprache. Die Nazi-Ideologie kategorisierte und hierarchisierte Menschen explizit nach „Rassen". Deshalb benutzen wir heute im Deutschen dieses Wort nicht mehr für Menschen. Deutsche und europäische Jüd*innen, Slaw*innen, Schwarze Deutsche sowie Roma und Sinti wurden diskriminiert, in Konzentrations- und Vernichtungslager[1] gebracht und ermordet.

Die Verfolgung[2] von Anderssein war nicht nur ethnisch und rassifiziert. Es ging um alle Menschen, die nicht dem „Ideal" der Nazis entsprachen. Die ersten Opfer der Nazis waren politische Oppositionelle. Außerdem wurden auch homosexuelle Menschen diskriminiert und inhaftiert. Die Nazis töteten Menschen mit Behinderung. Menschen, die nicht nach der sozialen Norm des Dritten Reichs lebten, wurden „asozial" genannt und ebenfalls in Konzentrationslager gebracht.

[1] das Vernichtungslager – *extermination camp* [2] die Verfolgung – *persecution*

2) Kreuzen Sie an: richtig oder falsch? Korrigieren Sie die falschen Sätze.

richtig	falsch	
	✓	Das Deutsche Reich war homogen. → Das Deutsche Reich war nicht homogen
✓		Die Nazis wollten Homogenität. → ______
	✓	Alle Menschen durften ihre eigene Sprache sprechen. → Alle menschen müsste deutsch sprechen
✓		Die Nazis verfolgten viele verschiedene Gruppen. → ______

3) Zu zweit: Sprechen Sie über Ihre Markierungen im Text und schreiben Sie die Gruppen auf, die von den Nationalsozialist*innen diskriminiert und verfolgt wurden.

Alle die nicht ethnische Deutsche waren

4) Was wussten Sie schon über Diskriminierung im Dritten Reich? Was ist neu? Sprechen Sie mit der anderen Person darüber und sammeln Sie mehr Informationen über die Gruppen.

185 Die Vertriebenen aus dem Osten

1) Zu zweit: Beschreiben Sie die Karte aus den Jahren nach dem Zweiten Weltkrieg: Wie hat sich das Territorium verändert? Woher kamen wie viele Vertriebene?

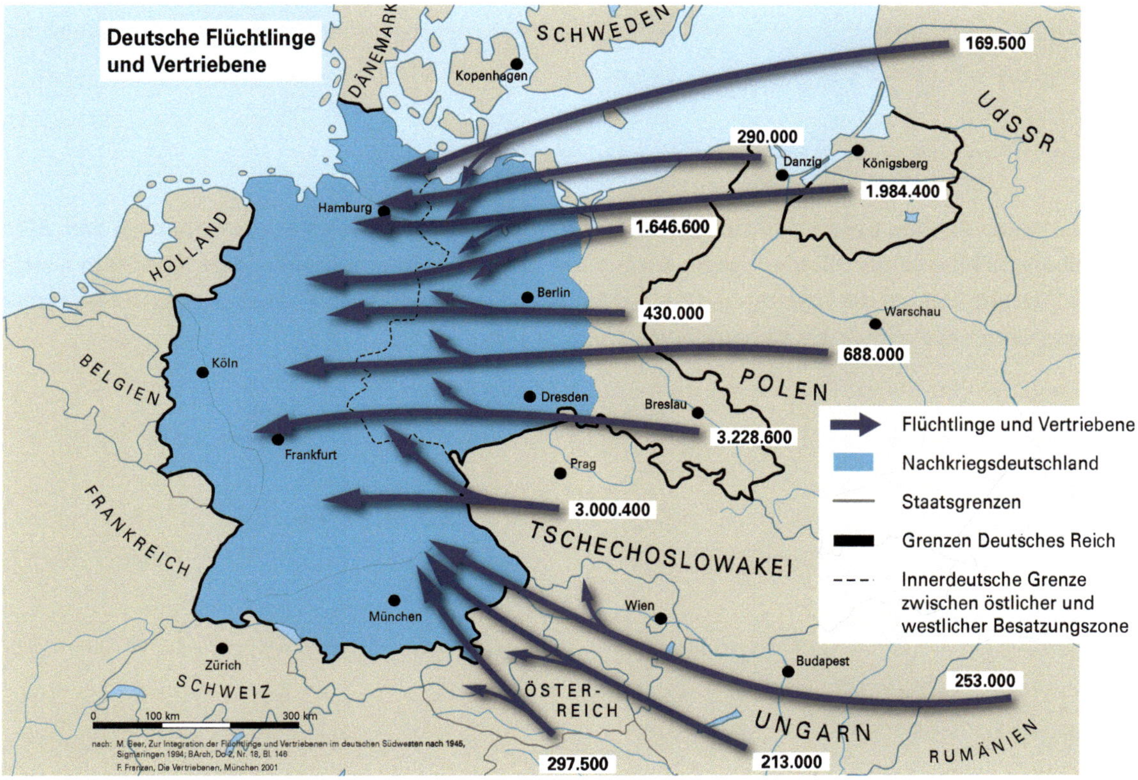

Quelle: Haus der Geschichte, Bonn. (Stand: 1950)

2) Vergleichen Sie mit der Karte in Aktivität 183: Welche Sprachen – außer Deutsch – könnten die Vertriebenen gesprochen haben?

3) In Gruppen: Unter www.klett-usa.com/impuls2links finden Sie einen Link zu einem Straßennamenverzeichnis. Suchen Sie dort nach Straßen mit „ost-ostdeutschen" Namen: Breslau, Stettin, Kolberg, Danzig, Königsberg, Schlesien/Schlesisch. Wie viele Straßen finden Sie mit diesen Namen? Wo liegen sie?

Recherche

4) Welche Geschichte erzählen die Informationen, die Sie zu den Straßennamen gefunden haben? Sprechen Sie darüber in der Gruppe.

57: MADGERMANES

186 Was ist was in Mosambik?

1) In Gruppen: In LERNEN haben Sie Informationen über Mosambik recherchiert. Präsentieren Sie die Ergebnisse.

2) Was ist was in Mosambik? Ordnen Sie diese Begriffe den Kategorien zu.

1. Sprachen und Volksgruppen
2. Politik und Ökonomie
3. Geschichte
4. Kultur und Religion
5. Geografie und Natur

Antikorruptionsgesetze	Demokratie	Makonde-Masken	Bürger*innenkrieg
Tufo (traditioneller Tanz)	Portugiesisch	Marabenta (Musik)	Swahili
Marimba (Xylophon)	Sozialismus	Kolonialismus	Tonga
Cahora Bassa (See)	animistisch	christlich	die Tropen
Malangatana Ngwenya (Maler)	Südostafrika	Tourismus	Makua
Maputo (Hauptstadt)	Bantu	Lebombo-Berge	muslimisch
Gorongosa-Nationalpark	Makhuwa	Tsonga	

187 Kulturschock ... Von Mosambik in die DDR und zurück

1) In LERNEN haben Sie den Begriff „Kulturschock" kennengelernt. Dazu gibt es ein Modell, nach dem Menschen unterschiedliche Phasen durchlaufen, wenn sie in einer neuen Kultur ankommen, dort leben und anschließend wieder in ihre alte Heimat zurückkehren. Bringen Sie die unterschiedlichen Phasen in die richtige Reihenfolge und visualisieren Sie sie in einem Kurvendiagramm.

3 Erholung: Die Person lernt, die fremde Kultur besser zu verstehen.

4 Eigenkulturschock: Zurück in der Heimat merkt die Person, dass sie selbst und das früher Bekannte sich verändert haben.

1 Honeymoon: Die Person ist euphorisch. Alles ist neu und aufregend. Die Person ist offen für neue Erfahrungen.

2 Krise/Kulturschock: Die Person stößt auf Probleme und vermisst die eigene Kultur, wo alles vertraut und einfach war.

5 Akkulturation: Die Person wird kulturell kompetent. Sie kann sich in beiden Kulturen sicher bewegen.

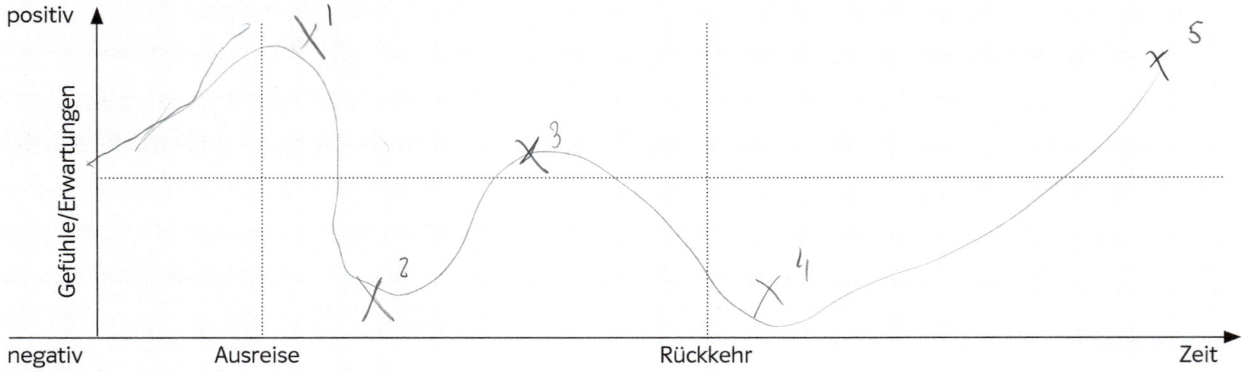

2) Zu zweit: Vergleichen Sie Ihre Ergebnisse mit einer anderen Person.

3) Versetzen Sie sich nun in die Lage der Vertragsarbeiter*innen aus Mosambik, die ab 1979 in die DDR kamen und nach der Wende mehrheitlich nach Mosambik zurückkehrten. Wählen Sie eine Phase aus dem Kulturschockmodell und kreieren Sie ein Symbolbild, einen schriftlichen Gefühlsausdruck oder ein Comic-Panel für die Phase. Sie können abstrakt bleiben und eigene Erfahrungen einfließen lassen.

4) Zeigen Sie Ihr Produkt zwei anderen Personen, die einschätzen sollen, welche Phase Sie dargestellt haben.

5) Zu dritt: „Ich bin Mosambikaner, ja. Aber es belastet mich sehr (*weighs on me*). Ich bin hier wie ein Fremder, obwohl ich in meinem eigenen Land bin." Ordnen Sie dieses Zitat einer der Phasen zu. Diskutieren Sie dann darüber, was konkret belastend (*burdensome*) für diese Person sein könnte.

188 Madgermanes: Ist der Name Programm?

1) Zu dritt: „Madgermanes" war zuerst eine Fremdbezeichnung, die man der Gruppe zurück in Mosambik gegeben hat. Jetzt verwendet die Gruppe den Begriff auch für sich selbst. Unten sehen Sie mögliche Übersetzungen. Diskutieren Sie über die unterschiedlichen Bedeutungsnuancen und darüber, wie die Gruppe durch die unterschiedlichen Übersetzungen jeweils repräsentiert wird.

- die, die aus Deutschland kommen
- die, die in Deutschland gemacht wurden (*made in Germany*)
- wütende Deutsche (*mad/angry Germans*)
- verrückte Deutsche (*mad/crazy Germans*)

2) Können Sie sich auf eine Übersetzung einigen, die Sie alle drei am besten finden? Begründen Sie Ihre Wahl oder erklären Sie, warum Sie sich nicht einigen können. Schreiben Sie dann hier ein kurzes Fazit.

Beispiele: Wir haben uns auf den Begriff „…" geeinigt, weil … Wir haben uns (nicht) einigen können, weil …
Wir finden, dass die Übersetzung „…" neutral/wertend/abwertend/… ist, weil …

____

____

____

3) Haben Sie in Ihrem Fazit Akkusativ- und/oder Dativobjekte benutzt? Wenn ja, markieren Sie sie. Haben Sie sie in der richtigen Reihenfolge benutzt?

189 5-Minuten Aufsatz

Wählen Sie eines der beiden Bilder und schreiben Sie fünf Minuten lang alles auf, was Ihnen zu dem Bild einfällt. Sie können Stichworte, ganze Sätze oder eine kleine Geschichte schreiben. Und Sie können kreativ oder sachlich sein.

Viele Bäumen, grüne Rasen,
verschiedente Fahne von Tschechia,
Polen, und Deutschland. Ich sind
in der Ruck, Wegen wir gerade
über den Nazi's gesprochen haben,
denke ich über den Nazis, und
was sie gemacht hat. Ich denke
auch über den Altzeit, und wie
viele Bäumen es musste gegeben,
und was ist passiert. Das Feld
sieht schön aus, und die
Stühl auch. Ich find es auch
interessant das es keine Mauer
gibt, wie in den USA, aber Ich
glaube Europa is anders.

190 Europa ohne Grenzen?

1) Hören Sie zu und beantworten Sie die Fragen.

Welche Orte werden im Hörtext besucht? Kreuzen Sie an:

deutsche Grenze mit:	Dänemark (DK)	den Niederlanden (NL)	Belgien (B)	Luxemburg (L)
	Frankreich (F)	Tschechien (CZ)	Polen (PL)	
Dreiländereck:	D-NL-B	D-F-CH	D-A-CZ	D-CZ-PL
österreichische Grenze mit:	Deutschland (D)	Italien (I)	der Slowakei (SK)	
Schweizer Grenze mit:	Deutschland (D)	Frankreich (F)	Italien (I)	

Seit wann sind die Grenzen zwischen Deutschland und den westlichen Nachbarländern geöffnet?

1990 1995 2000 2005

Seit wann sind die Grenzen zu den östlichen Nachbarländern (Polen, Tschechien, der Slowakei) offen?

2000 2004 2007 2010

2) Überlegen Sie zuerst individuell: Warum pendeln (*commute*) Menschen über die Grenzen? Sie können die Gründe aus dem Hörtext nennen, aber vielleicht fallen Ihnen auch noch andere Gründe ein.

____

____

____

____

3) Sprechen Sie jetzt im Kurs darüber und vergleichen Sie Ihre Antworten.

191 Europastadt im Dreiländereck: Görlitz/Zgorzelec

1) Zu zweit: Rekonstruieren Sie die Stadtgeschichte(n) von Görlitz/Zgorzelec (auf Sorbisch: Zhorjelc).

- 6. Jahrhundert
- 1220
- Mittelalter
- 1635–1815
- 19. Jahrhundert
- 1945
- 1998

a) Zu dieser Zeit werden die Stadtmauer und die Altstadt gebaut. Der Stadt geht es wirtschaftlich gut.

b) Der Ort „villa gorelic" wird schon vor 1071 erwähnt, aber erst in diesem Jahr wird der Ort zur Stadt.

c) Ab 1815 gehört die Stadt zu Preußen und erlebt ihre zweite Blütezeit durch die Industrialisierung.

d) Slawische Stämme, die Vorfahr*innen der Sorb*innen, siedeln am Fluss Neiße.

e) Für knapp zwei Jahrhunderte gehört die Stadt zu Sachsen. Brände und Kriege schwächen die Stadt.

f) Görlitz und Zgorzelec nennen sich „Europastadt", noch bevor Polen der EU 2004 beitritt.

g) Am Ende des Zweiten Weltkrieges wird die Stadt durch die Oder-Neiße-Grenze getrennt. Die abziehenden (*retreating*) Soldat*innen zerstören alle Brücken. Der östliche Teil ist nun polnisch und nennt sich Zgorzelec. Der Teil westlich vom Fluss bleibt deutsch.

2) Sprechen Sie: Görlitzer*in, Deutsche*r oder Europäer*in? Spekulieren Sie über Identität in Grenzregionen. Wie wichtig ist die Nationalität in solchen Regionen? Oder wie signifikant ist die Unterscheidung in Deutsche und Pol*innen in einer Stadt, die keine Grenze (aber zwei verschiedene Währungen und Sprachen) hat? Sie können es auch mit anderen Grenzregionen (z. B. in den USA) vergleichen, über die Sie etwas wissen.

Beispiel:

Miro: Ich glaube, dass die regionale Identität wichtiger ist als die nationale, weil die Menschen dort wohnen.

Sanne: Ja, das glaube ich auch, aber es gibt bestimmt Schwierigkeiten mit der Sprache.

Miro: Das stimmt, aber die Menschen sind im Kontakt miteinander, vielleicht auch nonverbal.

59: Flucht, Ankunft, Kunst

192 Sprache und Flucht

In Gruppen: In LERNEN haben Sie Informationen über die Krise im Jahr 2015 bekommen. Diskutieren Sie über die Sprache, die benutzt wird, um politische Ereignisse zu beschreiben. Viele haben zum Beispiel über die Zeit damals als „Flüchtlingskrise" gesprochen, andere bevorzugen das Wort „Solidaritätskrise". Fassen Sie die Aussage Ihrer Gruppe in eigenen Worten zusammen. Erzählen Sie dann einer anderen Gruppe davon.

Gruppe 1:
Wenn das Wort „Flüchtlingskrise" benutzt wird, klingt das so, als würden Geflüchtete eine Krise für Europa bedeuten. Dabei sind die Geflüchteten selbst in der Krise.

Gruppe 2:
Die europäischen Länder streiten sich darüber, welches Land für die Geflüchteten sorgen soll und schicken sie von einem Land zum anderen oder sogar wieder zurück. Es kann also von einer politischen Krise gesprochen werden, weil es kein klares Konzept gibt.

Gruppe 3:
Europa hat die Ressourcen, um den Geflüchteten zu helfen. Aber Europa zeigt keine Solidarität und versucht, Grenzen zu blockieren. Deshalb ist es auf einem menschlichen Level eher eine Solidaritätskrise.

Gruppe 4:
Wörter wie „Strom", „Lawine" oder „Welle" klingen nach Naturkatastrophen und nach homogenen Massen, die Europa überrollen. Sie schüren Ängste bei der Bevölkerung.

193 Performance der Flucht

1) Recherchieren Sie in drei Gruppen über ein Kunstprojekt. Alle Mitglieder Ihres Teams sollten später über das Projekt berichten können.

Recherche

Gruppe 1: Ai Weiwei: „Gesetz der Reise" (Sie können auch mit dem englischen Titel „Law of the Journey" suchen.)

Was ist das Projekt? ______________________________

Wie sieht es aus? Beschreiben Sie das Kunstwerk im Detail (zum Beschreiben eignen sich Relativsätze sehr gut):

____

____

Was ist die Botschaft? ______________________________

Kommt die Botschaft bei Ihnen an? Warum (nicht)? ______________________________

____

Gruppe 2: Özlem Günyol und Mustafa Kunt: „Where am I? As if in a dream … Did we arrive?"

Was ist das Projekt? ______________________________

Wie sieht es aus? Beschreiben Sie das Kunstwerk im Detail (zum Beschreiben eignen sich Relativsätze sehr gut):

____

____

____

Was ist die Botschaft? ______________________________

Kommt die Botschaft bei Ihnen an? Warum (nicht)? ______________________________

____

Gruppe 3: Zentrum für politische Schönheit: „Die Jean-Monnet-Brücke"

Was ist das Projekt? ______________________________

Wie sieht es aus? Beschreiben Sie das Projekt im Detail (zum Beschreiben eignen sich Relativsätze sehr gut):

____

____

____

Was ist die Botschaft? ______________________________

____

Kommt die Botschaft bei Ihnen an? Warum (nicht)? ______________________________

____

2) Mischen Sie die Teams und erzählen Sie den anderen von Ihrem Kunstprojekt.

3) Vergleichen Sie in den neuen Gruppen die Projekte und ihre Botschaften.

194 Video-Ecke „Pass.Worte"

1) Schauen Sie sich das Video an und notieren Sie: Kennen alle Personen Kunst zum Thema „Flucht"? Welche Flucht(en) spielen eine Rolle in der Kunst, die genannt wird?

2) Mahdi, einer der jungen Männer, die Sie in „Impuls Deutsch 1" in den Video-Ecken kennengelernt haben, spielt in einem autofiktionalen Theaterstück mit, das „Pass.Worte. Wie Belal nach Deutschland kam" heißt. Es wird in einem Schiffscontainer in Stuttgart aufgeführt. Sehen Sie das zweite Video zu Mahdis Erfahrung. Achten Sie darauf, warum Mahdi in dem Stück mitspielt und warum er Kunst zur Flucht wichtig findet.

3) Sprechen Sie: Können Sie Mahdis Argumente nachvollziehen? Warum ist Kunst für Flucht wichtig oder nicht?

Mahdi (r.) mit Ehsan (l.) und Hassan (m.), drei der Hauptdarsteller in „Pass.Worte" (Foto: „Impuls Deutsch 1")

60: „TATORT DAF" (TEIL 1)

195 6 Bücher, 6 Städte

Recherche

1) In Gruppen: Die sechs Bücher, von denen Sie eines wählen und lesen werden, spielen an unterschiedlichen Orten. Ihr*e Professor*in teilt Sie in Gruppen auf. Recherchieren Sie für Ihre Stadt:

Wo liegt die Stadt geografisch? Welche anderen Städte sind in der Nähe?
Wofür ist die Stadt bekannt/berühmt (Menschen, Orte, Geschichte, Kultur etc.)?

Berlin

Hamburg

Essen

Leipzig

Heidelberg

Seeon-Seebruck am Chiemsee

2) Erzählen Sie den anderen Gruppen von Ihrer Stadt.

196 Kriminalgeschichten

1) Zu zweit: In Kapitel 2 haben Sie schon etwas über die Elemente einer Kriminalgeschichte gelernt. Versuchen Sie, die richtige Reihenfolge der Elemente zu finden.

- [ ] Bestrafung/Verhaftung der schuldigen Person
- [ ] Detektiv*in ermittelt
- [ ] überraschende Lösung
- [1] rätselhafte(s) Tat/Verbrechen
- [ ] Wiederherstellung der Ordnung/Sicherheit
- [ ] der*die Hauptverdächtige ist unschuldig
- [ ] falsche Fährten/Hypothesen

2) Spekulieren Sie zu zweit: Warum mögen manche Menschen Krimis und andere mögen sie nicht?

1) In Gruppen: Zu Hause haben Sie Fragen/Kommentare zu den Büchern geschrieben. Sprechen Sie jetzt darüber: Welche Geschichte interessiert Sie am meisten? Warum? Wählen Sie ein Buch, das Sie lesen wollen.

Jan ist mit seiner Freundin Maja an der Glaskuppel des Reichstags verabredet. Aber sie kommt nicht. Was ist passiert? Wo kann Maja sein? Gehen Sie mit Jan auf die Suche.

Klaas Hansen spielt morgens und abends Trompete auf dem Michel. Nur an diesem Samstagabend spielt er nicht. Wo kann er sein? Eine Journalistin hat ihn zuletzt gesehen.

Schützenfest in Seebruck. Doch dann passiert etwas Schreckliches. Wer hat etwas damit zu tun? Kann die Polizei den Fall lösen?

Auf ihrer Fahrt nach Stuttgart bleibt Emma Mörk bei Schneefall mit ihrem Zug in Heidelberg liegen. Der Stopp führt sie in die historische Innenstadt und zur Schlossruine. Dort verwandelt sich alles in einen Alptraum …

Udo Geißler passieren komische Dinge: Seine Briefe kommen nicht mehr an, seine Kreditkarten sind gesperrt, seine Schuhe passen ihm nicht mehr. Warum passiert das alles? Die Antwort bekommt er im Museum in der Runden Ecke.

Friso Breugel ist Journalist und will einen Artikel über Bauten im Ruhrgebiet schreiben. Aber warum passiert ihm in diesen Tagen immer wieder etwas? Steckt jemand dahinter? Erleben Sie mit ihm eine gefährliche Zeit in Essen.

2) Bilden Sie mit den Studierenden, die das gleiche Buch lesen, eine Gruppe. Sie bekommen ein Arbeitsblatt mit Informationen zu den wichtigsten Charakteren. Lesen Sie die kurzen Beschreibungen und erstellen Sie ein Poster mit den Charakteren und ihren Beziehungen. Schreiben Sie für jede Person wichtige Informationen auf das Poster.

3) Posterbesichtigung: Hängen Sie alle Poster an die Wand. Jede Gruppe präsentiert ihr Poster. Die Personen aus den anderen Gruppen können Fragen zum Poster stellen.

61: Was sprechen wir?

198 Sprechen Sie Platt?

1) Sie sehen unten plattdeutsche Wörter und Sätze. Plattdeutsch wird im Norden Deutschlands gesprochen. Können Sie erkennen, was diese Wörter und Sätze auf Hochdeutsch heißen? Raten Sie.

Moin!	Wo geiht? – Dat geiht mi goot.	Entschülligung!	Velen Dank ok!	Ik heff di leev!
de Broder/Süster	de Fründ/Fründin	de Mudder/Vadder	Böker lesen	Koorten spelen
arbeiden	kieken	eten	maken	schnacken
Dat heet, dat …	to'n Bispell	Mi is koolt.	Ik heff Hunger.	een, twee, dree

2) Erkennen Sie Regeln? Welche Laute oder Buchstaben werden vom Plattdeutschen zum Hochdeutschen verändert?

3) Versuchen Sie die Wörter und Sätze oben zu sprechen. Kleine Hilfe: Lesen Sie das, was da steht. Ein Vokal vor zwei Konsonanten ist kurz, vor einem Konsonanten lang. Falls Sie noch mehr Hilfe brauchen, finden Sie vielleicht etwas im Internet. Yared Dibaba könnte etwas für Sie haben.

199 Jiddisch: Eine verwandte Sprache

1) In der Tabelle sehen Sie jiddische Worte, die es auch so ähnlich im Deutschen gibt. Ihre Schreibweise und Bedeutung ist aber manchmal etwas anders. Sprechen Sie die Wörter laut aus. Wie würden Sie diese Lautkombinationen auf Deutsch schreiben?

2) Unter www.klett-usa.com/impuls2links finden Sie ein deutsches Wörterbuch. Versuchen Sie dort, die verwandt klingenden Wörter zu finden. Notieren Sie auch Artikel und Bedeutung. Welche Gemeinsamkeiten und Unterschiede gibt es?

Recherche

Kulturpunkt

Jiddisch ist eine Sprache, die in hebräischen Buchstaben von rechts nach links geschrieben wird und seit Jahrhunderten von ost-, west- und mitteleuropäischen (also aschkenasischen) Jüd*innen gesprochen wird. Jiddische Vokabeln und Grammatik zeigen Einflüsse von älterem Deutsch, Althebräisch und slawischen Sprachen. Es gibt auch Ladino, die Sprache von sephardischen Jüd*innen aus Spanien und Portugal.

Jiddisch	Aussprache	Bedeutung	Deutsch	Bedeutung
מענטש	mentsh	eine gute Person		
שלימזל	shlimazl	jemand, der Pech hat oder sich dumm anstellt		
משוגע	meshuge	verrückt		

3) Kennen Sie andere jiddische Worte, die im Englischen benutzt werden? Was bedeuten sie?

Kiezdeutsch: Eine Bereicherung der deutschen Sprache

1) Das Wort „Kiez“ ist ein umgangssprachliches Wort in Berlin für „Nachbarschaft“. Kiezdeutsch kann als eine Form von „Nachbarschaftssprache“ verstanden werden, es ist ein Soziolekt, den eine bestimmte Community spricht. Sie hören nun eine kleine Einführung in das Thema „Kiezdeutsch“. Hören Sie gut zu und schreiben Sie die fehlenden Wörter in die Lücken.

Kiezdeutsch ist eine Varietät der deutschen ___Sprache___ und wird vor allem in ___[illegible]en Städte___ Städten gesprochen, in denen es Einflüsse vieler ___verschiedener___ Sprachen gibt. In den letzten 30 ___Jahren___ hat sich Kiezdeutsch zu einer multiethnischen ___jungen___ entwickelt. Kiezdeutsch legt den ___Fokus___ auf soziale Gruppierungen, die Nachbarschaft und ein Gefühl von ___gemeinschaft___. Kiezdeutsch ist also der Ausdruck einer Gruppenidentität, die sich in einer ___gemeinsamen___ Sprache vor allem bei Jugendlichen zeigt. Linguist*innen haben gezeigt, dass ___Kiezdeutsch___ die deutsche Sprache bereichert (*enrich*), weil es Menschen erlaubt, ihre ___identität___ durch Sprache auszudrücken.

2) Zu dritt: Lesen Sie den Text noch einmal und schreiben Sie zwei Fragen dazu. Stellen Sie zwei anderen Personen die Fragen. Die beiden müssen die Fragen mit Informationen aus dem Text beantworten. Dann stellt die nächste Person ihre Fragen usw.

Frage 1: ___Wo wird Kiezdeutsch gesprochen?___

Frage 2: ___Was ist der Fokus des Kiezdeutsches?___

3) Zu zweit: Jetzt sind Sie Linguist*in. Unten sehen Sie sechs Sätze auf Kiezdeutsch, die drei sprachliche Phänomene dieser Varietät zeigen. Überlegen Sie gemeinsam, wie diese Sätze auf Hochdeutsch (= Standarddeutsch) heißen würden.

Gehst du heute Fitnessstudio? — *Gehst du heute ~~heut~~ ins Fitnessstudio?*
Ich werde neunter Juli zwanzig. — *Ich werde 19. Juli zwanzig Jahre alt sein*

Früher waren wir Freunde, aber jetzt ich hasse ihn. — *aber jetzt hasse ich ihn*
Seine Musik war immer gut, aber jetzt er ist ein Loser. — *aber jetzt ist er ein Loser*

Musstu deine Hausaufgaben machen. — *Du musst*
Musstu weniger feiern und mehr schlafen. — *Du musst*

4) Lesen Sie die Sätze in Teil 3 noch einmal. Was passiert hier? Können Sie erkennen, was hier von Standard- zu Kiezdeutsch verändert wird? Versuchen Sie, für jedes Phänomen eine Grammatikregel zu formulieren.

62: Kulinarische Einflüsse°

201 „Deutsches" Essen

Recherche

1) Zu zweit oder in kleinen Gruppen: Recherchieren Sie, was in den USA und in Deutschland „deutsches" Essen ist. Suchen Sie entweder ein Restaurant an dem angegeben Ort oder ein Kochbuch und analysieren Sie die Speisekarte oder das Inhaltsverzeichnis: Welche Speisen werden angeboten? Was ist hier „deutsches" Essen?

Gruppe A: Suchen Sie ein deutsches Restaurant in Ihrer Region.
Gruppe B: Suchen Sie ein deutsches Restaurant in einer Großstadt in den USA, die in einer anderen Region als Ihrer eigenen liegt.
Gruppe C: Suchen Sie ein deutsches Kochbuch für den amerikanischen Markt (wahrscheinlich auf Englisch).
Gruppe D: Suchen Sie ein deutsches Restaurant in Berlin.
Gruppe E: Suchen Sie ein deutsches Restaurant in Köln.
Gruppe F: Suchen Sie ein deutsches Restaurant in Stuttgart.
Gruppe G: Suchen Sie ein deutsches Restaurant in Erfurt.
Gruppe H: Suchen Sie ein deutsches Restaurant in Warnemünde.
Gruppe I: Suchen Sie ein deutsches Kochbuch für den deutschen Markt.

2) Befragen Sie jetzt andere Gruppen und vergleichen Sie: Was ist gleich/anders? Können Sie nun sagen, was „deutsches" Essen ist?

202 Lieblingsessen

1) Lesen Sie den Text. Was essen die Deutschen, Österreicher*innen und Schweizer*innen besonders gern? Markieren Sie.

Die Deutschen essen gerne Fleisch und Pasta. Spaghetti Bolognese wird sehr oft als Lieblingsessen genannt, aber auch Pizza kommt gut an. Bei den deutschen Essen steht oben in den Top 10 eher Fast Food, nämlich auf Platz 1 die Currywurst mit Pommes und Ketchup, auf Platz 2 Döner im Brot. Auch traditionelle Speisen schaffen es aber in die Top 10: Auf Platz 7 liegt der Sauerbraten, gleich dahinter kommen die Königsberger Klopse, dann Weißwurst mit Senf und auf dem 10. Platz noch Eisbein mit Sauerkraut.

Auch die Österreicher*innen essen am liebsten Italienisch. Fast 50 % sagten in einer Umfrage (*survey*), dass sie am liebsten Pasta essen. Bei den Männern nannten über 40 % auch das Wiener Schnitzel, das möglicherweise aber ursprünglich auch aus Italien stammt. Junge Leute nennen oft Pizza. Und auch bei Desserts liegen Eis, Sorbet und Tiramisu vorne. Erst danach kommen österreichische Desserts mit Palatschinken und Strudel.

Die Schweizer*innen unterscheiden sich kaum von den anderen deutschsprachigen Ländern: Auch hier werden am liebsten Pasta oder andere italienische Gerichte gegessen. Auf Platz 2 liegt auch hier Fleisch. Bekannte Klassiker wie Gulasch, Rahmschnitzel und Zürcher Geschnetzeltes kommen nicht auf hohe Plätze. Die traditionellen Käsespeisen (Raclette und Fondue) werden in der Westschweiz aber immer noch gerne gegessen. Bei den Desserts liegen Glacés und Sorbets vorne.

2) Suchen Sie die Informationen im Text und sprechen Sie darüber: Was ist in Deutschland, Österreich und der Schweiz gleich? Was ist unterschiedlich?

3) In kleinen Gruppen: Nehmen Sie eines der Gerichte aus dem Text und recherchieren Sie:

Recherche

Woher kommt es ursprünglich?

Gibt es eine Geschichte oder eine Legende, wie es in die deutschsprachigen Länder gekommen ist?

Tipp: Suchen Sie nach [Gericht] + Herkunft.

203 So amerikanisch wie Apfelkuchen

1) In Gruppen: Genau wie Amerikaner*innen glauben, dass Apfelkuchen typisch amerikanisch ist, denken Deutsche, dass er typisch deutsch ist. Eigentlich gibt es Apfelkuchen aber auf der ganzen Welt: In Frankreich gibt es zum Beispiel die *Tarte Tatin*, in Brasilien *Bolo de Maçã*, in Italien *Torta di Mele*, in den Niederlanden *Appeltaart* und in Dänemark *Æblekage*. Und wie sieht es in den deutschsprachigen Ländern aus? Sie haben fünf Minuten: Finden Sie so viele Varianten von Apfelkuchen wie möglich, die in Deutschland, Österreich und der Schweiz gegessen werden. Vergleichen Sie danach im Kurs: Sie bekommen einen Punkt für jeden Kuchen, den sonst keine andere Gruppe hat.

Recherche

2) Nehmen Sie drei Apfelkuchen Ihrer Wahl (aus der ganzen Welt) und beschreiben Sie die Unterschiede.

Schauen Sie sich zuerst Bilder an:
Wie sehen die Kuchen aus? Sind sie gedeckt (*covered*)? Haben Sie Streusel?
Sind sie rund oder auf einem Blech (*baking sheet*)?

Jetzt schauen Sie sich auch die Rezepte an:
Welche Äpfel werden genommen oder empfohlen?
Wie werden die Äpfel verarbeitet: halbiert, geviertelt, klein geschnitten?
Sind die Äpfel gekocht oder ungekocht?
Ist der Teig ein Rühr- (*batter*), Blätter- (*puff pastry*), Mürbe- (*shortcrust*) oder Hefeteig (*yeast dough*)?
Wie lange braucht man, um diese Kuchen zu machen?
Gibt es spezielle Zutaten?
Was ist noch besonders an den drei Varianten?

204 Heimat: Ein kleines Wort, das schwer beladen ist.

1) Welche Themen, Orte, Leute und Gefühle verbinden Sie mit dem Begriff „Heimat“? Ergänzen Sie die Grafik im Kurs.

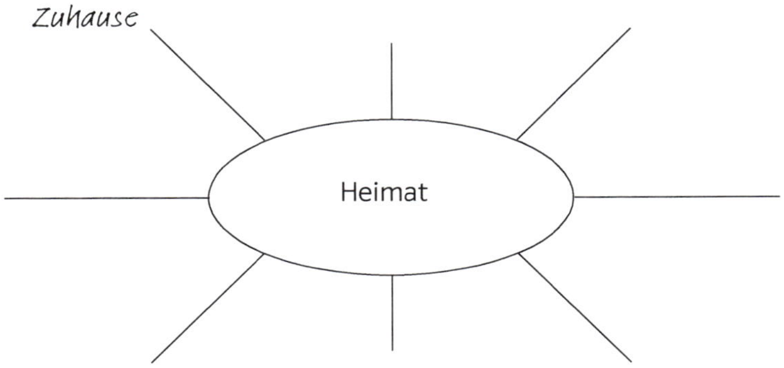

2) Welche drei Elemente aus der Grafik oben sind Ihnen persönlich am wichtigsten, wenn Sie an Ihre Heimat denken? Warum? Besprechen Sie Ihre Antwort zu zweit.

1. ______________ 2. ______________ 3. ______________

205 Musik-Ecke: „Orient Express“ & „Berlin Berlin“ – Teil 1: Die Die Hip-Hopper

Eko Fresh
„Orient Express“ (2014)
Alpa Gun
„Berlin Berlin“ (2015)

Wie viele andere People of Color in Deutschland haben die türkisch-deutschen Hip-Hopper Alpa Gun und Eko Fresh komplexe Ideen zum Thema „Heimat“. Beide rappen oft über die rassistische und ausländerfeindliche Ausgrenzung, der sie in Deutschland begegnen, obwohl sie beide in Deutschland geboren sind.

Alpa Gun ist 1980 geboren und rappt in seinem Lied „Berlin Berlin“ (2015) über seine Heimatstadt. Er rappt auch auf Türkisch und nennt sich „die Stimme der Straße“. Für Eko Fresh, der 1983 geboren ist, ist Köln eine Heimat. Er rappt in seinem Lied „Orient Express“ (2014) auch über die Heimatstadt seines Großvaters. Sie heißt Sivas und liegt in der Türkei.

Lesen Sie den kurzen Text über die Hip-Hopper Alpa Gun und Eko Fresh und erstellen Sie Steckbriefe für die beiden.

Name: ______________
Geburtsjahr: ______________
Beruf: ______________
Themen seiner Musik: ______________
____
____

Name: ______________
Geburtsjahr: ______________
Beruf: ______________
Themen seiner Musik: ______________
____
____

(206) Musik-Ecke: „Orient Express" & „Berlin Berlin" – Teil 2: Hip-Hop-Heimat

1) In zwei Gruppen: Eine Gruppe recherchiert Alpa Guns Lied und die andere Gruppe Eko Freshs Lied. Finden Sie die Musikvideos und die Songtexte im Internet und besprechen Sie die folgenden Fragen. Machen Sie sich Notizen (auch gerne visuell) in der Tabelle.

Welche Elemente von Heimat sind dem Künstler am wichtigsten? Nennen Sie Beispiele aus dem Text.
Welche Bilder, Gefühle, Geräusche, Gerüche oder Geschmäcke sind mit der Erfahrung von Heimat verbunden?

	Alpa Gun feat. Jasmin Madeleine, „Berlin Berlin"	**Eko Fresh feat. Sami Nasser „Orient Express"**
Wichtige Elemente seiner Heimat		
Bild, Gefühl, Geräusch, Geruch, Geschmack		

2) Präsentieren Sie Ihre Antworten. Wenn die andere Gruppe präsentiert, machen Sie sich in der anderen Spalte Notizen. Vergleichen Sie dann im Kurs zwei Definitionen von „Heimat". Wie unterscheiden sie sich? Gibt es Ähnlichkeiten?

207 Wie definiere ich meine Heimat?

1) Wie definieren Sie Ihre eigene Heimat? Wo liegt sie? Denken Sie an ein Bild, ein Gefühl, ein Geräusch, einen Geruch und einen Geschmack. Machen Sie sich Notizen zu diesen fünf Elementen.

Das sehe ich:	Das fühle ich:	Das höre ich:	Das rieche ich:	Das schmecke ich:

2) Zu zweit: Was bedeutet Heimat für die Studierenden im Kurs? Sprechen Sie darüber mit so vielen anderen Personen wie möglich. Was interessiert Sie an der Heimat der anderen Studierenden? Stellen Sie ihnen Fragen und erzählen Sie über Ihre Definition von Heimat. Sie können Ihre Notizen von Teil 1 benutzen.

64: PROJEKT 5 – EINE BIOGRAFIE°

208 Eine Biografie gestalten

1) Suchen Sie sich eine prominente Person aus Einheit 52 aus.

2) Recherchieren Sie so viele Informationen wie möglich über die Person und ihr Leben. Können Sie in den Informationen erkennen, womit sich die Person selbst identifiziert? Wie wird die Person von anderen wahrgenommen und repräsentiert?

3) Erstellen Sie eine Gliederung: Welche Themen werden in der Biografie vorkommen? Geht es um die persönliche, professionelle oder soziale Identität der Person? Wie viele Abschnitte wird Ihre Biografie haben? Schreiben Sie ein paar Stichwörter zu jedem Punkt.

4) Entscheiden Sie sich für ein Medium: Wollen Sie eine grafische Biografie kreieren? Wollen Sie nur Text schreiben? Wollen Sie ein Video mit Narration machen, vielleicht mit Comicfiguren? Oder wollen Sie ein Eine-Person-Theaterstück schreiben und einstudieren? Sie können auch eine *choose your own adventure*-Geschichte aus der Biografie machen, dafür gibt es einfache Programme online. Fragen Sie Ihre*n Professor*in nach Programmen, die Ihnen dabei helfen können, Ihre Idee zu verwirklichen.

   [Eventuell: Erstellen Sie jetzt ein Storyboard, falls Sie einen Comic schreiben oder ein Video kreieren möchten.]

5) Schreiben/Malen/Programmieren/Sprechen Sie Ihre Biografie.

6) Teilen Sie Ihre Biografie mit Ihrem*Ihrer Professor*in und eventuell auch mit anderen Personen im Kurs.

WIE UNTERHALTEN WIR UNS?

ALTE UND NEUE MEDIEN

In **chapter 6**, you'll learn ...

- to understand excerpts from a radio interview and to identify the major points that were discussed.
- to have simple conversations about past experiences and to elaborate on them when asked by others.
- to express your opinion about podcasts and to state which podcasts you (don't) enjoy listening to.
- to give a presentation based on a structured outline of ideas, such as a storyboard for a podcast.
- to talk about what news outlets you frequent and why, and to reflect about the outlets' political positions.
- to ask and answer questions about news articles that deal with past events.
- to write about current events on your campus.
- to have simple extemporaneous conversations about your favorite TV shows and to express why you like them.
- to understand and compare information about progressive and traditional TV shows in Germany and the U.S.
- to plan a trip to the movie theater and present your plans to others.
- to understand the main content and some details of plays based on short plot descriptions.
- to ask and answer questions about your and others' interest in computer games.
- to read a crime story (graded reader) independently over a period of multiple weeks.
- to summarize the plot of fictional texts and talk about the most important events of the story.
- to make predictions about how a fictional story might develop based on what has happened thus far.
- about different German news outlets and their ideological orientation in comparison to U.S. media.
- about queer representation in German and American TV shows.
- about the cultural significance of different dances, as well as their cultural and geographic origins.
- about the role of AR in computer gaming.
- about the ethical limits and pitfalls of social media.

65: Heute im Radioprogramm

209 Im Programm: Der Wahrheit auf der Spur

1) Zu zweit: Hören Sie die ersten Minuten einer Radiosendung an. Was ist richtig? Was ist falsch? Korrigieren Sie die falschen Aussagen mündlich.

	richtig	falsch
Menschen lügen im Durchschnitt alle 8 Minuten.	✓	
In einem 3-minütigen Gespräch lügen wir 10-mal.		✓
14 Prozent der Menschen lügen aus Liebe.		✓
Lügen sind oft gut für die Kommunikation.	✓	
Menschen wollen nicht immer die Wahrheit hören.	✓	

2) In Gruppen: Während die meisten Leute denken, dass Sie beim Lügen nicht ertappt werden, gibt es einige Anzeichen dafür, dass jemand vielleicht doch lügt. Oft verraten sich lügende Menschen selbst, indem sie

... wiederholt betonen, dass sie die Wahrheit sagen mit Formulierungen wie z. B. „ehrlich gesagt", „ungelogen" oder „ich lüge dich nicht an".

... relativierende Formulierungen verwenden wie z. B. „ich glaube", „meiner Erinnerung nach", „so weit ich weiß".

... häufig ich-Formulierungen vermeiden und z. B. wiederholt aus der wir- oder man-Perspektive sprechen.

... einen auffälligen Blickkontakt herstellen, indem sie z. B. ununterbrochen starren oder mehrmals schnell weg- und wieder hingucken.

... spontan oder wiederholt erröten, schlucken, schwitzen oder außer Atem sind.

... öfters Fragen wiederholen oder viele unnötige Details liefern, um Zeit zu gewinnen oder abzulenken.

... Probleme haben, Geschichten chronologisch rückwärts zu erzählen.

Diskutieren Sie: In welchen Situationen möchten Sie Leute beim Lügen ertappen? Welche Strategien können Sie benutzen? Kennen Sie andere Anzeichen, mit denen lügende Menschen sich selbst verraten?

210 Diskussion: Wer darf lügen?

1) In Gruppen: Viele Eltern bringen ihren Kindern bei, dass sie auf keinen Fall lügen dürfen. Gibt es aber Situationen, in denen sie doch lieber lügen sollten? Wie ist das bei Erwachsenen?

Akzeptable Situationen: Kinder
Akzeptable Situationen: Erwachsene

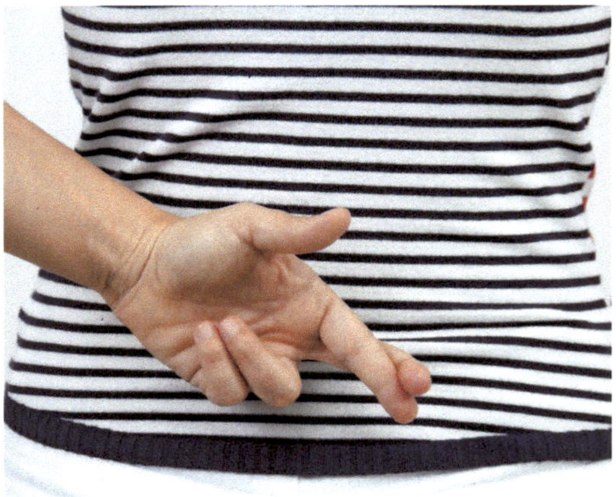

2) In Gruppen: Sind folgende Personen Ihrer Meinung nach „Lügner*innen"? Warum (nicht)?

a) Eine Politikerin hat sich nicht richtig informiert und erzählt etwas, das nicht stimmt. Hat sie gelogen, obwohl sie wirklich glaubt, was sie sagt? Macht es einen Unterschied, wenn das einem*einer Politiker*in passiert?

b) Ein Arzt glaubt, dass er ehrlich ist, hat aber etwas gesagt, das nicht wahr ist. Ist es möglich, eine Lüge aus Versehen zu erzählen? Macht es einen Unterschied, wenn das Ärzt*innen passiert?

c) Alles, was eine Person erzählt, ist wahr, aber die Person lässt relevante Informationen aus. Zählt das als Lüge?

d) Eine Person ändert kleine Details oder den Kontext einer Erzählung, weil sie sich nicht mehr genau erinnert. Muss alles genau stimmen, um als Wahrheit zu gelten?

211 Radio-Interviews im Kurs

1) Individuell: Machen Sie drei Aussagen über sich selbst – zwei Wahrheiten und eine Lüge. Alle Aussagen sollen in der Vergangenheit stehen (Perfekt).

Beispiel: Ich habe mir beim Skifahren beide Beine gebrochen.
Ich bin schon durch 17 Länder gereist.
Ich habe letzten Monat Taylor Swift live auf einem Konzert gesehen.

Aussage 1: ____________________

Aussage 2: ____________________

Aussage 3: ____________________

2) Zu zweit: Führen Sie jetzt ein Interview wie in der Radiosendung. Wenn Sie ein Handy haben, benutzen Sie eine App, um das Interview als Audiodatei aufzuzeichnen. Eine Person ist Radiomoderator*in und interviewt, die andere Person ist Gäst*in in der Radioshow und beantwortet die Fragen.

a) Der*Die Radiomoderator*in beginnt die Show mit einer Einleitung. Improvisieren Sie: Sprechen Sie für mindestens eine Minute lang über allgemeine Dinge in Ihrer Region/Stadt oder darüber, was in den letzten Tagen passiert ist. Dann heißen Sie die andere Person willkommen. (Benutzen Sie im Interview die formelle Anredeform „Sie".)

Beispiel: Willkommen zur … Radioshow! Es ist ein wunderschöner Tag in … (*Sprechen Sie ca. eine Minute lang.*) Heute begrüßen wir … in unserer Show. Er*Sie hat drei außergewöhnliche Dinge erlebt. Wie immer in unserer Show: Zwei Dinge sind wirklich passiert und eine Sache ist gelogen.

b) Der*Die Gäst*in erzählt dann von dem ersten außergewöhnlichen Ereignis (Aussage 1).

Beispiel: Mein erstes außergewöhnliches Ereignis ist, dass ich mir beim Skifahren beide Beine gebrochen habe.

c) Der*Die Radiomoderator*in interviewt die Person, um mehr Informationen über die Aussage zu bekommen. Tipp: Offene Fragen sind meistens besser als Ja/Nein-Fragen.

Beispiele: Wo waren Sie Skifahren? Wie ist der Unfall passiert? Wann? Was für ein Wochentag war es? Um wie viel Uhr? Wie war das Wetter? Welche anderen Personen waren dabei? Mussten Sie ins Krankenhaus? Wie haben Ihre Eltern/Freund*innen/Bekannten reagiert? … (*Sprechen Sie ca. zwei Minuten lang.*)

d) Wiederholen Sie b) und c) für die Aussagen 2 und 3.

e) Der*Die Radiomoderator*in rät, welche Aussage gelogen ist und sagt, warum er*sie das denkt. Der*Die Showgäst*in sagt, ob das stimmt.

f) Speichern Sie das Interview. Sie werden die Datei in ZEIGEN einreichen.

212 Deutsche Podcasts

1) Sprechen Sie im Kurs: Hören Sie Podcasts? Welche? Welche Themen haben diese Podcasts?

2) Individuell: Unter www.klett-usa.com/impuls2links finden Sie den Link zu einer Podcastdatenbank. Welche Kategorien und Themen finden Sie dort? Welche Podcasts sind besonders beliebt? Gibt es Podcasts zu Themen, die Sie besonders interessieren? Machen Sie sich dazu einige Stichpunkte und schreiben Sie die Titel der Podcasts hier auf.

Recherche

____

____

____

____

____

____

3) In kleinen Gruppen: Vergleichen Sie Ihre Ergebnisse mit 2–3 Personen im Kurs und schreiben Sie die Podcasts auf, die Sie interessieren könnten. Warum?

213 Die richtige Ausstattung

Sie sehen hier die technische Ausstattung, d.h. das Equipment, das Sie brauchen, um Podcasts aufzunehmen. Erzählen Sie, wofür Sie die Dinge brauchen.

Beispiel: Podcaster*innen brauchen die Software, um die Aufnahme zu bearbeiten.

der Computer

das Schnittprogramm

das USB-Mikrofon

der Mikrofonständer

der Filter (für das Mikrofon)

[oder: der Audiorecorder für Aufnahmen draußen]

der Kopfhörer

der Audiomixer (für Aufnahmen mit mehreren Personen)

Ihr Podcast-Storyboard

1) In kleinen Gruppen: Sie haben in LERNEN überlegt, worüber Sie einen Podcast machen möchten. Erzählen Sie sich gegenseitig von Ihren Ideen. Entscheiden Sie sich dann für eine Idee. Was ist Ihr Thema?

____

Recherche

2) Podcasts werden mit Storyboards geplant. Diese Storyboards zeigen, was Sie wann planen. Sie können dort Stichpunkte einfügen, die Sie recherchieren, bevor Sie Ihre Podcasts aufnehmen, oder schon Ideen für den Text, den Sie sprechen möchten (im Perfekt). Sie können auch darin notieren, welche Person welches Unterthema behandelt. Planen Sie 3–4 Abschnitte für einen Podcast. Die Person, die das Thema vorgeschlagen hat, kann die Vokabelliste aus LERNEN mit Ihnen teilen.

Titel	Text/Notizen/Ideen
Sprecher*in	

Titel	Text/Notizen/Ideen
Sprecher*in	

Titel	Text/Notizen/Ideen
Sprecher*in	

Titel	Text/Notizen/Ideen
Sprecher*in	

3) Teilen Sie Ihre Podcastideen mit einer anderen Gruppe. Geben Sie einander Feedback.

67: „TATORT DAF" (TEIL 2)

215 Wer bin ich?

1) Individuell: Sie haben die ersten Seiten Ihres Krimis aus der Reihe „Tatort DaF" gelesen. Wählen Sie eine Figur aus Ihrer Geschichte aus und erinnern Sie sich an diese Figur und ihre Handlungen. Ergänzen Sie die Tabelle mit Informationen über diese Figur.

Charakter-eigenschaften	Beziehungen zu anderen Personen	Wichtigste Aktionen (Was hat er*sie gemacht?)

2) In Gruppen: Bilden Sie Gruppen mit Studierenden, die das gleiche Buch wie Sie lesen. Präsentieren Sie den anderen Personen Ihrer Gruppe die gewählte Figur, ohne den Namen zu nennen. Orientieren Sie sich dabei an Ihrer Tabelle und benutzen Sie eine Zeitform der Vergangenheit, wenn Sie über die Handlungen/Aktionen sprechen. Die anderen raten, welche Figur gemeint ist.

Tim: Wer bin ich? Ich habe keine Freund*innen, weil mir niemand vertraut. Ich habe viele Menschen betrogen und bestohlen. Mein größter Feind ist der alte Polizist, der versucht hat, mich ins Gefängnis zu bringen.

Nina: Bist du Gerd Fischer?

Tim: Ja, ich bin Gerd Fischer. / Ja, der bin ich.

216 Was ist bisher passiert?

1) Kollaboratives Schreiben: Um den Inhalt Ihrer Geschichte zu rekapitulieren, schreiben Sie mit Ihrer Buchgruppe eine Nacherzählung der Geschichte (also das, was bisher passiert ist) in einem digitalen Dokument. Erstellen Sie zuerst eine Liste der wichtigsten Ereignisse Ihrer Geschichte im Perfekt.

Die wichtigsten Handlungsschritte:

- ____________________
- ____________________
- ____________________
- ____________________
- ____________________
- ____________________
- ____________________

2) **Kollaboratives Schreiben: Formulieren Sie im digitalen Dokument einen Einleitungssatz: Welche Figuren hat es im Text gegeben? Wo und wann (z.B. zu welcher Zeit) hat die Handlung gespielt?**

Beispiel: Die ersten drei Kapitel haben im Winter auf dem Berg Säntis und in der Stadt St. Gallen in der Schweiz gespielt. Es hat viel Schnee gegeben und es war sehr kalt. Die Hauptpersonen in diesen Kapiteln waren Urs Hägi und Hanna Perner.

3) **Nun kommt der Hauptteil. Hier erzählen Sie, basierend auf Ihrer Liste in Teil 1, die Handlung im Perfekt nach: chronologisch und ohne Lücken.**

Beispiel: Am Anfang ist Klaus Hansen in Hamburg gewesen, um Nele zu treffen. Weil er aber zu früh war, ist er am Hafen für zwei Stunden spazieren gegangen …

217 Nacherzählung: „Mad-Libs"-Version

1) **In Gruppen: Nehmen Sie den Text aus Ihrem Hauptteil der Nacherzählung und machen Sie aus den Sätzen eine „Mad-Libs"-Version, wie im Beispiel. Versuchen Sie dabei, unterschiedliche Wortkategorien zu ersetzen, aber mindestens vier Verben. Erstellen Sie die „Mad-Libs"-Version auch in Ihrem digitalen Dokument.**

Beispiel: Am Anfang ____________ Klaus Hansen in Hamburg ____________ (Verb im Perfekt), um ____________ (Nomen) zu treffen. Weil er aber zu ____________ (Adjektiv) war, ____________ er am Hafen für zwei Stunden ____________ (Verb im Perfekt) …

2) **Geben Sie Ihre nicht-ausgefüllte Version einer anderen Gruppe. Sie bekommen auch die „Mad-Libs"-Version einer anderen Gruppe. Füllen Sie diese aus. Seien Sie kreativ: Es darf auch lustig sein.**

3) **Im Kurs: Jede Gruppe präsentiert die neue „Mad-Libs"-Version. Ihre Präsentation darf/soll so theatralisch wie möglich sein.**

4) **Individuell: Welche „Mad-Libs"-Version finden Sie am lustigsten? Warum?**

____

____

____

____

____

218 Deutsche Nachrichtenquellen

1) Zu zweit: Sie sehen hier eine Grafik zu deutschsprachigen Nachrichtenquellen, eingeteilt nach ihrer Orientierung. Wählen Sie eine Nachrichtenquelle aus und beschreiben Sie der anderen Person die Orientierung dieser Quelle, ohne den Namen zu nennen. (Beispiel: Meine Nachrichtenquelle ist analytisch. Sie ist ziemlich neutral, aber rechter als Der Spiegel.) Die andere Person rät, welche Quelle Sie beschreiben. Dann tauschen Sie die Rollen.

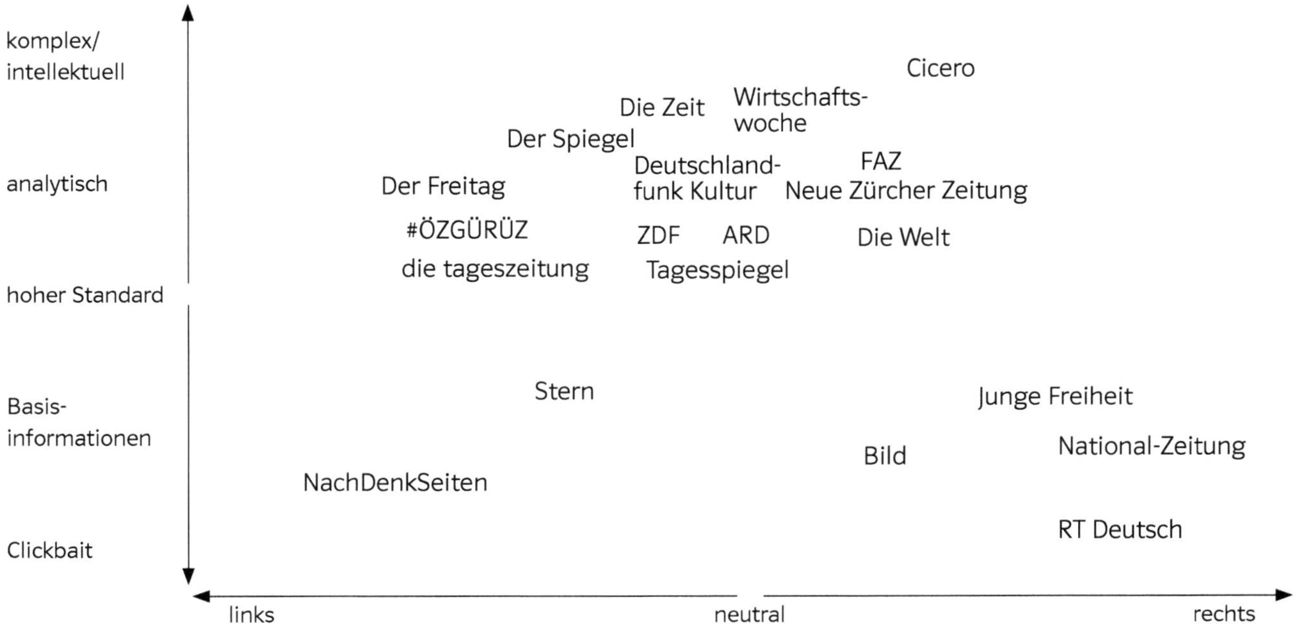

Quelle: Basiert auf einer Grafik von polisphere

2) In Gruppen: Hier sehen Sie die Namen von sieben Nachrichtenmedien. Ihr*e Professor*in teilt jeder Gruppe ein Medium zu. Schauen Sie oben, wo dieses Medium in der Grafik ist. Recherchieren Sie zu diesem Medium so viele Informationen wie möglich. Wichtig: Sie haben für Ihre Recherche nur wenig Zeit. Entscheiden Sie gemeinsam, warum das Medium oben in der Grafik an der Stelle steht. Präsentieren Sie kurz Ihr Medium im Kurs.

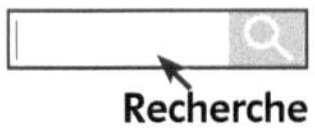

Neue Zürcher Zeitung Tagesspiegel Deutschlandfunk Kultur Bild

#ÖZGÜRÜZ Die Zeit Junge Freiheit

219 Unsere Nachrichtenquellen

1) Zu zweit: In Aktivität 218 haben Sie viel über deutsche Nachrichtenmedien gesprochen. Fragen Sie jetzt eine andere Person, wie oft sie Nachrichten liest, hört oder schaut. Fragen Sie sie auch, welche Nachrichtenquellen sie benutzt und warum.

2) Zu zweit: Wählen Sie aus dem Diagramm oben zwei Nachrichtenquellen aus und überlegen Sie dann gemeinsam, ob es in den USA ein Äquivalent gibt. Wenn Sie sich nicht sicher sind, können Sie auch eine Online-Recherche machen.

3) Im Kurs: Stellen Sie Ihre Diskussionsergebnisse aus Teil 2 im Kurs vor.

220 Nachrichtenbericht über eine Epidemie

1) Lesen Sie den Kommentar, der rückblickend (*retrospectively*) über die Anfänge der Informationsverbreitung der COVID-19 Pandemie reflektiert. Markieren Sie alle Verben im Präteritum und erstellen Sie eine Liste der Verben mit ihrem Infinitiv.

Inzwischen kämpft die internationale Gemeinschaft seit Monaten gegen die Covid19-Pandemie und in den Nachrichten gibt es kaum ein anderes Thema. Wie entwickelte sich die Informationspolitik der Behörden? Wir werfen einen Blick zurück. Wie Medien berichteten, kamen schon Anfang Januar Bevollmächtigte aus Peking und schlossen den Markt, auf dem anscheinend das Virus ausbrach. Doch viele Menschen in China erfuhren erst aus sozialen Medien von dem Virus oder als Freund*innen und Bekannte sie darauf ansprachen. Die Menschen vor Ort waren mit der Informationspolitik der Regierung unzufrieden und erklärten später, dass sie sich nicht gut informiert fühlten. Dieser Mangel an Informationen führte auch dazu, dass am Anfang das Leben ganz normal weiterging und es wenig Sicherheitsmaßnahmen gab. Wie sich später herausstellte, war das ein großer Fehler.

entwickelte sich, sich entwickeln

2) In kleinen Gruppen: Lesen Sie den Text noch einmal. Schreiben Sie eine Frage zum Text, wie im Beispiel, und stellen Sie die Frage mindestens drei anderen Personen. Beantworten Sie dann die Fragen der anderen.

Beispielfrage: Wie erfuhren viele Menschen in China zuerst vom Coronavirus?
Beispielantwort: Viele Menschen in China erfuhren vom Coronavirus erst aus den sozialen Medien.

Meine Frage:

221 Campusnachrichten

Zu zweit: Was passierte im letzten Monat bei Ihnen auf dem Campus? Was waren die wichtigsten Ereignisse? Worüber redeten alle Studierenden, Professor*innen und Mitarbeiter*innen? Schreiben Sie einen Nachrichtentext im Präteritum über die wichtigsten Ereignisse des letzten Monats auf Ihrem Campus. Sie schreiben für eine seriöse Campuszeitung mit komplexer Sprache. Denken Sie auch an das Vier-Seiten-Modell, wenn Sie den Text formulieren: Was soll Ihr Text kommunizieren? Soll er nur informieren? Ist er ein Appell? Wer ist die Zielgruppe?

222 Video-Ecke: Was schauen wir?

1) Individuell: Was sehen Sie sich gern im Fernsehen an? Was streamen Sie? Notieren Sie unten die Serien, die Sie momentan ansehen, und schreiben Sie in Klammern, wo Sie diese schauen.

Beispiel: „Dark" (Netflix)

Schitt's Creek (Netflix)
Only murders in the buil[ding]

2) Individuell: Wählen Sie zwei Serien aus und schreiben Sie in je einem (weil-)Satz, warum Sie sie gern sehen.

Beispiel: Ich sehe gern „Dark", weil ich die Serie spannend und Zeitreisen (*time travels*) cool finde.

Ich sehe gern „Schitts Creek", weil es lustig ist und von meine Familie sehr beliebt.
Ich sehe gern „OMITB", weil es lustig ist und von meine Familie sehr beliebt.

3) Zu zweit: Sprechen Sie über Ihre Lieblingsserien. Warum finden Sie sie gut? Gibt es Serien, die Sie beide gut finden? Haben Sie schon einmal einen Serienmarathon gemacht?

4) Im Kurs: Erstellen Sie eine Statistik. Wie viele Stunden schauen die Studierenden im Kurs pro Woche durchschnittlich fern? Welche Serien sind im Kurs besonders beliebt? Wie viele Personen schauen diese Serien? Wie viel Prozent der Studierenden streamen, wie viel Prozent schauen traditionelles Kabelfernsehen?

5) Individuell: Schauen Sie sich nun das Video einmal an. Es ist recht lang und die Personen sprechen schnell. Versuchen Sie, so viel zu verstehen, wie Sie können, und machen Sie sich gleichzeitig Notizen zu den Fragen.

Wie viele Stunden schauen die Personen pro Woche fern? Gibt es unterschiedliche Gruppen (Personen, die weniger fernsehen und Personen, die mehr fernsehen?) Ja

5, 10, 15, 41, 20

Welche Serien werden von den Personen genannt?

GoT, New Girl, Last kingdom, Dark, Atypical, Bojack horseman, stranger things, How I met your mother, Big bang theory, the boys, Brooklyn 99, greys Anatomy

Die Personen haben alle eine Lieblingsserie. Welche Gründe haben Sie dafür? Das heißt: Warum ist eine Serie für die Personen eine Lieblingsserie? Welche Faktoren/Kriterien spielen eine Rolle?

Archer (lustig), GoT (Schauspielern, geschichten), Friends (themas, english)
Big bang theory (lustig)

Wie viele Personen … schauen traditionelles Fernsehen? II streamen lieber? ~~IIII~~ I

6) In Gruppen: Vergleichen Sie Ihre Notizen zu den Videos mit der Statistik über Ihren Kurs.

7) Sammeln Sie im Kurs: Was sind die Vor- und Nachteile von traditionellem Fernsehen und Streamen, die Sie im Video gehört haben? Welche weiteren kennen Sie?

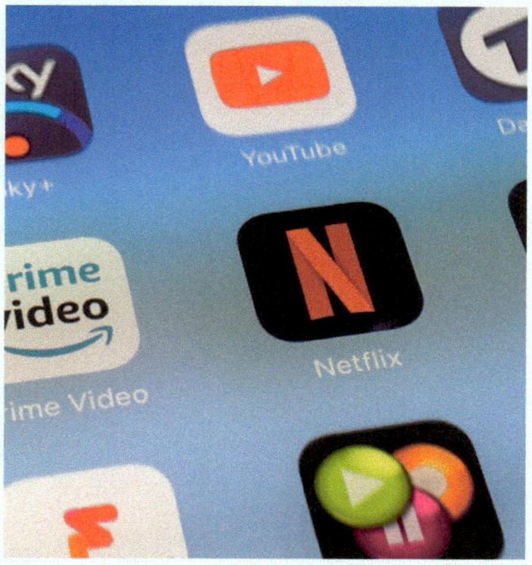

	Traditionelles Fernsehen	Streamen
Vorteile		
Nachteile		

223 Meine Lieblingsserie

1) Individuell: Sie haben links Serien aufgelistet, die Sie momentan schauen. Was ist Ihre absolute Lieblingsserie, also die beste Serie, die Sie jemals gesehen haben?

Schitts creek

Welchen Charakter bzw. welche Figur der Serie finden Sie gut?

Alle Charakterinnen sind gut, weil sie nolie sind

Was ist Ihre Lieblingsszene?

Das Turkeyshoot Folgen ist am lustigen

2) Sie werden gleich sechs Minuten über Ihre Lieblingsserie, -folge, -szene und Ihren Lieblingscharakter sprechen. Sie haben jetzt ein paar Minuten, um relevante Vokabeln online nachzuschlagen und eine Vokabelliste (Deutsch – Englisch) zu erstellen.

mit familie in die Pandemik
eine Reiche familie die alle geld
verloren habe.

3) Zu zweit: Jede Person hat sechs Minuten, um über ihre Lieblingsserie zu sprechen. Die Person, die erzählt, zeigt den anderen die Vokabelliste und darf für die ersten drei Minuten nicht aufhören zu sprechen. Danach hilft die andere Person, indem sie in den letzten drei Minuten Fragen zu der Serie, dem Charakter und der Folge stellt. Je mehr Details, desto besser.

Tipp:
„Warum?" ist eine gute Frage, die fast immer passt.

224 Einschaltquoten

1) In kleinen Gruppen: Beschreiben Sie die Tabelle. Was fällt Ihnen an den Ergebnissen auf?

Top 20 Sendungen 2019

Platz	Sender	Titel	Sehbeteiligung in Millionen	Marktanteil in %
1	ARD	Tatort: Spieglein, Spieglein	14,008	36,9
2	ARD	Tatort: Väterchen Frost	12,906	36,1
3	ARD	Tatort: Lakritz	12,877	34,5
4	ARD	Handball-WM Herren: Deutschland - Norwegen	11,901	34,6
5	RTL	RTL Fußball: Niederlande - Deutschland (Gesamtspiel)	11,836	34,1
6	ARD	Tatort: Weiter, immer weiter	10,613	28,8
7	ARD	Tatort: Wahre Lügen	10,458	28,6
8	ZDF	ZDF SPORTextra: Handball WM Kroatien - Deutschland	10,034	30,3
9	ARD	Tatort: Die Pfalz von oben	9,970	27,4
10	ARD	Tatort: Baum fällt	9,968	28,2
11	ARD	DFB-Pokal Herren: FC Bayern München - RB Leipzig	9,958	34,9
12	ARD	Tatort: Bombengeschäft	9,850	27,4
13	ARD	Tatort: Das verschwundene Kind	9,815	26,2
14	ARD	Tatort: Das Nest	9,741	27,7
15	RTL	RTL Fußball: Nordirland - Deutschland (Gesamtspiel)	9,635	32,7
16	RTL	RTL Fußball: Deutschland - Niederlande (Gesamtspiel)	9,586	34,1
17	ARD	Tatort: Der gute Weg	9,490	26,8
18	ARD	Tatort: Das Monster von Kassel	9,302	27,6
19	ARD	Tatort: Zorn	9,236	25,5
20	ARD	Fußball-EM U21: GER - ESP	9,203	32,1

Quelle: AGF Videoforschung in Zusammenarbeit mit GfK

(Die AGF Videoforschung GmbH ist ein Unternehmen für neutrale Bewegtbildforschung. Sie erfasst kontinuierlich und quantitativ die Nutzung von Bewegtbildinhalten in Deutschland und wertet die erhobenen Daten aus.)

2) In kleinen Gruppen: Überlegen Sie, welche Fernsehprogramme in den USA wahrscheinlich den größten Marktanteil haben. Machen Sie eine Liste, ohne zu recherchieren.

1. ______ 2. ______ 3. ______

4. ______ 5. ______ 6. ______

3) Recherchieren Sie Marktanteile von Programmen in den USA. Vergleichen Sie diese mit Ihren Überlegungen (USA) und Deutschland. An welcher Stelle kommen Krimis?

Recherche

225 Ein Krimi macht Geschichte

Hören Sie den Beitrag zur Geschichte der Krimireihe „Tatort". Konzentrieren Sie sich auf die Zahlen und ergänzen Sie die Informationen.

Erster „Tatort"	1970
Tag und Uhrzeit	am Sonntag um 20:15 Uhr
Länge	90 min
Folgen (insgesamt)	1,100
Schauplätze (insgesamt)	36
Kommissar*innen a. D.[1]	98
Dienstzeit (max.)	1981 - bis Heute, 70
Zuschauer*innen (max.)	12 millionen

[1] a. D. = außer Dienst, im Ruhestand, arbeiten nicht mehr

1) In Gruppen: Unter www.klett-usa.com/impuls2links finden Sie den Link zu einer „Tatort"-Seite. Recherchieren Sie dort ein „Tatort"-Team. Suchen Sie zuerst unter „Kommissare": Wie heißen die Mitglieder des Teams (Kommissar*innen, Gerichtsmediziner*innen etc.)? Machen Sie sich auch einige Stichpunkte über persönliche Informationen. Schauen Sie dann auf der Seite „Alle Fälle": Wie heißt die letzte Folge Ihres Teams? Worum geht es in der Folge? Wie finden die Zuschauer*innen diese Folge? (Die Rezensionen finden Sie unten auf der Seite.) Notieren Sie Ihre Antworten in Stichpunkten unten im Kasten.

Recherche

Göttingen	Hamburg	Kiel	Berlin

Münster

Dresden

Köln

München

Ludwigshafen	Freiburg / Mainz	Zürich	Wien

2) Im Kurs: Erzählen Sie von Ihrem Team. Schreiben Sie Informationen zu den Teams auf, über die Sie etwas hören.

3) Im Kurs: Welches Team oder welchen Ort finden Sie am interessantesten? Warum? Sprechen Sie darüber.

71: Inklusives Fernsehen transnational

227 Repräsentation im Fernsehen heute

1) Zu zweit: Wer wird in Fernsehsendungen und -serien repräsentiert? Sammeln Sie Serien, die nur oder fast nur die Mehrheit der Gesellschaft abbilden und solche, die viele gesellschaftliche Gruppen repräsentieren und auch die Perspektive von marginalisierten Gruppen berücksichtigen.

Exklusive Repräsentation (Mehrheit)	Repräsentierte Gruppen

Inklusive Repräsentation (Pluralität)	Repräsentierte Gruppen
„Grey's Anatomy" ...	LGBTQ+ ...

2) In kleinen Gruppen: Sprechen Sie mit anderen Studierenden über Ihre Notizen. Haben Sie an ähnliche Sendungen gedacht? Inwiefern und für wen ist inklusive Repräsentation wichtig?

228 „Lindenstraße": Ein Klassiker im deutschen Fernsehen

1) In Gruppen: „Lindenstraße" war von 1985–2020 eine deutsche Fernsehserie mit über 1.700 Folgen. Über die Jahre half „Lindenstraße" auch dabei, wichtige gesellschaftliche Themen in der Öffentlichkeit sichtbarer zu machen (oft sogar als Vorreiterin, also vor allen anderen Serien). Sie bekommen nun einen Text, in dem ein Thema beschrieben wird. Sie erfahren, wie, wann und durch welche Figuren das Thema porträtiert wurde. Lesen Sie Ihren Text und machen Sie sich dann in der Tabelle Notizen.

Gesellschaftliches Thema	In welchem Jahr?	Durch welche Figur(en) porträtiert?

2) Im Kurs: Jede Gruppe präsentiert kurz die wichtigsten Punkte zum eigenen Thema. Die Studierenden aus den anderen Gruppen machen sich dabei Notizen.

3) Im Kurs: Kennen Sie Serien in den USA, die sich auch mit diesen Themen beschäftigen? Erzählen Sie.

229 „Queer 4 You“ und „Queen of Drags“: Progressive Sendungen oder schlechte Kopien?

1) In zwei Gruppen: Hier lernen Sie mit „Queer 4 You“ und „Queen of Drags“ zwei deutsche Sendungen kennen, die sich – basierend auf amerikanischen Vorbildern – um die Sichtbarkeit von LGBTQ+-Personen bemühen. Ihr*e Professor*in teilt Sie in zwei Gruppen ein. Ihre Gruppe liest entweder den Text auf Seite A-6 oder A-14. Lesen Sie den Text und schreiben Sie dann die positiven und negativen Reaktionen zu Ihrer Show in die Tabelle.

	 „Queer 4 You“	 „Queen of Drags“
Positive Reaktionen		
Negative Reaktionen und Kritik	sehr statisch	

2) Im Kurs: Jede Gruppe stellt ihre Sendung vor. Wie heißt die Sendung und auf welchem Original basiert sie? Was waren die positiven und negativen Kritikpunkte? Welche der Kritikpunkte finden Sie persönlich am wichtigsten? Warum? Hören Sie zu und notieren Sie die Informationen zur anderen Show in der Tabelle.

230 Progressives Fernsehen in der Zukunft

Denken Sie nun an eine Fernsehserie, die Sie gerne schauen und gut finden. Wie können Sie diese Serie progressiver und inklusiver machen? Schreiben Sie Ideen für eine neue Folge dieser Serie auf. Was wird in dieser Folge passieren? Was werden die progressiven und/oder inklusiven Elemente sein? Sie können an Serien aus Aktivität 227 denken. Aber Vorsicht: Sie wollen originell sein und nicht kopieren, was es schon gibt.

72: „Tatort DaF" (Teil 3)

231 Ein Update von den anderen Gruppen

1) Im Kurs: Sie haben bisher viel über Ihr Buch gesprochen. Aber was ist in den anderen Geschichten passiert? Überlegen Sie gemeinsam Fragen, die Sie stellen können, um Informationen über die anderen Bücher zu bekommen. Die Fragen sollten so allgemein sein, dass sie für alle sechs Lektüren funktionieren. Sie wollen so viele Informationen wie möglich über Kapitel 1–6 (7) bekommen. Schreiben Sie die Fragen an die Tafel.

Beispielfragen:
In welcher Stadt spielt die Geschichte?
Wer sind die Hauptcharaktere?
Was ist ganz am Anfang passiert?
Was waren die wichtigsten Ereignisse?

2) Zu zweit: Interviewen Sie mit den Fragen an der Tafel eine Person, die ein anderes Buch liest. Machen Sie sich Notizen zu den Antworten. (Sie brauchen die Notizen für die nächste Aktivität.)

232 Was passiert der Reihe nach?

1) In Aktivität 231 haben Sie Informationen über eine der anderen fünf Krimigeschichten gesammelt. Finden Sie eine Person, die auch zu dieser Geschichte Informationen gesammelt hat. (Wenn es niemanden gibt, arbeiten Sie individuell.) Tragen Sie die wichtigsten Momente und Ereignisse dieser Geschichte chronologisch in die Timeline unten ein. Was passiert zuerst, dann, danach, nachdem?

Ereignis 1:

Ereignis 2:

Ereignis 3:

Ereignis 4:

Ereignis 5:

Ereignis 6:

2) Schreiben Sie auf der rechten Seite eine Zusammenfassung der Geschichte mit den Informationen aus Ihrer Timeline. Die Zusammenfassung wird im Präsens geschrieben. Strukturieren Sie Ihre Zusammenfassung, indem Sie temporale Konnektoren benutzen. Das Beispiel hilft Ihnen beim Aufbau Ihrer Zusammenfassung.

Redemittel

Mit temporalen Konnektoren (bevor, zuerst, dann, danach, schließlich) können Sie Ereignisse strukturiert wiedergeben.

mögliche Konnektoren	Beispiel	Ihre Zusammenfassung
Einleitung: Ort, Personen	Diese Geschichte spielt am Bodensee und die Hauptpersonen sind Urs Hägi, Hanna Perner, Gerd Fischer sowie die Familien von Urs und Gerd.	
bevor	**Bevor** die richtige Geschichte beginnt, ist Urs in den Schweizer Alpen.	
zuerst	Nach seiner Reise trifft er sich **zuerst** mit Gerd und sie besprechen ein Geheimnis.	
dann	**Dann** rufen die beiden Hanna an, um ihr ihren Plan mitzuteilen.	
danach	**Danach** fahren die Freund*innen gemeinsam zum Flughafen in Friedrichshafen.	
schließlich	**Schließlich** holen sie das Paket mit den Uhren am Terminal im Flughafen ab.	

3) Und wie wird es weitergehen? Spekulieren Sie in Ihrer Gruppe, was als nächstes geschehen wird. Jede Person formuliert einen spekulativen Satz im Futur. Die anderen Personen müssen dann sagen, ob sie die Spekulation plausibel finden oder nicht und warum.

Beispiel: Urs wird seinen Freund*innen von seiner Entführung erzählen. Gemeinsam werden sie …

233 Ein Blick in die Zukunft

1) Individuell: In Aktivität 232 haben Sie spekuliert, wie die Geschichte in einem anderen Buch weitergeht. Aber was wird in Ihrem eigenen Buch als nächstes geschehen? Sammeln Sie in Stichworten Ideen in der Tabelle für zwei mögliche Szenarien, wie die Geschichte weitergehen wird.

Ideen Szenario 1	Ideen Szenario 2

2) Zu zweit: Arbeiten Sie jetzt mit einer anderen Person zusammen, die auch Ihr Buch liest. Erzählen Sie der Person eine detaillierte Version Ihrer beiden Spekulationen im Futur. Benutzen Sie die Konnektoren aus Aktivität 232. Danach erzählt die andere Person Ihnen, was sie spekuliert hat.

Beispiel: **Bevor** sie den Flughafen verlassen werden, werden Urs, Hanna und Gerd **zuerst** die Uhren verstecken. **Dann** werden Sie zum Sommerhaus fahren, um sich mit Berta zu treffen. **Danach** werden …

3) Zu zweit: Entscheiden Sie gemeinsam, welches Szenario am plausibelsten ist. Schreiben Sie dieses Szenario in die Tabelle in Einheit 77.

73: Im Kino

234 Über 100 Jahre Filmgeschichte

Im Jahr 2017 feierte die Universum Film AG (UFA), die älteste noch bestehende Filmproduktionsgesellschaft in Deutschland, ihr hundertstes Jubiläum. Lesen Sie unten die fünf Fragen durch und hören Sie dann den Bericht über 100 Jahre UFA. Machen Sie sich beim Hören Notizen zu den Fragen.

Wann und warum wurde die UFA gegründet?

1917 propaganda!

Welche berühmten Stummfilme wurden in den 1920ern produziert? (Nennen Sie mindestens einen Film.)

Metropolis Dr. Mabuse

Durch welchen Film wurde Marlene Dietrich bekannt? Wohin ist sie ausgewandert?

Der Blauer Engel ~~Hercos~~ Hollywood

Wer wurde zu Beginn der Naziherrschaft entlassen?

Jüdische ~~[illegible]~~ Mitarbeiter*innen

Worauf spezialisiert sich die UFA heute? Welche UFA-Sendung aus den letzten Jahren ist international erfolgreich?

~~Propaganda~~ ← TV-movies Deutschland 86

235 Ein Besuch im Kino

1) **Individuell: Suchen Sie sich eine Stadt in Deutschland aus und planen Sie für das Wochenende einen Kinobesuch in der Stadt oder in der Nähe. Recherchieren Sie und beantworten Sie die Fragen.**

Recherche

Welches Kino werden Sie besuchen? (Name und Adresse)

Wie viele deutsche und internationale Filme werden gezeigt?

Welchen Film werden Sie wann sehen? (Name, Tag, Uhrzeit)

Sie gehen mit einer anderen Person. Wie viel wird es kosten?

Was werden Sie im Kino essen/trinken?

Was werden Sie nach dem Kino machen? Wo genau? (Adresse)

2) **Zu zweit: Stellen Sie Ihren Tag im Kino vor. Der Kinobesuch findet in der Zukunft statt, benutzen Sie also das Futur.**

3) **In Gruppen: Haben Sie bei Ihrer Recherche viele deutsche oder viele internationale Filme z.B. aus den USA gefunden? Hatten die internationalen Filme deutsche (Unter-)Titel? Diskutieren Sie darüber, warum das so sein könnte.**

236 Deutsche oder englische Filmtitel?

1) Zu zweit: Englische Filme bekommen in Deutschland oft einen neuen Titel. Manchmal ist der neue Titel auch wieder auf Englisch, aber anders. Ordnen Sie Originaltitel den Filmtiteln aus Deutschland zu.

14 „96 Hours“
3 „Baymax“
12 „Boston“
4 „Brautalarm“
15 „Der Babynator“
8 „Die Eiskönigin“
13 „Dino Kids“
1 „Ghost Movie“
5 „Girls United“
9 „Kill The Boss“
10 „Meine Braut, ihr Vater und ich“
11 „Miss Undercover“
6 „The Return of the First Avenger“
7 „Wenn Träume fliegen lernen“
16 „Wir waren Helden“
2 „Die unglaubliche Reise in einem verrückten Flugzeug“

Originaltitel

1. „A Haunted House“ (2013)
2. „Airplane!“ (1980)
3. „Big Hero Six“ (2014)
4. „Bridesmaids“ (2011)
5. „Bring It On“ (2000)
6. „Captain America: The Winter Soldier“ (2014)
7. „Finding Neverland“ (2004)
8. „Frozen“ (2013)
9. „Horrible Bosses“ (2011)
10. „Meet the Parents“ (2000)
11. „Miss Congeniality“ (2000)
12. „Patriots Day“ (2016)
13. „Prehysteria“ (1993)
14. „Taken“ (2008)
15. „The Pacifier“ (2005)
16. „We Were Soldiers“ (2002)

2) Zu zweit: Was sind Ihre vier Lieblingsfilme (zwei pro Person) aus den letzten Jahren? Überlegen Sie sich deutsche Titel für diese Filme. Seien Sie kreativ.

Originaltitel:	Ihr deutscher Titel:
Everything Everywhere all at once	Das Alles Bagel

237 Deutsche oder englische Stimmen?

1) Filmtitel werden nicht nur übersetzt, sondern auch oft auf Deutsch synchronisiert. Ihr*e Professor*in spielt Ihnen jetzt Aufnahmen von Synchronsprecher*innen vor. Für welche amerikanischen Schauspieler*innen oder Figuren sind sie die deutsche Stimme? Ordnen Sie zu:

1 Homer Simpson
4 Morgan Freeman
1 Tom Hanks
2 Leonardo DiCaprio
Mila Kunis (Meg Griffin)
2 Jennifer Lawrence
1 Kristen Bell
Jodie Foster

2) Zu zweit: Manche Schauspieler*innen/Figuren haben die gleichen Synchronsprecher*innen. Sie haben insgesamt zwei Synchronsprecherinnen (Nummer 1 und 2) und zwei Synchronsprecher (Nummer 3 und 4) zur Verfügung. Welchen Personen würden Sie die gleiche Stimme geben. Warum? Welche Kriterien benutzen Sie?

Sarah Michelle Gellar
Thandie Newton
Jennifer Aniston
Patricia Arquette
Drew Barrymore
Anne Heche
Kate Winslet
Claire Danes
Barack Obama
Benedict Cumberbatch
Chris Hemsworth
Jason Statham
Ted Danson
Denzel Washington
Ryan Gosling
Son Goku

3) Wenn Synchronsprecher*innen aufhören oder sterben, bekommen die Schauspieler*innen/Figuren eine neue deutsche Stimme. Vergleichen Sie die alte und die neue deutsche Stimme von Marge Simpson.

4) Diskutieren Sie: Was sind die Vor- und Nachteile der Synchronisation von Filmen und Serien?

74: Tanz und Performance°

238 Zum Wachwerden: Morgenroutine

Ihr*e Professor*in führt Sie durch eine Morgenroutine. Hören Sie zu und machen Sie die Bewegungen mit.

239 Ist das ein Medium?

1) **Im Kurs: Tanzen Sie gerne? Machen Sie an der Tafel eine Liste mit allen Tänzen, die Sie kennen.**

2) **Zu dritt: In LERNEN haben Sie die Definition für ein Medium kennengelernt. Fassen Sie das Modell noch einmal mündlich zusammen. Diskutieren Sie dann darüber, ob Tanz- und Performance Medien sind und warum (nicht). Halten Sie das Ergebnis Ihrer Diskussion schriftlich fest.**

____

____

____

3) **In kleinen Gruppen: Wählen Sie von Ihrer Liste aus Teil 1 einen Tanzstil oder eine Tanztradition aus und recherchieren Sie online Informationen über die Kategorien in der Tabelle. Füllen Sie die graue Zeile wie im Beispiel aus.**

Recherche

Tanz	Ursprungsland	Entstehung	Charakteristika
Wiener Walzer	*Österreich*	*ca. 1770*	*3/4-Takt, schnell, Drehungen*

4) **Im Kurs: Präsentieren Sie die Informationen über den Tanz. Sie können auch vortanzen oder ein Video zeigen. Die anderen Studierenden ergänzen die Informationen zum Tanz in den weißen Zeilen der Tabelle.**

240 Musik-Ecke: „Sie kann nicht tanzen"

Jan Delay
„Sie kann nicht tanzen"
(2013)

Jan Delay ist ein deutscher Hip-Hop-, Reggae- und Funk-Künstler aus Hamburg. Er wurde 1976 geboren, sein bürgerlicher Name ist Jan Philipp Eißfeld. Bekannt wurde Eißfeld 1998 mit der Rap- und Hip-Hop-Band Beginner.

1) Sehen Sie sich im Internet das Video zu dem Lied „Sie kann nicht tanzen" an. Was ist Ihr erster Eindruck? Was gefällt Ihnen (nicht)? Was ist das Thema des Liedes?

2) Schauen Sie sich das Video noch einmal an. In Gruppen: Wer identifiziert die meisten Tanzstile und -filme, die im Video gezeigt werden? Machen Sie eine Liste.

Recherche

3) Suchen Sie online nach dem Liedtext von „Sie kann nicht tanzen". Welche Eigenschaften hat die Frau, die Jan Delay in dem Lied besingt? Wie findet der Sänger es, dass die Frau nicht tanzen kann?

Vokabelhilfen:
Augenweide – *treat for the eyes*
Asche – hier: Geld
öde = langweilig

4) Was ist Ihnen bei einem*einer Partner*in wichtig? Sollte die Person tanzen können? Warum (nicht)? Schreiben Sie hier ein paar eigene Zeilen für das Lied, in denen Sie die Eigenschaften beschreiben.

____

____

____

____

____

____

241 Let's Dance!

Recherche

Zu viert: Welchen Tanz möchten Sie gerne lernen? Suchen Sie online nach einem Tanzkurs und berichten Sie im Futur: Welchen Tanz werden Sie lernen? Wo und wann wird der Kurs stattfinden? Werden Sie den Kurs alleine oder mit anderen Personen machen?

242 Impro-Theater: Wer bin ich?

1) Wählen Sie einen Gegenstand aus (z. B. ein Lebensmittel, Kleidungsstück oder Gerät). Stellen Sie sich vor, Sie sind dieser Gegenstand. Was für Merkmale, Gefühle, Aufgaben/Zwecke und Motivationen haben Sie? Sie haben zwei Minuten zum Überlegen. Machen Sie sich Notizen in der Tabelle.

Merkmale	Gefühle	Aufgaben/Zwecke	Motivationen

2) In Gruppen: Improvisieren Sie einen kurzen Monolog, in dem Sie sich als Gegenstand vorstellen, ohne zu sagen, wer/was Sie sind. Die anderen raten.

243 Postmigrantische Theaterstücke

1) In Gruppen: In LERNEN haben Sie etwas über die postmigrantische Theaterbewegung gelernt. Sie bekommen einen Text über eines der vier Theaterstücke, die am Ballhaus Naunynstraße aufgeführt wurden/werden. Lesen Sie Ihren Text und beantworten Sie die Fragen auf der rechten Seite.

Recherche

Gruppe 1: „Das Summen der Montagswürmer" von Tuğsal Moğul und Antje Sachwitz (November 2016)

Gruppe 2: „Jung, giftig und Schwarz" von Amina Eisner und Thandi Sebe (Dezember 2016)

Gruppe 3: „Gritty Glamour. Eine queere Intervention" von Simon Paetau et al. (Januar 2018)

Gruppe 4: „Aesthetics of Color – ein Kammerspiel" von Toks Körner (September 2019)

JUNG, GIFTIG UND SCHWARZ
© Ute Langkafel

DAS SUMMEN DER MONTAGSWÜRMER
© Ute Langkafel

Fragen:

Wer sind die Regisseur*innen und Dramaturg*innen dieses Theaterstücks? Welche anderen Personen waren in die Produktion des Stückes involviert?

Wann wurde das Stück zum ersten Mal aufgeführt?

Worum geht es in dem Stück? Was sind die Hauptthemen?

Schauen Sie sich die Fotos oder Videos auf der Webseite an, die Sie unter www.klett-usa.com/impuls2links finden. Wie sehen das Bühnenbild und die Kostüme aus?

2) In neuen Gruppen: Jede Person in der Gruppe hat ein anderes Stück recherchiert. Stellen Sie nun den anderen Studierenden Ihr Stück kurz vor. Benutzen Sie Ihre Notizen aus Teil 1, aber sprechen Sie so frei wie möglich.

244 Demnächst im Programm ...

In Gruppen: Sie haben in Aktivität 243 Informationen über ein Theaterstück erhalten, aber Sie haben das Stück nicht gesehen. Ihre Aufgabe ist es, sich jetzt eine Szene aus Ihrem Stück auszudenken. Was passiert in der Szene? Was sagen die Figuren? Benutzen Sie den Platz unten, um Notizen und Skizzen zu machen. Spielen Sie dann die Szene vor. Und keine Angst: Es muss nicht perfekt sein! Improvisieren Sie und haben Sie Spaß.

245 Videospiele: Eine Umfrage

1) In drei Gruppen: Machen Sie eine Umfrage und notieren Sie die Ergebnisse.

Gruppe 1
Wie viele Studierende spielen:

Computerspiele? ______

Handyspiele? ______

Konsolenspiele? ______

Wie viele Studierende haben in ihrer Kindheit:

Computerspiele ______

Handyspiele ______

Konsolenspiele ______

gespielt?

Gruppe 2
Wie oft spielen Studierende Videospiele?

Täglich? ______

Mehrmals pro Woche? ______

Wöchentlich? ______

Weniger als 1/Woche? ______

Wie viele Studierende haben in ihrer Kindheit:

mehr ______

weniger ______

häufig gespielt?

Gruppe 3: Was spielen Sie heute gerne? Sammeln Sie die Top 3: ____________________

Was haben Sie gerne gespielt? Die Top 3 der Kindheit: ____________________

2) Im Kurs: Teilen Sie die Ergebnisse im Kurs und schreiben Sie die Informationen der anderen Gruppen auf.

246 Mit Videospielen unterwegs

1) Lesen Sie den Text.

Es ist ein Stereotyp, dass Menschen, die Videospiele spielen, Stubenhocker*innen[1] und Einzelgänger*innen[2] sind. Das Spielen alleine veränderte sich mit Multi-Player-Spielen und dem Internet. (1) Es gibt zum Beispiel ungefähr eine Million Menschen in Deutschland, die „World of Warcraft" online spielen. (2) Ein anderes Spiel aber wirbt[3] damit, dass sich die Spieler*innen tatsächlich in der realen Welt befinden: (3) „Pokémon GO".

Im Jahr 2016 jagten[4] weltweit gleich in der ersten Woche, (4) nachdem die App auf den Markt gekommen war, (5) über 20 Millionen Menschen die kleinen Pokémon-Monster. Die Pokémon waren bekannt, (6) weil Nintendo das Spiel schon 1996 für den Gameboy vermarktet hatte. (7) Jetzt aber ging es mit Smartphone und GPS auf die Straße und in die Natur. Ziel des Spiels ist es, Pokémon zu finden und zu fangen. Dann müssen die Pokémon-Fans sie trainieren; deshalb werden Spieler*innen auch Trainer*innen genannt. Nach dem Training treten die Trainer*innen in virtuellen Arenen gegen andere Spieler*innen an[5].

Im Juli 2019 richtete die Stadt Dortmund ein viertägiges Pokémon Go-Fest aus[6]: (8) Im Westfalenpark, wo sonst Fußball gespielt wird, trafen sich tausende Pokémon-Trainer*innen aus aller Welt. Wissenschaftler*innen glauben übrigens, dass Pokémonjagen gesundheitlich vorteilhaft ist, vor allem weil sich die Spieler*innen an der frischen Luft bewegen. (9) So liefen die Dortmunder Festival-Teilnehmer*innen zusammen 400.000 km, um über 28 Millionen Pokémon zu sammeln. Diese neue Art des Spielens wird also vielleicht zu einem ganz neuen Stereotyp führen: (10) Fitte Menschen, die gerne in der Natur sind, werden dann möglicherweise die typischen neuen Spieler*innen sein.

[1] der Stubenhocker – *homebody / couch potato*
[2] der Einzelgänger – *loner*
[3] werben – *to advertise*
[4] jagen – *to hunt*
[5] gegeneinander antreten – *to compete*
[6] ausrichten – *to organize*

2) Individuell: Der Text kombiniert verschiedene Zeitformen: Plusquamperfekt, Präteritum, Präsens und Futur. Schreiben Sie die Zahlen hinter den Sätzen auf der Timeline.

3) In Gruppen: Schreiben Sie mindestens drei Fragen zum Text.

1. ______________________________

2. ______________________________

3. ______________________________

4) Im Kurs: Stellen Sie einer anderen Gruppe Ihre Fragen und beantworten Sie deren Fragen.

247 Unsere erweiterte Realität

1) In Gruppen: In LERNEN haben Sie etwas zu AR gelernt. Jetzt sind Sie dran: Welches Spiel, welche Gebäude oder Figuren würden Sie auf Ihren Campus oder in Ihre Stadt bringen? Wo würden sich diese befinden? Was würden die Figuren erzählen? Was könnten sie in Ihrer Welt der erweiterten Realität erleben? Besprechen Sie Ihr Thema und die Elemente.

Aishe: Wie wäre es mit dem Thema „Erfinder*innen"?
Bettina: Hm, ich finde das Thema „Märchen" besser.
Aishe: Ja, gute Idee. Was brauchen wir dafür?
Bettina: Wir brauchen …

2) Formulieren Sie Sätze im Futur: Wie werden Sie Ihren Plan umsetzen? Sprechen Sie zuerst darüber, schreiben Sie danach die Sätze auf.

Beispiel: Wir werden vier Märchenfiguren kreieren. Diese Figuren werden …

____

____

____

____

____

____

____

____

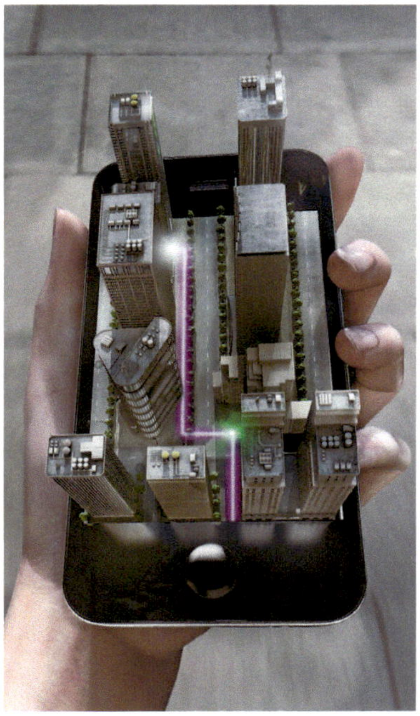

3) In Gruppen: Sie bekommen einen Stadt- oder Campusplan. Markieren Sie, wo welche Elemente zu finden sind. Sprechen Sie darüber, was Sie machen.

Hier an die Ecke stellen wir … Dieses Gebäude wird …
… wird etwas darüber erzählen, dass/wie …

4) Im Kurs: Präsentieren Sie Ihren Plan im Kurs.

Unser Thema ist … Wir platzieren Figuren/Gebäude …

77: „Tatort DaF" (Teil 4)

248 Richtig spekuliert?

1) Zu zweit: In Einheit 72 haben Sie spekuliert, wie Ihre Geschichte weitergeht. Diese Spekulationen haben Sie hier notiert. Sprechen Sie mit einer anderen Person, die auch Ihr Buch liest, ob Ihre Spekulationen richtig waren. Füllen Sie dazu zuerst die rechte Seite der Tabelle aus.

Ihre Spekulation (Futur)	Realität (Perfekt)

2) Im Kurs: Erzählen Sie kurz den anderen Studierenden von Ihren Spekulationen. Welche waren richtig/falsch?

Beispiel: Wir haben spekuliert, dass Urs, Hanna und Gerd zu Urs' Sommerhaus fahren werden. Die drei sind aber nach Konstanz gefahren.

249 Flüstern

In Gruppen: Sie haben die letzten Kapitel Ihrer Kriminalgeschichte gelesen. Gehen Sie jetzt mit den anderen Studierenden, die das gleiche Buch gelesen haben, in eine Gruppe. Sie arbeiten gemeinsam an einer kreativen Sprechaufgabe und flüstern dabei, wie im Beispiel. Folgen Sie diesen Schritten:

Schritt 1: Die erste Person sagt Person 2 einen Satz über ein Ereignis, das ganz am Anfang der Geschichte passiert. Wichtig: Nur Person 2 darf den Satz hören.

Schritt 2: Person 2 sagt Person 3 einen neuen Satz darüber, was in der Geschichte als nächstes passierte.

Schritt 3: Person 3 hört nur den Satz von Person 2 und sagt der nächsten Person (Person 4) einen neuen Satz.

Schritt 4, 5 etc.: Machen Sie weiter, bis Sie mit den Sätzen am Ende der Geschichte ankommen.

250 Erfahrungsaustausch

1) In den letzten Wochen haben Sie ein komplettes Buch gelesen. Denken Sie zuerst über den Prozess des Lesens nach: Was war einfach/schwer? Was hat Ihnen (keinen) Spaß gemacht? Welche relevanten neuen Wörter und Lesestrategien haben Sie gelernt?

Das war einfach / hat Spaß gemacht:	Das war schwer / hat keinen Spaß gemacht:	Das habe ich gelernt:

2) Überlegen Sie sich nun, wie Ihnen die Geschichte im „Tatort DaF"-Krimi gefallen hat: Wie war der Schreibstil? War die Geschichte spannend? Welche Elemente und Figuren haben Ihnen (nicht) gut gefallen? Was hat Sie überrascht? Machen Sie sich zu diesen Fragen hier ein paar Notizen.

Das hat mir gefallen:	Das hat mir nicht gefallen:	Das hat mich überrascht:

3) Haben Sie auch etwas über Deutschland, den Ort, an dem der Krimi spielt, oder die deutsche Kultur im Allgemeinen gelernt?

Das habe ich über Deutschland und die deutsche Kultur gelernt:

4) Buchempfehlung? Entscheiden Sie, ob Sie anderen Studierenden das Buch empfehlen würden. Sprechen Sie mit so vielen anderen Personen wie möglich über Ihre Bewertung. Sagen Sie, wie Sie das Buch finden, und warum Sie es (nicht) empfehlen. Benutzen Sie dabei die Informationen, die Sie sich oben aufgeschrieben haben.

5) Im Kurs: Sie haben mit vielen Studierenden über deren Bücher gesprochen. Erstellen Sie an der Tafel eine Rangliste der sechs Bücher. Platz 1 ist das Buch, das die meisten positiven Empfehlungen bekommen hat.

251 Was ist „Yolocaust"?

1) Zu zweit: Überlegen Sie, ohne Hilfsmittel, was das Wort „Yolocaust" bedeuten könnte.

2) Recherchieren Sie: Was ist „Yolocaust"? Machen Sie sich Notizen zu den Fragen in der Tabelle.

Recherche

Trigger Warning
Sie finden vielleicht Bilder aus dem Holocaust.

Wo?	Wann?	Wer?	Was?	Warum?

3) Beschreiben Sie „Yolocaust" mit Ihren eigenen Worten und in ganzen Sätzen. Was wollte der Künstler mit diesem Projekt erreichen und warum? Vergleichen Sie dann Ihre Ideen im Kurs.

____

____

____

____

4) Was ist Ihr erster Eindruck von dem Projekt? Waren Sie selbst schon beim Denkmal für die ermordeten Juden Europas (Holocaust-Mahnmal) in Berlin? Schreiben Sie Ihre Gedanken auf.

____

____

____

____

252 Wer darf das?

1) In Gruppen: Eine zentrale Frage für das „Yolocaust"-Projekt ist: „Darf man das?" Sammeln Sie verschiedene Perspektiven in der Form von Fragen. Denken Sie an alle Aspekte des Projekts: vor Ort am Mahnmal, im Internet und als Teil von Erinnerungskultur.

Darf der Künstler ... *die Fotos von Holocaustopfern verwenden? ... die Menschen öffentlich beschämen (shame)?*

Dürfen Tourist*innen ____________________

Dürfen die Angehörigen der Opfer ____________________

Dürfen Berliner*innen ____________________

Darf/Dürfen ... ____________________

2) In Gruppen: Was denken Sie und warum? Diskutieren Sie über mögliche Antworten auf diese Fragen.

253 Undouche me!

1) Zu zweit: Die Selfie-Macher*innen im „Yolocaust"-Projekt konnten eine E-Mail an Shahak Shapira schreiben, um ihre Fotos zu löschen (*delete*). Er nennt das „undouche me". Besuchen Sie die Webseite, die Sie für diese Aktivität unter www.klett-usa.com/impuls2links finden und lesen Sie eine der E-Mails, die der Künstler erhalten hat. Beantworten oder diskutieren Sie folgende Fragen:

Recherche

Was hat die Person (nicht) gelernt? Tut es der Person (wirklich) leid?

____

Wie wichtig (oder unwichtig) ist der Person die Intention/Absicht?

____

Was bedauert (*regret*) die Person?

____

2) Was denken Sie jetzt: War das „Yolocaust"-Projekt erfolgreich? Notieren Sie unten Ihre Gedanken zum Projekt.

____

79: Projekt 6 – Ein Medienbeitrag°

254 Meinen Medienbeitrag erstellen

In diesem Kapitel haben Sie viele unterschiedliche Medientypen kennengelernt und auch schon begonnen, Ideen für eigene Beiträge zu sammeln. In dem Projekt sollen Sie jetzt eine der vielen Ideen aufgreifen und einen Medientyp erstellen.

1) Individuell oder in der Gruppe: Erstellen Sie zuerst einen Plan.

Welchen Medientyp möchten Sie erstellen?

- Radiobeitrag
- Podcastfolge
- Nachrichtenbeitrag für eine Campuszeitung
- Pitch für eine neue Fernsehserie
- Tanzchoreografie
- Szene eines Theaterstücks
- Idee für ein AR-Spiel
- einen kreativen Beitrag in den sozialen Medien
- Songtext für ein neues Lied
- ______________________________

Was soll das Thema sein?

____

Warum finden Sie das Thema besonders wichtig/relevant für Sie und die Menschen in Ihrer Region? Welches Ziel verfolgen Sie mit Ihrem Medienbeitrag? (z. B. Menschen informieren, unterhalten …)

____

____

____

____

____

____

____

2) Wenn Sie zuerst individuell gearbeitet haben: Stellen Sie Ihre Idee im Kurs vor. Alle stimmen ab, welche Idee sie am interessantesten finden. Die Ideen, die die meisten Stimmen bekommen, werden dann in kleinen Gruppen umgesetzt. Wenn Sie schon in Gruppen gearbeitet haben, entfällt (*is omitted*) dieser Schritt.

3) Setzen Sie Ihre Idee um und kreieren Sie Ihren Beitrag.

4) Im Kurs: Am Ende präsentieren alle Gruppen ihre Medienbeiträge.

Wofür/Wogegen sind wir?

Protest, Widerstand, Mitbestimmung

In **chapter 7**, you'll learn ...

- to have simple conversations about controversial opinions and to state whether or not you agree with them.
- to compose effective communications about a topic you care about.
- to understand short informational texts about different forms of protest and activism communicated during *Karneval* in Germany.
- to express and support an opinion about which (future) technologies will have the greatest influence on your life.
- to give a presentation about the (dis)advantages of automation based on statistics and infographics.
- to connect biographical information about famous resistance fighters into paragraph-length biographies.
- to write a fictitious letter processing historical information, such as the transnational 1968 movement, through a string of connected sentences.
- to compose short argumentative texts, such as a proposal for a street art project.
- to express what challenges societies across the globe in terms of social (in)justice.
- to understand the main message of social media posts dealing with contentious issues, such as the #MeTwo campaign.
- to compose short messages that express your viewpoint about a social issue that is important to you.
- to read a poem and to identify its main topics and perspectives.
- to compose connected sentences comparing different forms of public commemoration of Holocaust victims.
- about the 1968 student movements from a transnational, intercultural perspective.
- about Afro-German activists and organizations that do anti-racist work in Germany.
- about the *Stolpersteine* project and its transnational importance for remembering the victims of the Holocaust.
- about names of places and people related to colonialism.

80: Unsere Stimmen auf dem Campus

255 Ich protestiere!

Haben Sie schon einmal protestiert/demonstriert? Wann und wo haben Sie protestiert/demonstriert? Wofür oder wogegen waren Sie? Wofür haben Sie sich engagiert? Denken Sie an große Ereignisse (z. B. Streiks, öffentliche Demonstrationen ...), aber auch an kleine Ereignisse (z. B. Proteste gegen Eltern/Freund*innen/Professor*innen). Falls Sie noch nie protestiert haben, überlegen Sie, wofür/wogegen Sie protestieren würden. Sprechen Sie darüber zuerst in kleinen Gruppen, dann im Kurs.

256 Dafür oder dagegen?

1) **Individuell: Formulieren Sie kontroverse Meinungen, von denen Sie denken, dass manche Menschen eine andere Meinung oder Perspektive dazu haben könnten. Verwenden Sie dabei „sollte(n)".**

Alkohol sollte man erst mit 30 kaufen dürfen.

Hausaufgaben sollten verboten werden.

Cafe Mac sollte mehr Schokolade haben

Macalester sollte mehr Fruhstuck und Abendessen optionen haben.

Deutschlernen soll pflicht sein

2) **In kleinen Gruppen: Lesen Sie Ihre Sätze vor. Wählen Sie drei Sätze aus, die Sie besonders kontrovers finden, ohne darüber zu diskutieren oder Ihre Meinung dazu zu sagen. Tragen Sie die Sätze oben rechts über die grünen Balken ein.**

3) **Im Kurs: Eine Person pro Gruppe legt das Buch vorne auf einen Tisch. Alle Studierenden tragen dann (anonym) mit einem Kreuz in den grünen Kasten ein, wo sie sich auf der Skala von „dafür" bis „dagegen" befinden.**

Satz 1: ______________________________

DAGEGEN ←――――――|――――――→ DAFÜR

Satz 2: ______________________________

DAGEGEN ←――――――|――――――→ DAFÜR

Satz 3: ______________________________

DAGEGEN ←――――――|――――――→ DAFÜR

4) **Im Kurs: Präsentieren Sie die Ergebnisse. Sprechen Sie darüber, warum manche Studierende für oder gegen diese Themen sind. Welche Gründe dafür/dagegen gibt es? Benutzen Sie kausale Konnektoren.**

Redemittel

..., denn ...
..., weil...
..., da ...

257 Auf dem Campus

1) **Zu zweit: Recherchieren Sie, wo Sie auf Ihrem Campus Meinungen kundgeben können. Welche Gruppen, Medien, Vereine etc. gibt es? Welche Themen werden besprochen/diskutiert?**

Recherche

Name	Form/Medium	Themen
______	______	______
		______
______	______	______
		______
______	______	______
		______
______	______	______
		______

2) **Schreiben Sie einen kurzen Beitrag zu einem Thema aus Aktivität 256 Teil 3 für eine Gruppe oder ein Medium aus Aktivität 257 Teil 1. Sagen Sie, warum das Thema wichtig ist, und schreiben Sie dann (kurz) Ihre Meinung dazu: Warum sind Sie dafür oder dagegen? Benutzen Sie dabei die kausalen Konnektoren.**

____
____
____
____
____
____
____
____

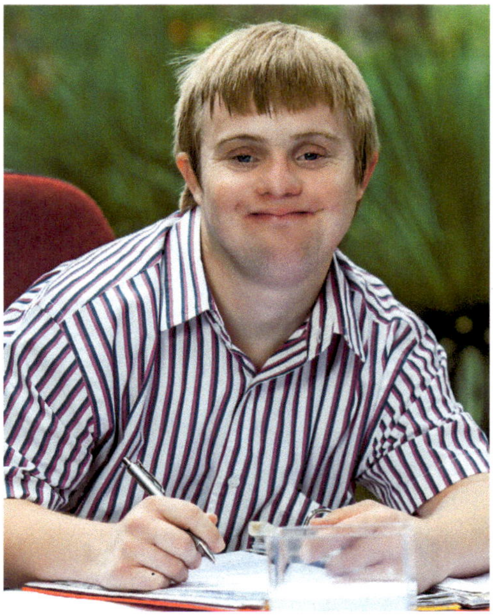

81: KARNEVAL KONTROVERS

258 Karnevalsprotest?

1) Individuell: Lesen Sie die Textausschnitte zur Karnevals-/Faschingsgeschichte. Wogegen wird protestiert? Ordnen Sie den Textabschnitten die Formen von Protest zu.

An Weiberfastnacht übernehmen im Rheinland die Frauen. Sie schneiden symbolisch die Krawatten von Männern ab. In Bonn-Beuel stürmen die Frauen das Rathaus und nehmen den Männern den Schlüssel ab.

Im Mittelalter parodierten Närr*innen kirchliche Rituale, den Papst und weltliche Herrscher*innen, wie z.B. Könige. Fastnacht hieß damals auch das Fest des Teufels und musste am Aschermittwoch enden.

Die Kölner Karnevalsgesellschaften tragen Uniform. Das ist eine Militärparodie. Auch das Kölner Dreigestirn (Prinz, Bauer und Jungfrau) war ein Protest gegen die preußische Besatzung des Rheinlands.

Nach der Reformation wurde die Fastnacht an vielen Orten verboten. In Basel entwickelte sich zum Beispiel die Fastnacht zur Opposition gegen die Politik. Auch Büttenreden im Mainzer Fasching sind politische Satire.

Protest gegen: a) Preußen b) die Kirche c) das Patriarchat d) die Politik

2) In Gruppen: Schreiben Sie Sätze darüber, wogegen die Menschen protestieren. Was machen sie?

Frauen protestieren gegen das Patriarchat und schneiden den Männern die Krawatten ab.

____

____

____

259 De Zoch kütt

1) Hören Sie einen Bericht vom Rosenmontagszug in Köln. Achten Sie zuerst auf die Zahlen.

Teilnehmende: 12,000 Zuglänge: 7,5 km

Mottowagen: 16 Festwagen: 61

Süßigkeiten: 300 Tonnen

2) Hören Sie den Bericht ein zweites Mal. Beantworten Sie die Fragen zum politischen Mottowagen.

Welchen Spruch gibt es?
- Wir bleiben, wie wir sind.
- ✓ Wie soll das weitergehen?

Wen stellen die Pappmachéfiguren dar? (Denken Sie daran: Bei einer Auflistung steht kein Komma vor „und".)

Boris, Donald, Erdogan, Putin, Kim

____

Was tragen die Figuren? Was haben sie noch dabei?

Streichholz in Hand, Rote Rosen

____

3) Sprechen Sie in der kleinen Gruppe: Was ist die Botschaft des Mottowagens? Finden Sie sie effektiv? Sie können auch ein Bild des Mottowagens online suchen.

Recherche

1) In Gruppen: Jetzt sind Sie dran. Entwerfen Sie einen Karnevalswagen, der etwas kritisiert. Welches Thema soll Ihr Wagen haben? Sprechen Sie darüber in der Gruppe. Verbinden Sie Ihre Gedanken mit „und" und „oder".

Silvia: Ich ärgere mich im Moment über die Politik und den Klimawandel. Das könnte unser Thema sein.

Thilo: Ich ärgere mich auch über den Klimawandel und denke viel über Geflüchtete nach. Vielleicht könnte das unser Thema sein. Aber zuerst müssen wir uns noch besser über die Themen informieren.

Mona: Geflüchtete finde ich auch wichtig! Oder vielleicht zeigt unser Wagen das Problem der Korruption?

wichtige Verben

denken an
nachdenken über
(sich) informieren über
sich ärgern über

2) In Gruppen: Wenn Sie sich auf ein Thema geeinigt haben, besprechen Sie, was Sie für den Wagen brauchen.

Mona: Wir brauchen für unseren Wagen viele Tiere.

Thilo: Ja, am besten machen wir sie aus Pappmaché. Dafür brauchen wir Papier, Draht und Kleister (*paste*).

Silvia: Super! Und dann könnten wir für den Wagen eine Wasserlandschaft machen. Für die Wellen nehmen wir vielleicht blaues Papier.

Mona: Auf der anderen Seite könnte unser Wagen vielleicht auch eine Wüste haben. Die Wüste könnten wir aus Sand machen.

3) In Gruppen: Zeichnen Sie unten eine Skizze von Ihrem Wagen.

4) Im Kurs: Präsentieren Sie Ihren Wagen. Beschreiben Sie das Problem, das der Wagen thematisiert oder gegen das der Wagen protestiert. Beschreiben Sie auch die dekorativen Elemente und wofür sie stehen.

Redemittel

Unser Wagen protestiert gegen …
Unser Wagen thematisiert …
Wir haben hier …
Das steht für …

5) Individuell: Schreiben Sie für jede Präsentation eine Frage mit „warum" auf.

Beispiel: Warum habt ihr Wasser als Landschaft gewählt?

____

____

____

____

6) In Ihrer Gruppe: Sie bekommen die schriftlichen Fragen der anderen Personen. Wählen Sie drei Fragen und schreiben Sie Ihre Antworten. Benutzen Sie „denn", um Ihre Gründe zu erklären.

261 Widerstand – Für und gegen

Recherche

1) Zu zweit: Welche Personen oder Gruppen kennen Sie, die im Dritten Reich Widerstand gegen die Nazis geleistet haben? Sie können auch eine kurze Online-Recherche machen.

2) Zu viert: Sprechen Sie mit zwei weiteren Studierenden und vergleichen Sie die Personen/Gruppen, über die Sie gesprochen haben. Was fällt Ihnen auf? Wer waren die Personen, die Widerstand geleistet haben? Haben Sie viele Gemeinsamkeiten zwischen den Personen/Gruppen gefunden oder gab es viele Unterschiede?

3) Zu zweit: Widerstand im Dritten Reich zu leisten, war natürlich sehr gefährlich. Warum haben die Widerständler*innen dennoch Widerstand geleistet? Hier sehen Sie ein paar mögliche Argumente für und gegen Widerstand. Entscheiden Sie zuerst für jedes Argument, ob es ein Argument für oder gegen Widerstand ist.

für	gegen	
		Durch Widerstand bringe ich mich selbst in Gefahr.
		Ich will das autoritäre Regime stoppen.
		Ich kann die Menschenrechtsverletzungen der Nazis nicht akzeptieren.
		Ich profitiere vom Naziregime.
		Ich weiß nichts von den Verbrechen der Nazis.
		Ich bin von der Naziideologie überzeugt.
		Ich will jüdische Freund*innen retten.
		Ich denke, dass die Nazis schlecht für Deutschland sind.

4) Zu zweit: Sprechen Sie mit einer anderen Person darüber, welche der Gründe für und/oder gegen Widerstand für Sie plausibel sind. Welche Gründe aus der Liste haben Sie überrascht? Warum?

262 Sophie und Hans Scholl

1) Zu zweit: Zu Hause haben Sie einen Hörtext über die Weiße Rose gehört und zu den zwei Fragen unten Notizen gemacht. Benutzen Sie jetzt die Notizen, um Ihre Antworten mit denen einer anderen Person zu vergleichen. Einigen Sie sich auf eine gemeinsame Antwort.

Was waren die Themen der Flugblätter?	Was war besonders am 6. Flugblatt der Gruppe?

Geschwister-Scholl-Platz, München

Hans Scholl, Sophie Scholl und Christoph Probst

2) **Zu zweit: Ihr*e Professor*in gibt Ihnen Sätze zu Sophie Scholls oder Hans Scholls Biografie. Bringen Sie sie in die richtige Reihenfolge. Verbinden Sie dann immer jeweils zwei Sätze und benutzen Sie dabei die Konnektoren, die Sie bisher gelernt haben.**

Redemittel

… , sondern	… und	… , denn …
… , aber	… oder	… , weil …
		… , da …

3) **Zu zweit: Sie bekommen jetzt die Sätze einer anderen Gruppe. Lesen Sie die Sätze, wählen Sie zwei davon aus und verbinden Sie diese logisch zu einem noch längeren Satz.**

263 Video-Ecke: Erinnerungskultur

1) **Zu dritt: Lesen Sie zuerst die Fragen durch. Dann schauen Sie sich das Video an. Eine Person in der Gruppe hört auf die Informationen zu Frage 1, eine Person zu Frage 2 und eine zu Frage 3. Machen Sie sich beim Schauen Notizen zu allen Fragen, konzentrieren Sie sich aber besonders auf Ihre Frage.**

Welche Orte mit dem Namen „Geschwister Scholl" nennen die Personen im Video?

Nein, Gymnasium, Straße, Platz, Lichthof gedenkstätte

Warum wurden diese Orte nach Sophie und Hans Scholl benannt?

Widerstand, und wir mussen darauf denken.

Zwei Personen im Video diskutieren darüber, ob das Benennen von öffentlichen Orten nach wichtigen Personen eine gute Art der Erinnerung ist. Schreiben Sie die erwähnten Argumente in die Tabelle.

Pro	Contra
Ja, sie haben ein schwieriges Leben gehabt	menschen sind manchmal schlecht, und dann mussen sie die Denkmal wieder ~~[illegible]~~ nemen.

2) **Zu dritt: Sprechen Sie jetzt in Ihrer Gruppe über die Notizen. Welchen Argumenten in der Tabelle stimmen Sie zu, welchen nicht?**

83: Die 68er – Jugend protestiert°

264 Jugendprotest heute und damals

1) Zu zweit: In Einheit 80 haben Sie darüber gesprochen, wofür oder wogegen Sie schon protestiert haben. Überlegen Sie sich diese Frage nun etwas globaler: Wofür oder wogegen demonstrieren/protestieren Jugendliche und Studierende heutzutage? Schreiben Sie diese Themen in die linke Spalte der Tabelle.

Heute	In der Vergangenheit
	2003: Protest gegen Irakkrieg

2) Zu viert: Denken Sie jetzt an die Vergangenheit. Wofür oder wogegen haben Jugendliche und Studierende in der Vergangenheit protestiert? Schreiben Sie das ungefähre Jahr und das Thema in die rechte Spalte der Tabelle.

3) Im Kurs: Vergleichen Sie Ihre Ideen. Sagen Sie auch, wie erfolgreich diese Proteste waren, wenn Sie es wissen.

265 Musik-Ecke: „Die letzte Schlacht gewinnen wir“

Ton Steine Scherben

„Die letzte Schlacht gewinnen wir“ (1972)

Ton Steine Scherben oder auch Die Scherben war eine Berliner Rockband, die in den 1970er und 1980er Jahren aktiv war. Sie sang sozialkritische, deutschsprachige Lieder. Manche Lieder sind zu Slogans der linken Szene geworden, z. B. „Keine Macht für Niemand“ (*No Power for Nobody)* und „Macht kaputt, was euch kaputt macht“ (*Destroy What Destroys You*). Im Zusammenhang mit den 68ern sprachen die Texte vor allem Jugendliche an.

1) Zu zweit: Was erwarten Sie von dem Lied? Welche „Schlacht“ könnten die Sänger, die politisch links stehen, meinen? Wogegen könnten sie kämpfen (wollen)?

2) Hören Sie das Lied. Notieren Sie sich Wörter, die Sie verstehen.

3) Hören Sie es noch einmal. Achten Sie dabei auf diese Fragen:

Was singen Die Scherben über Häuser und Fabriken?

____

Wer soll aus dem Weg gehen?

____

Warum brauchen sie „keinen starken Mann“?

____

4) Am Ende heißt es, dass ihr Kampf Frieden bedeutet und dass Verlieren eigentlich Gewinnen heißt. Was meint die Band damit?

266 1968: Eine transnationale Studierendenbewegung

1) Zu zweit: Zu Hause haben Sie einen Text zur weltweiten 68er-Bewegung gelesen. Arbeiten Sie mit einer anderen Person und ordnen Sie die Länder den Ereignissen zu.

a) USA	_____	1960er – Studierendenproteste gegen Ungleichheit im Land
b) Mexiko	_____	außerparlamentarischer Protest für *Nuclear Disarmament*
c) Japan	_a_	1955 – Busboykott in Montgomery, 1960er/1970er – Proteste gegen Vietnam
d) Großbritannien	_____	68er als Reaktion auf wirtschaftliche Ungleichheit zwischen Nord und Süd
e) Frankreich	_____	1965 – Gewerkschaftsprotest gegen den Vietnam-Krieg
f) Italien	_____	Wiener Aktionismus
g) Österreich	_____	68er waren eine Arbeiter*innenbewegung, radikale Proteste
h) Deutschland	_____	Kämpfe zwischen jugendlichen Demonstrant*innen und der Polizei
i) Schweiz	_____	68er kämpften für Demokratisierung, antiautoritäre Strukturen und Entnazifizierung

2) Im Kurs: Erstellen Sie jetzt gemeinsam an der Tafel eine Timeline mit den wichtigsten Informationen über die 68er-Bewegung aus allen Ländern. Schauen Sie, wo es Überschneidungen (*overlaps*) und Unterschiede gibt und visualisieren Sie diese in der Timeline.

267 Ein Brief von 1968

Stellen Sie sich vor, dass Mitglieder der Studierendenbewegung in Deutschland im Jahr 1968 einen Brief in die Zukunft schreiben. In diesem Brief erklären sie, wofür und wogegen sie gekämpft haben und warum. Schreiben Sie den Brief mit Informationen aus Aktivität 266 und aus dem Text, den Sie in LERNEN in Aktivität 266a gelesen haben. Benutzen Sie mindestens zwei „denn"-Sätze.

Liebe zukünftige Aktivist*innen,

____

____

____

____

____

____

____

____

____

____

____

____

In Solidarität!

die 68er

268 Statistik

1) Individuell: Beschreiben Sie eine der beiden Statistiken. Was zeigt die Statistik? Was finden Sie interessant/überraschend?

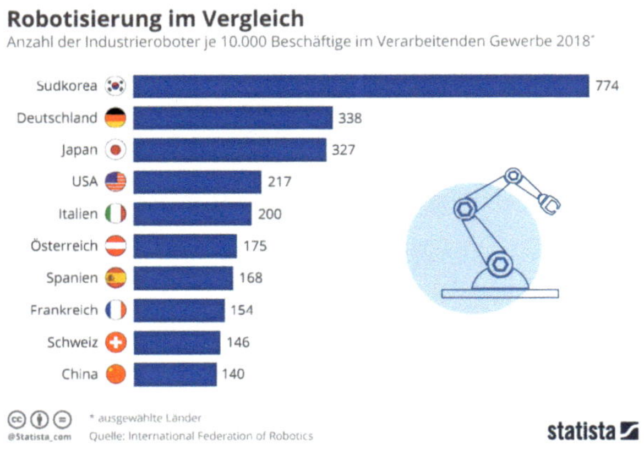

Die Statistik zeigt, dass …

In … gibt es mehr/weniger Roboter als in …

In … gibt es … Industrieroboter je 10.000 Beschäftigte.

Ich finde es interessant, dass …

Es überrascht mich, dass …

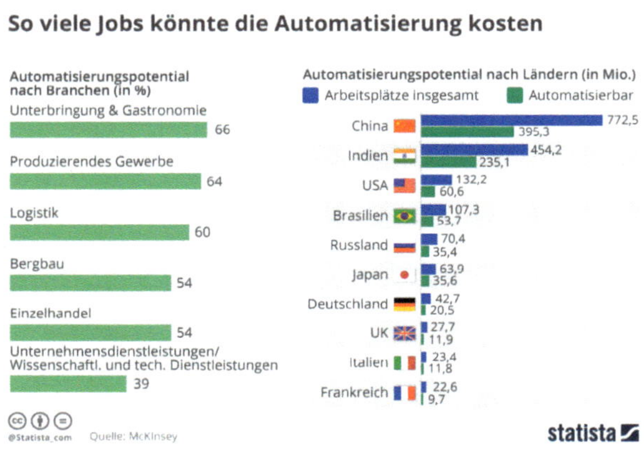

Die Statistik zeigt, wie viele Jobs …

In … gibt es mehr/weniger Automatisierungspotential als in …

In … gibt es … automatisierbare Jobs.

Ich finde es interessant, dass …

Es überrascht mich, dass …

2) Im Kurs: Erzählen Sie von Ihrer Statistik. Wie finden Sie die Statistik: bedrohlich oder nicht bedrohlich? Worum könnten sich Arbeiter*innen in welchen Ländern Sorgen machen? Wovor könnten sie Angst haben?

269 Protest oder Mitbestimmung für die Zukunft

1) Individuell: Lesen Sie den Text und markieren Sie, welche Veränderungen und Lösungen beschrieben werden.

48 % aller Arbeitsplätze in Deutschland könnten automatisiert werden. In Deutschland sind noch relativ viele Menschen in der Industrie beschäftigt, z. B. im Autobau. Dort können Roboter leichter Menschen ersetzen[1] als in anderen Branchen[2]. Laut Studien fallen zwar viele Arbeitsplätze weg, aber es entstehen auch neue. Eines ist sicher: Die Arbeit wird sich in der Zukunft verändern. In Deutschland arbeiten deshalb die Gewerkschaften daran, diese Zukunft positiv zu gestalten. Deshalb hat zum Beispiel die Gewerkschaft Verdi, nach der IG Metall die zweitgrößte Gewerkschaft Deutschlands, Tarifverträge[3] mit Unternehmen geschlossen. Diese Tarifverträge sollen Aus- und Weiterbildung für Arbeitnehmer*innen ermöglichen. In der Telekommunikations- und IT-Industrie gibt es schon Tarifverträge zum mobilen Arbeiten, z. B. durch Home-Office. Bei den Versicherungen sollen sich Arbeitnehmer*innen, deren Arbeitsplätze durch Digitalisierung verloren gehen, qualifizieren dürfen und damit andere Stellen im gleichen Unternehmen bekommen.

[1] ersetzen – *to replace* [2] die Branche – *sector* [3] der Tarifvertrag – *labor agreement*

2) Zu zweit oder zu dritt: Sprechen Sie mit einer oder zwei anderen Personen und vergleichen Sie Ihre Markierungen. Was verändert sich? Wie arbeiten die Gewerkschaften an Lösungen?

3) Individuell: Wie beschreibt der Text die Zukunft von Arbeit: positiv, negativ oder neutral? Teilen Sie diese Perspektive? Was ist Ihrer Meinung nach positiver oder negativer, als es im Text steht?

Ich finde der Text übertreibt/untertreibt, weil … Ich glaube, die Zukunft wird besser/schlechter sein, weil …

270 Die Roboter kommen

1) Zu fünft: Was wissen Sie über Roboter? Was machen Roboter im Haus, in der Industrie, in der Medizin usw.? Sammeln Sie Ideen.

2) Individuell: Online-Blitzrecherche zur Geschichte der Roboter. Jede*r nimmt einen Roboter. Sie haben zwei Minuten: Von wann ist der Roboter? Wie sah er aus? Was konnte/kann er (nicht)?

Leonardo Da Vinci: mechanischer „Ritter und Löwe"
Westinghouse: humanoider Roboter „Elektro"
Engelberger: Industrieroboter „Unimate"
Honda: humanoider Roboter „P1"
Boston Dynamics: humanoider Roboter „Atlas"

Recherche

3) Zu fünft: Sie haben nun jeweils eine Minute, um den anderen Personen in Ihrem Team von Ihrem Roboter zu erzählen.

4) Mein Roboter: Planen Sie einen Roboter, der einen positiven Beitrag zu unserem Leben leistet. Suchen Sie sich unten Elemente aus. Erzählen Sie dann den anderen Personen in Ihrer Gruppe von Ihrem Roboter: Wie ist der Roboter? Was kann er? Wem hilft er (wobei)?

Art: humanoider Roboter, Transportsystem, Industrieroboter, Service-Roboter, Cobot, Künstliche Intelligenz
Steuerung: direkt (Fernsteuerung), teilautonom, autonom
Greifer? Wenn ja: mechanisch, magnetisch, humanoide Hand
Sensoren: Tastsensoren, optische Sensoren, magnetische
Fortbewegung: auf Rollen, auf Schienen, gehend, fliegend

Beispiel: Mein Roboter ist ein Service-Roboter. Er ist autonom und dadurch muss ich ihn nicht direkt steuern. Er hilft alten Menschen bei der Hausarbeit.

85: STREET ART

271 Ist das Kunst?

1) Individuell: Es gibt viele Kriterien dafür, ob etwas (gute) Kunst ist. Ranken Sie Ihre persönlichen Top 5-Kriterien.

(Gute) Kunst …

- 4 3 bringt (mich) zum Nachdenken.
- thematisiert soziale und politische Probleme.
- 1 1 bewegt (mich) emotional.
- ist schön.
- ist technisch gut gemacht.
- ist teuer.
- 4 ist zeitlos.
- 2 2 sagt mehr als Worte.
- ist innovativ.
- ist anders.
- 5 5 zeigt (mir) etwas Neues.
- fällt auf.
- wurde von bekannten Künstler*innen gemacht.
- 3 wurde mit liebe gemacht
- ____________________

2) In Gruppen: Sprechen Sie über Ihre Kriterien und Ihr Ranking. Vergleichen Sie: Welche Kriterien finden alle wichtig? Bei welchen gibt es unterschiedliche Meinungen? Erklären Sie, warum etwas für Sie (un)wichtig ist. Benutzen Sie dabei die Konnektoren „weil" und „dass". Einigen Sie sich dann in der Gruppe auf fünf Kriterien. (Sie müssen diese Kriterien nicht ranken.)

Beispiel: Ich finde, dass das Kriterium „…" (un)wichtig ist, weil …

Redemittel

Ich denke, dass …
Ich finde, dass …
Ich glaube, dass …
Meiner Meinung nach (verb) …
Ich sehe das anders / auch so, weil …

3) Ihr*e Professor*in teilt einen Link mit Ihnen. Gehen Sie auf die Seite und wählen Sie <u>entweder</u> das beste <u>oder</u> das schlechteste Street Art-Beispiel für Ihre fünf Kriterien.

Recherche

4) Im Kurs: Präsentieren Sie Ihre Kriterien mithilfe Ihres Beispiels. Verwenden Sie dabei die passenden Redemittel.

272 Soll Street Art (il)legal sein?

1) In Gruppen: Sollten Street Art und Graffiti generell legal sein? Finden Sie in Ihrer Gruppe jeweils ein Argument aus der Sicht einer Person, die dafür ist (Befürworter*in), und aus der Sicht einer Person, die dagegen ist (Kritiker*in).

Kritiker*in: ____________________

Befürworter*in: ____________________

2) Im Kurs: Sammeln Sie Ihre Argumente an der Tafel.

3) Sprechen Sie im Kurs: Was ist Ihre Meinung? Besprechen Sie Pros und Contras.

273 Street Art für den Campus?

Zu zweit: Schreiben Sie gemeinsam einen Vorschlag für ein Street Art-Werk für Ihren Campus oder Ihre Stadt. Bedenken Sie die folgenden Punkte:

WAS zeigt das Street Art-Werk?
WO soll es auf dem Campus oder in der Stadt zu sehen sein?
WIE LANGE soll es dort bleiben?
WIE wollen Sie sich in der Mitgestaltung des öffentlichen Raums einbringen – kritisch protestierend, mitbestimmend oder gestalterisch dekorativ? **WIE** soll Ihr Werk sein: witzig, informativ …? Soll es eine Botschaft vermitteln? Welche?
WARUM? Begründen Sie Ihre Entscheidungen.

Beispiel: Wir schlagen für unseren Campus ein witziges und dekoratives Street Art-Werk vor (WIE), weil wir die Menschen auf dem Campus vom Semesterstress ablenken und zum Lächeln bringen wollen (WARUM). Unser Street Art-Werk zeigt ein kleines Häschen mit Sonnenbrille, das Blumen tränkt (WAS). Wir malen es mit Kreide (*chalk*) auf den Boden vor der Bibliothek (WO). Der Regen wird es nach ein paar Tagen wegwischen (WIE LANGE), denn wir wollen nicht, dass unser Street Art-Werk für immer da ist.
Street Art ist vergänglich. Das zeigen wir damit (WARUM).

Skizzieren Sie hier Ihren Entwurf:

86: Mit Möhren gegen koloniale Spuren

274 Koloniale Spuren

1) Individuell: Suchen Sie im Wortsalat Namen von Menschen und Orten, die mit dem deutschen Kolonialismus in Verbindung stehen. Wer findet die meisten Namen innerhalb der Zeit, die Ihr*e Professor*in Ihnen vorgibt?

G	R	W	I	N	D	H	U	K	S	N
V	K	A	R	L	P	E	T	E	R	S
O	S	W	A	K	O	P	M	U	N	D
N	S	M	J	Z	M	E	F	L	H	W
T	A	V	Y	F	G	D	K	Ü	H	O
R	N	U	V	J	I	Y	A	D	E	E
O	S	T	O	G	O	G	M	E	Y	R
T	I	S	W	R	U	C	E	R	L	M
H	B	O	S	T	A	F	R	I	K	A
A	A	P	G	C	N	N	U	T	U	N
F	R	B	H	P	A	T	N	Z	U	N

2) In Gruppen: Alle Namen, die Sie hier finden, gibt es heute als Straßennamen in Deutschland. Geben Sie fünf Namen in die Straßennamensuche auf der Webseite ein, die Sie unter www.klett-usa.com/impuls2links für diese Aktivität finden. Notieren Sie: Wie oft gibt es Straßen und Plätze mit diesem Namen? Wo sind sie?

Recherche

Name	Häufigkeit	Wo

3) Im Kurs: Vergleichen Sie mit den anderen: Welche Städte kommen häufig in Ihrer Liste vor?

275 Der Hashtag „Möhren"

1) Individuell: Lesen Sie den Text zum #Möhren und markieren Sie die wichtigsten Stellen zu den folgenden Fragen: Woher kommt die Idee? Was ist die Funktion der Möhren? Wie funktioniert die Aktion?

Lange schon kämpfen Menschen dafür, dass die M…Straße in Berlin umbenannt wird.[1] Das Wort M… bezeichnete früher Menschen aus Nordafrika und spezifisch aus Mauretanien. Es war das erste Wort für Schwarze Menschen in der deutschen Sprache. Heute ist das Wort M… veraltet, es wurde durch das deutsche N-Wort ersetzt. Während das N-Wort von einer Mehrheit als rassistisch erkannt wird, gibt es das M-Wort immer noch auf Gebäuden (z.B. an Apotheken, Hotels, Straßen oder U-Bahn-Haltestellen, wie z.B. der in Berlin) und auch in Dessertnamen (z.B. bei Schokoladendesserts). Die Protestaktion in Berlin führte zur Idee des Hashtags #Möhren, der koloniale Spuren in der deutschen Kultur sichtbar machen möchte. „Möhren" wurde deshalb gewählt, weil das Wort M… durch einen Umlaut (ö) zu einem Gemüse wird und dadurch die rassistische Konnotation verliert. Unter dem Hashtag werden auf Twitter und auf Instagram Bilder von Dingen und Gebäuden gepostet, in denen eine Cartoon-Möhre über das O in M… gelegt wird. Inzwischen wird die Möhre auch benutzt, um in anderen Kontexten auf rassistische Bilder und Wörter aufmerksam zu machen.

[1] Im Juli 2020 und im Kontext der transnationalen Black Lives Matter-Proteste und des Tods von George Floyd hat die BVG (Berliner Verkehrsbetriebe) die Haltestelle in Glinkastraße umbenannt (Mikhail Glinka war ein russischer Komponist) – ein großer Erfolg für die Aktivist*innen. Wenn es Sie interessiert, schauen Sie nach, ob inzwischen auch die Straße umbenannt wurde.

2) In kleinen Gruppen: Sprechen Sie über die Aktion. Wie finden Sie die Idee? Warum?

276 Möhren in Aktion

Recherche

1) In Gruppen: Sie bekommen eine Zahl zwischen 1 und 8 zugeteilt. Sehen Sie sich das Twitterkonto an, dass Sie für Ihre Gruppe (1–8) unter www.klett-usa.com/impuls2links finden. Scrollen Sie durch die Tweets und machen Sie sich Notizen zu mindestens fünf Tweets mit dem Hashtag #Möhren (besonders gut ist es, wenn die Tweets verschiedene Dinge/Gebäude zeigen): Woher kommt das Foto? Was zeigt es (z. B. ein Hotel, ein Poster etc.)? Wie sind die Möhren platziert? Worauf macht die Möhre jeweils aufmerksam?

Unsere Stadt/Städte: ______________________________

Was ist auf dem Bild zu sehen?	Wo ist die Möhre? Was verdeckt die Möhre?	Welches Problem zeigt die Möhre?

2) Treffen Sie sich mit Studierenden, die andere Twitterkonten recherchiert haben, und beschreiben Sie Ihre Funde. Erklären Sie die Funktion der Möhren.

Dieser Tweet protestiert dagegen, dass …
Diese Möhre steht dafür, dass …
Diese Organisation engagiert sich dafür, dass …

3) Vergleichen Sie in der neuen Gruppe: Was ist in mehreren Städten ähnlich? Was ist spezifisch für die jeweiligen Städte?

4) Sprechen Sie dann im Kurs: Denken Sie, dass diese Aktion etwas Positives bewirken kann? Warum (nicht)?

277 Protest! Aktiv gegen Rassismus

1) Sprechen Sie in kleinen Gruppen: Welche historischen Plätze, Denkmäler, Namen oder Symbole gibt es in Ihrem Land, die als rassistisch kritisiert werden? Welche Art von Protest gibt es, um auf diesen Rassismus aufmerksam zu machen und/oder diese rassistischen Spuren aus Städten zu entfernen?

2) Vergleichen Sie mit anderen Gruppen und überlegen Sie: Wie können Protest und Widerstand gegen Rassismus erfolgreich sein?

87: AFRODEUTSCHER AKTIVISMUS°

278 Organisationen für Schwarze Deutsche

Recherche

1) Die Initiative Schwarze Menschen in Deutschland (ISD) und ADEFRA sind die zwei ältesten Schwarzen deutschen Organisationen. Es gibt sie seit den 1980er Jahren. Recherchieren Sie eine der beiden Organisationen über die Links, die Sie unter www.klett-usa.com/impuls2links finden: Welche Veranstaltungen organisieren sie? Welche Arbeit leisten sie in Form von Programmen und Hilfsangeboten für die Schwarze deutsche Gemeinschaft? Machen Sie sich Notizen.

Das Schwarze queer*feministische Kollektiv ADEFRA

2) Berichten Sie im Kurs darüber, was Sie herausgefunden haben.

279 Ikonen der afrodeutschen Bewegung

1) In Gruppen: In LERNEN haben Sie drei Ikonen der afrodeutschen Bewegung kennengelernt: Audre Lorde, May Ayim und Ika Hügel-Marshall. Sie waren auch bei ADEFRA und ISD aktiv. Fassen Sie mündlich zusammen, was Sie bei Ihrer Recherche herausgefunden haben.

2) In Gruppen: Die drei Frauen haben Autobiografien, Tagebücher, Gedichte, Prosatexte, Essays und theoretische Texte geschrieben. Überlegen Sie:

- Welche dieser Genres lesen Sie besonders gerne?
- Was denken Sie: Welche Genres sind besonders gut für sozialkritischen Protest geeignet? Warum?
- Wie können die verschiedenen Genres auf Rassismus aufmerksam machen und Widerstand leisten?
- Für wen fungieren die verschiedenen Genres als antirassistische Werke (für die Autorin, für die Leser*innen, für die Gesellschaft)?

3) Erzählen Sie im Kurs von Ihrer Gruppendiskussion.

4) Sie werden gleich ein Gedicht von May Ayim lesen. Sammeln Sie Ideen im Kurs: Was erwarten Sie von einem antirassistischen Gedicht? Denken Sie an Form, Sprache und Inhalt.

May Ayim: „afro-deutsch I“

1) Lesen Sie sich das Gedicht „afro-deutsch I“ von May Ayim im grauen Kasten 2–3 Mal langsam durch (leise oder Sie können sich selbst flüsternd vorlesen). Das lyrische Ich spricht kein formelles Hochdeutsch, Sie werden z. B. regionale Dialektwörter finden („Se“ statt „Sie“, „dat“ statt „das“, „nich“ statt „nicht“) und Wortverkürzungen (z. B. „ne“ statt „eine“ oder „'s“ statt „es“).

Sie sind afro-deutsch?
… ah, ich verstehe: afrikanisch *und* deutsch.
Ist ja 'ne interessante Mischung[1]!
Wissen Sie, manche, die denken immer noch,
die Mulatten, die würden's nicht
so weit bringen[2]
wie die Weißen.

Ich glaube das nicht.
Ich meine, bei entsprechender[3] Erziehung …
Sie haben ja echt Glück, daß Sie
hier aufgewachsen sind.
Bei deutschen Eltern sogar. Schau an![4]

Wollen Sie denn mal zurück? (1)
Wie, Sie waren noch nie in der Heimat vom Papa?
Ist ja traurig … Also, wenn Se mich fragen:
So 'ne Herkunft, das prägt eben doch ganz schön.
Ich z. B., ich bin aus Westfalen, und ich finde,
da gehör' ich auch hin.

Ach Menschenskind![5] Dat ganze Elend[6] in der Welt!
Sei'n Se froh,
daß Se nich im Busch[7] geblieben sind.
Da wär'n Se heute nich so weit!

Ich meine,
Sie sind ja wirklich 'n intelligentes Mädchen.
Wenn Se fleißig[8] sind mit Studieren,
können Se ja Ihren Leuten in Afrika helfen:
Dafür sind Sie doch prädestiniert,
auf Sie hör'n die doch bestimmt,
während unsereins[9] –
ist ja so'n Kulturgefälle[10] …

Wie meinen Sie das? Hier was machen.
Was woll'n Se denn hier schon machen?
Ok., ok., es ist nicht alles eitel Sonnenschein[11]. Aber
ich finde, jeder sollte erstmal vor seiner eigenen Tür
fegen![12]

[1] *mix*
[2] *go far*
[3] *appropriate*
[4] *Look at you!*
[5] *Good grief!*
[6] *misery*
[7] *forest (pej.)*
[8] *diligent*
[9] *our sort*
[10] *cultural gradient*
[11] *not just sunshine and roses*
[12] *clean up one's own backyard*

Quelle: May Ayim, „afro-deutsch I“, Orlanda Verlag

2) Sprechen Sie im Kurs: Was ist das Thema des Gedichts? Wer ist das lyrische Ich? Welche Vorurteile (*prejudices*) über Afrika finden Sie im Gedicht?

3) Lesen Sie das Gedicht einer anderen Person vor. Hören Sie dann zu, während eine andere Person es Ihnen vorliest. Seien Sie kritische Zuhörer*innen und markieren Sie Stellen im Text, die Sie besonders verletzend finden.

4) Individuell oder zu zweit: In den Kästen finden Sie mehrere Optionen für die zweite Stimme. Überlegen Sie zuerst, was die verschiedenen Sätze ausdrücken. Bestimmen Sie dann, zu welcher Stelle im Gedicht sie passen, und tragen Sie die Nummer an der passenden Textstelle ein. Sie können auch eigene Sätze schreiben, wenn Sie Ideen haben.

1
→ Wieso zurück? Ich war noch nie in Afrika!
→

2
→ Naja, und ich komme ja auch von hier.
→ Ja, ich bin ja auch Deutsche.
→ Ja, ich denke auch, dass ich hierhin gehöre.
→

3
→ Ja, ich identifiziere mich mit der afrikanischen Diaspora und mit anderen Deutschen.
→ Ja, mein Vater kam aus Ghana und meine Mutter aus Deutschland.
→

4
→ Ich werde nicht in Afrika arbeiten, sondern hier etwas machen.
→ Ich plane, hier zu arbeiten.
→

5
→ Es gibt auch in afrikanischen Ländern Städte, Unis und eine gute Ausbildung.
→ Mein Vater kam aus einer Stadt und hat als Arzt in Städten gearbeitet.
→

5) Diskutieren Sie im Kurs: Die zweite Stimme, die wir uns und Sie sich ausgedacht haben, ist natürlich Spekulation. Es gibt viele Möglichkeiten, wie eine Person auf rassistische Vorurteile reagiert. Wie kann eine Person mit solchen Vorurteilen umgehen? Und wie können Menschen, die eine Sprache gerade erst lernen, damit umgehen? Welche Möglichkeiten des Protests im Gespräch gibt es?

88: ÜBER ERINNERUNG STOLPERN

281 Wie erinnern wir uns? Denkmal vs. Mahnmal

1) Zu zweit: Zu Hause haben Sie den Unterschied zwischen den Begriffen „Denkmal" und „Mahnmal" kennengelernt. Sprechen Sie darüber und erstellen Sie eine Stichwortliste zu den Attributen dieser beiden Begriffe.

Attribute Denkmal	Attribute Mahnmal

2) Zu zweit: Wählen Sie ein Denkmal oder ein Mahnmal aus Ihrer Region und erklären Sie einer anderen Person in einer 30-Sekunden-Präsentation, warum es ein Denkmal oder ein Mahnmal ist. Benutzen Sie Attribute aus der Tabelle oben für Ihre Erklärung.

282 Stolpersteine

1) Zu dritt: Eine Person „stolpert", wenn sie beim Laufen durch eine Unebenheit (*unevenness*) oder ein anderes Hindernis (*obstacle*) auf dem Boden die Balance verliert. Das Laufen wird instabil und es kann passieren, dass sie hinfällt. Stolpern ist also eine ungeplante, unerwartete Unterbrechung in einer Bewegung. Denken Sie nun metaphorisch: Welche ungeplanten Ereignisse oder Dinge unterbrechen Sie in Ihrem Leben? Welche positiven und negativen Effekte kann diese unerwartete Unterbrechung haben?

____

____

____

2) In LERNEN haben Sie das Projekt „Stolpersteine" kennengelernt. Recherchieren Sie auf der Webseite, für die Sie einen Link unter www.klett-usa.com/impuls2links finden, weitere Informationen zu diesem Projekt. Tragen Sie Ihre Antworten unten in die Tabelle ein und vergleichen Sie Ihre Notizen mit anderen Studierenden.

Recherche

Wer hat das Stolpersteinprojekt begonnen?	Gunter Demnig
An wen erinnern die Stolpersteine?	an die Opfer des Nazi zeit
Wie viel kostet ein Stolperstein?	120 €
Wer kann einen Stolperstein verlegen lassen?	Jeder
Wie lange dauert es, bis ein Stolperstein verlegt wird?	etwa neun Monate
Wie weiß man, ob es schon einen Stolperstein gibt für eine Person?	du kannst die lokale Stolperstein Gruppe fragen

3) Warum hat der Künstler Stolpersteine für die Erinnerung an Opfer der NS-Zeit gewählt? Wie finden Sie das Konzept?

1) Individuell: Lesen Sie den Text und markieren Sie, wo es in den Städten (keine) Stolpersteine gibt.

Stolpersteine gibt es in vielen Städten. Manche Städte aber erlauben das Verlegen der Stolpersteine nicht. In München dürfen Stolpersteine zum Beispiel nur auf privatem Boden verlegt werden. Auf öffentlichem Boden der Stadt verbot der Stadtrat das Setzen der Stolpersteine. Grund war: Niemand sollte auf die Opfer des Nationalsozialismus treten. Stattdessen entschied sich der Stadtrat für Tafeln an Hauswänden. Privat können Hausbesitzer*innen sich aber informieren, ob es in ihren Häusern Opfer des Nationalsozialismus gegeben hat, und dann Stolpersteine auf ihrem eigenen Grundstück verlegen lassen. Es gibt schon über hundert Stolpersteine in München, die jede*r mit einer App finden kann.

Mahnmal, Wiener Judenplatz

Diese Tafeln werden in Wien dagegen von vielen Hausbesitzer*innen oder Hausbewohner*innen abgelehnt. Sie befürchten, dass ihre Häuser beschädigt werden könnten. Mehrere Initiativen verlegen deshalb die „Steine der Erinnerung“ vor den Häusern. Es gibt in Wien inzwischen über hundert „Steine der Erinnerung“ oder „Steine des Gedenkens“, wie sie hier heißen.
Außerdem gibt es noch das offizielle Mahnmal für die österreichischen jüdischen Opfer der Schoah am Wiener Judenplatz und zum Beispiel ein Kunstprojekt an der Wiener Uni, das jüdischer Studierender und Dozierender gedenkt.

Kunstprojekt, Wiener Uni

2) Verbinden Sie: Welche Aussagen passen zu welchem Ort?

In München
In Wien

- sorgen sich die Hausbewohner*innen um ihre Fassaden.
- dürfen Stolpersteine auf privatem Grund verlegt werden.
- dürfen Stolpersteine nicht auf öffentlichem Grund verlegt werden.
- bevorzugen die Hausbewohner*innen Stolpersteine.
- heißen die Stolpersteine „Steine des Gedenkens“ oder „Steine der Erinnerung“.
- kann die Position der Stolpersteine mit einer App herausgefunden werden.

3) Sprechen Sie zu dritt: Welche Argumente gibt es im Text für und gegen Orte und Arten des Gedenkens? Verstehen Sie die Argumente?

4) Individuell: Beschreiben und vergleichen Sie die Formen von öffentlichem Erinnern in München und in Wien. Benutzen Sie dabei auch die Konnektoren „weil“, „dass“ und „obwohl“.

284 Soziale Medien und soziale Gerechtigkeit

1) Zu zweit: Sie haben in Kapitel 6 über Ihre Nutzung von sozialen Medien gesprochen. Jetzt geht es um das Thema „soziale Medien und soziale Gerechtigkeit". Besprechen Sie zuerst mit einer anderen Person, was soziale Gerechtigkeit für Sie bedeutet.

Soziale Gerechtigkeit bedeutet für mich, dass …

2) Zu zweit: Überlegen Sie gemeinsam, welche Probleme Sie in Bezug auf soziale Gerechtigkeit in unserer heutigen Gesellschaft kennen. Denken Sie an Kategorien wie Schule/Bildung, Stundenlohn/Arbeiter*innenrechte, Steuern, das Justizsystem, das Gesundheitssystem etc. Tragen Sie dazu Informationen in die Tabelle ein.

Problem	Erklärung
Krankenversicherung	*Nicht alle Menschen in den USA können sich eine Krankenversicherung leisten.*

3) Zu viert: Sie haben in Teil 2 über soziale Ungerechtigkeiten gesprochen. Sammeln Sie nun mit drei anderen Personen Ideen, wie soziale Medien genutzt werden können, um soziale Gerechtigkeit zu fördern. Teilen Sie dann Ihre Ideen mit den anderen Studierenden im Kurs.

Beispiel: Über soziale Medien können Aktivist*innen miteinander kommunizieren.

285 #MeTwo

1) Zu dritt: Zu Hause haben Sie Tweets mit #MeTwo gesucht. Sprechen Sie mit zwei anderen Studierenden und diskutieren Sie darüber, wie viele Tweets Sie gefunden haben und mit welchen anderen Hashtags die Tweets oft in Verbindung stehen.

2) Zu dritt: Sie haben fünf Tweets mitgebracht. Analysieren Sie in Ihrer Gruppe die Sprache der Tweets. Welche Wörter kommen häufiger vor? Notieren Sie sich diese Wörter.

3) Zu dritt: Besprechen Sie nun, worum es in diesen Tweets geht. Warum schreiben diese Leute die Tweets?

Redemittel

In den Tweets geht es darum, dass …
Sie schreiben die Tweets, weil …
Sie erklären, dass …

286 Eine Tweet-Analyse von #MeTwo

1) Zu zweit: Ihr*e Professor*in teilt Ihnen gemeinsam mit einer anderen Person eine Zahl von 1–5 zu. Lesen Sie gemeinsam den Social Media-Post mit Ihrer Nummer: Was ist das Thema des Tweets? Für welches Publikum schreibt diese Person den Post? Was will er*sie damit sagen?

(1)

Zariah Malouf
@zareee

Sprechen wir mal über das deutsche Bildungssystem: Ich kenne wenige Migrantenkinder, die eine Empfehlung für das Gymnasium bekommen haben. Ich selbst hatte auch keine. Aber trotzdem haben es fast alle geschafft, erfolgreich zu sein; trotz eines Bildungssystem, das gegen sie war. #MeTwo

(2)

Tamer Ergün
@tam_er_gun

#vonhier, #MeTwo, #MeToo Warum ich über Rassismus, Antisemitismus und Islamfeindlichkeit in Deutschland rede? Weil ich dieses Land liebe, nicht weil ich nicht gerne hier lebe.

(3)

Meral Aygün
@m_aygun

Ich finde es richtig schockierend, dass manche hier das Wort „Alltagsrassismus" verwenden, als ob es eine kleine, nette, eigentlich problemlose Version von echtem Rassismus wäre. #MeTwo

(4)

Philip Breiting
@breitinger

Von #MeToo habe ich gelernt, dass wir als Gesellschaft noch nicht so weit sind, wie ich als Mann gedacht habe. Von #MeTwo habe ich gelernt, dass wir als Gesellschaft noch nicht so weit sind, wie ich als weißer Deutscher gedacht habe.
Von #MeQueer habe ich gelernt, dass wir als Gesellschaft noch nicht so weit sind, wie ich als Heterosexueller gedacht habe. Danke für eure mutigen Worte!

(5)

Erva Demir
@dr_erva

„Wo kommst du her?"
„Aus Köln."
„Nein, wo kommst du wirklich her?!"
„Aus Köln Porz!!"
„Nein! Ich meine, wo du wirklich herkommst!!"
„Aus meiner Mutter?!?"
#MeTwo

2) In Gruppen: Präsentieren Sie jetzt Ihren Post den anderen Studierenden, die Ihren Post nicht gelesen haben. Vergleichen Sie die Themen.

287 Hashtag-Kampagne starten

1) In Gruppen: Denken Sie nun an ein gesellschaftliches Problem, das Sie für sehr wichtig halten. Beschreiben Sie in 1–2 Sätzen das Problem und die Folgen. Verwenden Sie dabei „deshalb" oder „also".

2) Machen Sie daraus einen Tweet mit einem neuen Hashtag. Der Tweet soll aus maximal 280 Zeichen bestehen. Benutzen Sie dabei auch Konnektoren.

90: WAS DARF COMEDY?°

288 Comedy ohne Grenzen?

1) Zu zweit: Zu Hause haben Sie über Ihre Lieblings-Comedyserien und -comedians nachgedacht. Erzählen Sie einer anderen Person davon. Welche Comedyserien und Comedians finden Sie lustig und warum?

2) Zu zweit: Gibt es für Sie Grenzen bei Comedy? Warum (nicht)? Was darf Comedy (nicht)?

Was?	Ja oder nein?	Warum (nicht)?
Witze über das Aussehen einer Person	*nein*	*Weil es nicht akzeptabel ist, sich über das Aussehen einer Person lustig zu machen.*

289 Echt lustig, oder?

Suchen Sie in kleinen Gruppen ein Video von diesen Comedians und Themen: 1) Kaya Yanar und Schweiz, 2) Enissa Amani und Nazis, 3) Anke Engelke und Deutschkurs. Schauen Sie das Video und beantworten Sie die Fragen.

Recherche

a) Worum geht es in dem Video? Schreiben Sie eine kurze Beschreibung von Ihrem Clip.

b) Wie würden Sie den Humor beschreiben? Einige Adjektive für Comedy sind z. B. absurd, bizarr, gesellschaftskritisch, ironisch, pointiert, albern, klischeehaft, direkt, vulgär …

c) Wie hat Ihnen der Clip gefallen?

d) Was fanden Sie an dem Clip besonders interessant?

e) Mit wem würden Sie diese*n Comedian in der englischsprachigen Welt vergleichen?

f) In ZEIGEN werden Sie eine Rezension über Ihren Clip schreiben. Welchen Titel werden Sie Ihrer Rezension geben?

290 Grenzen von Comedy?

1) In Gruppen: Erzählen Sie den Studierenden, die ein anderes Video in Aktivität 289 gesehen haben, von Ihrem Clip. Benutzen Sie Ihre Notizen.

2) Sprechen Sie in Ihrer Gruppe: Gibt es in den Videos Themen, die Sie kontrovers oder geschmacklos (*in bad taste*) finden?

3) Diskutieren Sie in Ihrer Gruppe: Wählen Sie eine der beiden Fragen, notieren Sie sich Ihre Gedanken/Argumente und diskutieren Sie darüber.

Darf man über die Nazis und Hitler Witze machen? Wer darf es? Wer darf es nicht? Warum? Wer bestimmt das?

Darf man Politiker*innen parodieren, auch wenn die Parodie beleidigend (*insulting*) ist? Wer bestimmt das?

4) In Gruppen: Vergleichen Sie mit den USA: Könnte man über diese Themen in den USA lachen? Über welche anderen Themen kann man in den USA (nicht) lachen? Gibt es auch Themen, bei denen es kontrovers ist? Was müsste (Ihrer Meinung nach) der Kontext / die Bedingung sein, damit es lustig ist?

91: Projekt 7 – Eine Petition°

291 Eine Petition schreiben

In Einheit 86 haben Sie einige Straßennamen und Orte kennengelernt, die Kolonist*innen gedenken. Sie haben auch erfahren, dass Menschen darum kämpfen, dass diese Straßen umbenannt und die Denkmäler entfernt werden. In diesem Projekt unterstützen Sie diesen Kampf. Sie schreiben eine Petition und können diese auch tatsächlich verschicken.

1) Wählen Sie eine Straße oder ein Denkmal in einer bestimmten Stadt in den deutschsprachigen Ländern aus.

2) Recherchieren Sie online: Gibt es bereits Aktivist*innen, die sich um eine Umbenennung dieser Straße oder eine Entfernung/Veränderung dieses Denkmals bemühen? Wenn es Aktivist*innen gibt, schreiben Sie Ihnen eine E-Mail und erkundigen Sie sich danach, wie Sie das Projekt unterstützen können. (Schicken Sie in dem Fall die E-Mail an Ihre*n Professor*in, der*die sie dann gesammelt und kontextualisiert weiterleiten kann.) Wenn nicht, recherchieren Sie den*die Bürgermeister*in der Stadt oder den Stadtrat und finden Sie eine Adresse oder E-Mail-Adresse, an die Sie später Ihre Petition richten können.

Recherche

3) Brainstormen Sie Gründe für die Umbenennung Ihrer Straße oder die Entfernung/Veränderung Ihres Denkmals.

4) Schreiben Sie eine erste Fassung Ihrer Petition. Reichen Sie diese Fassung ein.

Ihre Fassung sollte diese formalen Elemente beinhalten:
- Briefkopf
- Datum
- Anrede
- Grußformel am Ende

Inhaltlich sollte Ihre erste Fassung mindestens diese Elemente haben:
- Sie stellen sich vor.
- Sie schildern, warum Sie schreiben und um welche Straße oder welches Denkmal es geht.
- Sie schreiben mindestens zwei Argumente für eine Umbenennung oder Entfernung/Veränderung.
- Sie enden mit der Bitte um Umbenennung oder Entfernung/Veränderung.

5) Überarbeitung

Sobald Sie die Anmerkungen zu Ihrer ersten Fassung bekommen haben, überarbeiten Sie Ihren Brief.

Bei der grammatischen Überarbeitung achten Sie auf die Wortstellung: Sind Ihre Verben an zweiter und letzter Position im Hauptsatz und an letzter Position im Nebensatz?
Achten Sie auch auf die Präpositionen: Haben Sie jeweils die richtige Präposition für die Verben und den richtigen Kasus gewählt?

Korrigieren Sie die formalen Probleme.

Sie können auch ein weiteres Argument hinzufügen, falls Ihnen noch etwas eingefallen ist.

6) Schicken Sie Ihren Brief oder Ihre E-Mail an Ihre*n Professor*in, der*die sie dann an den*die Bürgermeister*in, an den Stadtrat oder die anderen Aktivist*innen sendet.

WAS PRÄGT UNS?

TRANSATLANTISCHE BEZIEHUNGEN UND EINFLÜSSE

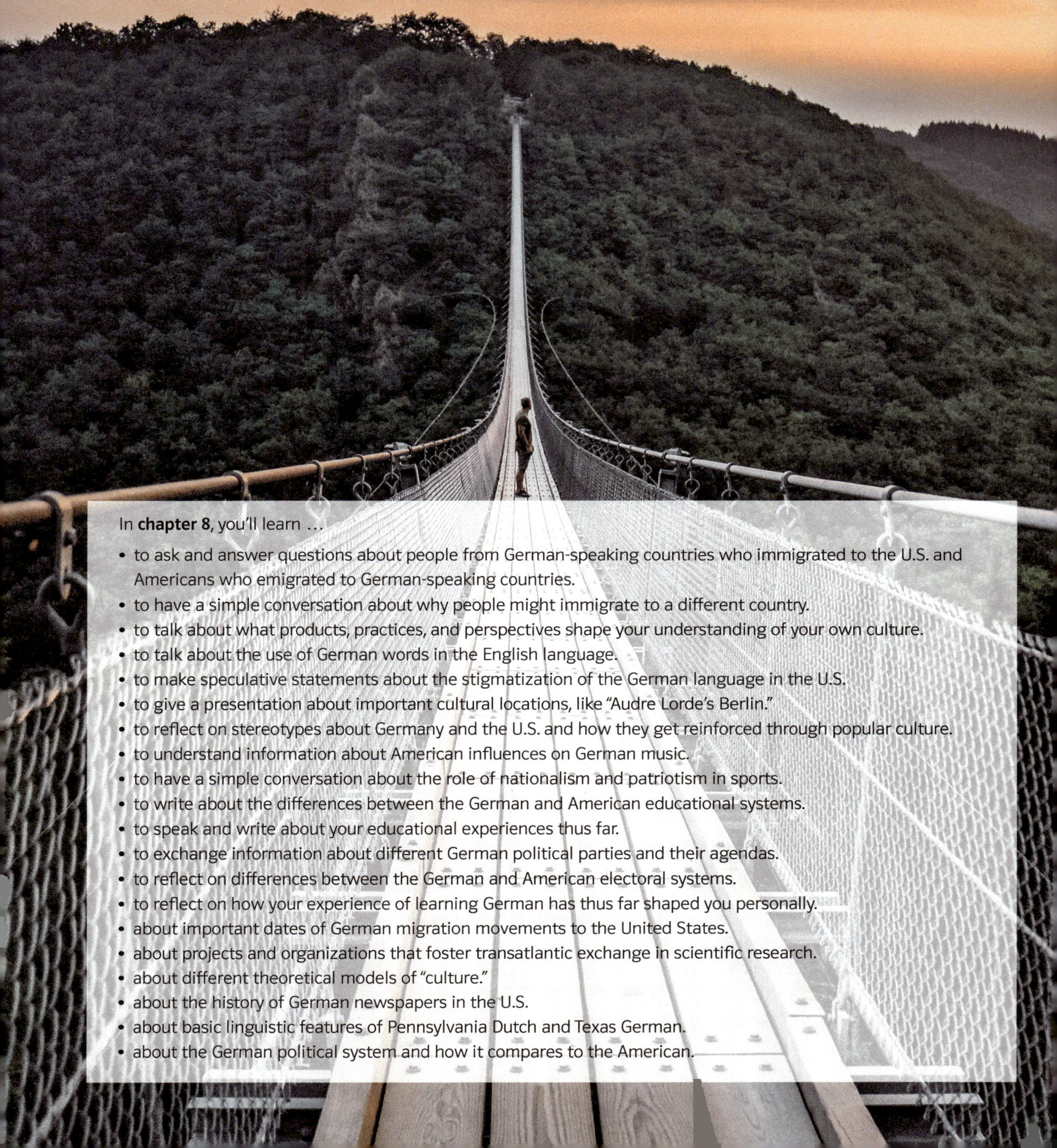

In **chapter 8**, you'll learn ...

- to ask and answer questions about people from German-speaking countries who immigrated to the U.S. and Americans who emigrated to German-speaking countries.
- to have a simple conversation about why people might immigrate to a different country.
- to talk about what products, practices, and perspectives shape your understanding of your own culture.
- to talk about the use of German words in the English language.
- to make speculative statements about the stigmatization of the German language in the U.S.
- to give a presentation about important cultural locations, like "Audre Lorde's Berlin."
- to reflect on stereotypes about Germany and the U.S. and how they get reinforced through popular culture.
- to understand information about American influences on German music.
- to have a simple conversation about the role of nationalism and patriotism in sports.
- to write about the differences between the German and American educational systems.
- to speak and write about your educational experiences thus far.
- to exchange information about different German political parties and their agendas.
- to reflect on differences between the German and American electoral systems.
- to reflect on how your experience of learning German has thus far shaped you personally.
- about important dates of German migration movements to the United States.
- about projects and organizations that foster transatlantic exchange in scientific research.
- about different theoretical models of "culture."
- about the history of German newspapers in the U.S.
- about basic linguistic features of Pennsylvania Dutch and Texas German.
- about the German political system and how it compares to the American.

92: Kultur – Was ist das eigentlich?

292 Eisberg oder Zwiebel?

1) Zu dritt: Sie kennen das Wort „Kultur" und benutzen es bestimmt auch oft. Aber was bedeutet dieser Begriff genau? Es gibt viele Modelle, die versuchen, „Kultur" zu visualisieren. Hier sehen Sie das Eisberg- und das Zwiebelmodell. Schauen Sie sich die Modelle an und beschreiben Sie gemeinsam, was Sie sehen.

Das Eisbergmodell

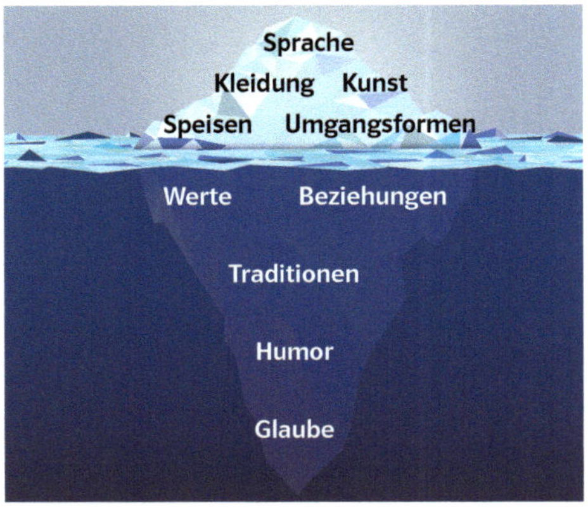

Das Zwiebelmodell

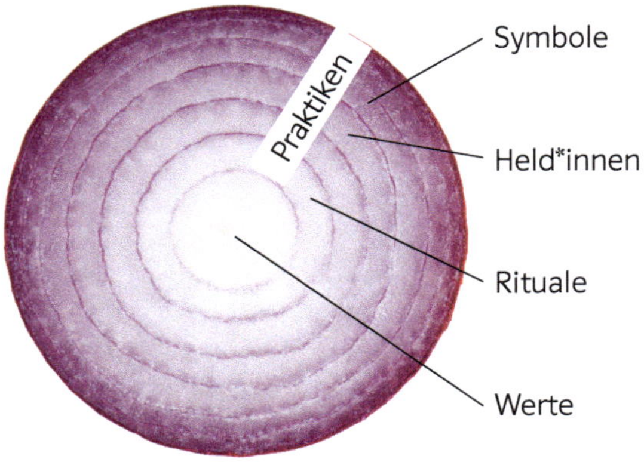

2) Zu dritt: Welche Elemente bilden das Konzept „Kultur" im Eisberg- und im Zwiebelmodell?

3) Zu dritt: Welches Modell repräsentiert Ihrer Meinung nach „Kultur" besser? Warum? Sammeln Sie mindestens drei Argumente. Teilen Sie Ihre Argumente dann mit den anderen Gruppen.

4) Kultur und die unsichtbaren und sichtbaren Elemente von Kulturen bestehen aus Produkten, Praktiken und Perspektiven. Überlegen Sie sich Beispiele und sagen Sie, ob diese Beispiele für Außenstehende erkennbar/ beobachtbar sind.

	Beispiele	erkennbar/beobachtbar
Produkte		
Praktiken		
Perspektiven		

293 Ein Semester in Pulmsi

1) Sie planen ein Semester an einer Universität im Land Pulmsi. Bei Ihrem Visumstermin im Konsulat von Pulmsi bekommen Sie einen Katalog mit den Kulturstandards des Landes. Sie haben jetzt eine Minute Zeit, um den Katalog mit den Standards zu lesen und sich so viele Details wie möglich zu merken.

2) Zu dritt: Spielen Sie jetzt das Brettspiel „Ein Semester in Pulmsi" auf der rechten Seite. Würfeln Sie und bewegen Sie Ihre Spielfigur. Sie dürfen Ihre Figur in alle Richtungen bewegen, außer wenn es einen Pfeil gibt. Wenn Sie auf ein grünes Situationsfeld kommen, ziehen Sie eine Szenariokarte. Lesen Sie das Szenario und sagen Sie, wie Sie reagieren würden. Dabei sollen Sie die Kulturstandards des Landes Pulmsi beachten. Wenn Sie nach den Kulturstandards des Landes „richtig" handeln, dürfen Sie die Karte behalten und bekommen einen Punkt. Zweimal dürfen Sie auch um Hilfe von Ihren „Mitreisenden" bitten. Dann können die anderen beiden Personen Ihnen helfen.

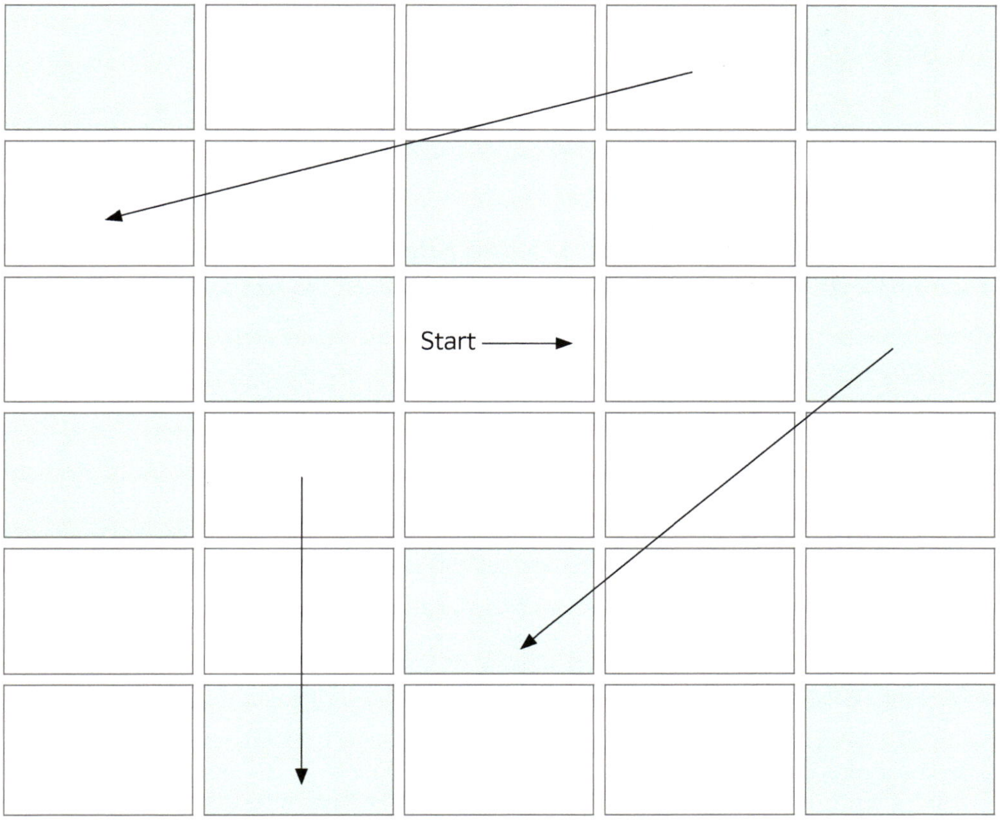

Ein Semester in Pulmsi

Ein Spiel nach einer Idee von den Studierenden Jordan Sampson und Nate Searle.

3) Zu dritt: Reflektieren Sie gemeinsam: Wie haben Sie sich bei diesem Spiel gefühlt, vor allem, wenn Sie auf ein Situationsfeld kamen? Mit welchen Worten können Sie Ihre Emotionen beschreiben? Reflektieren Sie auch Ihre persönliche Erfahrung: Müssen Kulturstandards im alltäglichen Leben immer eingehalten werden? Wer darf Kulturstandards brechen und wer nicht?

294 Musik-Ecke: „Die Amerikaner"

Bodo Wartke

„Die Amerikaner"
(2007)

Bodo Wartke ist ein bekannter deutscher Musikkabarettist, der mit mehreren Comedy- und Kabarettpreisen ausgezeichnet wurde. Seine Texte sind meistens auf Deutsch (aber manchmal auch auf Klingonisch!) und behandeln Liebe, Politik und andere gesellschaftliche Themen mit Satire und Humor. Nachdem mehrere Musiklabels ihn nicht vertreten wollten, gründete er seinen eigenen Musikverlag: Reimkultur. In seinem Klavierlied „Die Amerikaner" spricht er satirisch und selbstironisch über Amerika und Deutschland.

1) Zu zweit: Welche Themen werden in dem Lied wohl behandelt? Erwarten Sie ein Loblied oder eine Kritik? Warum?

2) Hören Sie das Lied und ordnen Sie die Themen, wie sie im Lied vorkommen.

☐ Anglizismen	☐ Paris	☐ Geheime Staatspolizei
☐ Graffiti	☐ Genitiv	☐ Schulmassaker
☐ McDonald's	☐ Öl und Raum	☐ Wirtschaftskonzepte

3) Mit welchen Stereotypen werden Amerikaner*innen im Lied beschrieben? Denken Sie, dass alle Amerikaner*innen sich damit identifizieren können? Warum (nicht)?

4) Wie finden Sie das Lied? Können Sie darüber lachen? Was sagt das Lied über die Validität von Stereotypen? Welche Stereotype finden Sie problematisch(er)? Warum?

5) Wie endet das Lied? Was meint der Künstler damit? Kennen Sie Beispiele aus der deutschen Geschichte, die ihm Recht geben?

295 Ziele und Gründe von Auswanderung

1) Zu viert: Jede Person wählt unten eine Kurzbiografie. Lesen Sie aufmerksam den Text und unterstreichen Sie: Wann, woher und warum ist die Person nach Nordamerika ausgewandert? Wo lebt die Person heute?

„Ich habe an der Uni Freiburg Medizin studiert und dann in einem Krankenhaus in Donaueschingen gearbeitet. Mich hat aber irgendwann gestört, dass die Arbeit von Ärzt*innen in Deutschland nicht genug geschätzt wird. Das Einkommen ist im internationalen Vergleich viel geringer, obwohl Ärzt*innen oft viele Überstunden machen. Seit 2015 arbeite ich am Toronto General Hospital. Dort fühle ich mich sehr wohl."

„Ich bin 1937 als Kind mit meiner Familie vor den Nazis aus Deutschland geflohen. Meine Mutter hatte schon relativ früh erkannt, dass wir als jüdische Familie in Deutschland nicht mehr sicher waren. Wir hatten dann Glück, dass wir ein Visum für die USA bekamen. Obwohl der amerikanischen Regierung die Situation in Deutschland bewusst war, war es sehr schwer, als Deutsche ein Visum zu bekommen."

„Ich bin 2001 als Doktorandin in die USA gekommen. In Österreich gibt es kaum Ph.D.-Programme wie hier. Doktorand*innen haben weniger Unterstützung und können oft auch nicht unterrichten. Außerdem mag ich, dass die Germanistik hier progressiver ist. Ich finde, dass ich es als Frau an US-Unis leichter als in Österreich oder Deutschland habe. Jetzt bin ich Professorin an einem kleinen College in Oregon."

„Ich bin 1952 in Wiesbaden geboren. Mein Vater war nach dem Krieg mit dem amerikanischen Militär in Deutschland stationiert. Er war bis 1957 beim Militär. 1963 ist er zurück nach Chicago gezogen, weil meine Eltern sich trennten. Ich bin, als ich achtzehn war, zu ihm in die USA gegangen. Als Schwarzer Junge und auch später als Mann hatte ich immer das Gefühl, dass ich als ‚nicht deutsch' wahrgenommen wurde. In den USA gibt es natürlich auch Rassismus, aber hier habe ich das Gefühl, dass ich zu Hause sein darf."

2) Zu viert: Erzählen Sie den anderen drei Personen von der Biografie, die Sie gelesen haben. Sagen Sie, warum (weil) und/oder mit welchem Ziel (damit / um ... zu) die Person ausgewandert ist. Welche Gründe und Ziele sind ähnlich, welche unterschiedlich?

296 Deutsche Einwanderung in die USA

1) Zu zweit: In dem Balkendiagramm sehen Sie, wie viele Deutsche zwischen 1820 und 2019 in die USA eingewandert sind (nur Personen mit dauerhafter Aufenthaltsgenehmigung werden in der Statistik erfasst). Das Liniendiagram zeigt den prozentualen Anteil der deutschen Einwanderer*innen im Vergleich zu allen Einwander*innen in den USA im gleichen Zeitraum. Welche Zeiträume sind besonders interessant?

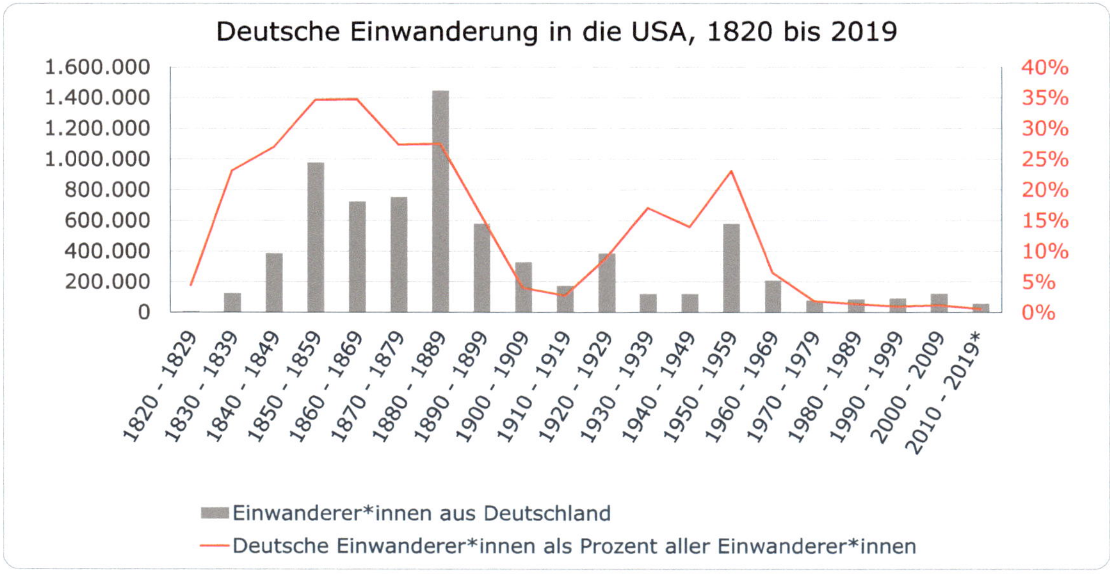

Quelle: U.S. Census Bureau [1] Schätzung (*estimate*)

2) **Warum kommen in manchen Zeiten mehr Einwanderer*innen? Gibt es spezifische historische, politische, ökonomische, soziale oder militärische Ereignisse, die in den USA oder in Deutschland intensive Zuwanderungs- bzw. Auswanderungsphasen hätten auslösen können? Welche Schub-/Sogfaktoren spielten dabei wahrscheinlich eine Rolle? Machen Sie sich hier einige Notizen und sprechen Sie dann mit anderen Personen im Kurs darüber.**

____
____
____
____
____

297 Salatschüssel und Schmelztiegel

1) **Zu zweit: Salatschüssel und Schmelztiegel. Kennen Sie diese Bilder? Wofür stehen sie im Kontext dieser Einheit?**

2) **Was meinen Sie? Welches Bild passt zu welchem Satz?**

____ Die Einwander*innen sollen sich assimilieren.

____ Die Einwander*innen bringen ihre Kultur ein.

____ Das Sinnbild zeigt das Modell der Immigration in den USA.

____ Das Sinnbild zeigt das Modell der Immigration in Kanada.

____ Alle zusammen bilden die Gesellschaft – Unterschiede bleiben sichtbar.

____ Alle zusammen bilden die Gesellschaft – Unterschiede werden unsichtbar.

1

2

3) **Denken Sie an Ihr Land oder an ein Land, das Sie gut kennen. Wer darf oder kann tatsächlich im Schmelztiegel „einschmelzen" und wer darf oder kann das nicht so einfach? Denken Sie dabei an Kategorien wie Glauben, Essen/Küche, Sprache, Werte, Ethnizität, Identität, Bildung usw.**

4) **Was glauben Sie: Können sich Migrant*innen eher in einer Salatschüssel- oder einer Schmelztiegelgesellschaft zu Hause fühlen? In welcher haben die verschiedenen Kulturen einer Person einen besseren Platz?**

298 Video-Ecke: Auswanderung

1) **Zu zweit: Im ersten Video erzählen die Personen von Leuten, die ausgewandert sind. Teilen Sie sich die Tabelle in der Gruppe auf und hören Sie selektiv, um die Tabelle zu ergänzen. Tauschen Sie sich dann darüber aus.**

	Wer?	Wohin? Woher		Wer?	Wohin? Woher?
Marie	oma	musik! Japan!	Mahdi	ein person	Iran
Nardos	cousin	washington	Jana	~~Czech~~	aus Czech
Jan	selbst	chicago	Charlotte	ich weiss nicht	Amerika
Lorenz	Vater	Chicago	Li	Leute	Canada, Vancouver

2) **Zu zweit: Jedes Jahr wandern um die 300.000 deutsche Staatsbürger*innen in ein anderes Land aus. Im zweiten Video hören Sie Ideen, warum Deutsche auswandern und wohin. Eine Person konzentriert sich auf die Auswanderungsgründe, die andere auf populäre Zielländer für Deutsche. Tauschen Sie sich dann darüber aus.**

Zielländer ~~the~~ Spanien, Thailand Dubai, den USA Australian	Gründe mehr Sonne, die Länder sind interessant, Steuer, Freiheit leben, Clima, Geld

3) **Im dritten Teil sprechen Charlotte, Marie und Nardos über das Amerikabild, das viele Deutsche anzieht, aber auch darüber, wie sich das Amerikabild in den letzten Jahren verändert hat. Fassen Sie die positiven und negativen Eindrücke zusammen und vergleichen Sie diese mit Ihren eigenen Amerikabildern.**

299 In D-A-CH-L lebende US-Amerikaner*innen

1) Zu zweit: Überlegen Sie, warum Amerikaner*innen heute und früher nach Europa auswandern/ausgewandert sind. Welche Gruppen gibt/gab es und warum wandern/wanderten diese Menschen aus?

2) In Gruppen: Ihr*e Professor*in teilt Ihrer Gruppe eine Aussage zu, in der ein*e Amerikaner*in berichtet, warum er*sie nach Europa ausgewandert ist. Was waren die Gründe für diese Person, nach Europa zu gehen (Karrierechancen, Rassismus in den USA, keine Studiengebühren, Familie)? Welche Person steht für welche Gruppe(n) von Auswander*innen (Sportler*innen, Soldaten nach dem 2. WK, Studierende, Stipendiat*innen)?

„Ich hatte im College ein Stipendium, um für die Uni Fußball zu spielen. Mein Traum war es schon immer, danach für eine europäische Mannschaft zu spielen, weil die MLS hier in den USA einfach qualitativ nicht mit den europäischen Ligen zu vergleichen ist. Ich war so froh, als ich ein Angebot von den Grasshoppers Zürich erhalten habe."

„Warum ich nach Deutschland gezogen bin, um dort zu studieren? Naja, also die TU München hat einen sehr guten Studiengang für Molekulare Biotechnologie. Aber der Hauptgrund war, ehrlich gesagt, die Tatsache, dass ich hier studieren kann, ohne exorbitante Studiengebühren zu zahlen."

„Ich komme aus Alabama und wurde 1948 in der Wiesbaden Air Base als Soldat stationiert. Die war nach dem Zweiten Weltkrieg das Hauptquartier der US Army in Europa. Ich war bis 1958 in der Army und habe mich dann entschieden, in Deutschland zu bleiben. Ich wollte nicht nach Alabama zurück, weil das Leben dort für mich als Schwarzer Mann während Jim Crow gefährlich gewesen wäre."

„Ich bin mit einem Fulbright-Stipendium als Journalistin nach Berlin gekommen, um vom Fall der Mauer zu berichten. Es war eine sehr aufregende Zeit. Ich hatte geplant, nach einem Jahr wieder nach Duluth zurückzugehen, aber während meiner Zeit in Berlin habe ich mich in meine spätere Frau verliebt. Und der Rest ist Geschichte …"

3) Zu zweit: Sie machen jetzt ein Frage-Antwort-Spiel (Person 1: Seite A-9, Person 2: Seite A-17). Die Person, die eine Frage hat, stellt sie. Die andere Person antwortet mit dem Satzanfang und Informationen aus dem Text.

300 Audre Lordes Berlin

1) In Gruppen: In Kapitel 7 haben Sie schon die Autorin, Aktivistin und Wissenschaftlerin Audre Lorde kennengelernt. Zwischen 1984 und ihrem Tod 1992 war sie jedes Jahr mehrere Monate in Berlin. Prof. Dagmar Schultz erstellte eine virtuelle Reise durch Audre Lordes Berlin. Ihr*e Professor*in weist Ihnen einen Ort zu. Besuchen Sie die Webseite, die Sie unter www.klett-usa.com/impuls2links finden, und bearbeiten Sie die Schritte:

Recherche

Schritt 1: Finden Sie den Ort auf einer Karte. Wo liegt der Ort?

Schritt 2: Lesen Sie den Text zu dem Ort. Wenn es ein Video gibt, schauen Sie sich das Video an. Was hat Audre Lorde an diesem Ort gemacht? Warum war der Ort wichtig für ihre Zeit in Berlin?

Schritt 3: Bereiten Sie eine Mini-Präsentation für die anderen Studierenden vor.

2) Kurzpräsentation: Präsentieren Sie mit Ihrer Gruppe Ihre Orte von Audre Lordes Berlin. Erklären Sie, wo die Orte liegen und was Audre Lorde an diesen Orten gemacht hat. Jede Gruppe hat dafür nur 90 Sekunden Zeit.

301 Auf deutschen Bühnen

1) Zu zweit: James Turcotte und Marielle Murphy sind in den USA aufgewachsene und dort an der Uni ausgebildete Opernsänger*innen, die jetzt in Deutschland leben und arbeiten. Jede Person liest einen Text und unterstreicht die Gründe, warum die beiden ausgewandert sind. Vergleichen Sie dann die Informationen.

„Als ich mich 2013 in meine Frau verliebt habe, war mir nicht ganz bewusst, wie viel Glück ich hatte, als Opernsänger ausgerechnet in eine Deutsche verliebt zu sein. In Deutschland gibt es neben zahlreichen Gelegenheiten, freischaffend zu arbeiten, ungefähr 80 staatlich geförderte Opernhäuser, die sichere Arbeitsstellen mit idealen Arbeitsbedingungen und guter Bezahlung bieten. Wo ich herkomme, in den USA, gibt es nur minimale staatliche Mittel und um als freischaffender Künstler Geld zu verdienen, müssen Sänger*innen meistens sehr weit zwischen den Jobs hin und her reisen. Weil die Theater in Deutschland so stark von Bund und Ländern unterstützt werden, bekommt das Publikum sogar sonst nur selten aufgeführte Opern zu sehen und kann sehr experimentelle Inszenierungen erleben. Ich bin stolz, dass ich dort wohne und arbeite, wo Kultur so hoch geschätzt wird. Ich kann mir nicht mehr vorstellen, anderswo auf der Welt zu leben."

„Als amerikanische Opernsängerin habe ich mich immer für eine Karriere in Deutschland interessiert. Für mich war es ein Wunder, dass die Regierungen in Deutschland, Österreich und der Schweiz Kunst und Kultur unterstützen. Nach meinem Abschluss an der Musikhochschule in den USA bin ich nach New York City umgezogen, um vorzusingen und meine Karriere im Opernbereich aufzubauen. Leider war es nicht so einfach. Glücklicherweise hatte ich durch ein paar Vorsingen die Möglichkeit, nach Europa zu kommen. Im Moment arbeite ich bei einem Theater in Deutschland als festes Ensemblemitglied. Ich habe die Gelegenheit, nicht nur viele tolle Rollen zu singen und auszuprobieren, sondern auch die Chance, eine neue Sprache zu lernen, eine neue Kultur zu erleben und die Möglichkeit, in einem Land zu wohnen, wo klassische Musik wirklich geschätzt wird."

2) Im Kurs: Was waren die Hauptgründe für die beiden, nach Deutschland auszuwandern und dort zu arbeiten? Hatten die beiden ähnliche Gründe? Sind sie glücklich mit ihrer Entscheidung? Warum (nicht)?

302 Nach Europa ziehen?

1) Zu zweit: Sie haben in dieser Einheit einige Geschichten von Leuten kennengelernt, die sich entschieden haben, nach Europa zu ziehen. Sammeln Sie gemeinsam noch einmal die wichtigsten Gründe, die diese Personen für ihre Auswanderung hatten. Versuchen Sie auch, die Gründe zu kategorisieren (finanzielle Gründe, persönliche Gründe etc.).

Kategorien	Gründe

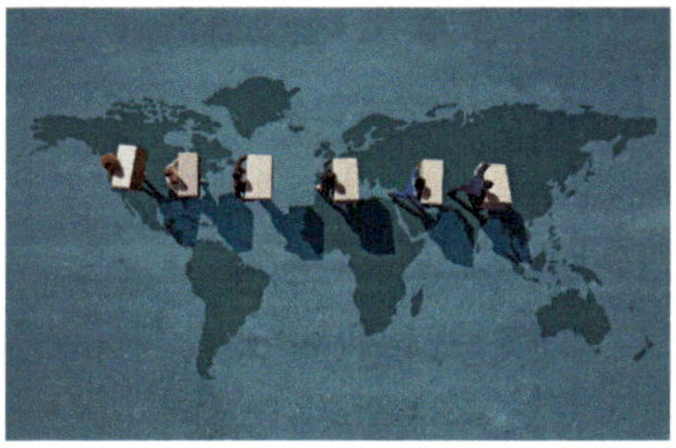

2) Zu zweit: Können Sie sich selbst vorstellen, in ein deutschsprachiges Land auszuwandern? Welche Gründe dafür und dagegen haben Sie persönlich? Sind Ihre Gründe ähnlich wie die der Personen hier?

3) Im Kurs: Stellen Sie den anderen Studierenden die wichtigsten Punkte aus Ihrem Partner*innengespräch vor. Sagen Sie auch, welche der Argumente, die Sie gehört haben, Sie am plausibelsten finden.

Struktur: Von den gehörten Argumenten finde ich am plausibelsten, dass …

303 Logos und Maskottchen

1) In Gruppen: Kennen Sie Unternehmen, Produkte oder Sportteams, die in ihren Logos, Namen oder Maskottchen Indigene zeigen? Machen Sie eine Liste.

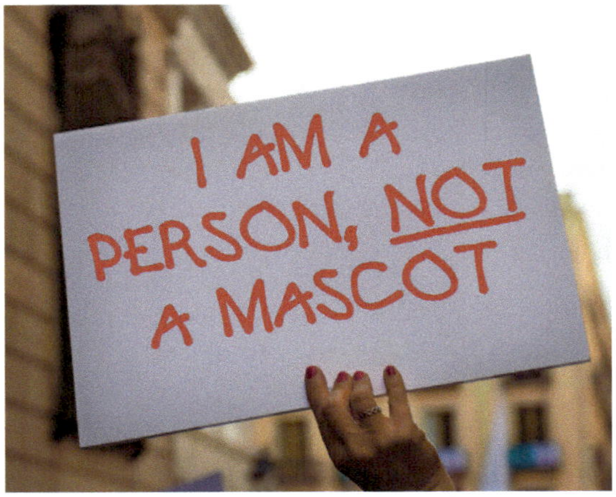

2) Vergleichen Sie Ihre Liste mit den anderen Gruppen.

3) Welche Assoziationen haben Sie, wenn Sie sich diese Logos und Maskottchen ansehen?

4) Welche Gründe könnte es für das Benutzen dieser Namen, Logos und Maskottchen geben? Welche sind legitim, welche problematisch? Welche Diskussionen gibt es über das Verwenden von Symbolen indigener Völker in der Werbung? Wie denken Sie darüber?

Kulturpunkt

Es leben heute ungefähr 5 Millionen indigene Menschen in 574 Nationen auf US-besetztem Gebiet. Drei Viertel von ihnen leben nicht in Reservaten. 150 indigene Sprachen haben in den USA überlebt.

304 In Deutschland

1) In Gruppen: Auch in deutschsprachigen Ländern gibt es Produkte mit „Cowboys/-girls" und Amerikanischen Ureinwohner*innen.

Recherche

Tsé Bii Ndzisgaii auf dem Heimatland der Diné (Navajo)
(Bedeutet „weiße Streifen um die Steine" in Diné bizaad, der Sprache der Navajo, auch bekannt als „Monument Valley" im Englischen.)

Gruppe 1:
Suchen Sie auf einer deutschsprachigen Webseite nach Kinderbüchern über Amerikanische Ureinwohner*innen. (Suchen Sie nach „Ureinwohner" und nach dem Wort „Indianer".) Jede Person wählt dann ein fiktionales Buch und ein Sachbuch aus und recherchiert, worum es darin geht. Wie ist die Darstellung von Indigenen?

Gruppe 2:
Suchen Sie nach dem Lied „Cowboy und Indianer" von Olaf Henning. Worum geht es im Lied? Wie ist die Atmosphäre/Stimmung? Wie werden „Cowboys" und „Indianer" beschrieben?

Gruppe 3:
Suchen Sie im Internet Informationen, Fotos und Videos von den Karl-May-Spielen in Bad Segeberg und der Westernstadt Pullman City (Bayern). Was wird hier gezeigt? Welche Geschichten werden erzählt? Wie werden hier „Cowboys/-girls" und Indigene dargestellt?

2) Zu dritt: Eine Person aus jeder Gruppe präsentiert die Rechercheergebnisse. Fassen Sie zusammen: Wie werden Amerikanische Ureinwohner*innen und „Cowboys/-girls" dargestellt? Was denken Sie: Warum gibt es in deutschsprachigen Ländern eine Faszination für diese Geschichten oder diese historische Epoche?

305 Winnetou

1) Lesen Sie den Text und beantworten Sie die Fragen.

Das erste Winnetou-Buch von Karl May (1842–1912) wurde im Jahr 1875 veröffentlicht. Seitdem wurden über 200 Millionen Exemplare der Serie verkauft, weshalb May einer der meistgelesenen deutschen Autor*innen ist. Die bekanntesten Figuren sind Winnetou und sein Blutsbruder Old Shatterhand, der von Deutschland aus in den „Wilden Westen" Amerikas auswandert. Die „Reiseberichte" erzählen von der Flucht aus dem eigenen langweiligen Leben in eine unbekannte Welt. Dies war ganz im Zeitgeist einer Generation, in der viele auswanderten und ein generell großes Interesse an den USA hatten. Die Welt von Karl May hat aber nur wenig mit der Realität zu tun. Karl May war vor dem Schreiben des Buchs nie selbst in den USA gewesen. So baute er seine Beschreibungen des Landes darauf auf, was er selbst gelesen oder gehört hatte.

Besonders in den 1960ern gab es einen großen Winnetou-Trend in Deutschland. Von 1962 bis 1968 kamen – beginnend mit „Der Schatz im Silbersee" – elf Filme über die Figuren Winnetou und Old Shatterhand heraus. Die Filme waren unter anderem auch erfolgreich, weil sich die Nachkriegsgeneration nach positiven (wenn auch fiktionalen) Held*innen sehnte. Sie wollten sich mit Menschen identifizieren, die in andere Länder reisten, um nicht Krieg, sondern Frieden und Gerechtigkeit dorthin zu bringen. Die Geschichten zeigen ein einfaches Leben nah an der wilden Natur.

Auch in der heutigen Zeit kennen viele junge Leute die Winnetou-Geschichten noch. Entweder haben sie die Filme aus den 60ern mit ihren Eltern geschaut, die Bücher gelesen oder sie kennen die Parodie „Der Schuh des Manitu" von Michael Herbig aus dem Jahr 2001, einen der erfolgreichsten deutschen Filme nach dem 2. Weltkrieg. Die Meinungen zum Film gehen natürlich auseinander, aber durch Winnetou haben viele Deutsche ein positives Bild von Amerikanischen Ureinwohner*innen. Und dass die Filme weit von der Realität entfernt sind, stört nur die wenigsten. In den USA sind Karl May und seine Filme übrigens unbekannt.

Warum wanderte Old Shatterhand in den Winnetou-Büchern in die USA aus?
Worauf basiert Karl Mays Darstellung des „Wilden Westens"?
Waren die Winnetou-Bücher und -Filme erfolgreich? Warum (nicht)?

2) Schauen Sie sich den Trailer vom Remake des Films „Winnetou" (2016) an. Was lernen Sie über die Geschichte durch den Trailer? Was erfahren Sie dabei über Winnetou und Old Shatterhand? Was für Menschen sind sie? Was für ein Bild vom „Wilden Westen" und den Amerikanischen Ureinwohner*innen präsentiert der Film? Vergleichen Sie diese Aspekte mit dem Film „Skins", den Sie in LERNEN kennengelernt haben.

3) Die Winnetou-Bücher und -Filme porträtieren Old Shatterhand als einen Einwanderer aus Europa, der Frieden, Gerechtigkeit und die christliche Religion in die Neue Welt bringt. Inwiefern stellen Western allgemein eine idyllische Sicht der europäischen Kolonist*innen dar? Warum ist das (nicht) problematisch? Für wen?

306 In andere Rollen schlüpfen

1) In den Filmen der 1960er wurde Winnetou von Pierre Brice gespielt, im Film von 2016 war es Nik Xhelilaj. Beide sind keine Amerikanischen Ureinwohner. Was könnte das Problem sein, wenn Menschen Rollen spielen, bei denen sie nicht Teil der Kultur sind, die dargestellt wird?

2) In Deutschland waren viele Kinder mal „Cowboy/-girl" oder „Indianer*in" zu Karneval/Fasching und auch bei Erwachsenen ist das ein Standardkostüm. Denken Sie, dass es ok ist, sich als deutsches Kind (oder Erwachsene*r) so zu verkleiden? Wann ist es problematisch, kulturelle Kleidung als Kostüm zu tragen?

3) Kennen Sie Beispiele aus Ihrer Kultur, in der Personen Rollen aus fremden Kulturen gespielt haben oder in denen Personen Frisuren, Kleidungsstücke, Accessoires oder Slangs aus anderen (oft marginalisierten) Kulturen übernommen haben? War das Ihrer Meinung nach in Ordnung? Warum (nicht)? Wie war die öffentliche Reaktion darauf?

96: Musikalische Einflüsse aus Nordamerika

307 Internationale Musik in Deutschland heute

Recherche

1) Zu viert: Recherchieren Sie online die deutschen Single Musikcharts und notieren Sie hier für die Top 20, aus welchen Ländern die Bands und/oder Sänger*innen kommen und in welcher Sprache sie singen. Jede Person recherchiert fünf Plätze.

1: ______	6: ______	11: ______	16: ______
2: ______	7: ______	12: ______	17: ______
3: ______	8: ______	13: ______	18: ______
4: ______	9: ______	14: ______	19: ______
5: ______	10: ______	15: ______	20: ______

2) Zu zweit: Analysieren Sie die Daten aus Teil 1. Wie viele der Sänger*innen oder Bands kommen aus Deutschland? Wie viele kommen aus anderen Ländern? Und wie viele internationale Bands oder Sänger*innen in den Top 20 kommen aus Nordamerika? Wie viel Prozent sind das?

3) Im Kurs: Hätten Sie mehr oder weniger amerikanische Künstler*innen in den deutschen Charts erwartet? Warum wird in Deutschland wohl gern deutsche, aber auch gern nordamerikanische und andere internationale Musik gehört? Spekulieren Sie. Hören Sie gern internationale Musik?

308 Amerikanische Einflüsse auf deutsche Künstler*innen

1) In Gruppen: Welche Personen oder Erfahrungen hatten einen Einfluss auf Sie? Warum? Nennen Sie mindestens zwei wichtige Einflüsse in Ihrem Leben, wie im Beispiel.

Beispiel: Mein Auslandssemester in der Schweiz hatte einen großen Einfluss auf mich, weil ich Menschen aus der ganzen Welt kennengelernt habe.

2) In Gruppen: Auch in der Musik beeinflussen sich Künstler*innen oft gegenseitig. Ihr*e Professor*in spielt Ihnen drei Lieder von deutschen Künstler*innen vor. Beschreiben Sie zuerst mit Adjektiven die Musik. Überlegen Sie dann gemeinsam, welche Musikrichtung aus Nordamerika diese Künstler*innen beeinflusst haben könnte und warum. Sammeln Sie auch Namen von nordamerikanischen Künstler*innen, die ähnliche Musik machen.

	Merkmale (Adjektive)	Einfluss	nordamerikanische Bsp.
Roger Cicero: „Zieh die Schuhe aus"			
The Baseballs: „Umbrella"			
Advanced Chemistry: „Fremd im eigenen Land"			

309 Die Harlem Hellfighters

1) **Zu zweit: Hören Sie sich einen Dialog zwischen zwei Musikstudierenden über die Geschichte des Jazz in Deutschland an. Entscheiden Sie zuerst, welche Person sich auf welche Fragen konzentriert. Lesen Sie dann Ihre Fragen durch, bevor Sie den Dialog anhören. Jede Person konzentriert sich beim Hören auf ihre Fragen.**

Person 1

Wie heißt das Buch, das Arno am Wochenende gelesen hat?
Wann und wo wurde die erste Jazzplatte gepresst?
Wie hieß das Regiment und was war besonders an ihm?

Person 2

Von wem wurde das Buch, das Arno gelesen hat, geschrieben?
Wie kam der Jazz nach Europa und nach Deutschland?
Wie erklärt der Autor die Popularität von Jazz in der Weimarer Republik?

Notizen:

2) **Tauschen Sie sich über die Informationen aus und helfen Sie einander, die restlichen Fragen zu beantworten.**

310 Musicals in deutschsprachigen Ländern

1) **Zu zweit: Sehen/Hören Sie gerne Musicals? Warum (nicht)? Was ist besonders an Musicals als Genre? Beschreiben Sie gemeinsam die wichtigsten Merkmale von Musicals.**

2) **Zu zweit: Hier sehen Sie Musicals, die auf deutschen, Schweizer und österreichischen Bühnen im Jahr 2020 aufgeführt oder geplant wurden. Lesen Sie die Titel. Was fällt Ihnen auf? Welche Einflüsse erkennen Sie in den Programmen?**

Hamburg	Berlin	Stuttgart	Ruhrgebiet	Zürich	St. Gallen	Wien
„Pretty Woman“	„Ich war noch niemals in NY“	„Disneys Aladdin“	„Starlight Express“	„Bodyguard – The Musical“	„Priscilla – Königin der Wüste“	„Miss Saigon“
„Disneys Der König der Löwen“	„Cabaret – Das Berlin Musical“	„Ghost – Das Musical“	„Tanz der Vampire“	„We will rock you“	„Wüstenblume“	„Elisabeth“
„Cirque du Soleil: Paramour“	„Bodyguard – The Musical“			„Heidi, wo bisch du dihei?“		„Cats“
„Disneys Die Eiskönigin“	„Anatevka“			„The Rocky Horror Picture Show“		
„Tina – Das Tina Turner Musical“						
„Wicked“						
„Heiße Ecke – Das St. Pauli Musical“						

3) **Zu zweit: Wählen Sie ein Musical aus, das es in den USA nicht gibt oder das Sie nicht kennen, und besuchen Sie die offizielle Webseite des Musicals. Besprechen Sie gemeinsam, worum es geht.**

Recherche

311 Deutsche Wörter in den USA heute

1) Sie sehen hier eine Liste deutscher Wörter, die mittlerweile ein fester Bestandteil des Sprachgebrauchs in den USA sind. Lesen Sie die Wörter und umkreisen Sie alle, die Sie kennen.

abseilen   Angst   Blitzkrieg   Bratwurst   Brezel   Doppelgänger   Gemütlichkeit   Gesundheit
Kindergarten   Knackwurst   Leitmotiv   Poltergeist   Putsch   Rucksack   Schadenfreude
Schnaps   Strudel   verboten   Wanderlust   Weltschmerz   Wunderkind   Zeitgeist   Zeppelin

2) Zu zweit: Fragen Sie eine andere Person, welche Wörter aus dem Kasten sie kennt. Überlegen Sie dann gemeinsam, was die Wörter, die Sie bereits kennen, bedeuten. Gibt es für diese Wörter auch ein anderes englisches Wort?

3) Zu zweit: Schauen Sie sich die Wörter im Kasten noch einmal an. Finden Sie mindestens zwei weitere Kategorien, in die Sie einige dieser Wörter in der Tabelle unten sortieren können. Dann ordnen Sie so viele Wörter wie möglich den drei Kategorien zu.

Kategorie	Wörter aus dem Kasten
Ausdruck eines Gefühls	*Gemütlichkeit* Schadenfreude Gesundheit, Wanderlust, Angst Zeitgeist
Essen	Bratwurst, Brezel, Knackwurst, Strudel, Schnaps
Personen	Poltergeist, Doppelgänger Wunderkind

4) Im Kurs: Vergleichen Sie Ihre Kategorien mit anderen Studierenden im Kurs.

312 Der Erfolg und Fall deutscher Zeitungen in den USA

1) Momentan gibt es nur noch sechs deutschsprachige Zeitungen, die regelmäßig in den USA publiziert werden. Das war im 19. und frühen 20. Jahrhundert ganz anders. Auf der rechten Seite sehen Sie eine Liste mit einer kleinen Auswahl deutschsprachiger Zeitungen, die es in der Vergangenheit gab und heute nicht mehr gibt. Machen Sie sich zu den folgenden Fragen Notizen.

Zu welchen Zeiten wurden viele neue deutschsprachige Zeitungen gegründet?

Wann war das Ende von vielen der Zeitungen?

Achten Sie auf Gemeinsamkeiten bei den Zeitungstiteln: Welche Wörter kommen häufig vor?

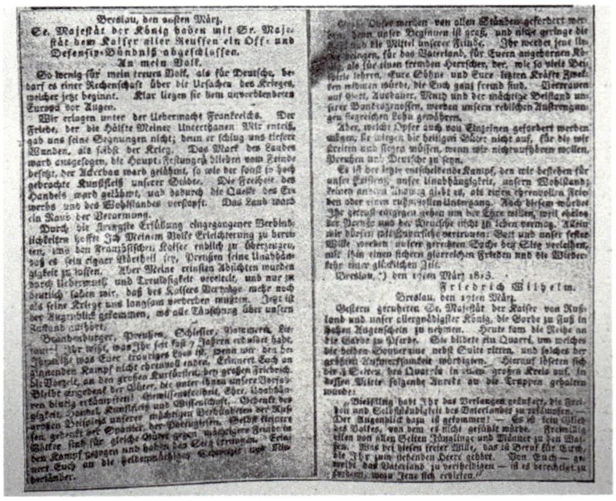

Breslau, den 20sten März.

Se. Majestät der König haben mit Sr. Majestät dem Kaiser aller Reussen ein Off- und Defensiv-Bündniß abgeschlossen.

An mein Volk.

So wenig für mein treues Volk, als für Deutsche, bedarf es einer Rechenschaft über die Ursachen des Krieges, welcher jetzt beginnt. Klar liegen sie dem unverblendeten Europa vor Augen.

Ehemalige deutschsprachige Zeitungen in den USA

Illinois Staats-Zeitung, Chicago, 1848–1922
Vorbote, Chicago, 1874–1924
Iowa Tribüne, Burlington, 1861–1899
Le Mars Herold, Le Mars, 1884–1918
Bayerisches Wochenblatt, Baltimore, 1880–1919
Der Nordstern, St. Cloud, 1874–1931
Tägliche Volkszeitung, St. Paul, 1881–1941
New Yorker Volkszeitung, New York City, 1878–1932
Cincinnati Volksblatt, Cincinnati, 1863–1919
Philadelphia Demokrat, Philadelphia, 1838–1918
Volksblatt und Freiheits-Freund, Pittsburgh, 1901–1942
Arbeiter-Zeitung, Chicago, 1877–1931
Belleviller Zeitung, Belleville, 1849–1917
Der Demokrat, Davenport, 1851–1918
Der Deutsche Correspondent, Baltimore, 1841–1918
Neu England Rundschau, Holyoke, 1884–1942
Wöchentliche Volkszeitung, St. Paul, 1881–1921
Westliche Post, St. Louis, 1857–1938
Der Staats Anzeiger, Bismarck, 1906–1945
Cincinnati Volksfreund, Cincinnati, 1850–1908
Manitowoc Post, Manitowoc, 1881–1924
Milwaukee Herold, Milwaukee, 1860–1931

2) Zu zweit: Vergleichen Sie Ihre Notizen aus Teil 1 mit einer anderen Person. Was denken Sie? Warum sind so viele deutschsprachige Zeitungen in der ersten Hälfte des 20. Jahrhunderts verschwunden? Sammeln Sie Ideen.

3) Zu zweit: Nicht nur deutschsprachige Zeitungen sind im frühen 20. Jahrhundert in den USA weniger geworden. Auch deutsche Wörter wurden ausgetauscht, als die USA in den Ersten Weltkrieg eingetreten sind. In der Tabelle sehen Sie Neologismen aus dieser Zeit. Was denken Sie: Welche deutschen Wörter wurden ursprünglich benutzt?

Neues Wort	Altes (deutsches) Wort
liberty cabbage	
liberty pups	
liberty sausage	
Alsatian wolf dogs	

4) Im Kurs: Was denken Sie: Welche Konsequenzen hatte die Stigmatisierung der deutschen Sprache für Deutsch sprechende Immigrant*innen in den USA.

313 Pennsylvania Dutch und Texas German

1) Zu zweit: In Kapitel 5 haben Sie schon eine einfache linguistische Analyse von Varianten der deutschen Sprache gemacht. Jetzt werden Sie noch einmal als Linguist*innen aktiv. Hören Sie sich die beiden Dialoge in Texas German bzw. Pennsylvania Dutch an, in denen die folgenden Sätze vorkommen. Heben Sie die Hand, wenn Sie die Sätze hören. Überlegen Sie dann gemeinsam: Wie heißen diese Sätze wohl auf Hochdeutsch?

Pennsylvania Dutch
„Kannscht du mich saage wu en guder Blatz is fer esse?"
„Ich kann dich uffpicke an die Vaddel iwwer zwelf."

Texas German
„[…] und das war ganz hart, n Leben zu machen."
„[…] mehrste Zeit hamm die Jungens bloss mitgeholdn."

2) Zu zweit: Schauen Sie sich nun die Sätze noch einmal genauer an. Was passiert hier genau? Können Sie erklären, wie sich Hochdeutsch und Pennsylvania Dutch und Texas German unterscheiden? Welche Unterschiede gibt es bei Grammatik und Orthografie? Erkennen Sie auch den Einfluss von anderen Sprachen/Dialekten?

3) Im Kurs: Besprechen Sie Ihre Ideen von Teil 2 gemeinsam im Kurs

98: Politik im Vergleich°

314 Staats- und Regierungsformen im Vergleich

1) Im Kurs: Heben Sie die Hand, wenn Sie wissen, wer Deutschlands Bundespräsident*in ist. Heben Sie nun die Hand, wenn Sie den*die deutsche*n Bundeskanzler*in kennen. Im Ausland, aber auch in Deutschland ist der*die Bundeskanzler*in bekannter als der*die Bundespräsident*in. Spekulieren Sie: Woran könnte das liegen? Wer ist wohl das Staatsoberhaupt? Wer ist der*die Regierungschef*in? Wer darf mehr entscheiden?

2) Zu dritt: Hier sehen Sie einige Staats- und Regierungsformen. Ordnen Sie sie den Ländern zu und sprechen Sie über Merkmale der verschiedenen Systeme. Kennen Sie die derzeitigen bzw. letzten Staats- und Regierungsoberhäupter der Länder oder andere Länder mit diesen Staats- und Regierungsformen?

1 konstitutionelle Monarchie	die USA
2 direkte Demokratie	Frankreich bis 1789
3 parlamentarische Monarchie	Großbritannien
4 Anarchie	Somalia (1991–2006)
5 präsidentielle Demokratie	die Schweiz
6 Theokratie	Deutsches Reich (1871–1918)
7 absolute Monarchie	Österreich
8 parlamentarische Demokratie	der Iran
9 Diktatur	Nordkorea

Kulturpunkt

Deutschland und Österreich sind parlamentarische Demokratien. Hier wählt nicht das Volk den*die Regierungschef*in, sondern das vom Volk gewählte Parlament, der Bundestag (D) oder Nationalrat (Ö), wählt ihn*sie. Die Regierung und das Parlament sind also aneinander gebunden.

315 Wahlergebnisse im Vergleich

1) Zu zweit: In der Tabelle unten sehen Sie die Wahlergebnisse der Parteien (sortiert nach Alter) von drei Bundestagswahlen in Deutschland. Recherchieren Sie die aktuellsten Zahlen (= heute) mit dem Link, den Sie für diese Aktivität unter www.klett-usa.com/impuls2links finden. Analysieren Sie dann die Ergebnisse mithilfe der Fragen.

Recherche

	1994	2002	2017	heute
SPD	36,4 % 252 Sitze	**38,5 %** 251 Sitze	20,5 % 153 Sitze	
CDU/CSU	**41,5 %** 294 Sitze	38,5 % 248 Sitze	**32,9 %** 246 Sitze	
FDP	6,9 % 47 Sitze	7,4 % 47 Sitze	10,7 % 80 Sitze	
Bündnis 90/ Die Grünen	7,3 % 49 Sitze	8,6 % 50 Sitze	8,9 % 67 Sitze	
PDS (bis 2007) Die Linke (ab 2007)	4,4 % 30 Sitze[1]	4 % 2 Sitze[1]	9,2 % 69 Sitze	
AfD	---	---	12,6 % 94 Sitze	

Erste Zeile: Prozent der Stimmen, zweite Zeile: Sitze im Bundestag
fettgedruckt: Partei, die den*die Bundeskanzler*in stellte
[1] Partei unter 5 %, durch Direktmandate im Bundestag vertreten

Wie viele Parteien schafften es in den einzelnen Jahren in den Bundestag?

Welche Parteien stellten den*die Bundeskanzler*in in den einzelnen Jahren?

Welche Parteien gewannen/verloren an Stimmen, wenn Sie die Jahre vergleichen?

Welche Parteien würden Sie als große und welche als kleine Parteien bezeichnen?

Keine Partei hatte die absolute Mehrheit. Mit welcher anderen Partei konnte die Partei der Bundeskanzler*innen koalieren, um eine Mehrheit zu haben?

2) Vergleichen Sie jetzt das System der USA mit dem deutschen System (das österreichische ist sehr ähnlich). Benutzen Sie die Zahlen und Ihr Vorwissen über die USA, um die Aussagen für D oder die USA anzukreuzen.

D USA

- Die Bürger*innen wählen sowohl den*die Chef*in der Exekutive als auch Vertreter*innen der Legislative direkt.
- Die Bürger*innen wählen nur die Legislative direkt; die Legislative wählt dann den*die Chef*in der Exekutive.
- Die Exekutive hat durch das Wahlsystem normalerweise eine Mehrheit auch in der Legislative.
- Legislative und Exekutive werden getrennt gewählt und können deshalb verschiedene Mehrheiten haben.
- Die Bürger*innen werden von mehreren Parteien und Koalitionsregierungen vertreten.
- Die Bürger*innen werden von zwei Parteien vertreten.
- Es ist in den letzten Jahren zwei Mal (Stand 2020) vorgekommen, dass der*die Chef*in der Exekutive von einer Minderheit der Wähler*innen, aber mit einer Mehrheit von Wahlleuten gewählt wurde.
- Es könnte theoretisch Minderheitsregierungen geben, diese kommen jedoch normalerweise nicht zustande. In den letzten Jahren hat immer die stärkste Partei den*die Chef*in der Exekutive gestellt.

3) Sprechen Sie jetzt über die Unterschiede. Was sind Stärken und Schwächen der Systeme?

316 Die deutsche Parteienlandschaft

1) Zu zweit: Im Anhang (Person 1 auf Seite A-10, Person 2 auf Seite A-19) finden Sie eine Version dieser Tabelle zu den politischen Parteien in Deutschland. Füllen Sie dort die Tabelle gemeinsam aus, indem Sie die andere Person nach den Informationen, die Sie selbst nicht haben, fragen.

	Die Linke	SPD	Bündnis 90/ Die Grünen	CDU/CSU	FDP	AfD
Gründungsjahr	2007		1993	1945	1948	
politische Richtung		mitte-links		mitte-rechts	mitte-rechts	rechts
Regierungspartei in Bundesländern (2020)	3	11	11			0
Jahre als Regierungspartei (Bund) (Stand: 2020)	0		7		47	0
Zahl der Bundeskanzler*innen	0		0		0	0
Frauenanteil im Bundestag 2017–2021	53,6 %	42,8 %		20,7 %	22,5 %	
wichtigste Themen aus Wahlprogramm 2017	________, soziale Sicherheit, Gleichberechtigung, ________	Bildung, Familien, gerechter Lohn	________, Weltoffenheit, Vielfalt, Gerechtigkeit	Arbeit, ________, ________, Sicherheit, Solidarität	________, Wirtschaft, wenig ________, Digitalisierung	gegen ________, gegen Immigration, deutsche Leitkultur

2) In Gruppen: In Aktivität 315 haben Sie gesehen, dass es 1994, 2002 und 2017 keine absolute Mehrheit für eine Partei gab. Schauen Sie sich in der Tabelle die inhaltlichen Gemeinsamkeiten der Parteien an: Welche Parteien haben vielleicht 1994, 2002 und 2017 koaliert? Tipp: Es waren immer nur zwei Parteien.

3) Im Kurs: Ihr*e Professor*in sagt Ihnen, wie die tatsächlichen Koalitionen waren. Hatten Sie recht? Warum (nicht)? Mit diesem Wissen und der Tabelle aus Teil 1: Wer könnte mit den heutigen Ergebnissen eine logische Koalition bilden, die auch eine Mehrheit im Bundestag hätte? Ist es heute leichter oder schwieriger als 1994, 2002 und 2017? Warum?

4) Im Kurs: Vergleichen Sie die Systeme. Entscheiden Sie sich für ein Wort und bilden Sie den Komparativ.

Zwei Parteien-Koalitionen können Kompromisse __________ finden als Drei Parteien-Koalitionen. (leicht | schwer)
Zweiparteiensysteme repräsentieren __________ Menschen als ein Mehrparteiensystem. (viel | wenig)
Eine Partei in einem Zweiparteiensystem ist __________ als in einem Mehrparteiensystem. (mächtig | machtlos)

99: Sport im Vergleich

317 Sport im eigenen Land

Zu zweit: Tauschen Sie sich aus ...

Für welche Sportarten interessieren Sie sich?
Falls Sie sich nicht für Sport interessieren, warum nicht?
Welche Sportarten haben Sie als Kind aktiv ausgeführt?
Welche Rolle spielt Sport heute in Ihrem Leben?
Welche Sportart möchten Sie ausprobieren?

Wo und wie wird Sport in Ihrem Land getrieben?
Wo und wie lernen Menschen Sportarten in Ihrem Land?
Wie wird Sport in Ihrem Land finanziert/subventioniert?
- an Schulen und Universitäten? - in Profi-Ligen?
- bei Olympischen Spielen bzw. Weltmeisterschaften?

Was mögen Sie lieber: Einzel- oder Teamsport? Winter- oder Sommersport? Sport im Fernsehen oder live?

318 Beliebte Sportarten – ein Ländervergleich

1) Zu viert: Jede Person recherchiert die Beliebtheit von Sportarten in einem Land bzw. weltweit. Wenn Sie Prozentzahlen finden, geben Sie sie in Klammern an. Vergleichen Sie die Ergebnisse.

Recherche

Rang	die Schweiz	Deutschland	die USA	die Welt	Österreich
1					Schwimmen (58 %)
2					Radsport (47 %)
3					Wandern/Bergsteigen (41 %)
4					Laufen/Joggen (33 %)
5					Skifahren (29 %)
6					Nordic Walking (23 %)
7					Eislaufen (21 %)
8					Fitnesssport (21 %)
9					Gymnastik/Yoga (20 %)
10					Fußball (17 %)

Quelle: MarktMeinungMensch, 2015

2) Bei vielen Umfragen wird die Frage „Welche Sportarten sehen Sie am liebsten?“ gestellt. Bei welchen der vier Orte, die Sie oben recherchiert haben, war es eine ähnliche Frage? Bei der Umfrage in Österreich (oben) war es eine andere Frage. Was denken Sie, wie die Frage lautete?

319 Berühmte Olympionik*innen

1) Lesen Sie zuerst den folgenden Text einmal durch. Ignorieren Sie dabei die weißen Felder.

Die Olympischen Spiele, , finden in der Regel alle vier Jahre statt. Pierre de Coubertin, , wollte, dass seine neuen Spiele der Völkerverständigung und dem Frieden dienten. Alex Diggelmann, , gewann drei Medaillen für seine Sportplakate. Die einzige Person, die Olympische Medaillen sowohl im Sport als auch in der Kunst gewann, war Walter Winans, . Zu den erfolgreichsten Olympiasieger*innen gehören Michael Phelps, , in den Sommerspielen, und Marit Bjørgen, , in den Winterspielen.

2) Sie hören jetzt einen Bericht zu berühmten oder interessanten Olympionik*innen. Schreiben Sie die Appositionen auf, die im Hörtext vorkommen, aber im Text oben fehlen.

320 International oder national?

1) In kleinen Gruppen: Pierre de Coubertins Olympischer Gedanke war, dass die Menschen auf der Welt friedlich zusammenleben sollten. Gemeinsame Spiele sollten dabei helfen. Die Idee war: Menschen sollten zeigen, wer am schnellsten laufen oder schwimmen, am höchsten springen oder am weitesten werfen konnte. Es ging aber nicht darum, der*die Beste zu sein. Fairness und Sportgeist waren am wichtigsten. Und: Dabei sein ist alles!
Sprechen Sie darüber, inwiefern die Olympischen Spiele (heute) diese Ideale (nicht) leben.

2) Im Kurs: Vergleichen Sie Ihre Antworten und diskutieren Sie über die Fragen: Was ist an den Olympischen Spielen (inter)national? Sportler*innen aus fast allen Ländern der Welt nehmen teil. Die Sportler*innen und der Medaillenspiegel sind nach Ländern sortiert, die Nationalhymnen werden nach einem Sieg gespielt, nationale Flaggen werden gezeigt und die Zuschauer*innen fiebern für ihre Landsleute. Gibt es Ihrer Meinung nach einen Widerspruch zwischen internationalen Spielen und nationalen Mannschaften?

3) In kleinen Gruppen: Recherchieren Sie, was unabhängige Olympiateilnehmer*innen und das Refugee Olympic Team sind/waren. Sprechen Sie dann über diese Fragen: Wie finden Sie die Idee, unter der Olympischen Flagge und mit der Olympischen Hymne zu starten? Was sind dabei Vor- und Nachteile für die Sportler*innen? Würde Ihnen etwas fehlen, wenn Sie nicht wüssten, aus welchem Land die Sportler*innen stammen? Warum (nicht)?

Recherche

100: Bildung im Vergleich

321 Mein Bildungslebenslauf

1) Zu viert: Beschreiben Sie Ihren Bildungslebenslauf, den Sie in LERNEN vorbereitet haben. Die anderen notieren wichtige Eckdaten, die Sie in Ihrem Vortrag erwähnen.

Welchen Kindergarten haben Sie besucht? Wie alt waren Sie, als Sie in die erste Klasse kamen? Wann waren Sie mit der Grundschule fertig? Welche Schule haben Sie besucht? Was waren Ihre Lieblingsfächer an der Schule? Wie sind Sie zur Schule gekommen? Ab wann durften Sie selbst zur Schule fahren? Was haben Sie an der Schule gemacht, das nicht akademisch war (Hobbys, Vereine, Sport, Musik usw.)? Welche anderen Stationen hat Ihr Bildungslebenslauf?

Person 1	Person 2	Person 3

2) Vergleichen Sie Ihre Bildungskarrieren. Was haben Sie gemeinsam? Was ist anders?

322 Bildungssysteme im transatlantischen Vergleich

1) In Gruppen: Sprechen Sie über die folgenden Fragen und beantworten Sie sie basierend auf Ihrer persönlichen Erfahrung.

Wann wird die Entscheidung getroffen, ob man studiert oder nicht? Wie viel kostet das Studium in Ihrem Land? Wie finanzieren Studierende normalerweise das Studium? Welche Rolle spielen außerschulische Aktivitäten (Sport, Theater usw.) an den Hochschulen? Finden diese Aktivitäten immer direkt an der Hochschule statt? Welche anderen Elemente der Hochschulgemeinschaft sind wichtig?

2) In Gruppen: Ein deutscher Studierender beantwortet nun dieselben Fragen, die Sie in Teil 1 diskutiert haben. Hören Sie gut zu und notieren Sie: Was ist gleich/ähnlich (Gemeinsamkeiten) und was ist anders (Unterschiede) bei Ihren Antworten aus Teil 1 und den Antworten des deutschen Studierenden? Schauen Sie sich während des Hörens auch das Schaubild auf der rechten Seite an. Es hilft Ihnen, das deutsche System besser zu verstehen.

Gemeinsamkeiten	Unterschiede

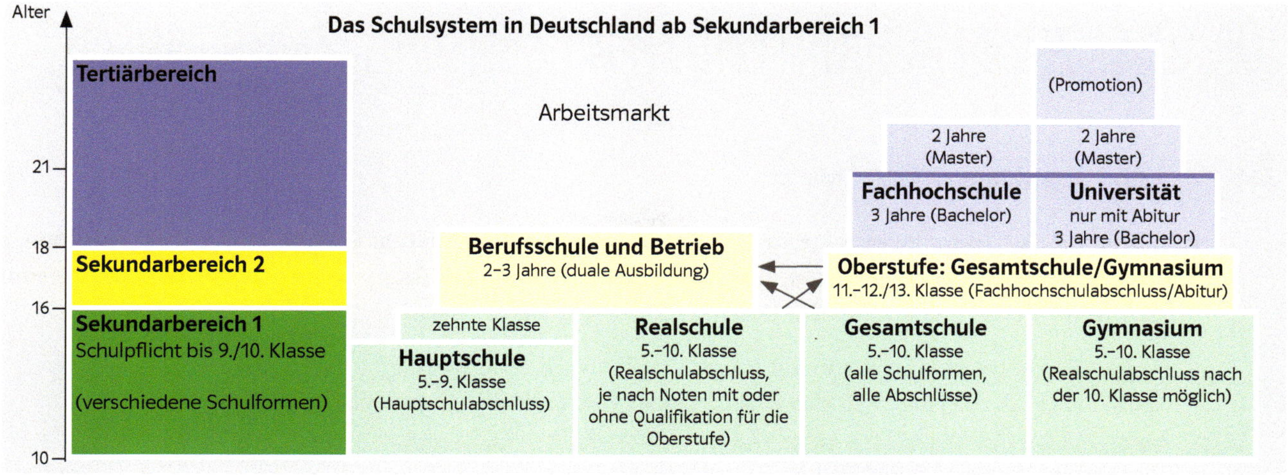

Vereinfachte Darstellung. Es gibt noch weitere Schulen (z. B. Fachoberschulen und Förderschulen) und Unterschiede zwischen Bundesländern.

3) Zu zweit: Lesen Sie diesen Kommentar einer amerikanischen Studentin über ihr Auslandssemester und besprechen Sie gemeinsam, welche Informationen Sie im Vergleich zu Ihrer Erfahrung an der Uni / im College am interessantesten finden.

„Mir hat das Semester an der TU Braunschweig echt viel Spaß gemacht, aber an ein paar Dinge habe ich mich nicht so gewöhnen können: Das ganze Semester lang hatten wir keine Tests, Referate oder benotete Projekte in meinen Kursen. Es gab erst am Ende einen Abschlusstest pro Kurs. Die Note in diesem Test war dann die Note für den Kurs. Ich fand es auch echt komisch, dass die deutschen Studierenden sich kaum mit ihrer Hochschule identifizieren. Ich habe zum Beispiel ganz selten Personen gesehen, die Kleidung mit dem Uni-Logo tragen."

323 Ein Auslandssemester an einer deutschsprachigen Hochschule

1) Zu zweit: Wählen Sie gemeinsam eine Hochschule aus, an der Sie gerne ein Auslandssemester machen würden (z. B. eine Partneruni). Recherchieren Sie einige wichtige Informationen über die Hochschule und notieren Sie diese in der Tabelle.

Recherche

Webseite und E-Mail-Adresse International Office	Gibt es Deutschkurse für internationale Studierende? (Wo? Wann?)	Angebote Hochschulsport (Welchen Sport gibt es?)
Semestertermine (Beginn/Ende)	**Welche Hochschulgruppen gibt es?**	**Öffnungszeiten der Bibliothek**

2) Individuell: Besuchen Sie nun das aktuelle Vorlesungsverzeichnis der Hochschule, die Sie gewählt haben, und suchen Sie nach Kursen, die Sie für Ihr Haupt- oder Nebenfach an dieser Hochschule belegen würden.

Meine Haupt- und Nebenfächer: ______________________

Kurse, die ich an der Hochschule ______________________

belegen würde: ______________________

3) Zu zweit: Erzählen Sie einer anderen Person, welche Kurse Sie belegen würden und warum Sie diese gewählt haben.

101: Grenzüberschreitender Wissenschaftsaustausch°

324 Von einer Büroklammer zum Mond

1) In Gruppen: Sie bekommen Texte zu Kurt Debus, Ernst Geissler, Werner Osenberg, Wernher von Braun, Eberhard Rees und Georg von Tiesenhausen. Teilen Sie sich die Texte in der Gruppe auf (ein oder zwei pro Person). Lesen Sie Ihre(n) Text(e) und machen Sie Notizen zu den folgenden Fragen:

Wo hat die Person gelebt? Wann hat sie gelebt und wann (und wo) ist sie gestorben?
Wo und was hat die Person studiert? Was hat die Person beruflich gemacht?
Woran hat sie gearbeitet? Für wen? Wie ist die Person in die USA gekommen?

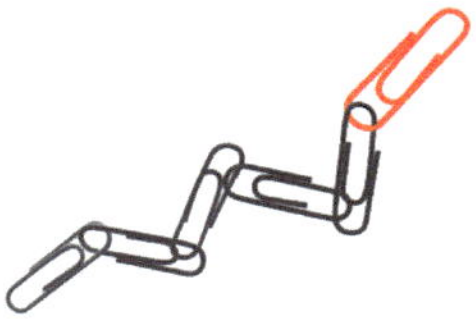

2) In Gruppen: Erzählen Sie kurz von Ihrer/Ihren Person(en). Sie haben maximal 30 Sekunden Zeit pro Person. Diskutieren Sie dann: Was hatten diese Menschen gemeinsam? Welche Person passt nicht ganz in die Liste? Warum nicht? Warum spielte die Person im Leben der anderen eine wichtige Rolle? Was hat sie gemacht?

325 Zwischen Kooperation und Konkurrenz in der Wissenschaft

1) In Gruppen: Was motiviert Länder, neue Technologien zu entwickeln und/oder in Wissenschaft zu investieren?

2) Was denken Sie: In welchen wissenschaftlichen Bereichen tendieren Länder eher zur Kooperation? Wo zur Konkurrenz?

Kooperation	Konkurrenz

3) Ein historisches Beispiel wissenschaftlicher Konkurrenz war der sogenannte „Wettlauf ins All" (*Space Race*) in den 1950er und 1960er Jahren zwischen den USA und der Sowjetunion. Was waren die (politischen) Gründe für die Konkurrenz in der Raumfahrtforschung? Im Jahr 2020 kündigten die Pharmaunternehmen Sanofi (Frankreich) und GSK (England) an, dass Sie gemeinsam an einem Impfstoff gegen COVID-19 forschen wollten. Was waren wahrscheinlich die Gründe für diese Kollaboration?

Recherche

1) In kleinen Gruppen: In LERNEN haben Sie Geert Hofstedes Kulturdimensionen kennengelernt und versucht, sich selbst zu positionieren. Hofstede ist aber vor allem an Nationalkulturen interessiert und hat deshalb die Ergebnisse seiner Studie als Länderdaten zusammengefasst. Gehen Sie über den Link, den Sie unter www.klett-usa.com/impuls2links finden, zum Ländervergleich. Geben Sie die USA, mindestens eins der deutschsprachigen Länder (es gibt keine Daten zu Liechtenstein) und ein oder zwei Länder, die Sie gut kennen, ein. Übertragen Sie das Ergebnis hier auf die Seite.

Machtdistanz Individualismus Maskulinität Unsicherheitsvermeidung Langzeitorientierung Genuss

2) Vergleichen Sie die Ergebnisse mit Gruppen, die andere Länder betrachtet haben, um möglichst viele Länderdaten zu sehen. Formulieren Sie Vergleiche.

Beispiel: Die USA haben eine höhere Zahl bei … als Deutschland. Japan hat die höchste Zahl in dieser Kategorie.

3) In kleinen Gruppen: Sprechen Sie über Ihre Eindrücke. Finden Sie sich in den Länderdaten wieder? Was finden Sie interessant/komisch/ungewöhnlich/spannend an den Daten?

4) In kleinen Gruppen: Wir haben darüber gesprochen, dass wir Kulturen nicht essentialisieren sollten und dass Nationalkulturen eigentlich zu groß sind, um sinnstiftend (*meaningful*) zu sein. Warum ist es problematisch, dass Länder hier genau eine Zahl zugewiesen bekommen (Probleme)? Warum/Wofür können solche Zahlen aber auch positiv oder nützlich sein (Nutzen)? Sammeln Sie Stichpunkte und vergleichen Sie sie dann mit anderen Gruppen.

Probleme	Nutzen

5) In kleinen Gruppen: In Geschäftsbeziehungen oder bei Kooperationen zwischen Menschen aus verschiedenen Kulturen werden diese Zahlen benutzt, um kulturelle Regeln zu formulieren. Missverständnisse sollen so vermieden werden. Denken Sie sich ein Szenario aus, in dem Sie mit Studierenden aus anderen Ländern kooperieren wollen. Welche der Dimensionen oben könnten zu Konflikten oder Missverständnissen führen? Wie können Sie diese Konflikte lösen? Stellen Sie Ihr Szenario den anderen Gruppen vor. Geben Sie einander Feedback.

327 Von Ost-West Geschichte(n) zu transatlantischen Beziehungen

1) In Gruppen: In „Impuls Deutsch“ haben Sie nicht nur die deutsche Sprache gelernt, sondern auch viel über die Kultur und Geschichte der deutschsprachigen Länder. Sammeln Sie stichwortartig, was Sie über <u>Deutschland, Österreich, die Schweiz und/oder Liechtenstein</u> gelernt haben. Denken Sie dabei an so viele Gruppen wie möglich und an die verschiedenen Kulturbegriffe.

2) In Gruppen: Sie haben im Kurs nicht nur über die deutschsprachigen Ländern gesprochen, sondern auch viel über verschiedene <u>Themen und Disziplinen</u> gelernt, z. B. über Geschichte, Medienwissenschaften, Architektur, Psychologie, Literatur, Linguistik, Ingenieurwesen, Physik, (Attraktions-)Design, Kommunikation, Kulturtheorie, Genetik, Politik etc. Sammeln Sie Informationen/Fakten, die Sie besonders interessant fanden.

3) Individuell: Kreuzen Sie Ihre zwei Lieblingskapitel an.

4) In Gruppen: Erklären Sie, warum Sie diese Kapitel gewählt haben. Vergleichen/Diskutieren Sie Ihre Argumente.

5) Im Kurs: Für welches Kapitel gab es die meisten Stimmen? Können Sie ein Lieblingskapitel für den Kurs identifizieren oder gibt es verschiedene Favoriten?

328 Mehr als nur Sprachenlernen

1) Individuell: Das Erlernen einer Sprache ist ein komplexer, nicht-linearer Prozess. Toll dabei ist, dass Sie in der Auseinandersetzung mit einer neuen Sprache und Kultur nicht nur sprachliche Kommunikationsstrategien lernen, sondern natürlich auch Dinge über sich selbst. Reflektieren Sie über die Fragen in den drei Themenfeldern und machen Sie dazu Notizen.

Was können Sie jetzt mit der deutschen Sprache tun? (z. B.: über Vor- und Nachteile diskutieren)	Welche Lernstrategien haben Sie durch „Impuls Deutsch" gelernt? Welche Strategien können Sie auch in anderen Kursen benutzen?	Was haben Sie über sich selbst gelernt in diesem Kurs? Zu welchen Themen haben Sie neue Perspektiven entwickelt?

2) In Gruppen: Tauschen Sie Ihre Antworten zu den drei Fragen mit den anderen Studierenden in Ihrer Gruppe aus. Vergleichen und diskutieren Sie Ihre Antworten.

3) Im Kurs: Welche Antworten fanden Sie am interessantesten? Was hat Sie überrascht? Warum?

329 Deutsch in der Zukunft

Wie wird es mit Deutsch in Ihrem Leben weitergehen? Werden Sie weitere Deutschkurse belegen? Planen Sie ein Semester oder Praktikum in einem deutschsprachigen Land? Wann/Wo? Haben Sie Bekannte/Familienmitglieder, mit denen Sie Deutsch sprechen wollen? Planen Sie ein Forschungsprojekt, bei dem die deutsche Sprache und/oder interkulturelle Kompetenz nützlich sein wird? Haben Sie vor, Deutsch später in Ihrem Beruf zu benutzen? Machen Sie Stichpunkte zu diesen Fragen und präsentieren Sie Ihre Pläne für „Deutsch in Ihrer Zukunft" im Kurs.

103: Projekt 8 – Ein Forschungsprojekt°

330 Ein Forschungsprojekt

In diesem Kapitel haben Sie einige Bereiche kennengelernt, in denen es Austausch oder Einfluss zwischen den deutschsprachigen Ländern und Nordamerika gab/gibt, wie z. B. Musik, Sprache und Wissenschaft. Natürlich gibt es noch viel mehr darüber zu sagen.

1) Brainstorming/Recherche

Recherche

Bilden Sie eine kleine Gruppe mit drei oder vier Personen. Suchen Sie sich ein weiteres Thema aus, das noch nicht im Kapitel besprochen wurde, und recherchieren Sie darüber. Sie können dabei konkret von bilateralen Beziehungen ausgehen oder allgemeiner von den deutschsprachigen Ländern sprechen.

2) Gruppenportfolio

Die Gruppe arbeitet zusammen an einem (digitalen) Portfolio. Das Portfolio besteht aus:

a) einer schriftlichen Einführung zum Gruppenreferat, in der klar gemacht wird, worum es geht und wie Ihr Arbeitsplan und Ihr Konzept sind.

b) einer schriftlichen Zusammenfassung des Referats.

c) einer Kopie des Handouts oder der einzelnen Folien, die jede Person für das Referat entwickelt hat.

d) einem Anhang mit einer Kopie von bzw. mit Links zu allen Materialien und Quellen, die Sie in Ihrem Projekt verwendet haben (z. B. Zeitungsartikel, Bilder, Buchauszüge, Internetauszüge, Podcasts, Videos, Interviewaufnahmen usw.).

3) Präsentation

Alle Gruppen präsentieren ihr Projekt im Kurs.

ANHANG

4 Geschichtspuzzle (Seite 4)

Zu zweit: Fragen Sie Person 2 nach den Informationen, die Ihnen fehlen, und antworten Sie auf die Fragen von Person 2.

Optionen:
Was ist am 8. Mai 1945 passiert? Am 8. Mai war das Ende vom Zweiten Weltkrieg.
Wann war das Ende vom Zweiten Weltkrieg? Am 8. Mai 1945.

1. Der Bau von der Berliner Mauer beginnt. ✓
2. Gründung von der Bundesrepublik Deutschland (BRD)
3. Arbeiter*innenaufstand[1] in der DDR
4. Wiedervereinigung / Tag der Deutschen Einheit ✓
5. Ende vom Zweiten Weltkrieg ✓
6. Studierendendemonstrationen im Westen ✓
7. Die DDR öffnet die Berliner Mauer.
8. Präsident Reagan sagt: „Mr. Gorbachev, tear down this wall!"
9. Gorbatschow wird Generalsekretär der KPdSU[2] in der Sowjetunion. ✓
10. Die BRD schließt Verträge mit osteuropäischen Staaten.
11. Gründung von der Deutschen Demokratischen Republik (DDR) ✓
12. 120.000 Menschen demonstrieren in Leipzig in der DDR. ✓
13. Gründung von der SED[3] im Osten ✓
14. Ungarn beginnt, den Eisernen Vorhang zu Österreich abzubauen. ✓
15. JFK hält seine berühmte Berlin-Rede.
16. 4.000 Geflüchtete aus der DDR dürfen aus der BRD-Botschaft in Prag in den Westen ausreisen.

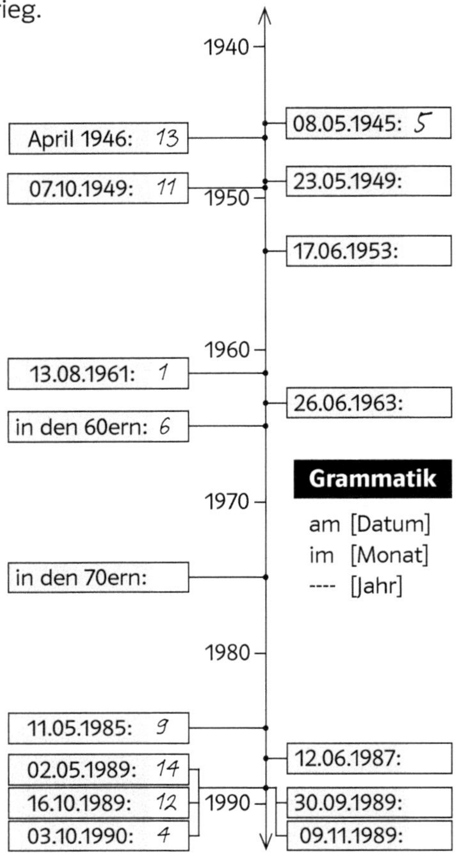

Grammatik
am [Datum]
im [Monat]
---- [Jahr]

[1] der Arbeiter*innenaufstand – *workers' uprising*
[2] die KPdSU – *Communist Party of the Soviet Union*
[3] SED – *Socialist Unity Party of Germany*

13 Fluchtversuche (Seite 9)

Erzählen Sie die folgende Geschichte im **Präteritum**.

Horst Beyer *<u>war</u>* *kurz nach dem Bau der Mauer in Berlin Fotograf bei der Berliner Zeitung. Für …*

Fluchtgeschichte 1. Horst Beyer ist kurz nach dem Bau der Mauer in Berlin Fotograf bei der Berliner Zeitung gewesen (→ war). Für seinen Fluchtplan hat er Sportlerinnen zur Grenze an der Friedrichstraße eingeladen (→ lud ein), um zum zwölften Gründungstag der DDR, am 9. Oktober 1961, Fotos zu machen. Er hat die Sportlerinnen gebeten (→ bat), an der Mauer zu stehen, und die DDR-Grenzsoldat*innen eingeladen (→ lud ein), sich zu den Frauen zu stellen. Beim Fotografieren aus immer neuen Perspektiven ist er immer weiter rückwärts zum Grenzstrich zwischen der DDR und der BRD gegangen (→ ging). Ein Volkspolizist hat ihn noch gewarnt (→ warnte), dass er gerade aus Versehen über die Grenze getreten ist (→ trat). Da hat Beyer gewusst (→ wusste), dass die Grenze nicht mehr weit ist (→ war). Er ist über die Grenze am Checkpoint Charlie gerannt (→ rannte) und hat den Westen erreicht (→ erreichte).

48 Oktoberfest 2019 in Zahlen (Seite 32)

Schritt 1: Lesen Sie zuerst die folgenden Fragen über das Oktoberfest 2019:

Wie viele Menschen haben das Oktoberfest besucht?
Wie viele Personen haben beim Oktoberfest gearbeitet?
Wie groß ist das Oktoberfest-Areal (Theresienwiese)?
Wie viele (große und mittelgroße) Gastronomiezelte (Festzelte) hat es gegeben?
Wie viele Sitzplätze hat es insgesamt beim Oktoberfest gegeben?
Wie viele Sitzplätze hat es im größten Festzelt gegeben?
Wie viele Schausteller*innengeschäfte hat es gegeben?
Wie viele Ochsen haben die Gastronom*innen verarbeitet?
Wie viele Gegenstände haben die Leute im Fundbüro abgegeben?
Wie viele Liter Bier haben die Besucher*innen konsumiert?
Wie viel Liter Wasser hat man insgesamt verbraucht?
Wie viele Toiletten-„Sitzplätze" hat es für Besucher*innen gegeben?
Wie viele Meter „Stehplätze" hat es in den Toiletten für Besucher*innen gegeben?

Schritt 2: Lesen Sie jetzt den Text. Zu welchen der Fragen können Sie im Text Antworten finden?

Person 1
Allgemeine Informationen zum Oktoberfest

Das Oktoberfest in München ist das größte Volksfest der Welt. Im Jahr 2019 haben 6,3 Millionen Menschen das Fest besucht. Natürlich besuchen viele Münchner*innen und Menschen aus anderen deutschen Städten das Oktoberfest, aber es gibt auch viele Gäst*innen aus der ganzen Welt. 2019 kamen Besucher*innen aus Ländern wie den USA, Großbritannien, Frankreich, Österreich, den Niederlanden, der Schweiz, Italien oder Australien. In den letzten Jahren lag der Durchschnitt der internationalen Besucher*innen bei ca. 19 %. Ein wichtiger Teil vom Oktoberfest ist die Gastronomie. In insgesamt 38 Gastronomiezelten konnten die Leute bayerische Spezialitäten genießen. Es gab 17 große Gastronomiezelte und 21 mittelgroße. Die meisten Sitzplätze bot im Jahr 2019 das Hofbräu-Gastronomiezelt mit 9.991 Sitzplätzen. Das Oktoberfest findet jedes Jahr auf einer riesigen Fläche statt. Das Areal umfasst ca. 38 Hektar, also 380.000 Quadratmeter. Das sind fast so viel wie 100 American Football-Felder. Auf 3,5 Hektar davon gibt es die sogenannte „Oide Wiesn" (Alte Wiesn), wo die Geschichte des Oktoberfests dargestellt wird.

Schritt 3: Füllen Sie jetzt zusammen mit den anderen Personen in der Gruppe die Tabelle auf Seite 32 aus. Zusammen haben Sie alle Informationen. Wer hat welche?

13 Fluchtversuche (Seite 9)

Erzählen Sie die folgende Geschichte im **Präteritum**.

Am 7. Juli 1969 versteckte sich eine 18-jährige Frau in einer „trojanischen Kuh". Die …

Fluchtgeschichte 2. Am 7. Juli 1969 hat sich eine 18-jährige Frau in einer „trojanischen Kuh" versteckt (→ versteckte). Die Kuh ist ein Ausstellungsobjekt aus einem Museum und innen hohl gewesen (→ war). Die Frau hat mit ihrem Verlobten in Westberlin leben wollen (→ wollte), der zwei Fluchthelfern 5.000 D-Mark bezahlt hat (→ bezahlte). Bei ihrer Ankunft in Westberlin haben die Helfer weitere 5.000 D-Mark bekommen sollen (→ sollten). In einem Kleinlastwagen haben die Helfer die Kuh nach Potsdam transportiert (→ transportierten). Aber am DDR-Grenzübergang Drewitz haben Grenzsoldat*innen das Versteck entdeckt (→ entdeckten) und alle im Kleinlastwagen festgenommen (→ nahmen fest). Die Flucht in der Kuh ist gescheitert (→ scheiterte) und die Frau hat es nicht nach Berlin-Wannsee im Westen geschafft (→ schaffte). Die Fluchthelfer hat man zu drei Jahren Gefängnis verurteilt (→ verurteilte), die Frau hat für zwei Jahre und zehn Monate ins Gefängnis gemusst (→ musste). Nach vier Monaten hat die Bundesrepublik sie freigekauft (→ kaufte frei).

64 „Stammbaum“ der Achterbahnhersteller (Seite 41)

Rekonstruieren Sie mit den folgenden Informationen den Stammbaum der Achterbahnhersteller auf Seite 41.

Hubert **Gerstlauer** war Mitarbeiter bei **Schwarzkopf**. 1982 gründete er seine eigene Firma. Nach der Insolvenz von Schwarzkopf übernahm er die Produktionshallen in Münsterhausen, Deutschland.

Intamin repräsentierte **Schwarzkopf** in anderen Ländern (außerhalb von Deutschland) und plante danach auch eigene Achterbahnen. Nach der Insolvenz von Schwarzkopf bekam Intamin alle Patente von Schwarzkopf.

Peter Schnabel leitete die nordamerikanische Niederlassung von **Intamin**. 1994 gründete er ein eigenes Unternehmen in den USA: **Premier Rides**.

Giovanola in der Schweiz war ein Zulieferer für **Intamin**. Das Unternehmen baute aber auch eigene Anlagen. 2004 musste es schließen.

Die Ingenieure Walter **Bolliger und** Claude **Mabillard** arbeiteten bei Giovanola und designten z.B. die erste stehende Achterbahn. 1988 gründeten sie ihr eigenes Unternehmen in der Schweiz.

Maurer übernahm die direkten Geschäfte von Anton **Schwarzkopf**/BHS und übernimmt auch heute noch den Service und die Ersatzteilversorgung für viele Schwarzkopf-Achterbahnen.

Mack Rides ist seit über 200 Jahren im Attraktionenbau. Die Familie Mack besitzt auch den Freitzeitpark Europa-Park.

Zierer ist ein Hersteller von Achterbahnen und Karussells. Die Firma wurde 1930 gegründet und hat neben vielen Achterbahnen weltweit über 200 Kettenkarussells („Wellenflieger“) verkauft.

73 Gefährlich oder sicher? (Seite 46)

Was ist tatsächlich am gefährlichsten? Und warum könnte es schwer sein, die Daten miteinander zu vergleichen? Was kann man einfach vergleichen und was eher nicht?

das Flugzeug: 0,035 Tote pro 100 Millionen km

die Fähre: 0,25 Tote pro 100 Millionen km

die Stechmücke: 725.000 Tote pro Jahr

die Achterbahn: Sterbewahrscheinlichkeit 1:24.000.000

der Blitz: 8 Deutsche pro Jahr; 27 Amerikaner*innen pro Jahr

das Auto: 0,7 Tote pro 100 Millionen km

der Hai: Wahrscheinlichkeit 1:3.750.000 (10 Tote/Jahr)

der Zug: 0,035 Tote pro 100 Millionen km

102 Woraus werden Schweizer Qualitätsuhren hergestellt? (Seite 63)

Zu zweit: Finden Sie die fehlenden Informationen in Ihrer Tabelle. Formulieren Sie die Fragen im Passiv, wie im Beispiel.

Anita: Aus welchem Material wird das Gehäuse hergestellt?
Amos: Das Gehäuse wird aus Plastik oder … hergestellt.

Teile / Rohstoff	Gehäuse	Rädchen, Zahnrad	Feder, Pendel	Ziffernblatt	Zeiger
rostfreier Stahl			x		x
Gold, Silber, Keramik					x
Messing, Metalllegierung		x	x		x
Glas					

90 Ein Blick auf die Schweiz (Seite 56)

Sie hören zu zweit einen Text über die Schweiz. Konzentrieren Sie sich auf die Informationen in der linken Spalte. Die andere Person konzentriert sich auf die Fragen in der rechten Spalte.

Sie

Seen in der Schweiz
a) 819
b) 890
c) 150
d) 1.500

Fluss, der nicht in der Schweiz entspringt
a) der Inn
b) der Rhein
c) die Rhône
d) die Donau

Distanz Nordgrenze zu Südgrenze
a) 220 km
b) 348 km
c) 4.634 m
d) 41.285 km

Anzahl der Gipfel höher als 2.000 m
a) 4.634
b) 3.350
c) 2.000
d) 4.487

Berg, der 3.967 m hoch ist
a) die Dufourspitze
b) der Eiger
c) die Jungfrau
d) das Matterhorn

Anzahl der Nachbarländer, die an die Schweiz grenzen
a) 3
b) 4
c) 5
d) 6

Einwohner*innen in der Schweiz (2019)
a) 8,7 Millionen
b) 5,7 Millionen
c) 6,7 Millionen
d) 9,7 Millionen

Stadt mit den meisten Einwohner*innen in der Schweiz
a) Basel
b) Bern
c) Genf
d) Zürich

Internationales Autokennzeichen der Schweiz
a) CH
b) S
c) SCH
d) SZ

Die andere Person

Welches Land ist kein Binnenstaat?
a) Deutschland
b) Liechtenstein
c) Österreich
d) die Schweiz

Welcher See ist der größte der Schweiz?
a) der Vierwaldstätter See
b) der Zürichsee
c) der Bodensee
d) der Genfersee

Welcher Fluss fließt durch Österreich und Deutschland?
a) der Inn
b) der Rhein
c) die Rhône
d) die Elbe

Wie heißt der höchste Berg in der Schweiz?
a) die Dufourspitze
b) der Eiger
c) das Matterhorn
d) Piz Bernina

Wo liegen die höchsten Gipfel der Schweiz?
a) in den Luganer Alpen
b) in den Berner Alpen
c) in den Appenzeller Alpen
d) in den Walliser Alpen

Welche Sprache ist keine Amtssprache in der Schweiz?
a) Deutsch
b) Französisch
c) Italienisch
d) Rätoromanisch

Zu welchem Land hat die Schweiz die längste Staatsgrenze?
a) zu Deutschland
b) zu Frankreich
c) zu Italien
d) zu Österreich

Wie viele Kantone hat die Schweiz?
a) 12
b) 18
c) 26
d) 30

Wie heißt die Hauptstadt der Schweiz?
a) Basel
b) Bern
c) Genf
d) Zürich

116 Wie laut ist das? (Seite 70)

Zu zweit: Erfragen Sie die fehlenden Informationen. Benutzen Sie für die Fragen und Antworten das Passiv. Schreiben Sie die Antworten in die Tabelle.

Frage: Wann werden ________ Dezibel erreicht?

Antwort: ________ Dezibel werden zum Beispiel bei ________ (oder ________) erreicht.

Schallpegel in Dezibel (dB)	Schallquelle (Beispiele)
10	
25	Atemgeräusche
45	
55	Fernseher in Zimmerlautstärke
70	Staubsauger und Haartrockner
80	
95	
110	Rockkonzert, Kreissäge
120	
140	Flugzeugstart

129 Option B: Die vier Sprachen in der Schweiz (Seite 79)

Lesen Sie Ihren Textteil und identifizieren Sie das Thema. Geben Sie Ihrem Teil einen Titel und schreiben Sie auf Seite 70 3–5 Schlüsselwörter auf. Erzählen Sie dann den anderen Personen von Ihrem Abschnitt.

Teil 1

Die Schweiz heißt auch noch „Suisse“, „Svizzera“ und „Svizra“. Die vier Namen und damit die vier Sprachen stehen auf den Geldscheinen und sind ein wichtiger Teil der Schweizer Identität. Viele Schweizer*innen sind stolz[1] darauf, dass die Schweiz viersprachig ist. Ein Symbol dafür sind die Schweizer Milchpackungen, auf denen „Milch Lait Latte“ steht.
Jedes Kind kennt diese drei Wörter, ist aber ansonsten nicht trilingual. Die Vielsprachigkeit der Schweiz ist oft nur noch Fiktion. Die Sprachen leben mehr und mehr nur noch in ihren eigenen[2] Regionen und deshalb getrennt. Vielsprachigkeit sieht anders aus. Deutschschweizer*innen und die Schweizer*innen, die romanische Sprachen sprechen, scheinen nur noch eine Zweckbeziehung[3] zu führen.

[1] stolz – *proud* [2] eigen – *own* [3] die Zweckbeziehung – *mutually beneficial relationship*

13 Fluchtversuche (Seite 9)

Erzählen Sie die folgende Geschichte im **Präteritum**.

Holger Bethke war der jüngste von drei Brüdern, die aus der DDR flohen. Seine …

Fluchtgeschichte 3. Holger Bethke ist der jüngste von drei Brüdern gewesen (→ war), die aus der DDR geflohen sind (→ flohen). Seine kommunistischen Eltern sind hohe Funktionäre im Ostberliner DDR-Innenministerium gewesen (→ waren), bis ihr ältester Sohn Ingo über die Elbe in den Westen geflohen ist (→ floh). Holger hat als Elektriker gearbeitet (→ arbeitete). Mit seinem Freund Michael Becker hat er an einem spektakulären Plan gearbeitet (→ arbeitete), um in den Westen zu kommen. Sie haben geplant (→ planten), mit einer Seilwinde über den Todesstreifen zu fliehen. Dafür haben die zwei Freunde trainiert (→ trainierten). Am 31. Mai 1983 ist es so weit gewesen (→ war). Mit Pfeil und Bogen haben die beiden eine dünne Angelschnur von einem Dach im Osten in den Westen geschossen (→ schossen). Im Westen hat der Bruder Ingo den dritten und letzten Pfeil gefunden (→ fand) und ihn an seinem Auto befestigt (→ befestigte). Dann sind Holger und Michael 20 Meter über dem Todesstreifen in Berlin-Treptow nach Berlin-Neukölln geflohen (→ flohen).

132 Kleine Sprachen in der Schweiz (Seite 80)

Stellen und beantworten Sie Fragen.

Wie heißt die Sprache? Die Sprache heißt ...
Woher kommt die Sprache? Die Sprache kommt aus [Land], aus dem [xx. Jahrhundert] etc.
Wo wird die Sprache gesprochen? Die Sprache wird in ... gesprochen.
Von wie vielen Menschen wird sie gesprochen? Die Sprache wird von ... gesprochen.

Falls Sie nicht wissen, wie man etwas schreibt, fragen Sie: Kannst du das bitte buchstabieren?

Name	Herkunft	Region	Sprecher*innen
Tessiner Dialekt		**Tessin und Graubünden**	30 % der Tessiner*innen
		ein Dorf im Tessin (mitgebracht von deutschsprachigen Siedler*innen aus dem Wallis)	**sehr, sehr wenige Menschen**
Rätoromanisch	**Vermischung von Latein mit keltischen und rätischen Sprachen**		20 % in Graubünden, 0,5 % aller Schweizer*innen
Frankoprovenzalisch	kein Dialekt, sondern eine eigene, romanische Sprache		

229 „Queer 4 You" und „Queen of Drags": Progressive Sendungen oder schlechte Kopien? (Seite 145)

Lesen Sie den Text und schreiben Sie dann die positiven und negativen Reaktionen zu Ihrer Show in die Tabelle auf Seite 145.

„Queer 4 You"

„Queer Eye" war ein großer Erfolg in den USA. „Queer 4 You", die deutsche Adaption der US-Show, hatte eher gemischte Rezensionen. Positive Reaktionen betonten, dass die Stimmung sehr positiv ist und dass die Kandidat*innen sich darüber freuen, dass vier Fachleute ihnen helfen, ihr Leben aufzufrischen. Die Sendung macht wegen dieser positiven Stimmung Spaß. Kritiker*innen sagen aber, dass alles bei der deutschen Sendung sehr statisch ist. Die Struktur der Sendung wird vom amerikanischen Original kopiert, ohne die Struktur mit richtigen Emotionen zu füllen. Die Kritiker*innen wollen bei „Queer 4 You" mehr über das Innenleben der Kandidat*innen erfahren. Ein häufiger Kritikpunkt war auch, dass die Sendung nicht die sozioökonomische Realität der Kandidat*innen beachtet. Die vier Experten versuchen oft, ihren eigenen Lebensstil auf die Kandidat*innen zu übertragen. Dieser Versuch ist aber nicht immer erfolgreich. Die Sendung verpasst damit die Chance, die sozialen Probleme anzusprechen, die Teil der Lebensrealität der Kandidat*innen sind. Ein letzter Kritikpunkt ist die Tatsache, dass in „Queer 4 You" die Dialoge teilweise etwas banal sind. Dadurch hat man oft den Eindruck, dass das Leben queerer Menschen benutzt wird, um eine hoffentlich erfolgreiche TV-Show zu produzieren, aber nicht weil man sich ernsthaft mit Themen wie „Andersheit", „Ausgrenzung" und „sozialer Akzeptanz" beschäftigen will. Das Fazit: Mehr Tiefe, weniger Show.

138 Global vernetzt: Mode als Beispiel (Seite 85)

Zu zweit: Tauschen Sie Informationen über Fast Fashion (wie Fast Fashion etwas macht, warum und welche Probleme es dabei gibt) und Lösungsansätze aus.

Lesen Sie zuerst Ihre Informationen und überlegen Sie: Was sind Gründe von und was sind Probleme bei Fast Fashion?

	Fast Fashion	**Mögliche Lösungen**
Produktion	Fast Fashion wird im globalen Süden produziert: Dort gibt es geringe Produktionskosten, geringe Gehälter für Arbeiter*innen, keine Gesundheitsvorsorge und keine Garantie von Arbeitsrechten.	
Abfall		Recycling-Programme von Läden Problem: „Greenwashing", das heißt: Läden wollen weiterhin mehr verkaufen, ohne wirklich nachhaltig zu arbeiten.
Schadstoffe	Chemikalien werden benutzt: Sie machen Kleidung glatt und bunt, kommen aber in die Abwässer und schaden auch unserer Gesundheit und unserer Haut.	

Sprechen Sie jetzt mit einer anderen Person und formulieren Sie die Fast Fashion-Sätze mit „weil/damit" und „dass" um (Fast Fashion ..., weil/damit ... [Verb]. Das Problem ist, dass ... [Verb]). Bei den Lösungsansätzen können Sie immer „dass" benutzen (z. B.: Eine mögliche Lösung ist, dass ... [Verb]).

Beispiel:

Ayla: Kannst du mir etwas zur Produktion von Fast Fashion sagen?
Robert: Fast Fashion wird im globalen Süden produziert, weil es dort geringe Produktionskosten gibt.
Ayla: Und was ist das Problem?
Robert: Das Problem ist, dass es dort geringe Gehälter für Arbeiter*innen, keine Gesundheitsvorsorge und keine Garantie von Arbeitsrechten gibt. Was ist denn eine mögliche Lösung?
Ayla: Eine mögliche Lösung ist, dass man in Arbeitsstätten produziert, die ethisch arbeiten. Dort gibt es dann angemessene Gehälter und Gesundheitsbedingungen.
Robert: Verstehe. Kannst du mir etwas zum Abfall sagen?
Ayla: ...

129 Option B: Die vier Sprachen in der Schweiz (Seite 79)

Lesen Sie Ihren Textteil und identifizieren Sie das Thema. Geben Sie Ihrem Teil einen Titel und schreiben Sie auf Seite 70 3–5 Schlüsselwörter auf. Erzählen Sie dann den anderen Personen von Ihrem Abschnitt.

Teil 2

Zum Beispiel sind den meisten Deutschschweizer*innen die anderen Sprachen nicht wichtig. Das sieht man am Französischen. Für viele Deutschschweizer*innen ist das Lernen von Französisch nur eine Pflicht[1]. Die Thurgauer*innen wollen an ihren Schulen kein frühes[2] Französisch mehr haben. Der Grosse [Schweizer Schreibweise ohne ß] Rat[3] hat im Mai 2017 entschieden, dass Thurgauer Kinder erst in der Oberstufe, das sind die letzten drei Schuljahre, Französisch lernen müssen. Aber in drei Jahren kann man keine Sprache lernen. Die Thurgauer*innen glauben auch nicht, dass man Französisch braucht. Deshalb ist ihnen das Sprachenlernen nicht wichtig oder zumindest nicht wichtiger als das Lernen von Englisch.

[1] die Pflicht – *duty* [2] früh – *early* [3] der Rat – *council*

140 Tiere im Klimastress (Seite 86)

Lesen Sie zuerst die Informationen in Ihrer Tabelle und beschreiben Sie die Probleme in Ihren eigenen Worten. Hören Sie dann der anderen Person zu und ergänzen Sie Ihre Tabelle mit den Informationen, die Sie hören.

Tiergruppe	Probleme durch den Klimawandel

	Die ansteigenden Temperaturen stören den Jahresrhythmus vieler Vögel. Nicht alle können sich instinktiv an die neue Situation anpassen. Manche Zugvögel finden nun nicht mehr genug Insekten, wenn sie im Sommer nach Deutschland zurückkommen, weil die Insekten schon früher ihre „Hochsaison" haben. Deshalb sterben viele Küken noch im Nest.

	Der Lebensraum von Eisbären, Robben und Pinguinen schmilzt unter ihren Füßen weg. Und für sie gibt es keine kälteren Gegenden, in die sie auswandern könnten. Durch die Erwärmung der Meere gibt es weniger Fische. Damit finden Pinguine weniger Nahrung. Robben jagen unter anderem Pinguine, und Eisbären essen am liebsten Robben. Die Störung dieses Kreislaufs durch den Klimawandel wird zu einem Teufelskreis.

Diskutieren Sie nun: Was haben Sie schon gewusst? Was nicht?

299 In D-A-CH-L lebende US-Amerikaner*innen (Seite 190)

Stellen Sie Ihre Fragen (linke Spalte der Tabelle) und beantworten Sie die Fragen der anderen Person mit dem Satzanfang (rechte Spalte) und Informationen aus dem Text auf Seite 190.

Frage	Antwort
	Der für Grasshoppers Zürich spielende Mann hat …
Warum wollte der in Zürich lebende Mann nicht in der MLS spielen?	
	Die Molekulare Biotechnologie studierende Frau ist …
Warum wollte die in München lebende Frau nicht in den USA studieren?	
	Der in Wiesbaden lebende Mann …
Warum ist der in Wiesbaden lebende Mann nach der Army-Zeit nicht in die USA zurückgegangen?	
	Die als Journalistin arbeitende Frau ist …
Warum ist die in Berlin lebende Frau in Deutschland geblieben?	

129 Option B: Die vier Sprachen in der Schweiz (Seite 79)

Lesen Sie Ihren Textteil und identifizieren Sie das Thema. Geben Sie Ihrem Teil einen Titel und schreiben Sie auf Seite 70 3–5 Schlüsselwörter auf. Erzählen Sie dann den anderen Personen von Ihrem Abschnitt.

Teil 3

Die Sprachverteilung passt in die Geschichte. Die alte Schweiz war bis 1798 monolingual und zwar nur deutsprachig. Erst im 19. Jahrhundert wurde die Schweiz institutionell vielsprachig. Freiburg wechselte im 15. Jahrhundert sogar die Amtssprache von Französisch zu Deutsch. Politisch war Deutsch die Sprache der Macht[1], privat sprachen diejenigen Französisch, die ihre Bildung[2] oder ihren sozialen Status zeigen wollten. Vor allem wegen der Schweizer Binnenmigration, also Umzüge von einer Region in die andere, war Mehrsprachigkeit nicht nur auf die Elite beschränkt[3].

[1] die Macht – *power* [2] die Bildung – *education* [3] beschränken – *to limit*

13 Fluchtversuche (Seite 9)

Erzählen Sie die folgende Geschichte im **Präteritum**.

Egbert Bethke hatte zwei Brüder, die aus dem Osten in den Westen flohen und …

Fluchtgeschichte 4. Egbert Bethke hat zwei Brüder gehabt (→ hatte), die aus dem Osten in den Westen geflohen sind (→ flohen), und die Stasi hat deshalb ihn und seine Eltern bespitzelt (→ bespitzelte) und beobachtet (→ beobachtete). Es ist sehr riskant gewesen (→ war), eine Flucht zu planen. Seine Brüder Ingo und Holger haben ihm bei seiner Flucht aus der DDR geholfen (→ halfen). Sie haben sich zwei Leichtbauflieger in Bayern gekauft (→ kauften) und haben gelernt (→ lernten), wie man damit fliegt. Weil ihr Plan so teuer gewesen ist (→ war), haben die zwei Brüder ihre Kneipe verkauft (→ verkauften). Am 26. Mai 1989 sind sie in die DDR geflogen (→ flogen). Dabei sind sie kurz auf einer Wiese im Volkspark Treptow gelandet (→ landeten), wo Egbert in den Flieger gesprungen ist (→ sprang). Minuten später sind alle drei in zwei Fliegern sicher vor dem Reichstag gelandet (→ landeten). Ihre Flucht haben sie gefilmt (→ filmten) und das Video an ein Magazin verkauft (→ verkauften). Egbert haben sie einen Teil vom Geld für einen guten Start im Westen gegeben (→ gaben). Dort hat Egbert zuerst als Gabelstaplerfahrer gearbeitet (→ arbeitete).

316 Die deutsche Parteienlandschaft (Seite 199)

Zu zweit: In dieser Tabelle finden Sie viele Informationen zu den Parteien, die von 2017 bis 2020 im deutschen Bundestag saßen. Ihnen fehlt in jeder Zeile eine Information, in der letzten Zeile fehlen Ihnen mehrere. Fragen Sie die andere Person nach diesen Informationen. Die Informationen, die der anderen Person fehlen, sind in jeder Zeile fettgedruckt.

Sortieren Sie zuerst die W-Fragen in die korrekte Reihenfolge und fragen Sie dann die andere Person:

wurde / die Partei / gegründet / wann / ?

politische Richtung / welche / die Partei / hat / ?

die Partei / ist / in wie vielen Bundesländern / Regierungspartei / ?

war / die Partei / wie viele Jahre / Regierungspartei im Bund / ?

die Partei / hatte / wie viele Bundeskanzler*innen / ?

ist / der Frauenanteil der Partei / im Bundestag / wie hoch / ?

2017 / waren / was / die wichtigen Themen / der Partei / ?

	Die Linke	**SPD**	**Bündnis 90/ Die Grünen**[1]	**CDU/CSU**	**FDP**	**AfD**
Gründungsjahr	2007 (Fusion von PDS (Ost, 1990–2007) und WASG (West, 2004–2007))	**1890**	1993 (Fusion von Die Grünen (West, seit 1980) und ostdeutscher Bürger*innen-bewegung)	1945	1948	
politische Richtung	**links**	mitte-links		mitte-rechts	mitte-rechts	rechts
Regierungspartei in Bundesländern (2020)	3	11	11		**3**	0
Jahre als Regierungspartei (Bund) (Stand: 2020)	0		7	**51**	47	0
Zahl der Bundeskanzler*innen	0	**3**	0		0	0
Frauenanteil im Bundestag 2017–2021	53,6 %	42,8 %	**58,2 %**	20,7 %	22,5 %	
wichtigste Themen aus Wahlprogramm 2017	____________, soziale Sicherheit, Gleich-berechtigung, ____________	Bildung, Familien, gerechter ____________	**Umwelt**, Weltoffenheit, Vielfalt, Gerechtigkeit	Arbeit, ____________ ____________, Sicherheit, Solidarität	**Bildung,** Wirtschaft, wenig **Staat**, Digitali-sierung	gegen **EU und Euro**, gegen Immigration, deutsche Leitkultur

[1] Der*Die Bundestagspräsident*in schaut so auf die Parteien im Bundestag, wie sie hier stehen (von links nach rechts). Eigentlich sitzen die Parteien im Bundestag nach ihrer politischen Richtung von links nach rechts sortiert. Als Die Grünen in den Bundestag einzogen, wollte die SPD nicht, dass links von ihr jemand sitzt; deshalb sitzen Die Grünen mittiger.

4 Geschichtspuzzle (Seite 4)

Zu zweit: Fragen Sie Person 1 nach den Informationen, die Ihnen fehlen, und antworten Sie auf die Fragen von Person 1.

Optionen:
Was ist am 8. Mai 1945 passiert? Am 8. Mai war das Ende vom Zweiten Weltkrieg.
Wann war das Ende vom Zweiten Weltkrieg? Am 8. Mai 1945.

1. Der Bau von der Berliner Mauer beginnt.
2. Gründung von der Bundesrepublik Deutschland (BRD) ✓
3. Arbeiter*innenaufstand[1] in der DDR ✓
4. Wiedervereinigung / Tag der Deutschen Einheit
5. Ende vom Zweiten Weltkrieg ✓
6. Studierendendemonstrationen im Westen
7. Die DDR öffnet die Berliner Mauer. ✓
8. Präsident Reagan sagt: „Mr. Gorbachev, tear down this wall!" ✓
9. Gorbatschow wird Generalsekretär der KPdSU[2] in der Sowjetunion.
10. Die BRD schließt Verträge mit osteuropäischen Staaten. ✓
11. Gründung von der Deutschen Demokratischen Republik (DDR)
12. 120.000 Menschen demonstrieren in Leipzig in der DDR.
13. Gründung von der SED[3] im Osten
14. Ungarn beginnt, den Eisernen Vorhang zu Österreich abzubauen.
15. JFK hält seine berühmte Berlin-Rede. ✓
16. 4.000 Geflüchtete aus der DDR dürfen aus der BRD-Botschaft in Prag in den Westen ausreisen. ✓

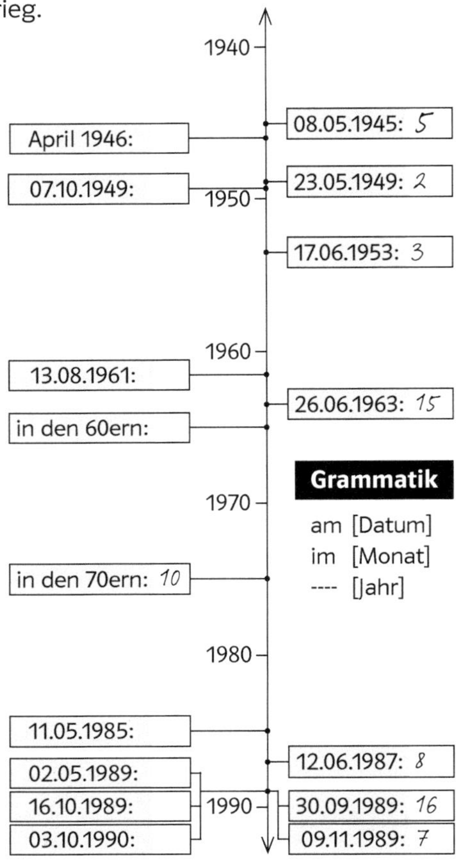

Grammatik
am [Datum]
im [Monat]
---- [Jahr]

[1] der Arbeiter*innenaufstand – *workers' uprising*
[2] die KPdSU – *Communist Party of the Soviet Union*
[3] SED – *Socialist Unity Party of Germany*

116 Wie laut ist das? (Seite 70)

Zu zweit: Erfragen Sie die fehlenden Informationen. Benutzen Sie für die Fragen und Antworten das Passiv. Schreiben Sie die Antworten in die Tabelle.

Frage: Wann werden ________ Dezibel erreicht?

Antwort: ________ Dezibel werden zum Beispiel bei ________ (oder ________) erreicht.

Schallpegel in Dezibel (dB)	Schallquelle (Beispiele)
10	Rascheln von Blättern oder Papier
25	
45	ruhige Wohnung
55	
70	
80	starker Verkehr, LKW
95	Musik (Kopfhörer), Diskothek
110	
120	Presslufthammer (1 m Entfernung)
140	

48 Oktoberfest 2019 in Zahlen (Seite 32)

Schritt 1: Lesen Sie zuerst die folgenden Fragen über das Oktoberfest 2019:

Wie viele Menschen haben das Oktoberfest besucht?
Wie viele Personen haben beim Oktoberfest gearbeitet?
Wie groß ist das Oktoberfest-Areal (Theresienwiese)?
Wie viele (große und mittelgroße) Gastronomiezelte (Festzelte) hat es gegeben?
Wie viele Sitzplätze hat es insgesamt beim Oktoberfest gegeben?
Wie viele Sitzplätze hat es im größten Festzelt gegeben?
Wie viele Schausteller*innengeschäfte hat es gegeben?
Wie viele Ochsen haben die Gastronom*innen verarbeitet?
Wie viele Gegenstände haben die Leute im Fundbüro abgegeben?
Wie viele Liter Bier haben die Besucher*innen konsumiert?
Wie viel Liter Wasser hat man insgesamt verbraucht?
Wie viele Toiletten-„Sitzplätze" hat es für Besucher*innen gegeben?
Wie viele Meter „Stehplätze" hat es in den Toiletten für Besucher*innen gegeben?

Schritt 2: Lesen Sie jetzt den Text. Zu welchen der Fragen können Sie im Text Antworten finden?

Person 2
Hinter den Kulissen

Das Oktoberfest ist eine große logistische Herausforderung. Die vielen Besucher*innen wollen essen, trinken und Attraktionen genießen. Damit das alles ohne Probleme funktioniert, ist viel Planung nötig und eine Menge Helfer*innen. Im Jahr 2019 haben insgesamt 13.000 Menschen auf dem Oktoberfest gearbeitet. Davon waren 8.000 festangestellte Arbeitskräfte und 5.000 wechselnde Aushilfen. Damit ist das Oktoberfest ein sehr wichtiger Arbeitgeber. Was diese Arbeiter*innen alles schaffen, ist wirklich enorm. 2019 haben die Helfer*innen zum Beispiel 167 Schausteller*innengeschäfte auf- und am Ende wieder abgebaut, genauso wie die vielen Ess- und Spielbuden. Auch die vielen Sitzplätze in den Zelten haben Arbeiter*innen für die Besucher*innen aufgestellt. Insgesamt gab es ca. 120.000 Sitzplätze. Es gab auch wieder viel Arbeit für die Mitarbeiter*innen im Fundbüro. Dort haben Gäst*innen und Mitarbeiter*innen mehr als 3.000 verlorene Dinge abgegeben. Darunter waren 420 Smartphones und mehr als 750 Pässe. Auch 2019 konnte man im Fundbüro wieder kuriose Dinge sehen, wie zum Beispiel ein Gebiss (*false teeth*). Ein großes Thema beim Oktoberfest ist natürlich auch die Nachhaltigkeit (*sustainability*). Viele Essensstände verkaufen zum Beispiel mittlerweile Bio-Produkte. Aber für ein Fest mit so vielen Menschen braucht man natürlich auch viele Ressourcen. Insgesamt lag zum Beispiel der Wasserverbrauch 2019 bei 105.000 Kubikmetern. Das sind 105 Millionen Liter.

Schritt 3: Füllen Sie jetzt zusammen mit den anderen Personen in der Gruppe die Tabelle auf Seite 32 aus. Zusammen haben Sie alle Informationen. Wer hat welche?

102 Woraus werden Schweizer Qualitätsuhren hergestellt? (Seite 63)

Zu zweit: Finden Sie die fehlenden Informationen in Ihrer Tabelle. Formulieren Sie die Fragen im Passiv, wie im Beispiel.

Anita: Aus welchem Material wird das Gehäuse hergestellt?
Amos: Das Gehäuse wird aus Plastik oder … hergestellt.

Teile / Rohstoff	Gehäuse	Rädchen, Zahnrad	Feder, Pendel	Ziffernblatt	Zeiger
rostfreier Stahl	x			x	
Gold, Silber, Keramik	x			x	
Messing, Metalllegierung					
Glas	x			x	

90 Ein Blick auf die Schweiz (Seite 56)

Sie hören zu zweit einen Text über die Schweiz. Konzentrieren Sie sich auf die Informationen in der linken Spalte. Die andere Person konzentriert sich auf die Fragen in der rechten Spalte.

Sie

Welches Land ist kein Binnenstaat?
a) Deutschland
b) Liechtenstein
c) Österreich
d) die Schweiz

Welcher See ist der größte der Schweiz?
a) der Vierwaldstätter See
b) der Zürichsee
c) der Bodensee
d) der Genfersee

Welcher Fluss fließt durch Österreich und Deutschland?
a) der Inn
b) der Rhein
c) die Rhône
d) die Elbe

Wie heißt der höchste Berg in der Schweiz?
a) die Dufourspitze
b) der Eiger
c) das Matterhorn
d) Piz Bernina

Wo liegen die höchsten Gipfel der Schweiz?
a) in den Luganer Alpen
b) in den Berner Alpen
c) in den Appenzeller Alpen
d) in den Walliser Alpen

Welche Sprache ist keine Amtssprache in der Schweiz?
a) Deutsch
b) Französisch
c) Italienisch
d) Rätoromanisch

Zu welchem Land hat die Schweiz die längste Staatsgrenze?
a) zu Deutschland
b) zu Frankreich
c) zu Italien
d) zu Österreich

Wie viele Kantone hat die Schweiz?
a) 12
b) 18
c) 26
d) 30

Wie heißt die Hauptstadt der Schweiz?
a) Basel
b) Bern
c) Genf
d) Zürich

Die andere Person

Seen in der Schweiz
a) 819
b) 890
c) 150
d) 1.500

Fluss, der nicht in der Schweiz entspringt
a) der Inn
b) der Rhein
c) die Rhône
d) die Donau

Distanz Nordgrenze zu Südgrenze
a) 220 km
b) 348 km
c) 4.634 m
d) 41.285 km

Anzahl der Gipfel höher als 2.000 m
a) 4.634
b) 3.350
c) 2.000
d) 4.487

Berg, der 3.967 m hoch ist
a) die Dufourspitze
b) der Eiger
c) die Jungfrau
d) das Matterhorn

Anzahl der Nachbarländer, die an die Schweiz grenzen
a) 3
b) 4
c) 5
d) 6

Einwohner*innen in der Schweiz (2019)
a) 8,7 Millionen
b) 5,7 Millionen
c) 6,7 Millionen
d) 9,7 Millionen

Stadt mit den meisten Einwohner*innen in der Schweiz
a) Basel
b) Bern
c) Genf
d) Zürich

Internationales Autokennzeichen der Schweiz
a) CH
b) S
c) SCH
d) SZ

132 Kleine Sprachen in der Schweiz (Seite 80)

Stellen und beantworten Sie Fragen.

Wie heißt die Sprache? Die Sprache heißt …
Woher kommt die Sprache? Die Sprache kommt aus [Land], aus dem [xx. Jahrhundert] etc.
Wo wird die Sprache gesprochen? Die Sprache wird in … gesprochen.
Von wie vielen Menschen wird sie gesprochen? Die Sprache wird von … gesprochen.

Falls Sie nicht wissen, wie man etwas schreibt, fragen Sie: Kannst du das bitte buchstabieren?

Name	Herkunft	Region	Sprecher*innen
	ein norditalienischer Dialekt	**Tessin und Graubünden**	
Gurinerditsch	Alt- und Mittelhochdeutsch		**sehr, sehr wenige Menschen**
	Vermischung von Latein mit keltischen und rätischen Sprachen	Graubünden	
Frankoprovenzalisch		Freiburg und Unterwallis	wenige, vor allem ältere Menschen (Ausnahme: Der frankoprovenzalische Dialekt Patois d'Evolène konnte sich im Walliser Val d'Hérens erstaunlich gut halten und wird sogar an der Primarschule unterrichtet.)

229 „Queer 4 You" und „Queen of Drags": Progressive Sendungen oder schlechte Kopien? (Seite 145)

Lesen Sie den Text und schreiben Sie dann die positiven und negativen Reaktionen zu Ihrer Show in die Tabelle auf Seite 145.

„Queen of Drags"

Eine Sendung, die die Sichtbarkeit von LGBTQ+-Personen im deutschen Fernsehen vergrößern möchte, ist „Queen of Drags". Inspiriert von „RuPaul's Drag Race" treten in der Sendung „Queen of Drags" Dragqueens aus Deutschland, Österreich und der Schweiz vor der Jury (Heidi Klum, Bill Kaulitz und Conchita Wurst) an. Positive Rezensionen zu „Queen of Drags" betonten, dass es wichtig ist, queeren Themen im deutschen Fernsehen einen Platz zu geben, damit queere Künstler*innen eine Plattform bekommen. Aber die negativen Kritiken waren bei „Queen of Drags" stärker, vor allem im Vergleich mit RuPauls Original. RuPaul ist selbst eine Dragqueen. „Drag Race" ist eine Show, die von queeren Menschen für queere Menschen gemacht ist. Bei „Queen of Drags" übernimmt Heidi Klum die Rolle der Moderatorin, was laut Kritiker*innen dazu führt, dass die queere Thematik aus heteronormativer Perspektive dargestellt wird. Somit geht die aktivistische und politische Kraft des Originals verloren. Es wurde auch kritisiert, dass der Sender ProSieben und Klum das Konzept „Drag" nicht verstehen. Denn Drag bedeutet bewusstes Dekonstruieren von Geschlechterrollen. Dabei wird nicht nur mit Geschlechterrollen gespielt, sondern diese werden auch ohne Grenzen dargestellt. Kritiker*innen werfen Klum vor, dass sie die Gender Performances nicht als Drag sieht und/oder bewertet, sondern Feedbacks gibt, die aus der Topmodel-Welt kommen. Es gab aber auch Kritik an dieser Kritik gegen Klum. Mitglieder der Drag-Szene sagten, dass Inklusivität ein essentieller Bestandteil der Szene ist und dass die starke Kritik an Klum gegen den Gedanken der Inklusivität ist.

138 Global vernetzt: Mode als Beispiel (Seite 85)

Zu zweit: Tauschen Sie Informationen über Fast Fashion (wie Fast Fashion etwas macht, warum und welche Probleme es dabei gibt) und Lösungsansätze aus.

Lesen Sie zuerst Ihre Informationen und überlegen Sie: Was sind Gründe von und was sind Probleme bei Fast Fashion?

	Fast Fashion	**Mögliche Lösungen**
Produktion		Arbeitsstätten, die ethisch produzieren (angemessene Gehälter und Gesundheitsbedingungen)
Abfall	In den USA fallen pro Jahr 15 Millionen Tonnen Abfall von gebrauchter Kleidung an: Die Menschen kaufen jedes Jahr neue Kleidung, kaputte Kleidung kommt auf den Müll, noch brauchbare Kleidung wird oft in den globalen Süden gebracht. Das schadet der lokalen Textilindustrie.	
Schadstoffe		79 globale Modeunternehmen wollen bis 2020 Schadstoffe durch ungefährliche Substanzen ersetzen.

Sprechen Sie jetzt mit einer anderen Person und formulieren Sie die Fast Fashion-Sätze mit „weil/damit" und „dass" um (Fast Fashion …, weil/damit … [Verb]. Das Problem ist, dass … [Verb]). Bei den Lösungsansätzen können Sie immer „dass" benutzen (z. B.: Eine mögliche Lösung ist, dass … [Verb]).

Beispiel:

Ayla: Kannst du mir etwas zur Produktion von Fast Fashion sagen?
Robert: Fast Fashion wird im globalen Süden produziert, weil es dort geringe Produktionskosten gibt.
Ayla: Und was ist das Problem?
Robert: Das Problem ist, dass es dort geringe Gehälter für Arbeiter*innen, keine Gesundheitsvorsorge und keine Garantie von Arbeitsrechten gibt. Was ist denn eine mögliche Lösung?
Ayla: Eine mögliche Lösung ist, dass man in Arbeitsstätten produziert, die ethisch arbeiten. Dort gibt es dann angemessene Gehälter und Gesundheitsbedingungen.
Robert: Verstehe. Kannst du mir etwas zum Abfall sagen?
Ayla: …

140 Tiere im Klimastress (Seite 86)

Lesen Sie zuerst die Informationen in Ihrer Tabelle und beschreiben Sie die Probleme in Ihren eigenen Worten. Hören Sie dann der anderen Person zu und ergänzen Sie Ihre Tabelle mit den Informationen, die Sie hören.

Tiergruppe	Probleme durch den Klimawandel
	Je wärmer das Wasser wird, desto niedriger ist der Sauerstoffgehalt. An sehr heißen Tagen können Fische in Seen oder Flüssen ersticken. Weitere Folgen sind, dass es weniger Nahrung gibt (z. B. Krill oder kleinere Fische). Einige Fische werden wegen des Sauerstoffmangels kleiner, d. h. sie hören früher auf zu wachsen. Viele Fische wandern in kühlere Gewässer oder schwimmen in tiefere Regionen. All das hat Konsequenzen für andere Tierarten und die Fischerei.

	Viele Insekten wandern in Richtung der Pole oder in höher gelegene Regionen. Aber mit jedem Jahr werden die Gegenden, in denen diese Insekten leben können, kleiner. Und nicht alle Insektenarten schaffen so einen „Umzug". Außerdem können Hitzewellen die Reproduktionsrate einiger Insekten verringern. In den letzten 27 Jahren hat sich die Anzahl der Insekten in Deutschland um 75 % verringert und der Klimawandel ist ein Grund dafür.

Diskutieren Sie nun: Was haben Sie schon gewusst? Was nicht?

299 In D-A-CH-L lebende US-Amerikaner*innen (Seite 190)

Stellen Sie Ihre Fragen (linke Spalte der Tabelle) und beantworten Sie die Fragen der anderen Person mit dem Satzanfang (rechte Spalte) und Informationen aus dem Text auf Seite 190.

Frage	Antwort
Was hat der für Grasshoppers Zürich spielende Mann gemacht, bevor er in die Schweiz gezogen ist?	
	Der in Zürich lebende Mann wollte …
An welcher Uni ist die Molekulare Biotechnologie studierende Frau Studentin?	
	Die in München lebende Frau wollte …
Wo wurde der in Wiesbaden lebende Mann geboren?	
	Der in Wiesbaden lebende Mann …
Wann ist die als Journalistin arbeitende Frau nach Deutschland gekommen?	
	Die in Berlin lebende Frau ist …

13 Fluchtversuche (Seite 9)

Erzählen Sie die folgende Geschichte im **Präteritum**.

Harry Deterling arbeitete bei der Reichsbahn als Lokführer. Er …

Fluchtgeschichte 5. Harry Deterling hat bei der Reichsbahn als Lokführer gearbeitet (→ arbeitete). Er ist mit der DDR-Politik nicht einverstanden gewesen (→ war) und hat sich mit seinem Heizer einen Fluchtplan ausgedacht (→ dachte aus). Deterling hat gewusst (→ wusste), dass auf der Strecke bei Albrechtshof die Grenze nur einen Kilometer hinter dem letzten Bahnhof gelegen hat (→ lag) und dass es dort nur Zäune und ein Tor gegeben hat (→ gab). Deshalb hat er darum gebeten (→ bat), auf dieser Strecke eine unbezahlte Sonderschicht zu fahren. Am 5. Dezember 1961 sind seine Familie und Freund*innen in den Zug gestiegen (→ stiegen). An der letzten Station Albrechtshof hat Deterling nicht angehalten (→ hielt an), sondern Volldampf gegeben (→ gab) und das Grenztor durchfahren (→ durchfuhr). Die Passagier*innen haben auf dem Boden gelegen (→ lagen), bis der Zug im Westen auf der Strecke nach Spandau zum Stehen gekommen ist (→ kam). 25 Passagier*innen sind im Westen geblieben (→ blieben). 7 Passagier*innen, die vom Plan nichts gewusst haben (→ wussten), sind zu Fuß in die DDR zurückgelaufen (→ liefen zurück).

129 Option B: Die vier Sprachen in der Schweiz (Seite 79)

Lesen Sie Ihren Textteil und identifizieren Sie das Thema. Geben Sie Ihrem Teil einen Titel und schreiben Sie auf Seite 70 3–5 Schlüsselwörter auf. Erzählen Sie dann den anderen Personen von Ihrem Abschnitt.

Teil 4

Heute ist die Mobilität noch größer, aber paradoxerweise geht die Mehrsprachigkeit zurück. Das kann damit zu tun haben, dass viele Menschen heute Jobs für eine kurze Zeit annehmen. Da lohnt[1] es sich nicht, eine neue Sprache zu lernen. Die Zukunft heißt nicht „Milch Lait Latte", sondern Computer, Handy und Internet. Über 42,6 % der erwachsenen[2] Schweizer*innen sprechen mehr als eine Sprache, und das auch regelmäßig[3]. Aber oft ist Englisch heute die zweite Sprache. Die Deutschschweizer*innen sind mehr mit Deutschland, die Westschweizer*innen mehr mit Frankreich verbunden. Die Vielsprachigkeit gibt es noch in den Institutionen, aber mit der Schweizer Identität hat sie immer weniger zu tun.

[1] sich lohnen – *to be worthwhile* [2] erwachsen – *adult* [3] regelmäßig – *regular(ly)*

48 Oktoberfest 2019 in Zahlen (Seite 32)

Schritt 1: Lesen Sie zuerst die folgenden Fragen über das Oktoberfest 2019:

Wie viele Menschen haben das Oktoberfest besucht?
Wie viele Personen haben beim Oktoberfest gearbeitet?
Wie groß ist das Oktoberfest-Areal (Theresienwiese)?
Wie viele (große und mittelgroße) Gastronomiezelte (Festzelte) hat es gegeben?
Wie viele Sitzplätze hat es insgesamt beim Oktoberfest gegeben?
Wie viele Sitzplätze hat es im größten Festzelt gegeben?
Wie viele Schausteller*innengeschäfte hat es gegeben?
Wie viele Ochsen haben die Gastronom*innen verarbeitet?
Wie viele Gegenstände haben die Leute im Fundbüro abgegeben?
Wie viele Liter Bier haben die Besucher*innen konsumiert?
Wie viel Liter Wasser hat man insgesamt verbraucht?
Wie viele Toiletten-„Sitzplätze" hat es für Besucher*innen gegeben?
Wie viele Meter „Stehplätze" hat es in den Toiletten für Besucher*innen gegeben?

Schritt 2: Lesen Sie jetzt den Text. Zu welchen der Fragen können Sie im Text Antworten finden?

3. Person
Gastronomie

Ein wichtiger Teil beim Oktoberfest ist das kulinarische Erlebnis. Besucher*innen, die aus verschiedenen Städten Deutschlands und der ganzen Welt nach München reisen, freuen sich jedes Jahr auf das bayerische Essen und die erfrischenden Getränke. Ganz oben auf der Liste steht natürlich das Bier, das die Oktoberfest-Wirt*innen als Maß, also in einem Liter-Krug, verkaufen. Die Veranstalter*innen legen den Preis für das Bier immer zentral für alle Zelte fest. Das Bier kostet also überall gleich viel und es gibt nur Bier von diesen Brauereien: Augustiner, Hacker-Pschorr, Hofbräu, Löwenbräu, Paulaner und Spaten. Im Jahr 2019 kostete eine Maß Bier 11,80 Euro. Das ist zwar nicht billig, aber die Wirt*innen verkauften dennoch 2019 insgesamt 7,3 Millionen Liter Bier an die durstigen Oktoberfestbesucher*innen. Das bedeutet, dass jede*r Besucher*in im Durchschnitt (*on average*) mindestens 1,15 Maß gekauft hat. Auch das traditionelle Essen ist immer sehr beliebt. 2019 haben die Gastronom*innen wieder mehrere Tausend Bratwürste, Hähnchen und auch Fisch verkauft. Ein Favorit ist immer der gebratene Ochse: Insgesamt 124 Ochsen haben die Wirt*innen 2019 gegrillt und verkauft. – Ein durchschnittlicher Ochse wiegt (*to weigh*) ca. 500 kg, das waren also mehr als 62 Tonnen Ochsenfleisch! – Eine Sache, die bei so viel Essen und Trinken auch wichtig ist, kostet beim Oktoberfest nichts: die Toiletten. 2019 gab es 1.400 „Sitzplätze" und einen Kilometer „Stehplätze".

Schritt 3: Füllen Sie jetzt zusammen mit den anderen Personen in der Gruppe die Tabelle auf Seite 32 aus. Zusammen haben Sie alle Informationen. Wer hat welche?

316 Die deutsche Parteienlandschaft (Seite 199)

Zu zweit: In dieser Tabelle finden Sie viele Informationen zu den Parteien, die von 2017 bis 2020 im deutschen Bundestag sitzen. Ihnen fehlt in jeder Zeile eine Information, in der letzten Zeile fehlen Ihnen mehrere. Fragen Sie die andere Person nach diesen Informationen. Die Informationen, die der anderen Person fehlen, sind in jeder Zeile fettgedruckt.

Sortieren Sie zuerst die W-Fragen in die korrekte Reihenfolge und fragen Sie dann die andere Person:

wurde / die Partei / gegründet / wann / ?

politische Richtung / welche / die Partei / hat / ?

die Partei / ist / in wie vielen Bundesländern / Regierungspartei / ?

war / die Partei / wie viele Jahre / Regierungspartei im Bund / ?

die Partei / hatte / wie viele Bundeskanzler*innen / ?

ist / der Frauenanteil der Partei / im Bundestag / wie hoch / ?

2017 / waren / was / die wichtigen Themen / der Partei / ?

	Die Linke	**SPD**	**Bündnis 90/ Die Grünen**[1]	**CDU/CSU**	**FDP**	**AfD**
Gründungsjahr	2007 (Fusion von PDS (Ost, 1990–2007) und WASG (West, 2004–2007))		1993 (Fusion von Die Grünen (West, seit 1980) und ostdeutscher Bürger*innen-bewegung)	1945	1948	**2013**
politische Richtung		mitte-links	**links**	mitte-rechts	mitte-rechts	rechts
Regierungspartei in Bundesländern (2020)	3	11	11	**11**		0
Jahre als Regierungspartei (Bund) (Stand: 2020)	0	**31**	7		47	0
Zahl der Bundeskanzler*innen	0		0	**5**	0	0
Frauenanteil im Bundestag 2017–2021	53,6 %	42,8 %		20,7 %	22,5 %	**11 %**
wichtigste Themen aus Wahlprogramm 2017	**Arbeit**, soziale Sicherheit, Gleich-berechtigung, **Pazifismus**	Bildung, Familien, gerechter **Lohn**	__________, Weltoffenheit, Vielfalt, Gerechtigkeit	Arbeit, **Familie und Kinder**, Sicherheit, Solidarität	__________, Wirtschaft, wenig __________, Digitali-sierung	gegen _____ __________, gegen Immigration, deutsche Leitkultur

[1] Der*Die Bundestagspräsident*in schaut so auf die Parteien im Bundestag, wie sie hier stehen (von links nach rechts). Eigentlich sitzen die Parteien im Bundestag nach ihrer politischen Richtung von links nach rechts sortiert. Als Die Grünen in den Bundestag einzogen, wollte die SPD nicht, dass links von ihr jemand sitzt; deshalb sitzen Die Grünen mittiger.

GRAMMATIK-TABELLEN

NOUNS

1 Definite Articles

	Nominative	Accusative	Dative	Genitive
masculine	**der** Hund	**den** Hund	**dem** Hund	**des** Hund**es**
neuter	**das** Haus	**das** Haus	**dem** Haus	**des** Haus**es**
feminine	**die** Hose	**die** Hose	**der** Hose	**der** Hose
plural	**die** Finger	**die** Finger	**den** Finger**n**	**der** Finger

2 Indefinite, Negative, and Possessive Articles

	Nominative	Accusative	Dative	Genitive
masculine	**ein** Hund **kein** Hund **mein** Hund	**einen** Hund **keinen** Hund **meinen** Hund	**einem** Hund **keinem** Hund **meinem** Hund	**eines** Hund**es** **keines** Hund**es** **meines** Hund**es**
neuter	**ein** Haus **kein** Haus **mein** Haus	**ein** Haus **kein** Haus **mein** Haus	**einem** Haus **keinem** Haus **meinem** Haus	**eines** Haus**es** **keines** Haus**es** **meines** Haus**es**
feminine	**eine** Hose **keine** Hose **meine** Hose	**eine** Hose **keine** Hose **meine** Hose	**einer** Hose **keiner** Hose **meiner** Hose	**einer** Hose **keiner** Hose **meiner** Hose
plural	**--** Finger **keine** Finger **meine** Finger	**--** Finger **keine** Finger **meine** Finger	**--** Finger**n** **keinen** Finger**n** **meinen** Finger**n**	**--** Finger **keiner** Finger **meiner** Finger

PRONOUNS

3 Personal Pronouns

Nominative	Accusative	Dative
ich	mich	mir
du	dich	dir
er	ihn	ihm
es	es	ihm
sie	sie	ihr

Nominative	Accusative	Dative
wir	uns	uns
ihr	euch	euch
Sie	Sie	Ihnen
sie	sie	ihnen

4 Relative Pronouns

	Nominative	Accusative	Dative	Genitive
masculine	Hund, **der**	Hund, **den**	Hund, **dem**	Hund, **dessen**
neuter	Haus, **das**	Haus, **das**	Haus, **dem**	Haus, **dessen**
feminine	Hose, **die**	Hose, **die**	Hose, **der**	Hose, **deren**
plural	Finger, **die**	Finger, **die**	Finger, **denen**	Finger, **deren**

5 The Present Tense

	regular		vowel change		irregular	auxiliary		
ich	heiße	wohne	trage	spreche	weiß	bin	habe	werde
du	heißt	wohnst	trägst	sprichst	weißt	bist	hast	wirst
er	heißt	wohnt	trägt	spricht	weiß	ist	hat	wird
es	heißt	wohnt	trägt	spricht	weiß	ist	hat	wird
sie	heißt	wohnt	trägt	spricht	weiß	ist	hat	wird
wir	heißen	wohnen	tragen	sprechen	wissen	sind	haben	werden
ihr	heißt	wohnt	tragt	sprecht	wisst	seid	habt	werdet
Sie	heißen	wohnen	tragen	sprechen	wissen	sind	haben	werden
sie	heißen	wohnen	tragen	sprechen	wissen	sind	haben	werden

6 The Conversational Past *(Perfekt)*

auxiliary + past participle

	auxiliary	
ich	bin	habe
du	bist	hast
er	ist	hat
es	ist	hat
sie	ist	hat
wir	sind	haben
ihr	seid	habt
Sie	sind	haben
sie	sind	haben

weak pp		strong pp		mixed pp
gespielt	gearbeitet	gefahren	geschwommen	gewusst
gespielt	gearbeitet	gefahren	geschwommen	gewusst
gespielt	gearbeitet	gefahren	geschwommen	gewusst
gespielt	gearbeitet	gefahren	geschwommen	gewusst
gespielt	gearbeitet	gefahren	geschwommen	gewusst
gespielt	gearbeitet	gefahren	geschwommen	gewusst
gespielt	gearbeitet	gefahren	geschwommen	gewusst
gespielt	gearbeitet	gefahren	geschwommen	gewusst
gespielt	gearbeitet	gefahren	geschwommen	gewusst

7 The Past Before the Past *(Plusquamperfekt)*

auxiliary + past participle

	auxiliary	
ich	war	hatte
du	warst	hattest
er	war	hatte
es	war	hatte
sie	war	hatte
wir	waren	hatten
ihr	wart	hattet
Sie	waren	hatten
sie	waren	hatten

weak pp		strong pp		mixed pp
gespielt	gearbeitet	gefahren	geschwommen	gewusst
gespielt	gearbeitet	gefahren	geschwommen	gewusst
gespielt	gearbeitet	gefahren	geschwommen	gewusst
gespielt	gearbeitet	gefahren	geschwommen	gewusst
gespielt	gearbeitet	gefahren	geschwommen	gewusst
gespielt	gearbeitet	gefahren	geschwommen	gewusst
gespielt	gearbeitet	gefahren	geschwommen	gewusst
gespielt	gearbeitet	gefahren	geschwommen	gewusst
gespielt	gearbeitet	gefahren	geschwommen	gewusst

8 *Haben* or *sein* as an Auxiliary?

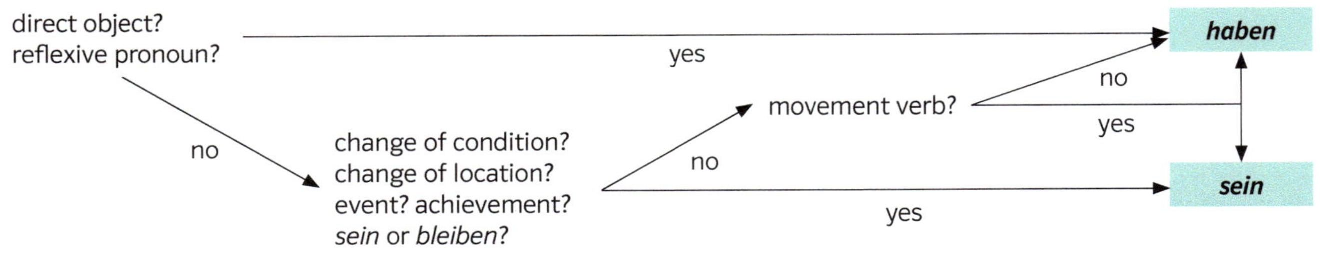

9 *Sein* for *Perfekt:* Common Verbs

aufwachen	ist aufgewacht	**kommen**	ist gekommen
aufstehen	ist aufgestanden	**laufen**	ist gelaufen
ankommen	ist angekommen	**reisen**	ist gereist
aussteigen	ist ausgestiegen	**rennen**	ist gerannt
bleiben	ist geblieben	**schwimmen**	ist geschwommen
einschlafen	ist eingeschlafen	**sein**	ist gewesen
einsteigen	ist eingestiegen	**springen**	ist gesprungen
fahren	ist gefahren	**sterben**	ist gestorben
fallen	ist gefallen	**wandern**	ist gewandert
fliegen	ist geflogen	**werden**	ist geworden
gehen	ist gegangen		

10 The Narrative Past *(Präteritum)*

	sein	**haben**	**modal verbs**					
ich	war	hatte	musste	konnte	durfte	sollte	wollte	mochte
du	warst	hattest	musstest	konntest	durftest	solltest	wolltest	mochtest
er	war	hatte	musste	konnte	durfte	sollte	wollte	mochte
es	war	hatte	musste	konnte	durfte	sollte	wollte	mochte
sie	war	hatte	musste	konnte	durfte	sollte	wollte	mochte
wir	waren	hatten	mussten	konnten	durften	sollten	wollten	mochten
ihr	wart	hattet	musstet	konntet	durftet	solltet	wolltet	mochtet
Sie	waren	hatten	mussten	konnten	durften	sollten	wollten	mochten
sie	waren	hatten	mussten	konnten	durften	sollten	wollten	mochten

11 The Future Tense

	werden
ich	werde
du	wirst
er	wird
es	wird
sie	wird

\+ **infinitive**

wir	werden
ihr	werdet
Sie	werden
sie	werden

12 The Imperative Mood

	sein	**kommen**	**gehen**	**kaufen**	**essen**
informal singular (*du*-form w/o ending)	**sei**	komm	geh	kauf	iss
informal plural (*ihr*-form)	**seid**	kommt	geht	kauft	esst
formal (invert subject and verb)	**seien** Sie	kommen Sie	gehen Sie	kaufen Sie	essen Sie

13 The Subjunctive II Mood in the Present Tense With *würde*

	werden
ich	würde
du	würdest
er	würde
es	würde
sie	würde

+ infinitive

	werde
wir	würden
ihr	würdet
Sie	würden
sie	würden

+ infinitive

14 The Subjunctive II Mood in the Present Tense

	sein	**haben**	**modal verbs**					
ich	wäre	hätte	müsste	könnte	dürfte	sollte	wollte	möchte
du	wärst	hättest	müsstest	könntest	dürftest	solltest	wolltest	möchtest
er	wäre	hätte	müsste	könnte	dürfte	sollte	wollte	möchte
es	wäre	hätte	müsste	könnte	dürfte	sollte	wollte	möchte
sie	wäre	hätte	müsste	könnte	dürfte	sollte	wollte	möchte
wir	wären	hätten	müssten	könnten	dürften	sollten	wollten	möchten
ihr	wärt	hättet	müsstet	könntet	dürftet	solltet	wolltet	möchtet
Sie	wären	hätten	müssten	könnten	dürften	sollten	wollten	möchten
sie	wären	hätten	müssten	könnten	dürften	sollten	wollten	möchten

15 The Subjunctive II Mood in the Past

	sein	**haben**
ich	wäre	hätte
du	wärst	hättest
er	wäre	hätte
es	wäre	hätte
sie	wäre	hätte

+ past participle

	sein	**haben**
wir	wären	hätten
ihr	wärt	hättet
Sie	wären	hätten
sie	wären	hätten

+ past participle

VERBS: VOICE

16 The Passive Voice in the Present Tense

	werden
ich	werde
du	wirst
er	wird
es	wird
sie	wird

\+ past participle

	werde
wir	werden
ihr	werdet
Sie	werden
sie	werden

\+ past participle

17 The Passive Voice in the Past Tense (*Präteritum*)

	werden
ich	wurde
du	wurdest
er	wurde
es	wurde
sie	wurde

\+ past participle

	werde
wir	wurden
ihr	wurdet
Sie	wurden
sie	wurden

\+ past participle

18 Recognizing the Passive Voice in the Other Tenses

Perfekt	ist ...	+ past participle + worden
Plusquamperfekt	war ...	+ past participle + worden
Futur I	wird ...	+ past participle + werden

VERBS TO REMEMBER

19 List of Essential Strong/Mixed/Irregular Verbs

Infinitive	***er/es/sie* Form**	***Perfekt***	**Meaning**
anfangen	fängt ... an	hat angefangen	*to begin, to start*
einladen	lädt ... ein	hat eingeladen	*to invite*
fahren	fährt	**ist** gefahren	*to drive, to ride*
halten	hält	hat gehalten	*to stop, to hold something*
laufen	läuft	**ist** gelaufen	*to run (sometimes to walk)*
schlafen	schläft	hat geschlafen	*to sleep*
tragen	trägt	hat getragen	*to carry, to wear (clothes)*
waschen	wäscht	hat gewaschen	*to wash*
essen	isst	hat gegessen	*to eat*
geben	gibt	hat gegeben	*to give*
sehen	sieht	hat gesehen	*to see*
fernsehen	sieht ... fern	hat ferngesehen	*to watch TV*
lesen	liest	hat gelesen	*to read*
vergessen	vergisst	hat vergessen	*to forget*

Infinitive	*er/es/sie* Form	*Perfekt*	Meaning
helfen	hilft	hat geholfen	*to help*
nehmen	nimmt	hat genommen	*to take*
sprechen	spricht	hat gesprochen	*to speak*
treffen	trifft	hat getroffen	*to meet, to run into*
schreiben	schreibt	hat geschrieben	*to write*
bleiben	bleibt	**ist** geblieben	*to stay*
trinken	trinkt	hat getrunken	*to drink*
singen	singt	hat gesungen	*to sing*
bringen	bringt	hat gebracht	*to bring*
denken	denkt	hat gedacht	*to think*
kennen	kennt	hat gekannt	*to know (a person), to be familiar with*
kommen	kommt	**ist** gekommen	*to come*
bekommen	bekommt	hat bekommen	*to receive, to get*
aufstehen	steht ... auf	**ist** aufgestanden	*to get up*
gehen	geht	**ist** gegangen	*to go (on foot)*
verstehen	versteht	hat verstanden	*to understand*
wissen	**weiß**	hat gewusst	*to know (a fact)*
anrufen	ruft ... an	hat angerufen	*to call on the phone*

VERBS: WORD ORDER

20 Main Clauses

0	1	2	Middle Field	Last
Coordinating conjunction (*und, oder, aber, denn ...*)	(Subject)	Conjugated verb	(Subject) + other components (time before place)	Verb 2 (past participle, infinitive)

21 Subordinate Clauses

0	1	2	Middle Field	Last
---	Subordinating conjunction (*weil, obwohl, damit, wenn ...*)	Subject	Other components (time before place)	Verb 2 (past participle, infinitive) + verb 1 (conjugated)

ADJECTIVES

22 Comparative and Superlative

Comparative **A** > **B** or **A** < **B**	adjective + ***er*** ***als***
Comparative **A = B**	***(genau)so*** adjective ***wie***
Superlative **A > B, C, . . .** **A < B, C, . . .**	***am*** adjective + ***sten*** In the superlative, adjectives ending in ***-t***, ***-d***, or a vowel add an ***e*** before ***-sten***: *intelligent* → ***am*** *intelligent**esten***

23 Adjective Endings

Question 1: Is there an article before the adjective?
- no → **Add ending of definite article**
- yes → **Question 2:** Is the article identical to the nominative article?
  - no → ***-en***
  - yes → **Question 3:** Is the noun singular?
    - no → ***-en***
    - yes → **Question 4:** Does the article show gender?
      - no → ***-er* (*m.*)**, ***-es* (*n.*)**
      - yes → ***-e***

24 Adjective Endings in the Comparative and the Superlative

Comparative	adjective + ***er*** + **adjective ending**
Superlative	adjective + ***(e)st*** + **adjective ending**

PREPOSITIONS

25 Prepositions

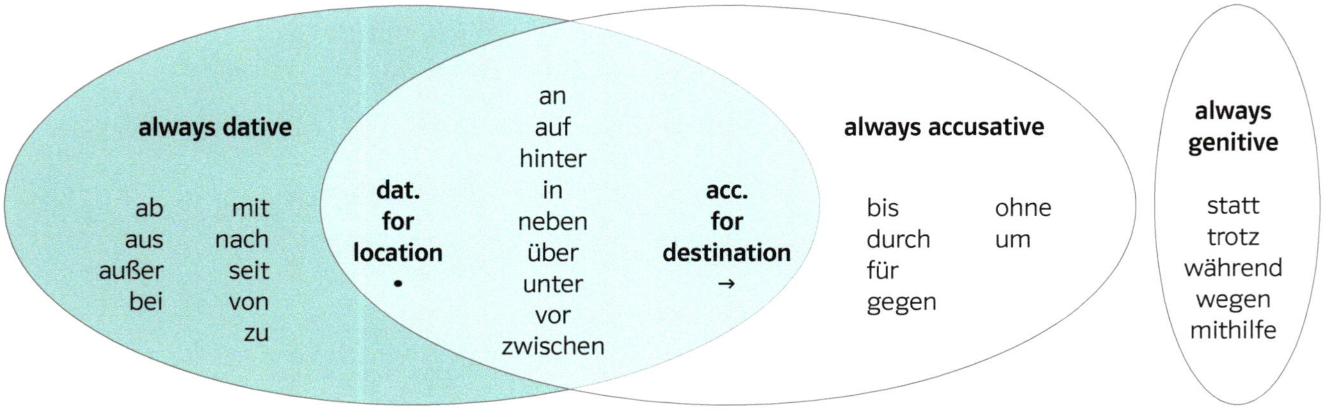

GLOSSAR

Deutsch – Englisch

The following list contains German words that appear in *Impuls Deutsch 2*. Please note that these words may have other meanings, depending on their context. For each word, we have provided the English translation best suited for the context in which it is used. Some words may also appear in one of the vocabulary lists preceding a unit in the **LERNEN** workbook (the unit number is listed in parentheses). If you are looking for gender-neutral alternatives for gendered nouns, you can find these in the English-German section of the glossary.

A

ab sofort from now on
der **Abbau, -e** mining; depletion (*reduction*)
ab·bauen, baute ... ab, hat ... abgebaut to dismantle, take apart (14)
abends in the evening
das **Abenteuer, -** adventure
abenteuerlich adventurous
aber but (82)
ab·fahren (fährt ... ab), fuhr ... ab, ist ... abgefahren to depart
der **Abfall, ¨-e** waste; decrease
die **Abfallreduktion, -en** waste reduction
ab·fließen, floss ... ab, ist ... abgeflossen to run off, drain off
das **Abgas, -e** exhaust gas
ab·gehen, ging ... ab, ist ... abgegangen (*ugs.*) to be awesome
der **Abgeordnete, -n** representative, delegate (*male*)
abgespannt drawn
ab·halten (von + *dat.*) **(hält ... ab), hielt ... ab, hat ... abgehalten** to deter, discourage
abhängig (von + *dat.*) dependent (on)
ab·hauen, haute ... ab, ist ... abgehauen to elope (*run away*)
ab·holen, holte ... ab, hat ... abgeholt to pick up (72)
ab·holzen, holzte ... ab, hat ... abgeholzt to lumber, deforest
die **Abholzung, -en** deforestation
das **Abitur** secondary school diploma (*general qualification for university entrance*) (100)
das **Abkommen, -** treaty; agreement (8)
ab·lehnen, lehnte ... ab, hat ... abgelehnt to refuse, reject (88)
ab·lenken, lenkte ... ab, hat ... abgelenkt to distract, divert (65)
ab·nehmen (nimmt ... ab), nahm ... ab, hat ... abgenommen to take off; lose weight; decrease (81)
ab·raten (von + *dat.*) **(rät ... ab), riet ... ab, hat ... abgeraten** to advise (against)
die **Absage, -n** rejection, refusal (100)
der **Absatz, ¨-e** paragraph
ab·schießen, schoss ... ab, hat ... abgeschossen to launch, shoot (20)
der **Abschluss, ¨-e** degree (29)
ab·schneiden, schnitt ... ab, hat ... abgeschnitten to cut; perform (81)
der **Abschnitt, -e** paragraph; section (54)
der **Absinth, -e** absinthe
die **absolute Mehrheit, -en** outright majority
die **absolute Monarchie, -n** absolute monarchy
die **Abstammung, -en** descent (63)
ab·stimmen (über + *akk.*), **stimmte ... ab, hat ... abgestimmt** to vote, take a vote on sth.
die **Abstimmung, -en** referendum, voting (32)
abstrakt abstract
ab·stürzen, stürzte ... ab, ist ... abgestürzt to crash; fall (*from a great height*) (25)
absurd absurde
ab·treiben, trieb ... ab, hat ... abgetrieben to abort (7)
ab·treten (tritt ... ab), trat ... ab, hat ... abgetreten to relinquish, assign, surrender
ab·treten (tritt ... ab), trat ... ab, ist ... abgetreten to resign, abdicate
sich (*akk.*) **ab·trocknen, trocknete ... ab, hat ... abgetrocknet** to dry o.s. off
sich (*akk.*) **ab·wechseln, wechselte ... ab, hat ... abgewechselt** to take turns (1)
ab·weichen (von + *dat.*), **wich ... ab, ist ... abgewichen** to deviate (from) (37)
abwertend derogatory (53)
achten (auf + *akk.*), **achtete, hat ... geachtet** to pay attention (to) (9)
die **Achterbahn, -en** roller coaster (14)
Achtung attention
die **Ackerfläche, -n** arable land
adaptieren, adaptierte, hat ... adaptiert to adopt (*borrow, esp. with changes*)
addieren (zu + *dat.*), **addierte, hat ... addiert** to add (to)
adelig aristocratic, noble
das **Adrenalin** adrenalin
der **Adressat, -en** recipient, addressee (*male*)
die **Adressatin, -nen** recipient, addressee (*female*)
Afghanistan Afghanistan
Afrika Africa
der **Afrikaner, -** African (*male*)
die **Afrikanerin, -nen** African (*female*)
afroamerikanisch Afro-American
afrodeutsch Afro-German
die **Agenda, Agenden** agenda
der **Agent, -en** agent (*male*)
die **Agentin, -nen** agent (*female*)
die **Agrarwissenschaft, -en** agricultural science
die **Ahnenforschung, -en** genealogy, ancestry
ähnlich similar (29)
die **Ähnlichkeit, -en** similarity (63)
keine **Ahnung haben (hat), hatte, hat ... gehabt** to have no idea, have no clue (96)
die **akademische Laufbahn, -en** academic career
akrobatisch acrobatic
die **Aktion, -en** campaign, initiative (*project*); action; sale (*promotion*) (67)
der **Aktivismus** activism
der **Aktivist, -en** activist (*male*) (89)
die **Aktivistin, -nen** activist (*female*) (89)
die **Aktivität, -en** activity (30)
aktuell recent, current (45)
akzeptabel acceptable
akzeptieren, akzeptierte, hat ... akzeptiert to accept (85)
der **Alarm, -e** alarm, alert (44)
alarmieren, alarmiert, hat ... alarmiert to alert
alarmierend alerting, alarming
die **Alarmstufe, -n** alert stage
albern silly, foolish, goofy
Algerien Algeria
das **Alkoholproblem, -e** alcohol problem
das **All** universe, space
alle all, every
allein(e) alone (25)
alleinerziehend to be a single parent/mother/father
alles in allem all in all
allgemein general
die **Allgemeinbildung, -en** general knowledge/education
die **Alliierten** (*pl.*) allies (8)
allopathisch allopathic (33)
der **Alltag** everyday life
alltäglich everyday, common (92)
das **Alltagsleben, -** everyday life
die **Alltagssprache, -n** everyday language
die **Alpen** Alps
der **Alptraum, ¨-e** nightmare (60)
als as; than; when
als (Kind/Gruppe) as (a child/group) (11)
also so, thus
alt old
altdeutsch Old German
das **Alter, -** age
die **Altstadt, ¨-e** old town
die **Alufolie, -n** aluminium foil
am 15. Juni on June 15
ambitioniert ambitious(ly) (75)
Amerika America
amerikanisch American
die **Ampel, -n** traffic light (48)
das **Ampelmännchen, -** walking figure (*pedestrian traffic light*)
die **Amtssprache, -n** official language, administrative language (39)
An deiner Stelle würde ich ... If I were you, I would ... (16)
die **Analyse, -n** analysis
analysieren, analysierte, hat ... analysiert to analyze (29)
analytisch analytical (68)
die **Anarchie, -n** anarchy
der **Anbau** growing, cultivation, farming (36)
an·bauen, baute ... an, hat ... angebaut to grow, cultivate (36)
an·bieten, bot ... an, hat ... angeboten to offer (37)
andere other
ändern, änderte, hat ... geändert to change (41)
sich (*akk.*) **ändern, änderte, hat ... geändert** to change (o.s.) (44)
anders different (61)
anderswo elsewhere
die **Änderung, -en** change (44)
etwas (*akk.*) **ändern (an** + *dat.*), **änderte, hat ... geändert** to change sth. (about)
aneinander binden, band, hat ... gebunden to link together
an·fallen (fällt ... an), fiel ... an, ist ... angefallen to accumulate (*waste, deficits, profits, etc.*)
der **Anfang, ¨-e** start, beginning
von **Anfang an** from the beginning on

an·fangen (mit *+ dat.***) (fängt ... an), fing ... an, hat ... angefangen** to start (with) (82)
die **Anfeindung, -en** animosity
sich (*akk.*) **an·fühlen, fühlte ... an, hat ... angefühlt** to feel
der **Anführer, -** leader (*male*)
die **Anführerin, -nen** leader (*female*)
keine **Angabe** not specified; prefer not to say (*answer option in surveys*)
das **Angebot, -e** offer; quote; proposal (47)
an·gehören, gehörte ... an, hat ... angehört to belong to
der **Angehörige, -n** relative (*male*)
die **Angehörige, -n** relative (*female*)
angespannt stressed, tense
angestellt employed
der **Anglizismus, Anglizismen** anglicism
Angola Angola
die **Angst, ⸚e** fear, anxiety (32)
Angst haben (vor *+ dat.***) (hat), hatte, hat ... gehabt** to be afraid (of) (14)
der **Angsthase, -n** fraidy cat, timid person (23)
ängstlich afraid (9)
an·haben (hat ... an), hatte ... an, hat ... angehabt to wear
anhand (*+ gen.*) on the basis of
der **Anhang, ⸚e** attachment (103)
sich (*dat.*) **an·hören, hörte ... an, hat ... angehört** to listen to sth.
animieren, animierte, hat ... animiert to encourage; animate
an·kommen, kam ... an, ist ... angekommen to arrive (57)
an·kreuzen, kreuzte ... an, hat ... angekreuzt to check, mark sth. with a cross
an·kündigen, kündigte ... an, hat ... angekündigt to announce (85)
die **Ankunft, ⸚e** arrival (59)
die **Anmerkung, -en** remark, annotation
an·nehmen (nimmt ... an), nahm ... an, hat ... angenommen to assume; adopt; accept
an·schalten, schaltete ... an, hat ... angeschaltet to switch on
an·schauen, schaute ... an, hat ... angeschaut to look at
anschließend afterwards, subsequent (57)
an·sehen (sieht ... an), sah ... an, hat ... angesehen to watch; look at (69)
an·sprechen (spricht ... an), sprach ... an, hat ... angesprochen to address (*person or topic*); approach (21)
an·stecken, steckte ... an, hat ... angesteckt to contaminate, infect
an·stehen, stand ... an, hat ... angestanden to queue (21)
an·steigen, stieg ... an, ist ... angestiegen to rise
Anteil tragen (an *+ dat.***) (trägt), trug, hat ... getragen** to contribute (to)
der **Anteil, -e** amount, share, portion (43)
der **Anthropologe, -n** anthropologist (*male*)
die **Anthropologin, -nen** anthropologist (*female*)
die **Anti-Atomkraft-Bewegung, -en** anti-nuclear movement
antiautoritär antiauthoritarian
antizipieren, antizipierte, hat ... antizipiert to anticipate
der **Antrieb, -e** engine, drive; incentive (30)
die **Antriebsart, -en** mode of driving
die **Antwort, -en** answer
an·wenden, wendete/wandte ... an, hat ... angewendet/angewandt to apply; make use of (3)
die **Anwendung, -en** application
zur **Anwendung kommen, kam, ist ... gekommen** to be applied (37)
an·werben (wirbt ... an), warb ... an, hat ... angeworben to recruit, hire
das **Anzeichen, -** sign, evidence, indication
die **Anzeige, -n** advertisement (49)
sich (*akk.*) **an·ziehen, zog ... an, hat ... angezogen** to get dressed, put on clothes
der **Apfelkuchen, -** apple pie, apple cake
die **App, -s** app
der **Appell, -e** appeal, plea (48)
das **Äquivalent, -e** equivalent (7)
die **Arbeit, -en** work
arbeiten, arbeitete, hat ... gearbeitet to work
der **Arbeiter, -** worker, laborer (*male*)
der **Arbeiteraufstand, ⸚e** workers' revolt
die **Arbeiterin, -nen** worker, laborer (*female*)
die **Arbeitsbedingung, -en** working condition
die **Arbeitsgruppe, -n** team, workgroup
die **Arbeitskraft, ⸚e** workforce; employee
der **Arbeitsplatz, ⸚e** job; workplace (23)
die **Arbeitsstelle, -n** position, job (94)
das **Archiv, -e** archive (75)
der **Ärger** trouble
sich (*akk.*) **ärgern (über** *+ akk.***), ärgerte, hat ... geärgert** to be/get annoyed (at) (81)
das **Argument, -e** argument
argumentieren, argumentierte, hat ... argumentiert to argue, reason
das **Armband, ⸚er** wristband; bracelet (30)
die **Armbanduhr, -en** watch (30)
die **Armut** poverty
das **Aroma, Aromen** aroma, flavor
die **Art und Weise** kind, manner (75)
die **Art, -en** kind, type
der **Artikel, -** article (*newspaper*)
das **Arzneimittel, -** drug, medication (33)
der **Arzt, ⸚e** doctor (*male*)
die **Ärztin, -nen** doctor (*female*)
Asien Asia
der **Aspekt, -e** aspect
sich (*akk.*) **assimilieren, assimilierte, hat ... assimiliert** to assimilate (93)
der **Assistent, -en** assistant (*male*)
die **Assistentin, -nen** assistant (*female*)
die **Assoziation, -en** association
assoziieren, assoziierte, hat ... assoziiert to associate (30)
ästhetisch ansprechend aesthetically pleasant (31)
der **Astronaut, -en** astronaut (*male*)
die **Astronautin, -nen** astronaut (*female*)
das **Asyl, -e** asylum
atemberaubend breathtaking (23)
der **Atlantik** Atlantic
der **Atlas, Atlanten** atlas
atmen, atmete, hat ... geatmet to breathe (24)
die **Atmosphäre, -n** atmosphere (39)
atomar nuclear
die **Atomenergie, -n** nuclear power (44)
die **Atomkraft** nuclear power (44)
der **Atomkraftgegner, -** opponent of nuclear power (*male*) (45)
die **Atomkraftgegnerin, -nen** opponent of nuclear power (*female*) (45)
das **Attentat, -e** assassination
die **Attraktion, -en** attraction
das **Attribut, -e** attribute, characteristic
auch also
der **Audiomixer, -** audio mixer
der **Audiorecorder, -** audio recorder
auf (*+ akk. / + dat.*) on top of; at (14)
auf jeden Fall definitely (16)
auf keinen Fall by no means, in no case
das **Auf und Ab** the ups and downs (25)
die **Aufarbeitung, -en** coming to terms with sth., processing, reappraisal (86)
auf·bauen, baute ... auf, hat ... aufgebaut to establish; construct (8)
aufeinander prallen, prallte aufeinander, ist ... aufeinander geprallt to clash, collide (29)
aufeinander·treffen (trifft ... aufeinander), traf ... aufeinander, ist aufeinandergetroffen to clash; meet (one another)
der **Aufenthalt, -e** stay
die **Aufenthaltsdauer, -n** length of stay
die **Aufenthaltsgenehmigung, -en** residence permit (93)
die **Auffahrt, -en** ascent; ramp (21)
auf·fallen (fällt ... auf), fiel ... auf, ist ... aufgefallen to attract attention (85)
auffällig conspicuous(ly), striking(ly) (65)
auf·frischen, frischte ... auf, hat ... aufgefrischt to refresh, revive
auf·führen, führte ... auf, hat ... aufgeführt to perform (75)
die **Aufgabe, -n** assignment, exercise; task
auf·geben (gibt ... auf), gab ... auf, hat ... aufgegeben to give up (19)
aufgeregt excited
auf·hören (mit *+ dat.***), hörte ... auf, hat ... aufgehört** to stop (82)
auf·klären, klärte ... auf, hat ... aufgeklärt to clarify, resolve (63)
auf·machen, machte ... auf, hat ... aufgemacht to open (9)
aufmerksam attentive (71)
aufmerksam machen (auf *+ akk.***), machte, hat ... gemacht** to call attention (to)
die **Aufmerksamkeit, -en** attention (7)
für **Aufmerksamkeit sorgen, sorgte, hat ... gesorgt** to attract attention
Aufmerksamkeit erregen, erregte, hat ... erregt to attract attention (32)
die **Aufnahme, -n** recording
auf·nehmen (nimmt ... auf), nahm ... auf, hat ... aufgenommen to absorb; admit (*e.g. in school*); incorporate (35)
aufregend exciting
die **Aufregung, -en** excitement (9)
die **Aufrüstung, -en** armament
der **Aufstand, ⸚e** uprising, rebellion, revolt (1)
einen **Aufstand militärisch nieder·schlagen (schlägt ... nieder), schlug ... nieder, hat ... niedergeschlagen** to quell, defeat militarily
auf·suchen, suchte ... auf, hat ... aufgesucht to go to see, to find
auf·teilen, teilte ... auf, hat ... aufgeteilt to divide
der **Auftrag, ⸚e** order; task, assignment (19)
auf·wachen, wachte ... auf, ist ... aufgewacht to wake up
auf·wachsen (wächst ... auf), wuchs ... auf, ist ... aufgewachsen to grow up
auf·zeichnen, zeichnete ... auf, hat ... aufgezeichnet to record
auf·zeigen, zeigte ... auf, hat ... aufgezeigt to highlight, reveal, show; raise one's hand
der **Aufzug, ⸚e** elevator (21)
das **Auge, -n** eye
die **Augenfarbe, -n** eye color
aus (*+ dat.*) from (*location, city, country*); out of
aus der Sicht (von *+ dat.***)** from the standpoint (of)
aus Versehen by accident, accidentally, unintentionally
der **Ausbau, -ten** expansion (45)
aus·bilden, bildete ... aus, hat ... ausgebildet to train, educate (33)

die **Ausbildung, -en** apprenticeship, training, education (*for professions*) (100)
aus·brechen (bricht ... aus), brach ... aus, ist ... ausgebrochen to break out (68)
der **Ausbruch, ¨-e** outbreak, onset
aus·bürgern, bürgerte ... aus, hat ... ausgebürgert to denaturalize, expatriate (4)
der **Ausdruck, ¨-e** expression (30)
aus·drücken, drückte ... aus, hat ... ausgedrückt to express (61)
auseinander·gehen, ging ... auseinander, ist ... auseinandergegangen to diverge
sich (*akk.*) **auseinander·setzen (mit + *dat.*), setzte ... auseinander, hat ... auseinandergesetzt** to discuss, deal with (*subject, theme, problem*) (75)
die **Auseinandersetzung, -en** involvement
der **Ausflug, ¨-e** trip
aus·führen, führte ... aus, hat ... ausgeführt to do, perform, carry out (99)
aus·füllen, füllte ... aus, hat ... ausgefüllt to fill out/in, complete (77)
aus·geben (gibt ... aus), gab ... aus, hat ... ausgegeben to spend (money) (33)
aus·gehen (von + *dat.*), ging ... aus, ist ... ausgegangen to start (from), assume (103)
ausgerechnet of all things (94)
aus·grenzen, grenzte ... aus, hat ... ausgegrenzt to exclude, marginalize (63)
die **Ausgrenzung, -en** exclusion, marginalization (63)
sich (*akk.*) **auskennen, kannte ... aus, hat ... ausgekannt** to be familiar with
jdn. (*akk.*) **aus·lachen, lachte ... aus, hat ... ausgelacht** to laugh at sb.
das **Ausland** foreign countries
der **Ausländer, -** foreigner (*male*) (53)
ausländerfeindlich xenophobic (63)
die **Ausländerin, -nen** foreigner (*female*) (53)
ausländisch foreign
das **Auslandssemester, -** semester abroad (100)
aus·lassen (lässt ... aus), ließ ... aus, hat ... ausgelassen to leave out
aus·leihen, lieh ... aus, hat ... ausgeliehen to borrow; lend
aus·machen, machte ... aus, hat ... ausgemacht to represent; constitute (*make up*)
der **Ausnahmezustand, ¨-e** state of emergency
aus·nutzen, nutzte ... aus, hat ... ausgenutzt to take advantage; exploit
aus·probieren, probierte ... aus, hat ... ausprobiert to try (out) (23)
aus·rechnen, rechnete ... aus, hat ... ausgerechnet to calculate
die **Ausrede, -n** excuse (24)
aus·reichen, reichte ... aus, hat ... ausgereicht to last; suffice (5)
die **Ausreise, -n** departure (9)
aus·reisen, reiste ... aus, ist ... ausgereist to leave (a country) (1)
sich (*akk.*) **ausruhen, ruhte ... aus, hat ... ausgeruht** to relax, rest
die **Aussage, -n** statement (29)
der **Ausschnitt, -e** excerpt, section
aus·sehen (sieht ... aus), sah ... aus, hat ... ausgesehen to look (*appearance*) (43)
das **Aussehen, -** appearance
Außen- outer
der **Außenkreis, -e** outer circle
die **Außenpolitik, -en** foreign affairs, foreign policy
der **Außenseiter, -** outsider, maverick (*male*)
die **Außenseiterin, -nen** outsider, maverick (*female*)
der **Außenstehende, -n** outsider (*male*) (92)
die **Außenstehende, -n** outsider (*female*) (92)
außer (+ *dat.*) besides; excluding, except for
außer Atem sein (ist), war, ist ... gewesen to be out of breath
außerdem besides, furthermore (43)
außergewöhnlich extraordinary/extraordinarily (65)
außerhalb outside, beyond
außerschulisch extracurricular (100)
die **Äußerung, -en** statement (63)
aus·sprechen (spricht ... aus), sprach ... aus, hat ... ausgesprochen to pronounce (11)
aus·statten, stattete ... aus, hat ... ausgestattet to equip
die **Ausstattung, -en** equipment
das **Aussterben** extinction (39)
aus·sterben (stirbt ... aus), starb ... aus, ist ... ausgestorben to become extinct (39)
der **Ausstoß, ¨-e** emission, output
aus·strahlen, strahlte ... aus, hat ... ausgestrahlt to broadcast (69)
aus·strecken, streckte ... aus, hat ... ausgestreckt to spread out
aus·suchen, suchte ... aus, hat ... ausgesucht to choose (5)
der **Austausch, -e** exchange
aus·tauschen, tauschte ... aus, hat ... ausgetauscht to exchange (96)
aus·treten (tritt ... aus), trat ... aus, ist ... ausgetreten to leak (*liquid*); resign
die **Auswahl, -en** choice; selection (69)
aus·wählen, wählte ... aus, hat ... ausgewählt to choose
aus·wandern, wanderte ... aus, ist ... ausgewandert to emigrate (93)
die **Auswanderung, -en** emigration (93)
die **Auswertung, -en** evaluation (12)
die **Auswirkung, -en** repercussion (43)
sich (*akk.*) **aus·zahlen, zahlte ... aus, hat ... ausgezahlt** to pay off, be worth while
aus·zeichnen, zeichnete ... aus, hat ... ausgezeichnet to honor (31)
die **Auszeichnung, -en** award (60)
der **Auszug, ¨-e** excerpt
das **Auto, -s** car
die **Autobahn, -en** freeway, highway
das **Autokennzeichen, -** licence plate number (*country code plate*)
der **Automat, -en** vendor (*vending machine*); machine
automatisch automatic(ally) (84)
automatisierbar automatable
die **Automatisierung, -en** automatization, automation (84)
autonom autonomous(ly)
der **Autor, -en** author, writer (*male*)
die **Autorin, -nen** author, writer (*female*) (8)
autoritär illiberal, authoritarian
die **Autorität, -en** authority
der **Autoscooter, -** bumper car ride (14)

B

das **Baby, -s** baby
die **Backware, -n** pastries
das **Bad, ¨-er** bath (*bathroom, spa*)
baden, badete, hat ... gebadet to bath, swim
die **Bahn, -en** train; tram
die **Balance** balance
bald soon (53)
der **Balken, -** bar
das **Balkendiagramm, -e** bar chart
die **Band, -s** band (81)
-bar -able
barrierefrei accessible (*for people with impairments/disabilities*) (21)
die **Barrierefreiheit, -en** accessibility (*for people with impairments/disabilities*) (21)
der **Bart, ¨-e** beard
die **Base, -n** base
basieren (auf + *dat.*), basierte, hat ... basiert to be based (on) (7)
basierend (auf + *dat.*) based (on) (77)
die **Basisinformation, -en** basic information
die **Batterie, -n** battery (30)
der **Bau, -ten** construction (building) (45)
die **Baubewilligung, -en** building permit
der **Bauch, ¨-e** stomach
bauen, baute, hat ... gebaut to build (3)
der **Bauer, -n** farmer (*male*)
die **Bäuerin, -nen** farmer (*female*)
der **Bauernhof, ¨-e** farm
der **Baum, ¨-e** tree
die **Baumwolle, -n** cotton
der **Bauplan, ¨-e** construction plan
der **Baustein, -e** module, component; building brick (29)
das **Bauwerk, -e** building (88)
bayrisch Bavarian
beachten, beachtete, hat ... beachtet to consider, keep in mind; to pay attention to (29)
Beachtung finden, fand, hat ... gefunden to get attention
der **Beamte, -n** civil servant (*male*)
die **Beamtin, -nen** civil servant (*female*)
beantworten, beantwortete, hat ... beantwortet to answer
die **Bearbeitung, -en** treatment, handling; edit (35)
bedenken, bedachte, hat ... bedacht to consider (85)
bedeuten, bedeutete, hat ... bedeutet to mean; matter (3)
die **Bedeutung, -en** meaning (86)
bedeutungsvoll significant, meaningful
die **Bedingung, -en** condition (7)
bedrohen, bedrohte, hat ... bedroht to threaten (39)
bedrohlich threatening
bedroht threatened, endangered (39)
die **Bedrohung, -en** threat (28)
das **Bedürfnis, -se** need; desire (41)
beeindruckend impressive
beeinflussen, beeinflusste, hat ... beeinflusst to influence (32)
der **Befehl, -e** order (12)
befestigen, befestigte, hat ... befestigt to attach (28)
sich (*akk.*) **befinden, befand, hat ... befunden** to be located (76)
die **Befreiung, -en** liberation (11)
der **Befürworter, -** proponent, advocat (*male*)
die **Befürworterin, -nen** proponent (*female*), advocatress
begegnen, begegnete, ist ... begegnet to encounter (29)
der **Beginn, -e** start, beginning
zu **Beginn** in the beginning
beginnen (mit + *dat.*), begann, hat ... begonnen to begin (with) (82)
begraben (begräbt), begrub, hat ... begraben to bury
der **Begriff, -e** term (28)
begründen, begründete, hat ... begründet to reason (7)
die **Begründung, -en** explanation, justification
die **Begrüßung, -en** address of welcome, greeting
behalten (behält), behielt, hat ... behalten to keep; remember (92)
behandeln, behandelte, hat ... behandelt to treat (21)

beheben, behob, hat ... behoben to correct, fix, remove
die **Behinderung, -en** disability, handicap (21)
die **Behörde, -n** local authority, government office (*administration*) (4)
bei·bringen, brachte ... bei, hat ... beigebracht to teach (89)
beide both
das **Beispiel, -e** example
zum **Beispiel** for example
der **Beitrag, ⸚e** article (*news*); contribution (68)
bei·tragen (zu + *dat.*) **(trägt ... bei), trug ... bei, hat ... beigetragen** to contribute (to)
bekämpfen, bekämpfte, hat ... bekämpft to combat, fight (against) (56)
bekannt (für + *akk.*) known (for) (19)
bekannt vor·kommen, kam ... vor, ist ... vorgekommen to look familiar (28)
der **Bekannte, -n** acquaintance, friend (*male*)
die **Bekannte, -n** acquaintance, friend (*female*)
bekommen, bekam, hat ... bekommen to get
belastend burdensome
die **Belastung, -en** burden
beleidigen, beleidigte, hat ... beleidigt to insult
beleidigend offensive
die **Beleuchtung, -en** lighting (20)
beliebt popular, liked (35)
die **Beliebtheit, -en** popularity
der **Belogene, -n** deceived (*male*)
die **Belogene, -n** deceived (*female*)
jdn. (*akk.*) **belügen, belog, hat ... belogen** to lie to sb.
bemalen, bemalte, hat ... bemalt to color
sich (*akk.*) **bemühen (um** + *akk.*), **bemühte, hat ... bemüht** to endeavor, attempt
benennen, benannte, hat ... benannt to name, designate, label (86)
benotet graded (100)
benötigen, benötigte, hat ... benötigt to require, need (20)
benutzen, benutzte, hat ... benutzt to use (33)
der **Benutzer, -** user (*male*) (89)
die **Benutzerin, -nen** user (*female*)
das **Benzin, -e** gasoline
beobachtbar observable, noticable
beobachten, beobachtete, hat ... beobachtet to observe; monitor (9)
die **Beobachtung, -en** observation (9)
berechnen, berechnete, hat ... berechnet to calculate (19)
die **Berechnung, -en** calculation
der **Bereich, -e** sector (100)
die **Bereicherung, -en** enrichment (61)
der **Berg, -e** mountain (57)
bergab downhill (25)
bergauf uphill (25)
der **Bergbau** mining
das **Bergsteigen** mountaineering, alpine climbing (99)
der **Bericht, -e** report
berichten (über + *akk.*), **berichtete, hat ... berichtet** to report (about), tell (68)
die **Berliner Mauer** Berlin Wall
berücksichtigen, berücksichtigte, hat ... berücksichtigt to take into account, consider
der **Beruf, -e** profession, job, occupation
berufstätig employed (7)
beruhigend reassuring, soothing
berühmt famous, well-known (28)
berühren, berührte, hat ... berührt to touch (75)
berührungslos touchless, contactless
die **Besatzung, -en** occupation
das **Besatzungskind, -er** child with a foreign military parent (53)
die **Besatzungsmacht, ⸚e** occupation force (53)
die **Besatzungszone, -n** occupation zone (56)
beschädigen, beschädigte, hat ... beschädigt to damage (88)
beschäftigen, beschäftigte, hat ... beschäftigt to employ (84)
sich (*akk.*) **beschäftigen (mit** + *dat.*), **beschäftigte, hat ... beschäftigt** to devote o.s. (to), occupy o.s. (with)
der **Beschäftigte, -n** employee (*male*) (84)
die **Beschäftigte, -n** employee (*female*) (84)
die **Beschäftigung, -en** employment; (pre-)occupation (41)
beschämen, beschämte, hat ... beschämt to embarrass, shame
beschleunigen, beschleunigte, hat ... beschleunigt to accelerate
der **Beschleuniger, -** accelerator; catalyst (29)
die **Beschleunigung, -en** acceleration (20)
beschreiben, beschreibt, hat ... beschrieben to describe
die **Beschreibung, -en** description
beschriften, beschriftete, hat ... beschriftet to label, annotate (40)
die **Beschriftung, -en** caption; labelling
sich (*akk.*) **beschweren (über** + *akk.*), **beschwerte, hat ... beschwert** to complain (about) (82)
besichtigen, besichtigte, hat ... besichtigt to visit (*e.g. tourist attraction*) (29)
die **Besichtigung, -en** tour, sightseeing (60)
besitzen, besaß, hat ... besessen to possess, own
der **Besitzer, -** owner (*male*) (88)
die **Besitzerin, -nen** owner (*female*)
die **Besonderheit, -en** particularity
besonders particular, special (16)
besprechen (bespricht), besprach, hat ... besprochen to discuss; to review (76)
besser better
die **Bestandsaufnahme, -n** inventory
bestehen (aus + *dat.*), **bestand, hat ... bestanden** to consist (of) (3)
bestehend existing (73)
besteigen, bestieg, hat ... bestiegen to ascent, climb (23)
bestellen, bestellte, hat ... bestellt to order
bestimmen, bestimmte, hat ... bestimmt to determine (92)
bestimmt particular(ly), certain(ly), surely
die **Bestrafung, -en** punishment; penalization
der **Besuch, -e** visit (73)
besuchen, besuchte, hat ... besucht to visit (29); to attend (*a school*) (100)
der **Besucher, -** visitor (*male*)
die **Besucherin, -nen** visitor (*female*)
die **Besucherzahl, -en** attendance, number of visitors (16)
sich (*akk.*) **beteiligen (an** + *dat.*), **beteiligte, hat ... beteiligt** to take part, participate (in) (4)
die **Beteiligung, -en** participation; involvement
der **Beton, -s** concrete
betonen, betonte, hat ... betont to stress, emphasize (65)
betragen (beträgt), betrug, hat ... betragen to come to, amount to (20)
betreffen (betrifft), betraf, hat ... betroffen to affect, concern (44)
betreiben, betrieb, hat ... betrieben to run (a business); practice (*sport*)
der **Betrieb, -e** business, enterprise (100)
die **Bevölkerung, -en** population (32)
bevor before (4)
bevorzugen, bevorzugte, hat ... bevorzugt to prefer (8)
bewaffnet armed (28)
bewegen, bewegte, hat ... bewegt to move
jdn. (*akk.*) **bewegen (zu** + *dat.*), **bewegte, hat ... bewegt** to bring sb. to do sth. (49)
die **Bewegung, -en** movement (45)
die **Bewegungsenergie, -n** kinetic energy, motional energy (20)
der **Beweis, -e** evidence, proof
bewerben (bewirbt), bewarb, hat ... beworben to advertise, promote (49)
sich (*akk.*) **bewerben (bewirbt), bewarb, hat ... beworben** to apply (100)
bewerten, bewertete, hat ... bewertet to evaluate
die **Bewertung, -en** evaluation; rating, assessment (16)
bewirken, bewirkte, hat ... bewirkt to cause, effect (32)
der **Bewohner, -** resident (*male*)
die **Bewohnerin, -nen** resident (*female*)
bewusst aware; conscious (93)
sich (*dat.*) **bewusst sein (ist), war, ist ... gewesen** to be aware of
bezahlen, bezahlte, hat ... bezahlt to pay
die **Bezahlung, -en** payment (94)
bezeichnen, bezeichnete, hat ... bezeichnet to denote, designate, label (86)
sich (*akk.*) **beziehen (auf** + *akk.*), **bezog, hat ... bezogen** to refer (to)
die **Beziehung, -en** relationship (5)
der **Bezirk, -e** district (1)
der **Bezug, ⸚e** connection, reference (36)
in **Bezug auf** (+ *akk.*) in relation to (89)
das **Bier, -e** beer
bilateral bilateral
das **Bild, -er** image, picture
bilden, bildete, hat ... gebildet to constitute, form (92)
der **Bildhauer, -** sculptor (*male*) (99)
die **Bildhauerin, -nen** sculptor (*female*) (99)
die **Bildung, -en** education; formation (93)
das **Bildungsministerium, Bildungsministerien** Ministry of Education
das **Bildungssystem, -e** education system (100)
das **Bildungswesen** education (system) (100)
die **Bildunterschrift, -en** caption
bilingual bilingual
billig cheap, inexpensive
Binnen- inland; internal (*e.g. sea, port, border*)
die **Biografie, -n** biography
die **Biologie** biology
biologisch biological
bis heute until today
bisher until now, so far (67)
bisherig previous, present, until now
die **Bitte, -n** request, appeal (17)
bitten, bat, hat ... gebeten to ask, plead, request
bitter bitter
bizarr bizarre
blattförmig leaf-shaped
bleiben, blieb, ist ... geblieben to stay; remain (3)
der **Bleistift, -e** pencil
der **Blick, -e** view (12)
der **Blickkontakt, -e** eye contact (72)
Blickkontakt her·stellen, stellte ... her, hat ... hergestellt to make eye contact
der **Blitz, -e** lightning, bolt
der **Blog, -s** blog
die **Blume, -n** flower
der **Boden, ⸚** ground, floor (88)
der **Bogen, ⸚** bow (*and arrow*); curve; arc

borgen, borgte, hat ... geborgt to borrow; lend
böse vicious, bad
die **Botschaft, -en** embassy; message (1)
der **Boykott, -s** boykott
die **Branche, -n** sector, branch (84)
der **Brand, ⸚e** fire
in **Brand stecken, steckte, hat ... gesteckt** to set fire to
die **Bratwurst, ⸚e** bratwurst
brauchen, brauchte, hat ... gebraucht to need, require (8)
braunäugig brown-eyed
die **Braunkohle, -n** brown coal
breit wide, broad (11)
die **Bremse, -n** break (*vehicle*)
brennen, brannte, hat ... gebrannt to burn (49)
das **Brettspiel, -e** board game
der **Brief, -e** letter (*written message*)
der **Briefkasten, ⸚** mailbox
die **Brille, -n** glasses
bringen, brachte, hat ... gebracht to bring (30)
die **Broschüre, -n** brochure
das **Buch, ⸚er** book
die **Buchempfehlung, -en** book recommendation (77)
der **Buchstabe, -n** letter (61)
der **Buchtitel, -** book title
das **Budget, -s** budget
die **Bühne, -n** stage (75)
das **Bühnenbild, -er** stage set (75)
das **Bühnenstück, -e** play
Bulgarien Bulgaria
der **Bumerang, -s / -e** boomerang
der **Bundeskanzler, -** Federal Chancellor (*male*)
die **Bundeskanzlerin, -nen** Federal chancellor (*female*)
das **Bundesland, ⸚er** federal state
der **Bundespräsident, -en** Federal President (*male*)
die **Bundespräsidentin, -nen** Federal President (*female*)
die **Bundesregierung, -en** Federal Government (45)
die **Bundesrepublik Deutschland** (**BRD**) Federal Republic of Germany (FRG) (1)
der **Bundesstaat, -en** federal state
der **Bundestag** Bundestag (*German Federal Parliament*)
das **Bundesverdienstkreuz, -e** Federal Cross of Merit
die **Bundesverfassung, -en** federal constitution (32)
bundesweit nationwide (45)
der **Bürger, -** citizen (*male*) (17)
das **Bürgerbegehren, -** citizen's initiative (17)
die **Bürgerin, -nen** citizen (*female*) (17)
die **Bürgerinitiative, -n** public campaign, citizens' initiative
der **Bürgerkrieg, -e** civil war (57)
der **Bürgermeister, -** mayor (*male*)
die **Bürgermeisterin, -nen** mayor (*female*)
das **Bürgerrecht, -e** civil right
das **Büro, -s** office
die **Büroklammer, -n** paper clip
Burundi Burundi
der **Busch, ⸚e** bush
die **Büttenrede, -n** carnival speech

C

calvinistisch Calvinistic (30)
der **Campus, -se** campus
die **Chance, -n** opportunity, chance
die **Chancengleichheit, -en** equality of opportunities (7)
das **Chaos** chaos
der **Charakter, -e** character (69)
die **Charaktereigenschaft, -en** character traits
das **Charakteristik, -en** characteristic
das **Charakteristikum, Charakteristika** characteristic
die **Checkliste, -n** checklist
der **Chef, -s** boss (*male*) (39)
die **Chefin, -nen** boss (*female*) (39)
christlich Christian
das **Chromosom, -en** chromosome
chronologisch chronological(ly) (72)
der **Clip, -s** clip
die **Clownsnase, -n** clown nose
der **Cobot, -s** cobot
der **Code, -s** code
die **Collage, -n** collage
der **Comedian, -s** comedian (*male*)
die **Comedian, -s** comedian (*female*)
der **Computer, -** computer
der **Cowboyhut, ⸚e** cowboy hat

D

da since, as, because (82)
Dabei sein ist alles! It's the taking part that counts!
dabei·haben (**hat ... dabei**), **hatte ... dabei, hat ... dabeigehabt** to have sth. on/with you
dadurch therefore (53)
dafür for it, for that (80)
dagegen against it, against that (80)
dahinter behind (it)
damals back then (5)
damit so that
danach after that
daneben next to (it)
dar·stellen, stellte ... dar, hat ... dargestellt to depict, represent (1)
der **Darsteller, -** actor, performer (*male*) (69)
die **Darstellerin, -nen** actress, performer (*female*) (69)
die **Darstellung, -en** depiction, representation (44)
darunter among (*in a group, class, number*)
Das stimmt! That is true! (16)
die **Daten** (*pl.*) data, information
der **Dativ** dative
das **Datum, Daten** date
die **Dauer, -n** duration, length (*time*)
dauerhaft permanent(ly) (93)
dauern, dauerte, hat ... gedauert to take, last (7)
davor in front of (it)
dazu·gehören, gehörte ... dazu, hat ... dazugehört to belong to
die **Debatte, -n** debate (47)
definieren, definierte, hat ... definiert to define (63)
die **Definition, -en** definition
das **Defizit, -e** deficit, deficiency
dekorativ decorative
demnächst soon, in the near future (75)
die **Demografie, -n** demography
die **Demokratie, -n** democracy
die **Demokratisierung, -en** democratisation
der **Demonstrant, -en** demonstrator, protester (*male*)
die **Demonstrantin, -nen** demonstrator, protester (*female*)
die **Demonstration, -en** demonstration (80)
demonstrieren, demonstrierte, hat ... demonstriert to demonstrate (1)
demontieren, demontierte, hat ... demontiert to dismantle (1)
denken (an + *akk.*), **dachte, hat ... gedacht** to think (about/of) (81)
denken, dass to think that (85)
das **Denkmal, ⸚er** monument, landmark, memorial (88)
denn because
dennoch nevertheless, still (82)
deportieren, deportierte, hat ... deportiert to deport
depressiv depressive
derzeit currently, at present (47)
deshalb therefore (84)
das **Design, -s** design (21)
designen, designte, hat ... designt to design
der **Designer, -** designer (*male*)
die **Designerin, -nen** designer (*female*)
deswegen therefore, for that reason (30)
das **Detail, -s** detail
detailliert detailed
der **Detektiv, -e** detective (*male*) (60)
die **Detektivin, -nen** detective (*female*)
deutlich significant(ly); distinct(ly) (43)
deutlich machen, machte, hat ... gemacht to make clear
die **Deutsche Demokratische Republik** (**DDR**) German Democratic Republic (GDR) (1)
das **Deutsche Reich** German Empire
deutschsprachig German-speaking, germanophone
das **Dezibel** decibel
der **Diabetes** diabetes
das **Diagramm, -e** diagram, graph, chart
der **Dialekt, -e** dialect
der **Dialog, -e** dialogue
der **Diamant, -en** diamond (30)
die **Diaspora, -s** diaspora
die **Diät, -en** diet
dick fat
dick(flüssig) thick, viscous
der **Diebstahl, ⸚e** theft
dienen (**als**), **diente, hat ... gedient** to serve (as)
dienen (**zu** + *dat.*), **diente, hat ... gedient** to serve (as) (3)
die **Dienstleistung, -en** service (49)
die **Dienstzeit, -en** office hour/time, working hour/time
digital digital(ly) (76)
die **Digitalisierung, -en** digitalization
die **Diktatur, -en** dictatorship
diktieren, diktierte, hat ... diktiert to dictate
die **Dimension, -en** dimension
das **Ding, -e** thing
der **Diplomat, -en** diplomat (*male*)
die **Diplomatin, -nen** diplomat (*female*)
direkt direct(ly)
die **direkte Demokratie, -n** direct democracy, pure democracy
der **Direktor, -en** manager; principle (*education*); director (*male*)
die **Direktorin, -nen** manager; principle (*education*); director (*female*)
die **Diskrepanz, -en** discrepancy
diskriminieren, diskriminierte, hat ... diskriminiert to discriminate (53)
diskriminiert discriminated
die **Diskriminierung, -en** discrimination (11)
die **Diskussion, -en** discussion
diskutieren, diskutierte, hat ... diskutiert to discuss
die **Distanz, -en** distance
distanziert distant, reserved
die **Disziplin, -en** discipline
divers diverse

die **Diversität, -en** diversity (53)
die **DNA** DNA
der **DNA-Test, -s** DNA test
doch however
der **Doktorand, -en** Ph.D. student, doctoral candidate (*male*) (93)
die **Doktorandin, -nen** Ph.D. student, doctoral candidate (*female*) (93)
der **Doktortitel, -** doctoral degree
dominant dominant(ly)
die **Doppelhelix** double helix
das **Dorf, ⸚er** village (28)
dort there (4)
das **Dosenwerfen** can knockdown (*game*) (14)
die **Drag Queen, -s** drag queen
das **Drama, Dramen** drama (12)
dramatisch dramatic(ally) (12)
der **Dramaturg, -en** dramaturg (*dramatic advisor*) (*male*)
die **Dramaturgin, -en** dramaturg (*dramatic advisor*) (*female*)
draußen outside (99)
das **Drehbuch, ⸚er** script (69)
drehen, drehte, hat ... gedreht to turn (16)
sich **drehend** rotating (21)
das **Dreieck, -e** triangle (36)
dreiseitig trigonal (36)
dringend urgent(ly) (24)
drinnen inside (99)
das **Dritte Reich** Third Reich (82)
das **Drittel, -** third
die **Drohne, -n** drone
dumm stupid, dumb
sich (*akk.*) **dumm an·stellen, stellte ... an, hat ... angestellt** to act stupid (*on purpose*) (61)
der **Dünger, -** fertilizer
dünn lean; thin
durch (+ *akk.*) through
durchfließen, durchfloss, hat ... durchflossen to traverse (*e.g. river, a lake*)
durchlaufen (**durchläuft**), **durchlief, hat ... durchlaufen** to go through
im **Durchschnitt** on average
durchschnittlich (on) average
das **Durchschnittsalter, -** average age
dürfen (**darf**), **durfte, hat ... gedurft** to be allowed to
sich (*akk.*) **duschen, duschte, hat ... geduscht** to shower
düster gloomy, grim
dynamisch dynamic(ally)

E

das **E-Bike, -s** e-bike
echt real(ly)
die **Eckdaten** (*pl.*) key data, basic information (100)
die **Ecke, -n** corner (4)
eckig angular (36)
der **Edelstein, -e** jewel, gem (30)
der **Effekt, -e** effect, impact
effektiv effective
die **Effektivität, -en** effectiveness
effizient efficient(ly)
die **Effizienz, -en** efficiency (30)
egal ob regardless of whether
egal sein (**ist**), **war, ist ... gewesen** to be all the same, not matter
die **Ehe, -n** marriage
die **Ehefrau, -en** wife
ehemalig former (86)
der **Ehemann, ⸚er** husband
eher rather; earlier
die **Ehre, -n** honor (19)
ehrlich honest (28)
ehrlich gesagt to be honest
eigen- own (37)
die **Eigenschaft, -en** characteristic, trait, property
der **Eigensinn** obstinacy
eigentlich actual(ly); rather
sich (*akk.*) **eignen, eignete, hat ... geeignet** to be suitable
es **eilig haben** (**hat**), **hatte, hat ... gehabt** to be in a hurry (48)
einander each other (1)
ein·binden, band ... ein, hat ... eingebunden to incorporate, include
der **Einbrecher, -** burglar, intruder (*male*) (24)
die **Einbrecherin, -nen** burglar, intruder (*female*) (24)
ein·bringen, brachte ... ein, hat ... eingebracht to contribute, bring in (93)
sich (*akk.*) **ein·cremen, cremte ... ein, hat ... eingecremt** to put on some lotion
der **Eindruck, ⸚e** impression (12)
einerseits ... andererseits on the one hand ... on the other hand
einfach simple/simply, easy
ein·fallen (**fällt ... ein**), **fiel ... ein, ist ... eingefallen** to come into mind (17)
einfließen lassen (**lässt**), **ließ, hat ... gelassen** to incorporate
der **Einfluss, ⸚e** influence (12)
ein·führen, führte ... ein, hat ... eingeführt to introduce (19)
die **Einführung, -en** introduction (61)
eingebettet embedded
ein·gestehen, gestand ... ein, hat ... eingestanden to admit, confess
einheimisch local, native (86)
die **Einheit, -en** unit; unity (1)
einige some
sich (*akk.*) **einigen** (**auf** + *akk.*), **einigte, hat ... geeinigt** to agree (on) (81)
ein·kaufen, kaufte ... ein, hat ... eingekauft to buy; shop
ein·laden (**lädt ... ein**), **lud ... ein, hat ... eingeladen** to invite
die **Einleitung, -en** introduction (65)
der **Einleitungssatz, ⸚e** introductory phrase, topic sentence (67)
einmal once
sich (*akk.*) **ein·mischen, mischte ... ein, hat ... eingemischt** to intervene, intermeddle, intrude
die **Einpflanzung, -en** implantation
ein·reiben, rieb ... ein, hat ... eingerieben to rub (in), slather (*e.g. with a lotion*) (35)
ein·reichen, reichte ... ein, hat ... eingereicht to submit
die **Einreise, -n** entry
zum **Einsatz kommen, kam, ist ... gekommen** to be deployed, be used (96)
ein·schalten, schaltete ... ein, hat ... eingeschaltet to tune in (*TV, radio*); switch on
die **Einschaltquote, -n** audience rating
ein·schätzen, schätzte ... ein, hat ... eingeschätzt to evaluate, assess (57)
die **Einschätzung, -en** estimate; evaluation (7)
ein·schlafen (**schläft ... ein**), **schlief ... ein, ist ... eingeschlafen** to fall asleep
ein·schmelzen (**schmilzt ... ein**), **schmolz ... ein, hat ... eingeschmolzen** to melt down
ein·schränken, schränkte ... ein, hat ... eingeschränkt to restrict, limit (32)
ein·setzen, setzte ... ein, hat ... eingesetzt to apply, employ
ein·steigen, stieg ... ein, ist ... eingestiegen to step in, get in (14)
die **Einstellung, -en** recruitment (*of workers*); attitude
der **Einstieg, -e** entry point, entrance
ein·studieren, studierte ... ein, hat ... einstudiert to rehearse
ein·stufen, stufte ... ein, hat ... eingestuft to rank (23)
ein·teilen, teilte ... ein, hat ... eingeteilt to categorize, arrange
ein·tragen (**trägt ... ein**), **trug ... ein, hat ... eingetragen** to enter (*e.g. into a list*) (1)
ein·treten (**tritt ... ein**), **trat ... ein, ist ... eingetreten** to arise, occur (97)
die **Eintrittskarte, -n** ticket (*admission*) (14)
einverstanden sein (**ist**) (**mit** + *dat.*), **war, ist ... gewesen** to agree (with)
der **Einwanderer, -** immigrant (*male*) (53)
die **Einwanderin, -nen** immigrant (*female*) (53)
ein·wandern, wanderte ... ein, ist ... eingewandert to immigrate (53)
die **Einwanderung, -en** immigration (93)
das **Einwanderungsland, ⸚er** country of immigration (53)
der **Einwohner, -** inhabitant, resident, citizen (*male*)
die **Einwohnerin, -nen** inhabitant, resident, citizen (*female*)
ein·zeichnen, zeichnete ... ein, hat ... eingezeichnet to map, draw in
Einzel- singular
der **Einzelhandel** retail industry (84)
einzeln single (3)
der **Einzelsport** individual sport (99)
das **Einzelteil, -e** part (*component*) (30)
einzigartig unique
einzig- only
der **Eisberg, -e** iceberg
die **Eisenbahn, -en** railroad
der **Eisenbahntunnel, -** railroad tunnel
der **Eiserne Vorhang** Iron Curtain (1)
das **Eislaufen** ice skating (99)
eis·laufen (**läuft ... eis**), **lief ... eis, ist ... eisgelaufen** to ice-skate (99)
der **Elektriker, -** electrician (*male*)
die **Elektrikerin, -nen** electrician (*female*)
das **Elektroauto, -s** electric car
der **Elektromotor, -en** electric engine
die **Elektronik** electronics
die **Elektrotechnik** electrical engineering
das **Element, -e** element (84)
das **Elend** misery
die **Ellipse, -n** ellipse
der **Elternteil, -e** parent
die **Emanzipation, -en** emancipation
die **Emission, -en** emission (43)
die **Emissionsvermeidung, -en** prevention of emissions
die **Emotion, -en** emotion (1)
emotional emotional(ly)
die **Empathie, -n** empathy
empfangen (**empfängt**), **empfing, hat ... empfangen** to receive (48)
der **Empfänger, -** recipient (*male*) (48)
die **Empfängerin, -nen** recipient (*female*) (48)
empfehlen (**empfiehlt**), **empfahl, hat ... empfohlen** to recommend (8)
die **Empfehlung, -en** recommendation (89)
das **Ende, -n** end
enden, endete, hat ... geendet to end (81)
endlich finally (5)
endlos endless
die **Energie, -n** energy
der **Energiebedarf** energy needs (45)
der **Energieerhaltungssatz, ⸚e** law of energy conservation
Energie gewinnen, gewann, hat ... gewonnen to gain energy
eng narrow (36)

das **Engagement, -s** engagement, involvement
jdn. (*akk.*) **engagieren, engagierte, hat ... engagiert** to hire sb.
sich (*akk.*) **engagieren (für** + *akk.*), **engagierte, hat ... engagiert** to commit o.s. (to), become involved (in) (80)
engagiert committed, involved
England England
engstehend close together (5)
das **Enkelkind, -er** grandchild
entdecken, entdeckte, hat ... entdeckt to discover
entfernen, entfernte, hat ... entfernt to remove
die **Entfernung, -en** distance; removal
entführen, entführte, hat ... entführt to abduct, kidnap (31)
die **Entführung, -en** abduction (72)
entgegengesetzt (zu + *dat.*) opposed (to), contrary (to)
entgehen, entging, ist ... entgangen to avoid
enthalten (enthält), enthielt, hat ... enthalten to contain, include (35)
entlarven, entlarvte, hat ... entlarvt to reveal, expose
entlassen (entlässt), entließ, hat ... entlassen to dismiss (73)
die **Entnazifizierung, -en** denazification
entscheiden, entschied, hat ... entschieden to decide (9)
sich (*akk.*) **entscheiden (für** + *akk.*), **entschied, hat ... entschieden** to decide (for) (88)
die **Entscheidung, -en** decision (9)
eine **Entscheidung treffen (trifft), traf, hat ... getroffen** to make a decision (100)
entschlussunfähig undecisive
sich (*akk.*) **entschuldigen (für** + *akk.*), **entschuldigte, hat ... entschuldigt** to apologize; excuse o.s. (for)
entspannt relaxed
entsprechen (+ *dat.*) **(entspricht), entsprach, hat ... entsprochen** to conform (to/with) (56)
entsprechend respective
entspringen, entsprang, ist ... entsprungen to spring up; originate from
entstehen, entstand, ist ... entstanden to emerge, arise (84)
die **Entstehung, -en** emergence, development
enttäuschen, enttäuschte, hat ... enttäuscht to disappoint (69)
entweder ... oder either ... or
entwerfen (entwirft), entwarf, hat ... entworfen to design, draft (16)
entwickeln, entwickelte, hat ... entwickelt to develop (11)
der **Entwurf, ¨-e** draft (85)
das **Enzym, -e** enzyme
die **Epidemie, -n** epidemic
die **Epoche, -n** era, age, epoch
er selbst he himself
das **Erbgut** genetic makeup
sich (*akk.*) **erbrechen (erbricht), erbrach, hat ... erbrochen** to purge, vomit
die **Erde, -n** earth, globe (43)
die **Erderwärmung, -en** global warming
das **Ereignis, -se** event (19)
erfahren (erfährt), erfuhr, hat ... erfahren to get to know, find out (about) (65)
die **Erfahrung, -en** experience (53)
Erfahrung sammeln, sammelte, hat ... gesammelt to gain experience (100)
erfassen, erfasste, hat ... erfasst to record
erfinden, erfand, hat ... erfunden to invent, come up with
der **Erfinder, -** inventor (*male*)
die **Erfinderin, -nen** inventor (*female*)
die **Erfindung, -en** invention; fiction
der **Erfolg, -e** success (19)
erfolgen, erfolgte, ist ... erfolgt to occur (9)
erfolgreich successful (19)
erfordern, erforderte, hat ... erfordert to require (47)
erforschen, erforschte, hat ... erforscht to research, explore (33)
erfragen, erfragte, hat ... erfragt to inquire about
ergänzen, ergänzte, hat ... ergänzt to complement, complete (82)
ergeben (ergibt), ergab, hat ... ergeben to reveal; amount to (*sum*); add up to (*a total*)
das **Ergebnis, -se** result; outcome (20)
zu einem **Ergebnis kommen, kam, ist ... gekommen** to reach a conclusion/result
erhalten (erhält), erhielt, hat ... erhalten to receive; maintain
erhitzen, erhitzte, hat ... erhitzt to heat up
erhitzt heated
sich (*dat.*) **erhoffen, erhoffte, hat ... erhofft** to hope
erhöhen, erhöhte, hat ... erhöht to raise; increase
um % **erhöhen, erhöhte, hat ... erhöht** to increase by %
sich (*akk.*) **erholen, erholte, hat ... erholt** to get better (*health*); relax
die **Erholung** rest, recovery (57)
sich (*akk.*) **erinnern (an** + *akk.*), **erinnerte, hat ... erinnert** to recall, remember; remind (11)
die **Erinnerung, -en** memory; reminder (11)
meiner **Erinnerung nach** as I recall it
die **Erinnerungskultur, -en** culture of remembrance, memory culture
erkennen, erkannte, hat ... erkannt to recognize (61)
die **Erkenntnis, -se** insight
erklären, erklärte, hat ... erklärt to declare; explain (52)
die **Erklärung, -en** explanation
die **Erkrankung, -en** disease, illness (25)
sich (*akk.*) **erkundigen, erkundigte, hat ... erkundigt** to inquire, ask
erlauben, erlaubte, hat ... erlaubt to allow, permit (9)
um **Erlaubnis fragen, fragte, hat ... gefragt** to ask permission (7)
erleben, erlebte, hat ... erlebt to experience (1)
das **Erlebnis, -se** experience (*event, occasion*), adventure (36)
erledigen, erledigte, hat ... erledigt to accomplish, finish
ermitteln, ermittelte, hat ... ermittelt to investigate (60)
ermöglichen, ermöglichte, hat ... ermöglicht to enable
ermorden, ermordete, hat ... ermordet to murder, assassinate (56)
die **Ernährung, -en** diet, nutrition
ernst serious(ly) (67)
ernst nehmen (nimmt), nahm, hat ... genommen to take serious(ly) (68)
ernsthaft serious(ly) (39)
ernten, erntete, hat ... geerntet to harvest, crop, pick (36)
eröffnen, eröffnete, hat ... eröffnet to open, establish (30)
die **Eröffnung, -en** opening
erraten, erriet, hat ... erraten to guess
erreichen, erreichte, hat ... erreicht to achieve; reach (89)
erröten, errötete, ist ... errötet to blush
erscheinen, erschien, ist ... erschienen to be published; appear
erschießen, erschoss, hat ... erschossen to shoot dead
die **Erschöpfung, -en** exhaustion (25)
sich (*akk.*) **erschrecken (vor** + *dat.*), **erschreckte, hat ... erschreckt** (*ugs.*) to be frightened (by) (24)
ersetzen, ersetzte, hat ... ersetzt to replace, substitute (14)
erst only; first (32)
der **erste Eindruck, ¨-e** first impression (4)
erstellen, erstellte, hat ... erstellt to create, compile, generate (94)
ersticken, erstickte, ist/hat ... erstickt suffocate, choke
ertappen, ertappte, hat ... ertappt (bei + *dat.*) to catch (at) (65)
der **Ertrag, ¨-e** gain, yield, revenue
der **Erwachsene, -n** adult (*male*)
die **Erwachsene, -n** adult (*female*)
erwähnen, erwähnte, hat ... erwähnt to mention (93)
erwarten, erwartete, hat ... erwartet to expect (12)
die **Erwartung, -en** expectation (25)
erweitern, erweiterte, hat ... erweitert to expand (76)
die **Erweiterung, -en** expansion, extension (17)
erwerben (erwirbt), erwarb, hat ... erworben to acquire, purchase, gain
erwischen, erwischte, hat ... erwischt to catch, arrest (82)
erzählen, erzählte, hat ... erzählt to tell
die **Erzählung, -en** narrative, story
erzeugen, erzeugte, hat ... erzeugt to produce (47)
die **Erziehung, -en** education
es gibt, gab, hat ... gegeben there is/are
essbar edible
essen (isst), aß, hat ... gegessen to eat
das **Essen, -** food; eating
essentialisieren, essentialisierte, hat ... essentialisiert to essentialize
etablieren, etablierte, hat ... etabliert to establish
ethisch ethical(ly) (41)
die **Ethnie, -n** ethnicity (53)
ethnisch ethnic(ally) (30)
etwas something
euphorisch euphoric
Europa Europe
der **Europäer, -** European (*male*)
die **Europäerin, -nen** European (*female*)
europäisch European
die **Europäische Union (EU)** European Union (EU)
die **Exekutive** executive (*authority/branch*)
existieren, existierte, hat ... existiert to exist (4)
das **Experiment, -e** experiment
der **Experte, -n** expert (*male*)
die **Expertin, -nen** expert (*female*)
explodieren, explodierte, ist ... explodiert to explode
vor Wut **explodieren** to burst with anger
exportieren, exportierte, hat ... exportiert to export
extrem extreme(ly)
der **Extremsport** extreme sports (23)

F

die **Fabrik, -en** factory
das **Fach, ¨-er** subject
die **Fachfrau, -en** specialist (*female*)
das **Fachgebiet, -e** specialty, field of expertise (100)
das **Fachjournal, -e** professional/specialist journal
der **Fachmann, ¨-er** specialist (*male*)
die **Fähre, -n** ferry
fahren (**mit** + *dat.*) **(fährt), fuhr, ist ... gefahren** to drive, ride (*a roller coaster*) (14)
der **Fahrgast, ¨-e** passenger
das **Fahrgeschäft, -e** fun ride (*business*) (14)
das **Fahrgestell, -e** carrier
das **Fahrrad, ¨-er** bike, bicycle
Fahrrad fahren (fährt), fuhr, ist ... gefahren to ride a bike
die **Fahrradstraße, -n** bicycle boulevard
die **Fahrt, -en** ride, drive
die **Fährte, -n** track
die **Fahrzeit, -en** time of travel/ride
das **Fahrzeug, -e** vehicle
fair fair
der **Fakt, -en** fact
faktisch inkorrekt factually incorrect
der **Faktor, -en** factor; coefficient
der **Fall, ¨-e** case (68)
einen **Fall lösen, löste, hat ... gelöst** to solve a case (60)
fallen (fällt), fiel, ist ... gefallen to fall (77)
sich (*akk.*) **fallen lassen** (**lässt**), **ließ, hat ... gelassen** to let (o.s.) fall
fällen, fällt, hat ... gefällt to log (*trees*), cut down
falsch wrong
die **falsche Fährte, -n** red herring (60)
das **Familienmitglied, -er** family member
der **Fan, -s** fan, supporter
fangen (**fängt**), **fing, hat ... gefangen** to catch
die **Fantasiewelt, -en** fantasy world, imaginary world
fantastisch fantastic(ally)
die **Farbe, -n** color
der **Farbstoff, -e** coloring, dye (35)
der **Fasching, -s** Carnival, Mardi Gras
die **Fassade, -n** façade
die **Fassung, -en** version
fast almost
die **Fastnacht, -en** Carnival, Mardi Gras
die **Faszination, -en** fascination
die **Faulheit, -en** laziness
der **Favorit, -en** frontrunner, favorite
die **Feder, -n** spring; feather (30)
fegen, fegte, hat ... gefegt to sweep
fehlen, fehlte, hat ... gefehlt to be missing, lack
der **Fehler, -** mistake, fault
die **Feier, -n** celebration, ceremony
feiern, feierte, hat ... gefeiert to celebrate
der **Feiertag, -e** holiday
die **Feindlichkeit, -en** hostility
das **Feld, -er** field
der **Fensterputzer, -** window cleaner (*male*) (23)
die **Fensterputzerin, -nen** window cleaner (*female*) (23)
die **Ferien** (*pl.*) holidays, vacation
Fernseh- TV-
das **Fernsehen** television, TV (69)
fern·sehen, sah ... fern, hat ... ferngesehen to watch TV
die **Fernsehgeschichte** TV history
das **Fernsehprogramm, -e** TV show
die **Fernsteuerung, -en** telecontrol, remote control (84)
fertig ready; done
sich (*akk.*) **fertig machen, machte, hat ... gemacht** to get ready (7)
fest firm, solid, fixed
ein **fester Bestandteil, -e** integral part, fixed component
der **feste Wohnsitz, -e** permanent abode, permanent residence
fest·halten (hält ... fest), hielt ... fest, hat ... festgehalten to put sth. on record, write down
fest·nehmen (nimmt ... fest), nahm ... fest, hat ... festgenommen to arrest
der **Festwagen, -** float (*in a parade, procession*)
fettgedruckt in bold print
das **Feuer, -** fire
das **Fieber, -** fever, temperature (33)
die **Figur, -en** character; figure (67)
fiktiv fictional
der **Film, -e** movie, film
das **Filmfestival, -s** film festival
die **Filmgeschichte** film history (73)
filmisch cinematic, filmic
der **Filmkritiker, -** film critic (*male*)
die **Filmkritikerin, -nen** film critic (*female*)
die **Filmproduktionsgesellschaft, -en** film production company
der **Filter, -** filter
der **finale Entwurf, ¨-e** final draft/version
finanziell financial(ly) (94)
finanzieren, finanzierte, hat ... finanziert to finance, afford
finden, fand, hat ... gefunden to find
finden, dass to find that (85)
die **Firma, Firmen** company, firm (33)
der **Fisch, -e** fish
der **Fischer, -** fisher (*male*)
die **Fischerei, -en** fishing, fishery
die **Fischerin, -nen** fisher (*female*)
der **Fitnesssport** fitness (99)
flach flat, shallow (36)
die **Fläche, -n** area; surface
das **Fleisch** meat
die **Flexibilität, -en** flexibility
fliegen, flog, ist ... geflogen to fly
fliehen (**vor** + *dat.*), **floh, ist ... geflohen** to flee, escape (from)
die **Fliehkraft, ¨-e** centrifugal force (20)
fließen, floss, ist ... geflossen to run (*flow*)
der **Fluch, ¨-e** curse
die **Flucht, -en** escape (3)
flüchten (**vor** + *dat.*), **flüchtete, ist ... geflüchtet** to flee; escape (from) (1)
die **Fluchtgeschichte, -n** story of an escape
der **Flüchtling, -e** refugee (legal) (59)
die **Flüchtlingskrise, -n** refugee crisis (59)
die **Flüchtlingspolitik** refugee policy, asylum policy
der **Fluchtplan, ¨-e** escape plan, evacuation plan
der **Fluchtversuch, -e** attempted escape
das **Flugblatt, ¨-er** flyer, leaflet (82)
das **Flugzeug, -e** airplane
der **Fluss, ¨-e** river, stream
die **Flüssigkeit, -en** liquid, fluid (35)
flüstern, flüsterte, hat ... geflüstert to whisper (77)
der **Föderalismus** federalism (32)
der **Fokus, -se** focus
die **Folge, -n** consequence; episode (*TV show*) (56)
folgen, folgte, hat/ist ... gefolgt to follow
folgend- following
die **Folie, -n** slide (103)
das **Fondue, -s** fondue
fordern, forderte, hat ... gefordert to demand; promote (57)
das **Förderprogramm, -e** promotional program, support program, funding program
die **Forderung, -en** demand (17)
die **Form, -en** shape; mold
das **Format, -e** format (71)
die **Formel, -n** formula (20)
das **Formular, -e** form
formulieren, formulierte, hat ... formuliert to write sth. up; phrase
die **Formulierung, -en** wording, phrasing
formvollendet perfectly shaped, perfect in form
forschen, forschte, hat ... geforscht to research
der **Forschende, -n** researcher (*male*)
die **Forschende, -n** researcher (*female*)
der **Forscher, -** researcher, scientist (*male*)
die **Forscherin, -nen** researcher, scientist (*female*)
die **Forschung, -en** research (29)
das **Forschungsprojekt, -e** research project
die **Fortbewegung, -en** locomotion, movement (84)
fort·führen, führte ... fort, hat ... fortgeführt to continue (4)
fortschrittlich progressive, advanced (7)
der **Forumsbeitrag, ¨-e** forum post
der **Fotograf, -en** photographer (*male*)
die **Fotografin, -nen** photographer (*female*)
die **Frage, -n** question
eine **Frage** (**über** + *akk.*) **stellen, stellte, hat ... gestellt** to pose a question (about)
in **Frage stellen, stellte, hat ... gestellt** to question
der **Fragebogen, ¨** questionnaire
Frankreich France
die **Frau, -en** woman
die **Frauenbewegung, -en** feminist movement
das **Frauenbild, -er** image of women
die **Frauensache, -n** women's matter
das **Frauenstimmrecht, -e** women's suffrage, voting rights for women (28)
frei free
der **Freifallturm, ¨-e** drop tower
die **Freiheit, -en** freedom (3)
der **Freiheitskämpfer, -** freedom fighter (*male*)
die **Freiheitskämpferin, -nen** freedom fighter (*female*)
freischaffend freelance
frei·setzen, setzte ... frei, hat ... freigesetzt to release (*e.g. energy*)
frei·sprechen (spricht ... frei), sprach ... frei, hat ... freigesprochen to acquit, discharge
der **Freispruch, ¨-e** acquittal
freiwillig voluntary/voluntarily (75)
die **Freizeit, -en** free time, leisure time
der **Freizeitpark, -s** amusement park (16)
fremd foreign, different (*unfamiliar*) (57)
die **Fremdbezeichnung, -en** foreign appellation, name/term imposed by others
der **Fremde, -n** stranger (*male*)
die **Fremde, -n** stranger (*female*)
die **Fremdenfeindlichkeit, -en** xenophobia (8)
die **Fremdsprache, -n** foreign language (37)
fremdsprachig foreign-language (56)
die **Freude, -n** joy, delight (71)
sich (*akk.*) **freuen** (**auf** + *akk.*), **freute, hat ... gefreut** to look forward (to) (81)
sich (*akk.*) **freuen** (**über** + *akk.*), **freute, hat ... gefreut** to be happy (about) (81)
der **Freund, -e** (boy)friend (*male*)
die **Freundin, -nen** (girl)friend (*female*)
freundlich friendly
der **Frieden** peace

der **Friedhof, ⸚e** graveyard
friedlich peaceful
die **Frisur, -en** hairstyle, haircut
froh happy (94)
fröhlich happy
die **Front, -en** foresite, front (82)
früher earlier; in the past
früher oder später sooner or later
das **Frühjahr, -e** spring, early in the year
frühzeitig early (43)
sich (*akk.*) **fühlen, fühlte, hat ... gefühlt** to feel (5)
führen (**durch** + *akk.*), **führte, hat ... geführt** to guide (through)
führen (**zu** + *dat.*), **führte, hat ... geführt** to lead (to) (3)
der **Führerschein, -e** driver's licence
die **Führung, -en** leadership, guidance
füllen, füllte, hat ... gefüllt to fill
der **Fund, -e** finding, discovery
fünfseitig five-sided
ein **Fünftel** one fifth (19)
die **Funktion, -en** role; function
funktionieren, funktionierte, hat ... funktioniert to work, function (5)
für (+ *akk.*) for
die **Furcht** fear
furchtbar terrible (82)
fürchten, fürchtete, hat ... gefürchtet to fear
der **Fußabdruck, ⸚e** footprint (43)
das **Futter** feed, food (*for animals*) (43)
füttern, fütterte, hat ... gefüttert to feed

G

der **Gabelstaplerfahrer, -** forklift driver (*male*)
die **Gabelstaplerfahrerin, -nen** forklift driver (*female*)
der **Gang, ⸚e** way of walking; aisle
ganz genau exactly
garantieren, garantierte, hat ... garantiert to ensure, guarantee
der **Gast, ⸚e** guest (*male*)
die **Gästin, -nen** guest (*female*)
zu **Gast haben** (**hat**), **hatte, hat ... gehabt** to have as a guest
der **Gastarbeiter, -** guest worker, foreign worker (*male*)
die **Gastarbeiterin, -nen** guest worker, foreign worker (*female*)
die **Gastronomie** food service industry
das **Gebäude, -** building (3)
geben (**gibt**), **gab, hat ... gegeben** to exist, occur; give
das **Gebiet, -e** area, region (30)
die **Gebirgskette, -n** mountain range
gebogen bent
die **gebrannten Mandeln** (*pl.*) candied/roasted almonds (14)
die **Gebühr, -en** charge (*fee*)
der **Gedanke, -n** thought (17)
der **Gedankenfluss, ⸚e** stream of thoughts
das **Gedenken** commemoration, remembrance (88)
jds. (*gen.*) **gedenken, gedachte, hat ... gedacht** to commemorate, remember sb. (88)
die **Gefahr, -en** danger (24)
sich (*akk.*) in **Gefahr begeben** (**begibt**), **begab, hat ... begeben** to put o.s. in danger (3)
gefährdet endangered (39)
gefährlich dangerous (46)
das **Gefälle, -** descent, downgrade
gefallen (+ *dat.*) (**gefällt**), **gefiel, hat ... gefallen** to like, to be pleasing to
das **Gefängnis, -se** prison (3)
der **Geflüchtete, -n** refugee (*male*) (59)
die **Geflüchtete, -n** refugee (*female*) (59)
das **Gefühl, -e** feeling, sense (1)
der **Gefühlsausdruck, ⸚e** expression of emotion/feeling
gegen (+ *akk.*) against
die **Gegend, -en** region, area (11)
gegenseitig mutual(ly), reciprocal (96)
der **Gegenstand, ⸚e** item, object (75)
gegenüber (+ *dat.*) across from; opposite to
die **Gegenwart, -en** present
das **Gehalt, ⸚er** salary, wage (57)
das **Gehäuse, -** case, housing, body (30)
geheim secret (92)
das **Geheimnis, -se** secret (72)
die **Geheimschrift, -en** secret code (*in writing*)
gehen um (+ *akk.*), **ging, ist ... gegangen** to deal with
gehören (**zu** + *dat.*), **gehörte, hat ... gehört** to belong (to) (3)
der **Gehweg, -e** sidewalk (88)
die **Geisterbahn, -en** ghost train (*amusement ride*) (14)
gelähmt paralyzed (25)
gelangweilt bored
das **Geld, -er** money
Geld ausgeben (**für** + *akk.*) (**gibt ... aus**), **gab ... aus, hat ... ausgegeben** to spend money (on)
Geld verdienen, verdiente, hat ... verdient to earn money (85)
die **Geldbörse, -n** wallet
die **Gelegenheit, -en** opportunity, chance (23)
gelegentlich occasional(ly) (99)
die **Geliebte, -n** beloved (*male*)
der **Geliebte, -n** beloved (*female*)
gelingen, gelang, ist ... gelungen to succeed (3)
gelten als (**gilt**), **galt, hat ... gegolten** to be considered as
das **Gemälde, -e** painting
gemein mean
die **Gemeinde, -n** municipality (37)
gemeinsam common; together (54)
gemeinsam haben (**hat**), **hatte, hat ... gehabt** to have sth. in common
die **Gemeinsamkeit, -en** similarity, commonality (39)
die **Gemeinschaft, -en** community (11)
das **Gemeinschaftsgefühl, -e** sense of community, community spirit
gemeint sein (**ist**), **war, ist ... gewesen** to be meant (67)
gemischt mixed
das **Gemüse, -** vegetables
die **Gemütlichkeit, -en** comfortableness, coziness
das **Gen, -e** gene
genau exactly
genauso just the same (7)
der **Generalsekretär, -e** general secretary (*male*) (1)
die **Generalsekretärin, -nen** general secretary (*female*) (1)
die **Generation, -en** generation
generell general, across-the-board
die **Genetik** genetics
genießen, genoss, hat ... genossen to enjoy (14)
die **Genmanipulation, -en** genetic engineering
der **Genozid, -e** genocide
das **Genre, -s** genre
gentechnisch genetic
die **Gentechnologie, -n** genetic engineering
genug enough (8)
der **Genuss, ⸚e** enjoyment, pleasure
die **Geografie, -n** geography
geografisch geographic(al)
die **Geometrie, -n** geometry (36)
gerade precisely; straight
die **Gerade, -n** straight line
das **Gerät, -e** device, appliance (75)
das **Geräusch, -e** noise, sound (63)
gerecht fair
die **Gerechtigkeit, -en** justice, fairness
das **Gericht, -e** dish; court (47)
der **Gerichtsmediziner, -** forensic physician (*male*)
die **Gerichtsmedizinerin, -nen** forensic physician (*female*)
gerinnen, gerann, ist ... geronnen to curdle, coagulate
die **Germanistik** German studies (93)
gerne with pleasure
gesamt total, overall
die **Gesamtbevölkerung, -en** overall population
die **Gesamtzahl, -en** total, total number
das **Geschäft, -e** shop; business; deal
die **Geschäftsbeziehung, -en** business relation
der **Geschäftsmensch, -en** businessman, businesswoman
geschehen (**geschieht**), **geschah, ist ... geschehen** to happen, occur (*event*)
das **Geschenk, -e** present
die **Geschichte, -n** history; story
der **Geschichtsunterricht, -e** history class
die **Geschirrspülmaschine, -n** dishwasher
das **Geschlecht, -er** gender, sex (7)
geschlechtergerecht gender-fair (7)
die **geschlechtergerechte Sprache** gender-fair language (7)
die **Geschlechterrolle, -n** gender role
der **Geschmack, ⸚e** taste; flavor (35)
geschmacklos in bad taste
die **Geschwindigkeit, -en** speed (19)
die **Geschwister** (*pl.*) siblings
die **Gesellschaft, -en** community, society (11)
gesellschaftlich social(ly), societal(ly) (89)
gesellschaftskritisch socio-critical
das **Gesetz, -e** law (7)
gesichert secured (1)
die **Gesichtserkennung, -en** face recognition
gespannt tense, anxious; eager, excited, curious (73)
das **Gespräch, -e** conversation
der **Gesprächspartner, -** dialog partner, interlocutor (*male*)
die **Gesprächspartnerin, -nen** dialog partner, interlocutor (*female*)
die **gesprochene Sprache, -n** spoken language
gestalten, gestaltete, hat ... gestaltet to design, shape (71)
die **Gestaltung, -en** style (*design*); layout (21)
gestern yesterday
gestresst stressed
gesund healthy/healthily
die **Gesundheit, -en** health (25)
gesundheitlich healthwise (76)
die **Gesundheitsförderung, -en** promotion of health, health promotion
das **Getränk, -e** drink, beverage
das **Getreide, -** crop, grain
getrennt separate
geviertelt quartered
die **Gewalt** violence (8)
gewaltsam violent (45)
das **Gewässer, -** waters
das **Gewerbe, -** industry (84)
die **Gewerkschaft, -en** union
gewinnen, gewann, hat ... gewonnen to win
der **Gewinner, -** winner (*male*)
die **Gewinnerin, -nen** winner (*female*)
gewisse certain

sich (*akk.*) **gewöhnen (an + *akk.*), gewöhnte, hat ... gewöhnt** to get used (to), get accustomed (to) (100)
die **Gewohnheit, -en** habit, custom
die **Gier** greed
das **Gift, e** poison (75)
gigantisch gigantic
der **Gipfel, -** summit, peak
glänzend shiny (24)
das **Glas, ¨-er** glass
der **Glaube** belief, faith (54)
glauben (an + *akk.*), glaubte, hat ... geglaubt to believe (in) (81)
glauben, dass to believe that (85)
gleich equal; soon, now
gleichberechtigt equally entitled (to) (7)
die **Gleichberechtigung, -en** equal rights, equality (7)
gleichgeschlechtlich same-sex (*e.g. marriage*), homosexual (*e.g. relationship*)
gleichzeitig simultaneous(ly)
der **Gletscher, -** glacier
die **Gliederung, -en** outline, structure
global global(ly)
die **Globuli** (*pl.*) small pellets (*med.*) (33)
der **Globus, Globen/Globusse** globe
die **Glocke, -n** bell
das **Glück** luck, fortune
glücklicherweise luckily, fortunately
die **Gondel, -n** gondola
der **Graben, -** trench (3)
das **Graffiti, -s** graffiti (85)
die **Grafik, -en** chart; diagram
das **Gramm, -e** gram
100 **Gramm Mehl** 100 grams of flour
grausam cruel
die **Grausamkeit, -en** atrocity, cruelty
die **Gravitation, -en** gravity, gravitation
der **Greifer, -** gripper, claw (84)
die **Grenze, -n** border; boundary (1)
grenzen (an + *akk.*), grenzte, hat ... gegrenzt to border (on) (27)
grenzenlos limitless (54)
das **Grenzgebiet, -e** border region, borderland
der **Grenzoffizier, -e** border officer (*male*)
die **Grenzoffizierin, -nen** border officer (*female*)
der **Grenzposten, -** border post; border guard
der **Grenzpunkt, -e** entry point (*border*)
der **Grenzsoldat, -en** border soldier (*male*)
der **Grenzsoldatin, -en** border soldier (*female*)
die **Grenzsperre, -n** border barrier, border closure
der **Grenzstreifen, -** border strip
der **Grenzturm, ¨-e** watchtower
der **Grenzübergang, ¨-e** border checkpoint (9)
grenzüberschreitend transgressive, crossing frontiers
Griechenland Greece
das **Grinsen** grin, smirk
die **Grippe, -n** flu (68)
die **Großbaustelle, -n** large construction site
die **Großmacht, ¨-e** major power
die **Großstadt, ¨-e** large city
grün green
der **Grund, ¨-e** reason; ground
gründen, gründete, hat ... gegründet to establish, found (4)
der **Gründer, -** founder (*male*) (4)
die **Gründerin, -nen** founder (*female*) (4)
die **Grundfläche, -n** base area
die **Grundlage, -n** basis, foundation
der **Grundsatz, ¨-e** principle, tenet (28)
die **Grundschule, -n** elementary school (39)
das **Grundstück, -e** property, premise (88)
die **Gründung, -en** foundation, establishment (1)
die **Gruppe, -n** group
der **Gruppendruck** group/peer pressure
die **Gruppierung, -en** grouping; faction
gruselig creepy, eerie, scary
grüßen, grüßte, hat ... gegrüßt to greet (28)
die **Grußformel, -n** salutation (*in a letter*)
gültig valid (80)
günstig low in price; favorable
der **Gurt, -e** belt, strap
unter der **Gürtellinie** below the belt
der **Guru, -s** guru
sich (*akk.*) **gut fühlen, fühlte, hat ... gefühlt** to feel good
die **Gymnastik, -en** gymnastics (99)

H

die **Haarfarbe, -n** hair color
haben (hat), hatte, hat ... gehabt to have
die **Haftpflichtversicherung, -en** liability insurance
der **Hai, -e** shark
halbiert halved
halbkreisförmig semicircular
die **Hälfte, -n** half (43)
der **Haltebügel, -** retainer
halten (hält), hielt, hat ... gehalten to stop (*e.g. train, bus*); hold (31)
jdn./etw. (*akk.*) **halten (für + *akk.*) (hält), hielt, hat ... gehalten** to consider sth./so. ..., regard sth./so. (as)
die **Haltung, -en** attitude; posture (71)
der **Handel** trade, commerce (41)
das **Handeln** action (49)
handeln, handelte, hat ... gehandelt to trade; deal; act (14)
handeln (von + *dat.*), handelte, hat ... gehandelt to deal (with) (8)
sich (*akk.*) **handeln (um + *akk.*), handelte, hat ... gehandelt** to concern, be (about)
die **Handlung, -en** plot; action (67)
die **Handlungsmotivation, -en** motivation for action
der **Handlungsschritt, -e** action step
das **Handy, -s** mobile phone, cell phone
hängen, hing, hat ... gehangen to hang, be
hängen, hängte, hat ... gehängt to hang, put
harmonisch harmonious
hart firm; hard (35)
die **Härte, -n** hardness; rigor; hardship
der **Hartkäse, -** hard cheese (35)
der **Hashtag, -s** hashtag
der **Hau den Lukas** (*ugs.*) high striker (*funfair attraction*)
häufig common(ly); frequent(ly) (25)
die **Häufigkeit, -en** frequency
Haupt- main (17)
das **Hauptfach, ¨-er** major (100)
die **Hauptfigur, -en** main character
die **Hauptperson, -en** main person (72)
das **Hauptquartier, -e** headquarters
hauptsächlich main(ly)
der **Hauptsatz, ¨-e** main clause
die **Hauptsprache, -n** main language
die **Hauptstadt, ¨-e** capital
der **Hauptteil, -e** main part (67)
der **Hauptverdächtige, -n** main suspect (*male*) (60)
die **Hauptverdächtige, -n** main suspect (*female*) (60)
die **Hausarbeit, -en** chore; term paper
die **Hausaufgabe, -n** homework
der **Haushalt, -e** household; housekeeping
die **Hautfarbe, -n** skin color (53)
hebräisch Hebrew (54)
die **Heimat, -en** home (*country/region*) (8)
das **Heimatland, ¨-er** home country (54)
heimisch domestic; homelike; native
heimisch werden (wird), wurde, ist ... geworden to become a native
heiß hot
heißen, hieß, hat ... geheißen to mean; call sb./sth. (*name*)
der **Heißluftballon, -e** hot-air balloon
die **Heizung, -en** heating, heater
der **Hektar, -e** hectare
drei **Hektar Wald** three hectars of forest
der **Held, -en** hero, role model (*male*)
die **Heldin, -nen** heroine, role model (*female*)
jdm. (*dat.*) **helfen (bei + *dat.*) (hilft), half, hat ... geholfen** to help (with) (37) (82)
der **Helm, -e** helmet
das **Hemd, -en** shirt
die **Herangehensweise, -n** approach, strategy (103)
heraus·finden, fand ... heraus, hat ... herausgefunden to find out (4)
heraus·fliegen (aus + *dat.*), flog ... heraus, ist ... herausgeflogen to come flying out (of)
die **Herausforderung, -en** challenge
heraus·kommen (aus + *dat.*), kam ... heraus, ist ... herausgekommen to get out; be published (25)
die **Herkunft, ¨-e** origin, descent (53)
die **Herrschaft, -en** rule, reign (73)
herrschen, herrschte, hat ... geherrscht to rule, govern
der **Herrscher, -** ruler (*male*)
die **Herrscherin, -nen** ruler (*female*)
her·stellen (aus + *dat.*), stellte ... her, hat ... hergestellt to manufacture, make (from)
der **Hersteller, -** manufacturer, producer (*male*) (19)
die **Herstellerin, -nen** manufacturer, producer (*female*) (19)
die **Herstellung, -en** production (30)
die **Herzkrankheit, -en** heart disease
heterogen heterogeneous (53)
die **Heterogenität, -en** heterogeneity (53)
heute today
die **heutige Zeit** today's time (31)
heutzutage nowadays (25)
hier here
die **Hierarchie, -n** hierarchy
hierarchisieren, hierarchisierte, hat ... hierarchisiert to hierarchize
hierüber about/over this
die **Hilfe, -n** help (25)
Hilfe leisten, leistete, hat ... geleistet to provide assistance, give aid
um **Hilfe bitten, bat, hat ... gebeten** to ask for help (92)
hilflos helpless (5)
das **Hilfsmittel, -** means for support
das **Hilfsverb, -en** auxiliary verb
die **Himmelsrichtung, -en** cardinal direction (27)
hinaus·finden, fand ... hinaus, hat ... hinausgefunden to find one's way out
das **Hindernis, -se** obstacle
hin·deuten (auf + *akk.*), deutete ... hin, hat ... hingedeutet to indicate, suggest, point (to)
hin·gehören, gehörte ... hin, hat ... hingehört to belong
jdn. (*akk.*) **hin·richten, richtete ... hin, hat ... hingerichtet** to execute sb.
der **Hintergrund, ¨-e** background
hinterlassen (hinterlässt), hinterließ, hat ... hinterlassen to leave (*message, impression, etc.*); bequeath

historisch historical(ly)
die **Hitzewelle, -n** heat wave
das **Hobby, -s** hobby
hoch (höher, am höchsten) high (19)
das **Hochdeutsch(e)** High German, standard German (31)
hoch·laden (lädt ... hoch), lud ... hoch, hat ... hochgeladen to upload
der **Hochpunkt, -e** maximum (turning) point
die **Hochschule, -n** college, university (94)
höchstens at the most (47)
die **Höchstgeschwindigkeit, -en** top speed (20)
die **Hochzeit, -en** wedding
hoffen (auf + *akk.*), **hoffte, hat ... gehofft** to hope (for) (53)
höflich polite(ly) (17)
die **Höflichkeit, -en** politeness
die **Höhe, -n** height (21)
die **Höhenangst, ⸚e** vertigo, fear of heights (23)
der **Höhepunkt, -e** climax; peak; summit (25)
das **Holz, ⸚er** wood (21)
das **Holzbein, -e** wooden leg
die **Holzpuppe, -n** wooden doll
homogen homogenous (53)
die **Homogenität, -en** homogeneity (53)
die **Homöopathie, -n** homeopathy (33)
homöopathisch homeopathic(ally) (33)
das **homöopathische Mittel, -** homeopathic remedy
homosexuell homosexual
hören, hörte, hat ... gehört to hear (5)
der **Hügel, -** hill (20)
das **Hühnchen, -** chicken
humanoid humanoid
der **Humor** humor
humorvoll humorous
der **Hunger** hunger
die **Hungerkatastrophe, -n** hunger catastrophe
husten, hustete, hat ... gehustet to cough (33)
der **Hut, ⸚e** hat (28)
die **Hütte, -n** cottage, cabin
der **Hüttenkäse, -** cottage cheese
die **Hyperinflation, -en** hyperinflation

I

das **Ideal, -e** ideal
idealisiert idealized
die **Idee, -n** idea
eine **Idee verwirklichen, verwirklichte, hat ... verwirklicht** to implement an idea, make an idea happen
identifizieren, identifizierte, hat ... identifiziert to identify
identisch identical(ly)
die **Identität, -en** identity (11)
ideologisch ideological(ly)
das **Idol, -e** idol
ignorieren, ignorierte, hat ... ignoriert to ignore
die **Ikone, -n** iconic figure
illegal illegal(ly) (85)
im (in dem) in (the)
im Mai in May
das **Image, -s** image (*mental representation or idea*)
die **Imbissbude, -n** snack stand
der **Immigrant, -en** immigrant (*male*)
die **Immigrantin, -nen** immigrant (*female*)
der **Impfstoff, -e** vaccine
implementieren, implementierte, hat ... implementiert to implement
implizieren, implizierte, hat ... impliziert to imply
die **Improvisation, -en** improvisation
improvisieren, improvisierte, hat ... improvisiert to improvise (75)
der **Impuls, -e** impulse, stimulus
in (+ *dat.* / *akk.*) in; into
inakzeptabel unacceptable (29)
indigen indigenous
die **Indigenen** (*pl.*) indigenes
der **Individualismus** individualism
die **Individualität, -en** individuality
individuell individual(ly)
induktiv inductive
die **Industrie, -n** industry; manufacture (30)
die **Infanterie, -n** infantry
die **Infektion, -en** infection (33)
die **Infografik, -en** infographic
infolge (+ *gen.*) because of, resulting from
die **Information, -en** information
informieren (über + *akk.*), **informierte, hat ... informiert** to inform (about) (81)
der **Ingenieur, -e** engineer (*male*) (19)
die **Ingenieurin, -nen** engineer (*female*) (19)
inhaftieren, inhaftierte, hat ... inhaftiert to imprison (56)
der **Inhalt, -e** content (32)
inhaltlich in terms of content
das **Inhaltsverzeichnis, -se** table of contents
die **Initiative, -n** initiative; campaign
Initiative zeigen, zeigte, hat ... gezeigt to show initiative
Innen- inner
der **Innenkreis, -e** inner circle
das **Innenleben, -** interiority, interior life (30)
die **Innenstadt, ⸚e** downtown, city center
innerdeutsch inner German
innerhalb within (54)
die **Innovation, -en** innovation (19)
innovativ innovative
das **Insekt, -en** insect
die **Insel, -n** island
insgesamt altogether, overall
inspirieren, inspirierte, hat ... inspiriert to inspire
instabil unstable
das **Institut, -e** institute
die **Inszenierung, -en** production, staging (94)
die **Integration, -en** integration
sich (*akk.*) **integrieren, integrierte, hat ... integriert** to integrate
intellektuell intellectual(ly) (68)
intelligent intelligent (67)
intensiv intense
intensivieren, intensivierte, hat ... intensiviert to intensify
die **Intention, -en** intention
interessant interesting
das **Interesse, -n** interest (0)
Interesse haben (an + *dat.*), **hatte, hat ... gehabt** to be interested (in)
sich (*akk.*) **interessieren (für** + *akk.*), **interessierte, hat ... interessiert** to be interested (in)
interessiert interested (67)
interkulturell intercultural
international international
das **Internet** internet
die **Interpretation, -en** interpretation
interpretieren, interpretierte, hat ... interpretiert to interpret (29)
das **Interview, -s** interview
interviewen, interviewte, hat ... interviewt to interview
die **Intrige, -n** intrigue
die **Inventarliste, -n** inventory list
investieren, investierte, hat ... investiert to invest
inwiefern in what way; to what extent
inzwischen meanwhile, in the meantime
(der) **Irak** Iraq
irgendwie somehow (5)
ironisch ironic(ally) (92)
irrational irrational
irre crazy, insane
irreal unrealistic (17)
islamophobisch islamophobic (63)
Italien Italy

J

der **Jäger, -** huntsman (28)
die **Jägerin, -nen** huntswoman (28)
das **Jahr, -e** year
die **Jahreszeit, -en** season
das **Jahrhundert, -e** century
der **Jahrmarkt, ⸚e** fair, funfair (14)
das **Jahrzehnt, -e** decade (33)
Japan Japan
der **Jazz** jazz
je ... desto ... the ... the ... (*e.g. the sooner the better*) (69)
jede(r, s) every
jedoch though, however
jemals ever (69)
jemand someone, anyone
jetzt now
jeweils respectively, in each case (86)
(das) **Jiddisch(e)** Yiddish (61)
der **Job, -s** job
jodeln, jodelte, hat ... gejodelt to yodel
der **Journalismus** journalism
der **Journalist, -en** journalist (*male*)
die **Journalistin, -nen** journalist (*female*)
jubeln, jubelte, hat ... gejubelt to cheer (9)
das **Jubiläum, Jubiläen** anniversary, jubilee (73)
der **Jude, -n** Jew (*male*) (54)
die **Jüdin, -nen** Jew (*female*) (54)
jüdisch Jewish (54)
die **Jugend** youth; adolescence
jugendlich adolescent
der **Jugendliche, -n** adolescent (*male*)
die **Jugendliche, -n** adolescent (*female*)
die **Jugendorganisation, -en** youth organization
die **Jugendsprache, -n** youth language (61)
der **Jugendverband, ⸚e** youth league
die **Jungfrau, -en** virgin
der **Junggeselle, -n** bachelor
die **Junggesellin, -nen** bachelorette
das **juristische Mittel, -** legal means
das **Justizsystem, -e** legal system

K

das **Kabelfernsehen** cable TV (69)
der **Kaiser, -** emperor (*male*) (28)
die **Kaiserin, -nen** emperor (*female*) (28)
kaiserlich imperial
der **Kakao, -s** cocoa (36)
die **Kakaobutter** cocoa butter
die **Kakaofrucht, ⸚e** cocoa pod
die **Kakaomasse, -n** cocoa mass, cocoa paste
der **Kalender, -** calendar (30)
kalt cold
der **Kalte Krieg** Cold War (1)
die **Kamera, -s** camera
Kamerun Cameroon
sich (*akk.*) **kämmen, kämmte, hat ... gekämmt** to comb one's hair
das **Kammerspiel, -e** chamber play, Kammerspiel
die **Kampagne, -n** campaign (32)
der **Kampf, ⸚e** fight, struggle
kämpfen (für + *akk.*), **kämpfte, hat ... gekämpft** to fight (for) (7)

der **Kandidat, -en** candidate (*male*) (71)
die **Kandidatin, -nen** candidate (*female*) (71)
der **kandierte Apfel, ¨** glacéed apple
der **Kanton, -e** canton
der **Kanzler, -** chancellor (*male*)
die **Kanzlerin, -nen** chancellor (*female*)
die **Kapazität, -en** capacity (21)
kapazitiv capacitive
der **Kapitalismus** capitalism
das **Kapitel, -** chapter
kaputt broken
das **Karamel** caramel
kariert checkered, plaid
der **Karneval, -s** Carnival, Mardi Gras (81)
die **Karriere, -n** career (75)
die **Karte, -n** map; card; ticket
das **Karussell, -s/-e** carousel (14)
der **Käse, -** cheese
der **Käsefertiger, -** cheese-making machine
die **Käseharfe, -n** cheese harp, cheese wire (*for cutting*)
der **Käser, -** cheesemaker (*male*)
die **Käserei, -en** cheesery, dairy (*for making cheese*) (35)
die **Käserin, -nen** cheesemaker (*female*)
der **Kasten, ¨** box
der **Katalog, -e** catalogue
der **Katapultstart, -s** catapult take-off
die **Katastrophe, -n** catastrophe (44)
die **Kategorie, -n** category
kategorisieren, kategorisierte, hat ... kategorisiert to categorize
kaufen, kaufte, hat ... gekauft to buy; shop
das **Kaugummi, -s** chewing gum
kaum hardly, barely
kausal causal
der **Kegel, -** cone (36)
die **Kehrseite, -n** reverse side, other side, flipside
kein(e) no, none
der **Kellner, -** waiter
die **Kellnerin, -nen** waitress
kennen, kannte, hat ... gekannt to know
kennen·lernen, lernte ... kennen, hat ... kennengelernt to get to know, learn about
das **Kennzeichen, -** plate (*car and motorbike*)
die **Kennzeichenerkennung, -en** detection of license plate number
die **Keramik** ceramics; pottery (30)
die **Kernenergie, -n** nuclear power (44)
die **Kernforschung, -en** nuclear research (29)
das **Kernkraftwerk, -e** nuclear power plant (44)
die **Kette, -n** chain
das **Kettenkarussell, -s/-e** swing carousel, chairoplane (14)
das **Kilogramm, -e** kilogram
Kilometer pro Stunde kilometers per hour
das **Kind, -er** child
die **Kindererziehung** parenting; child education (7)
der **Kindergarten, ¨** kindergarden
die **Kindheit, -en** childhood
kinetisch kinetic
die **kinetische Energie, -n** kinetic energy
das **Kino, -s** cinema (73)
die **Kirche, -n** church
kirchlich clerical, church-related (81)
die **Kirmes, -sen** funfair, carnival
die **Klammer, -n** parenthesis
die **Klamotten** (*pl.*) clothes
klar clear
der **Klassenkamerad, -en** class mate (*male*)
die **Klassenkameradin, -nen** class mate (*female*)
das **Kleeblatt, ¨er** cloverleaf
kleeblattförmig shaped like a cloverleaf
der **Kleiderschrank, ¨e** wardrobe, armoire
die **Kleidung, -en** clothing
das **Kleidungsstück, -e** piece of clothing
klettern, kletterte, ist ... geklettert to climb (9)
der **Klettverschluss, ¨e** Velcro
das **Klima, -ta** climate
der **Klimaschutz** climate protection (41)
der **Klimawandel** climate change
klingen, klang, hat ... geklungen to sound (37)
klischeehaft cliché, stereotyped
die **Kluft, ¨e** chasm
die **Kneipe, -n** bar
die **Knoblauchpresse, -n** garlic crusher/press
der **Knopf, ¨e** button
der **Knopfdruck, ¨e** touch of a button
koalieren (mit + *dat.***), koalierte, hat ... koaliert** to form a coalition (with)
die **Koalition, -en** coalition
die **Koalitionsregierung, -en** coalition government
der **Koch, ¨e** cook, chef (*male*)
das **Kochbuch, ¨er** cookbook
kochen, kochte, hat ... gekocht to cook
die **Köchin, -nen** cook, chef (*female*)
die **Kohlensäure, -n** carbonic acid
ohne **Kohlensäure** non-carbonated
der **Kohlenstoffdioxid** carbon dioxide
die **Kollaboration, -en** collaboration
kollaborieren, kollaborierte, hat ... kollaboriert to collaborate
der **Kollege, -n** colleague (*male*)
die **Kollegin, -nen** colleague (*female*)
kollidieren, kollidierte, ist ... kollidiert to collide, clash (29)
die **Kollision, -en** collision (29)
kolonial colonial(ly)
der **Kolonialismus** colonialism
die **Kolonie, -n** colony
der **Kolonist, -en** colonist, settler (*male*)
die **Kolonistin, -nen** colonist, settler (*female*)
die **Kolonne, -n** convoy
das **Koma, -s/-ta** coma
die **Kombination, -en** combination
komisch strange, odd; funny (44)
kommen, kam, ist ... gekommen to come
der **Kommentar, -e** comment (71)
kommentieren, kommentierte, hat ... kommentiert to comment
der **Kommerz** commerce
der **Kommissar, -e** inspector (*police*) (*male*)
die **Kommissarin, -nen** inspector (*police*) (*female*)
die **Kommission, -en** commission
die **Kommunikation, -en** communication
die **Kommunikationsstrategie, -n** communication strategy
der **Kommunismus** communism (54)
kommunizieren (mit + *dat.***), kommunizierte, hat ... kommuniziert** to communicate (with)
die **Komödie, -n** comedy (12)
komplementär complementary
komplex complex (68)
das **Kompliment, -e** compliment
der **Kompromiss, -e** compromise
die **Konferenz, -en** conference
der **Konflikt, -e** conflict (28)
einen **Konflikt lösen, löste, hat ... gelöst** to solve a conflict
der **Kongress, -e** congress (28)
der **König, -e** king
die **Königin, -nen** queen
konjugieren, konjugierte, hat ... konjugiert to conjugate
die **Konjunktion, -en** conjunction
der **Konjunktiv, -e** subjunctive
konkret concrete
die **Konkurrenz, -en** competition
konkurrieren, konkurrierte, hat ... konkurriert to compete
der **Konnektor, -en** connector
können (kann), konnte, hat ... gekonnt to be able (to); can; may (0)
die **Konnotation, -en** connotation
die **Konsequenz, -en** consequence (28)
konservativ conservative
der **Konservierungsstoff, -e** preservative (35)
die **Konsole, -n** console (76)
der **Konsonant, -en** consonant (61)
die **konstitutionelle Monarchie, -n** constitutional monarchy
das **Konsulat, -e** consulate
der **Konsum** consumption (36)
der **Konsument, -en** consumer (*male*) (41)
die **Konsumentin, -nen** consumer (*female*) (41)
konsumieren, konsumierte, hat ... konsumiert to consume (43)
der **Kontinent, -e** continent
der **Kontrast, -e** contrast
die **Kontrolle, -n** control
kontrollieren, kontrollierte, hat ... kontrolliert to check, monitor, control (33)
kontrovers controversial, contentious (80)
die **Kontroverse, -n** controversy, contestation
das **Konzentrationslager, -** concentration camp (56)
sich (*akk.*) **konzentrieren (auf +** *akk.***), konzentrierte, hat ... konzentriert** to concentrate (on); focus (on)
das **Konzept, -e** concept (92)
die **Kooperation, -en** cooperation
kooperativ cooperative(ly)
kooperieren, kooperierte, hat ... kooperiert to cooperate
der **Kopf, ¨e** head
auf dem **Kopf stehen, stand, hat ... gestanden** to be upside down (20)
der **Kopfhörer, -** headphones
der **Kopfschmerz, -en** headache (33)
die **Kopie, -n** copy
kopieren, kopierte, hat ... kopiert to copy
der **Korkenzieher, -** cork-screw (21)
das **Korn, ¨er** grain
der **Körper, -** body (24)
das **Körpergewicht, -e** body weight
die **Körperpflege** body care
der **Körperteil, -e** body part
korrigieren, korrigierte, hat ... korrigiert to correct
die **Korruption, -en** corruption (57)
kosten, kostete, hat ... gekostet to cost
die **Kosten** (*pl.*) costs
Kosten übernehmen (übernimmt), übernahm, hat ... übernommen to cover the costs
das **Kostüm, -e** costume
die **Kraft, ¨e** force; strength (20)
das **Kraftfahrzeug, -e (Kfz)** motor vehicle
der **Kraftsensor, -en** force sensor
kraftvoll forceful, powerful (96)
krank sick
das **Krankenhaus, ¨er** hospital
die **Krankenpfleger, -** nurse (*male*)
die **Krankenschwester, -n** nurse (*female*)
die **Krankenversicherung, -en** health insurance
krankhaft unhealthy; morbid; pathological(ly)
die **Krankheit, -en** disease, illness (33)
krass stark, blatant; rad (21)
das **Kraut, ¨er** herb (35)
die **Krawatte, -n** tie (81)
kreativ creative (65)
kreieren, kreierte, hat ... kreiert to create

der **Kreis, -e** circle
kreisen, kreiste, ist ... gekreist to circle
der **Kreislauf, ⸚e** circle (*e.g. nature*)
die **Kreissäge, -n** buzz saw, circular saw
das **Kreuz, -e** cross (80)
der **Krieg, -e** war
das **Kriegsverbrechen, -** war crime
der **Krimi, -s** crime story (60)
die **Kriminalgeschichte, -n** mystery story
die **Kriminalität** criminality
die **Krise, -n** crisis (1)
das **Kriterium, Kriterien** (*pl.*) criterion (85)
die **Kritik, -en** critique (71)
der **Kritiker, -** critic (*male*) (85)
die **Kritikerin, -nen** critic (*female*) (85)
kritisch critical(ly) (81)
kritisieren, kritisierte, hat ... kritisiert to criticize (28)
Kroatien Croatia
die **Krone, -n** crown (*also part of watch*) (30)
Kuba Cuba
der **Kuchen, -** cake; pie
die **Kugel, -n** sphere (36)
kugelig spherical (36)
das **Kugellager, -** ball bearing
die **Kuh, ⸚e** cow (35)
kulinarisch culinary
die **Kultur, -en** culture
der **Kulturbegriff, -e** culture concept
der **Kulturberater, -** advisor/consultant for culture (*male*) (16)
die **Kulturberaterin, -nen** advisor/consultant for culture (*female*) (16)
kulturell cultural (30)
der **Kulturschock, -s** culture shock
der **Kulturstandard, -s** cultural standard (92)
sich (*akk.*) **kümmern (um** *+ akk.***), kümmerte, hat ... gekümmert** to take care (of) (7)
der **Kumpel, -** buddy (*male*) (54)
die **Kumpelin, -nen** buddy (*female*) (54)
kund·geben (gibt ... kund), gab ... kund, hat ... kundgegeben to announce, make sth. known (80)
die **Kunst, ⸚e** art (30)
die **Kunstgeschichte** art history
der **Künstler, -** artist (*male*) (39)
die **Künstlerin, -nen** artist (*female*) (39)
künstlerisch artistic(ally) (75)
künstlich artificial(ly) (84)
die **künstliche Intelligenz** artificial intelligence (84)
die **Kunstseide, -n** artificial silk
das **Kunstwerk, -e** art work (85)
der **Kurde, -n** Kurd (*male*) (54)
die **Kurdin, -nen** Kurd (*female*) (54)
Kurse belegen, belegte, hat ... belegt to take courses (100)
der **Kursraum, ⸚e** course room, classroom
die **Kurve, -n** curve, turn (*bend*) (21)
das **Kurvendiagramm, -e** curve chart (57)
kurvig curvy
kurz short; brief(ly) (61)
kurzfristig short-term; last-minute (14)
das **Kuscheltier, -e** stuffed animal
die **Küste, -n** coast

L

das **Lächeln** smile
lächeln, lächelte, hat ... gelächelt to smile
lachen, lachte, hat ... gelacht to laugh (24)
jdn. (*akk.*) zum **Lachen bringen, brachte, hat ... gebracht** to make (sb.) laugh (31)
laden (lädt), lud, hat ... geladen to charge; load
der **Laden, ⸚** shop
die **Lage, -n** location, position (57)
sich (*akk.*) in die **Lage (von jdm.** (*dat.*)**) ... versetzen, versetzte, hat ... versetzt** to put o.s. in sb.'s position
die **Lageenergie, -n** position energy (20)
lagern, lagerte, hat ... gelagert to store (35)
die **Lagerung, -en** storage (36)
der **Laib, -e** loaf (*e.g. cheese or bread*)
die **Lampe, -n** lamp, light
das **Land, ⸚er** country
die **Ländergrenze, -n** country border, federal state boundary
die **Landessprache, -n** national language (37)
die **Landwirtschaft, -en** agriculture, farming
lang long
lang haltbar long-lasting (*food industry*)
die **Länge, -n** length (21)
langsam slow(ly)
langweilig boring (67)
die **Langzeitorientierung, -en** long-term orientation
der **Lärm** noise, clamor
die **Lärmbekämpfung, -en** noise abatement, noise control
die **Lärmbelastung, -en** noise exposure, noise pollution
der **Lärmpegel, -** acoustic level
die **Lärmquelle, -n** source of noise (34)
der **Lärmschutz** noise control, noise prevention
die **Lärmverschmutzung, -en** noise pollution
lassen (lässt), ließ, hat ... gelassen to let (9)
das **Lastenrad, ⸚er** carrier bicycle, freight bicycle
der **Lastwagen, -** truck
laufen (läuft), lief, ist ... gelaufen to walk; run
laut loud (9)
laut (*+ dat.*) according to
der **Laut, -e** sound (37)
die **Lautstärke, -n** volume
die **Lawine, -n** avalanche (59)
die **LCD-Anzeige, -n** LCD display
das **Leben, -** life (0)
leben, lebte, hat ... gelebt to live (23)
lebendig lively, alive (23)
die **Lebensbedingung, -en** living condition
die **Lebensdaten** (*pl.*) biographical data
die **Lebensdauer, -n** lifespan, longevity, duration of life
der **Lebenslauf, ⸚e** CV, résumé
die **Lebensmittel** (*pl.*) food
der **Lebensraum, ⸚e** habitat, biosphere
der **Lebensstandard, -s** standard of life, standard of living
der **Lebensstil, -e** lifestyle
die **Lebensweise, -n** lifestyle
lecker delicious, tasty
ledig single (7)
leer empty (5)
legal legal(ly) (85)
die **Legende, -n** legend
die **Legislative** legislative
legitim legitimate(ly)
leicht easy; light (*weight*)
leicht verletzt slightly injured
der **Leichtbauflieger, -** lightweight construction plane (3)
leiden (unter/an *+ dat.***), litt, hat ... gelitten** to suffer (from) (43)
das **Leiden, -** suffering (9)
die **Leidenschaft, -en** passion
leider unfortunately
die **Leinwand, ⸚e** screen; canvas
leise quiet(ly) (9)
sich (*dat.*) **leisten, leistete, hat ... geleistet** to afford; to treat o.s. (to) (14)
die **Leistung, -en** (engine) power; performance; accomplishment (20)
die **Leitkultur, -en** dominant culture
die **Leitung übernehmen (übernimmt), übernahm, hat ... übernommen** to take charge
lernen, lernte, hat ... gelernt to learn
lesen (liest), las, hat ... gelesen to read
die **Lesestrategie, -n** reading strategy
die **Lesestunde, -n** reading hour
letzt- last
letztens just recently, only recently
die **Leute** (*pl.*) people (3)
das **Licht, -er** light
die **Lichtgeschwindigkeit, -en** speed of light
die **Lichtquelle, -n** light, source of light
lieben, liebte, hat ... geliebt to love
lieber rather (*preference*) (14)
lieber nicht rather not
Lieblings- favorite
das **Lied, -er** song
der **Liedermacher, -** songwriter (*male*)
die **Liedermacherin, -nen** songwriter (*female*)
der **Liedtext, -e** lyrics (*song*)
der **Lieferant, -en** supplier, distributor, deliverer (*male*)
die **Lieferantin, -nen** supplier, distributor, deliverer (*female*)
liefern, lieferte, hat ... geliefert to provide, supply, deliver (48)
liegen, lag, hat ... gelegen to be located; to lie; to be lying
liegen (an *+ dat.***), lag, hat ... gelegen** to be due (to)
liegend lying, prone (21)
die **Liga, Ligen** league (94)
der **Linguist, -en** linguist (*male*)
die **Linguistin, -nen** linguist (*female*)
linguistisch linguistic(al)
die **Linie, -n** line; route
das **Liniendiagramm, -e** line chart
links left, on the left side (0)
die **Liste, -n** list
die **Literatur, -en** literature
das **Lob** praise (92)
loben, lobte, hat ... gelobt to praise (71)
das **Loch, ⸚er** hole (35)
lockern, lockerte, hat ... gelockert to loosen
die **Logistik, -en** logistics
das **Logo, -s** logo
der **Lohn, ⸚e** wage (89)
lokal local(ly)
der **Lokführer, -** train driver (*male*)
die **Lokführerin, -nen** train driver (*female*)
der **Looping, -s** looping (19)
-los -less
löschen, löschte, hat ... gelöscht to delete; erase; extinguish
lose loose(ly)
lösen, löste, hat ... gelöst to solve, resolve
los·gehen, ging ... los, ist ... losgegangen to start, begin (65)
die **Lösung, -en** solution
die **Lücke, -n** gap
die **Luft, ⸚e** air (76)
der **Luftballon-Pfeilwurf, ⸚e** popping balloons with darts
die **Lüge, -n** lie (65)
lügen, log, hat ... gelogen to lie, tell a lie (65)
der **Lügner, -** liar (*male*) (65)
die **Lügnerin, -nen** liar (*female*) (65)
die **Lupe, -n** magnifying glass (30)
Lust haben (auf *+ akk.***) (hat), hatte, hat ... gehabt** to be up/down (for) (96)
lustig funny; fun

sich (*akk.*) **lustig machen (über + *akk.*), machte, hat ... gemacht** to make fun (of)
luxuriös luxurious(ly)
der **Lyriker, -** poet (*male*) (52)
die **Lyrikerin, -nen** poet (*female*) (52)

M

die **Machete, -n** machete
die **Macht, ⸚e** power (28)
die **Machtdistanz, -en** power distance
mächtig powerful
machtlos powerless
das **Mädchen, -** girl
der **Magenschmerz, -en** stomach ache (33)
der **Magnet, -e** magnet (30)
magnetisch magnetic(ally)
das **Mahnmal, -e** memorial (88)
das **Mal, -e** time
sich (*akk.*) **malen lassen (lässt), ließ, hat ... gelassen** to have one's portrait painted
der **Maler, -** painter (*male*)
die **Malerin, -nen** painter (*female*)
managen, managte, hat ... gemanagt to manage, oversee (30)
manche some (60)
manchmal sometimes
der **Mangel, ⸚** lack, shortage
das **Manifest, -e** manifest
der **Mann, ⸚er** man
das **Männchen, -** little man; male
männlich male
die **Mannschaft, -en** team (*sports*) (94)
der **Marathon, -s** marathon
marginalisiert marginalized
die **marginalisierte Gruppe, -n** marginalized group
maritim maritime
die **Marke, -n** brand
das **Marketing** marketing
marketingtechnisch in marketing terms
markieren, markierte, hat ... markiert to mark, label
der **Markt, ⸚e** market (33)
auf den **Markt kommen, kam, ist ... gekommen** to come on the market
der **Marktanteil, -e** market share
die **Marschkapelle, -n** marching band (96)
der **Marshall-Plan** Marshall-Plan
die **Maschine, -n** machine
die **Maske, -n** mask
das **Maskottchen, -** mascot
die **Maskulinität** masculinity
die **Masse, -n** bulk, mass (35)
die **Massendaten** (*pl.*) mass data
der **Massenmord, -e** mass murder
die **Massentierhaltung, -en** large-scale livestock farming, factory farming
das **Material, -ien** material (30)
die **Mauer, -n** wall (*structure made of bricks*) (1)
der **Mauerfall** fall of the Berlin Wall
mechanisch mechanical(ly) (84)
die **Medaille, -n** medal (99)
der **Medaillenspiegel, -** medal count, medal table
die **Medien** (*pl.*) media (11)
das **Medikament, -e** drug, medication (33)
das **Medium, Medien** medium (65)
die **Medizin** medicine (33)
das **Meer, -e** sea
der **Meeresspiegel, -** sea level
mehr more
die **Mehrheit, -en** majority (7)
mehrmals repeatedly, multiple times (76)
das **Mehrparteiensystem, -e** multiparty system
mehrstufig multistage, multilevel
der **Meilenstein, -e** milestone
meinen, meinte, hat ... gemeint to mean; think
die **Meinung, -en** opinion (7)
meiner **Meinung nach** in my opinion (85)
einer **Meinung sein (mit + *dat.*) (ist), war, ist ... gewesen** to agree (with), share an opinion (with) (82)
die **Meinungsfreiheit, -en** freedom of speech/opinion (3)
meist- most
meistens mostly, usually, most of the time
meistgelesen most widely read
melancholisch melancholic(ally)
melden, meldete, hat ... gemeldet to report, announce (9)
melken, molk/melkte, hat ... gemolken/gemelkt to milk (35)
das **Melodram, Melodramen** melodrama
die **Menge, -n** amount, quantity (47)
der **Mensch, -en** human (being), person
die **Menschen** (*pl.*) people
die **Mentalität, -en** mentality
merken, merkte, hat ... gemerkt to notice; realize
sich (*dat.*) **merken, merkte, hat ... merkt** to memorize, keep in mind, remember
das **Merkmal, -e** feature, trait, characteristic (35)
messen (misst), maß, hat ... gemessen to measure (30)
das **Messing** brass (30)
das **Metall, -e** metal
die **Metalllegierung, -en** alloy (30)
die **Metapher, -n** metaphor
metaphorisch metaphorical(ly)
die **Methode, -n** method (30)
mieten, mietete, hat ... gemietet to rent
der **Migrant, -en** migrant (*male*) (53)
die **Migrantin, -nen** migrant (*female*) (53)
Migrations- migration
der **Migrationshintergrund, ⸚e** migration background (53)
der **Mikrochip, -s** microchip
der **Mikrofonständer, -** microphone stand
das **Mikroskop, -e** microscope (30)
die **Milch** milk
das **Milchprodukt, -e** dairy product
das **Milchpulver, -** dried milk powder
das **Milchsäurebakterium, Milchsäurebakterien** lactic acid bacterium
die **Milchschokolade, -n** milk chocolate
das **Militär** military (93)
militärisch military (82)
die **Minderheit, -en** minority (39)
mindestens at least (56)
die **Mindmap, -s** mindmap
das **Mineralwasser, -** mineral water
die **Minze, -n** mint
Mir stockt der Atem! My breath is taken away! (24)
die **Mischung, -en** mixture
das **Missverständnis, -se** misunderstanding
Mist bauen, baute, hat ... gebaut to mess/screw (things) up
mit (+ *dat.*) with
der **Mitarbeiter, -** colleague, employee (*male*)
die **Mitarbeiterin, -nen** colleague, employee (*female*)
die **Mitbestimmung, -en** participation, co-determination (80)
mit·bringen, brachte ... mit, hat ... mitgebracht to bring (along)
der **Mitbürger, -** fellow citizen (*male*)
die **Mitbürgerin, -nen** fellow citizen (*female*)
miteinander with one another (48)
mit·fahren (fährt ... mit), fuhr ... mit, ist ... mitgefahren to go with, ride along (24)
das **Mitglied, -er** member (*team, association*) (3)
mit·machen, machte ... mit, hat ... mitgemacht to participate
mit·nehmen (nimmt ... mit), nahm ... mit, hat ... mitgenommen to take along; give sb. a ride (44)
der **Mitreisende, -n** fellow traveler (*male*) (92)
die **Mitreisende, -n** fellow traveler (*female*) (92)
mit·spielen (in + *dat.*), spielte ... mit, hat ... mitgespielt to act (*in a film / theatre play*)
das **Mitspracherecht, -e** right to a say
der **Mitstudent, -en** fellow student (*male*)
die **Mitstudentin, -nen** fellow student (*female*)
mit·tanzen, tanzte ... mit, hat ... mitgetanzt to join in the dance
die **Mitte, -n** middle
mit·teilen, teilte ... mit, hat ... mitgeteilt to inform, communicate (72)
das **Mittel, -** means (*pl.*) (81)
das **Mittelalter** Middle Ages (81)
mittelhochdeutsch Middle High German
mitten durch (right) through the middle
mittlerweile (by) now, meanwhile (97)
mitverantwortlich co-responsible
die **Mobilität** mobility
die **Mode, -n** fashion (41)
das **Modell, -e** model
der **Moderator, -en** anchor, moderator, presenter (*male*)
die **Moderatorin, -nen** anchorwoman, moderator, presenter (*female*)
modern modern
mögen (mag), mochte, hat ... gemocht to like
möglich possible (31)
die **Möglichkeit, -en** possibility; opportunity (31)
möglichst preferably; as possible (41)
die **Möhre, -n** carrot (86)
der **Moment, -e** moment (72)
momentan at the moment
der **Monat, -e** month (0)
der **Mond, -e** moon
der **Monolog, -e** monologue
moralisch moral(ly) (49)
morgen tomorrow
die **Morgenroutine, -n** morning routine
morgens in the morning
Mosambik Mozambique
das **Motiv, -e** motif; reason
die **Motivation, -en** motivation (75)
motivieren, motivierte, hat ... motiviert to motivate
das **Motto, -s** motto, slogan
die **Mücke, -n** mosquito
müde tired
Mühe machen, machte, hat ... gemacht to make work, be a trouble
multidimensional multidimensional
multiethnisch multiethnic
multikulturell multicultural (56)
die **Mundart, -en** dialect (37)
mündlich verbal(ly), oral(ly) (5)
das **Musical, -s** musical (96)
die **Musik** music
musikalisch musical
die **Musikcharts** (*pl.*) music charts
der **Musikproduzent, -en** music/record producer (*male*)
die **Musikproduzentin, -nen** music/record producer (*female*)
die **Musikrichtung, -en** music genre (96)
die **Musikvorstellung, -en** music show

das **Müsli, -s** cereal (*muesli*)
muslimisch muslim
das **Muss** necessity
müssen (muss), musste, hat ... gemusst to have (to) (0)
der **Mut** courage (28)
mutig brave, courageous (23)
die **Mutter, ⸚** mother (30)
die **Mutter, -n** nut (*tech.*)
der **Mutterschutz** maternity protection/rights
die **Muttersprache, -n** native language (56)
der **Muttersprachler, -** native speaker (*male*)
die **Muttersprachlerin, -nen** native speaker (*female*)
der **Mythos, Mythen** myth (28)

N

nach (*+ dat.*) after (4)
der **Nachbar, -n** neighbor (*male*) (12)
die **Nachbarin, -nen** neighbor (*female*) (12)
das **Nachbarland, ⸚er** neighboring country
die **Nachbarschaft, -en** neighborhood (61)
nachdem after
nach·denken (über *+ akk.*)**, dachte ... nach, hat ... nachgedacht** to think (about), reflect (on) (81)
jdn. (*akk.*) zum **Nachdenken bringen, brachte, hat ... gebracht** to make sb. think, reflect (31)
die **Nacherzählung, -en** reproduction, re-telling (67)
nachhaltig sustainable (30)
nachhaltig wirtschaften, wirtschaftete, hat ... gewirtschaftet to be sustainable, operate sustainably, administer sustainably
die **Nachhaltigkeit** sustainability (41)
nachher after, afterwards
nach·holen, holte ... nach, hat ... nachgeholt to catch up on; fetch later
nachmittags in the afternoon
der **Nachname, -n** last name
die **Nachricht, -en** message; news (48)
die **Nachrichten** (*pl.*) news, newscast (68)
die **Nachrichtenagentur, -en** news agency
der **Nachrichtenbericht, -e** news report (68)
das **Nachrichtenmedium, Nachrichtenmedien** news medium
die **Nachrichtenquelle, -n** source of information (68)
die **Nachrichtensendung, -en** newscast
eine **Nachrichtensendung drehen, drehte, hat ... gedreht** to produce/record a newscast
der **Nachrichtensprecher, -** newscaster (*male*)
die **Nachrichtensprecherin, -nen** newscaster (*female*)
die **Nachrichtenstation, -en** news station
nach·sprechen (spricht ... nach), sprach ... nach, hat ... nachgesprochen to repeat after
nächst- next (0)
die **Nacht, ⸚e** night
der **Nachteil, -e** disadvantage (39)
das **Nachtleben** nightlife
nachträglich subsequent(ly), retrospectively (57)
nachwachsend renewable (*raw materials*) (41)
der Nachweis, -e proof, evidence (41)
nagelneu brand new
nah an (*+ dat.*) close to
nah und fern near and far
die **Nähe** proximity
in der **Nähe (von** *+ dat.*) in the vicinity (of) (14)
näher closer
die **Nahrung, -en** food, nourishment
der **Name, -n** name
Namibia Namibia
der **Narr, -en** fool, jester (*male*) (81)
die **Närrin, -nen** fool, jester (*female*) (81)
naschen, naschte, hat ... genascht to nibble, eat sweet things (36)
nass wet (16)
der **Nationalfeiertag, -e** national holiday
die **Nationalhymne, -n** national anthem (9)
die **Nationalität, -en** nationality (54)
die **Natur, -en** nature (41)
von **Natur aus** inherently
die **Naturkatastrophe, -n** natural catastrophe
die **Naturwissenschaft, -en** natural science (29)
auf **natürliche Weise** naturally (41)
die **Nazi-Zeit** Nazi era
neben (*+ dat. / akk.*) next to
nebenbei on the side, besides (69)
das **Nebenfach, ⸚er** minor (100)
negativ negative(ly)
negieren, negierte, hat ... negiert to negate
nehmen (nimmt), nahm, hat ... genommen to take
zu sich (*akk.*) **nehmen (nimmt), nahm, hat ... genommen** to ingest; take in
nennen, nannte, hat ... genannt to name
nervös nervous(ly) (67)
nett nice
neu new
neugierig curious(ly) (67)
die **Neuigkeit, -en** news
neutral neutral
die **Neutralität, -en** non-alignment (*pol.*); neutrality (28)
die **Neuzeit** modern era
nicht ganz not quite
nicht mehr not anymore, no longer
nicht unbedingt not necessarily
nie never (57)
nie wieder never again
die **Niederlande** (*pl.*) the Netherlands
niedlich cute
niemand nobody
die **Nische, -n** niche
nivelliert leveled
noch still
noch weiter even further
nochmal again
nordafrikanisch North African
der **Norden** north
nördlich (von *+ dat.*) north (of)
die **Norm, -en** norm (92)
eine **Norm erfüllen, erfüllte, hat ... erfüllt** to meet a norm
normalerweise usually, typically
normativ normative
die **Not, ⸚e** emergency; distress; hardship (65)
die **Note, -n** grade (100)
der **Notfall, ⸚e** emergency (44)
die **Notfallsituation, -en** emergency situation
nötig necessary
die **Notiz, -en** note (72)
die **Nummer, -n** number
nummerieren, nummerierte, hat ... nummeriert to number
nun now (65)
nur only (0)
nur noch only
die **Nuss, ⸚e** nut
nussig nutty (35)
der **Nutzen, -** utility, advantage
nutzen, nutzte, hat ... genutzt to use, utilize
nützlich useful
nutzlos useless (25)
die **Nutzung, -en** use

O

ob if, whether
obdachlos homeless; unsheltered (93)
der **Obdachlose, -n** homeless person (*male*)
die **Obdachlose, -n** homeless person (*female*)
oben above; on top
die **Oberstufe, -n** senior high school, higher level of high school (100)
das **Objekt, -e** object
obligatorisch obligatory, mandatory
das **Obst** fruit(s)
obwohl although, though, despite (47)
offen für (*+ akk.*) receptive to; open for (57)
die **Offenheit, -en** openness
öffentlich public(ly) (29)
die **öffentlichen Verkehrsmittel** (*pl.*) public means of transportation
die **Öffentlichkeit, -en** public life, public sphere
offiziell official(ly)
der **Offizier, -e** officer (*male*) (9)
die **Offizierin, -nen** officer (*female*)
öffnen, öffnete, hat ... geöffnet to open
die **Öffnungszeiten** (*pl.*) business hours (100)
oft often, frequently
ohne (*+ akk.*) without
die **Ohnmacht, -en** faint, fainting
die **Ökologie, -n** ecology
ökologisch ecological (41)
die **Ökonomie, -n** economy
ökonomisch economic(ally) (41)
das **Ökosystem, -e** ecosystem, ecological system (41)
die **Ölkrise, -n** oil crisis
der **Olympionike, -n** olympian, olympic athlete (*male*)
die **Olympionikin, -nen** olympian, olympic athlete (*female*)
die **Olympischen Spiele** (*pl.*) Olympic Games (99)
der **Opernsänger, -** opera singer (*male*) (94)
die **Opernsängerin, -nen** opera singer (*female*) (94)
das **Opfer, -** victim
die **Opposition, -en** opposition (81)
der **Oppositionelle, -n** oppositionist (*male*)
die **Oppositionelle, -n** oppositionist (*female*)
die **Oppositionspartei, -en** opposition party
optimistisch optimistic(ally) (84)
die **Option, -en** option; choice
optisch visual(ly), optical(ly) (84)
die **Ordnung, -en** order (60)
in **Ordnung sein (ist), war, ist ... gewesen** to be okay
das **Organ, -e** organ (84)
die **Organisation, -en** organization (28)
organisieren, organisierte, hat ... organisiert to organize
der **Organismus, Organismen** organism (84)
das **Original, -e** original
der **Orkan, -e** hurricane
der **Ort, -e** place; location; site (29)
orthodox orthodox
die **Orthografie, -n** orthography, spelling
der **Osten** east
Österreich Austria
der **Österreicher, -** Austrian (*male*)
die **Österreicherin, -nen** Austrian (*female*)
osteuropäisch Eastern European (1)
östlich (von *+ dat.*) east (of)
das **Outfit, -s** outfit
oval oval(ly)

P

das **Paar, -e** pair
das **Paket, -e** package (72)
der **Panzer, -** tank
das **Papier, -e** paper
das **Pappmaché, -s** paper mâché
der **Papst, ⸚e** pope (*male*) (81)
die **Parallele, -n** parallel
das **Parallelogramm, -e** parallelogram
das **Parlament, -e** parliament
die **parlamentarische Demokratie, -n** parliamentary democracy
die **parlamentarische Monarchie, -n** parliamentary monarchy
die **Parodie, -n** parody (81)
parodieren, parodierte, hat ... parodiert to parody, satirize (81)
die **Partei, -en** party (*political*) (3)
partizipativ participatory
der **Pass, ⸚e** passport (3)
passen, passte, hat ... gepasst to match; fit (*clothes*); pass
passieren, passierte, ist ... passiert to happen (19)
das **Patriarchat, -e** patriarchy
die **pazifischen Inseln** (*pl.*) Pacific Islands
der **Pazifismus** pacifism
das **Pech** misfortune
Pech haben (hat), hatte, hat ... gehabt to be unlucky (61)
das **Pedal, -e** pedal
in die **Pedale treten (tritt), trat, hat ... getreten** to pedal
das **Pendel, -** pendulum (30)
das **Pensum, Pensen/Pensa** workload
die **Performance, -s** performance
die **Person, -en** person
persönlich personal(ly)
die **Persönlichkeit, -en** personality, character (52)
die **Perspektive, -n** perspective (80)
pessimistisch pessimistic(ally) (84)
die **Petition, -en** petition
das **Pfandsystem, -e** deposit system (*e.g. bottles*)
der **Pfeil, -e** dart; arrow (28)
der **Pflaumenkuchen, -n** plum pie, plum cake
pflegen, pflegte, hat ... gepflegt to take care of (35)
das **Phänomen, -e** phenomenon (61)
der **Phänotyp, -en** phenotype
Pharma- pharmaceutical
die **Pharmaindustrie, -n** pharma industry
das **Pharmaunternehmen, -** pharmaceutical firm/company
pharmazeutisch pharmaceutical
die **Phase, -n** phase
die **Phobie, -n** phobia (23)
die **Physik, -en** physics
physikalisch physical(ly)
der **Physiker, -** physicist (*male*) (29)
die **Physikerin, -nen** physicist (*female*) (29)
die **Pinzette, -n** tweezers (30)
das **Plakat, -e** poster (32)
der **Plan, ⸚e** plan; map; schedule (25)
einen **Plan um·setzen, setzte ... um, hat ... umgesetzt** to put a plan into action
planen, plante, hat ... geplant to plan
der **Planet, -en** planet
die **Planung, -en** planning
das **Plastik** plastic
der **Plastikmüll** plastic waste
die **Plastikverpackung, -en** plastic packaging
(das) **Platt** Low German
(das) **Plattdeutsch(e)** Low German (61)
die **Platte, -n** record (96)
die **Plattform, -en** platform
der **Platz, ⸚e** space; place; square (43)
platzieren, platzierte, hat ... platziert to place
plausibel plausible, feasible (72)
pleite bankrupt, penniless, broke
plötzlich suddenly, all of a sudden (24)
die **Pluralität, -en** pluralism, plurality
der **Podcast, -s** podcast
pointiert trenchant, pointed
der **Pol, -e** pole
das **Polartier, -e** polar animal
Polen Poland
die **Politik** politics (81)
die **Politik, -en** politics; policies
der **Politiker, -** politician (*male*)
die **Politikerin, -nen** politician (*female*)
politisch political(ly)
politisch aktiv politically active
das **politische System, -e** political system (32)
die **Polizei** police
der **Polizist, -en** policeman
die **Polizistin, -nen** policewoman
populär popular
die **Popularität** popularity
das **Portfolio, -s** portfolio (103)
das **Portmonee, -s** wallet
porträtieren, porträtierte, hat ... porträtiert to portray
Portugal Portugal
die **Position, -en** position, location
sich (*akk.*) **positionieren, positionierte, hat ... positioniert** to position o.s.
positiv positive(ly)
das **Poster, -** poster
postmigrantisch postmigrant
die **potenzielle Energie, -n** potential energy
das **Potenzial, -e** potential
prädestiniert sein (ist), war, ist ... gewesen to be predestined
prägen, prägte, hat ... geprägt to shape, influence (57)
die **Praktik, -en** practice (92)
der **Praktikant, -en** intern, trainee (*male*)
die **Praktikantin, -nen** intern, trainee (*female*)
das **Praktikum, Praktika** internship
praktisch convenient, handy, practical(ly)
die **praktische Erfahrung, -en** practical experience, hands-on experience (100)
die **Praline, -n** chocolate candy (36)
die **Präposition, -en** preposition
präsentieren, präsentierte, hat ... präsentiert to present
der **Präsident, -en** president (1)
die **präsidentielle Demokratie, -n** presidential democracy
das **Präteritum, Präterita** preterit, simple past
präzise precise(ly) (30)
die **Präzision, -en** precision (30)
der **Preis, -e** price; award
die **Presse** press (96)
die **Pressefreiheit, -en** freedom of press (3)
pressen, presste, hat ... gepresst to press, push
der **Presslufthammer, -** jackhammer
Preußen Prussia (81)
preußisch Prussian (81)
der **Prinz, -en** prince
die **Prinzessin, -nen** princess
das **Prinzip, -ien** principle (20)
das **Prisma, Prismen** prism
das **Privatleben, -** personal life; privacy (52)
die **Privatsphäre** privacy
das **Privileg, -ien** privilege
pro Kopf per capita, per head
pro Woche per week
probieren, probierte, hat ... probiert to try
das **Problem, -e** problem
problematisch problematic
das **Produktmarketing** product marketing
das **Produkt, -e** product
die **Produktion, -en** manufacture, production (30)
der **Produktionsprozess, -e** process of production
produktiv productive(ly)
der **Produzent, -en** producer (*male*) (71)
die **Produzentin, -nen** producer (*female*) (71)
produzieren, produzierte, hat ... produziert to produce (39)
der **Professor, -en** professor (*male*) (0)
die **Professorin, -nen** professor (*female*) (0)
das **Profil, -e** profile
profitabel profitable
profitieren (von *+ dat.*)**, profitierte, hat ... profitiert** to profit (from)
prognostizieren, prognostizierte, hat ... prognostiziert to predict, forecast (45)
das **Programm, -e** program, schedule (75)
progressiv progressive
das **Projekt, -e** project
proletarisch proletarian
der **Prominente, -n** celebrity (*male*) (52)
die **Prominente, -n** celebrity (*female*) (52)
das **Protein, -e** protein
der **Proteingehalt, -e** protein content
der **Protest, -e** protest (80)
die **Protestaktion, -en** protest action, protest campaign
protestieren, protestierte, hat ... protestiert to protest (28)
das **Protokoll, -e** protocol
das **Proton, -en** proton
das **Protonenpaket, -e** proton bunch, proton bundle
die **Provinz, -en** province
provokant provocative(ly) (63)
die **Provokation, -en** provocation (32)
das **Prozent, -e** percent
der **Prozentsatz, ⸚e** percentage
prozentual percental
die **Prozentzahl, -en** percentage
der **Prozess, -e** process
prüfen, prüfte, hat ... geprüft to check, inspect
der **Prüfer, -** examiner, inspector (*male*)
die **Prüferin, -nen** examiner, inspector (*female*)
die **Psyche, -n** psyche (24)
der **Psychologe, -n** psychologist (*male*)
die **Psychologin, -nen** psychologist (*female*)
psychologisch psychological(ly)
das **Publikum, Publika** audience (89)
publizieren, publizierte, hat ... publiziert to publish (97)
der **Pulverkaffee** instant coffee
der **Punkt, -e** point
das **Puppentheater, -** puppet theatre
das **Puzzle, -s** puzzle, jigsaw
sich (*akk.*) die Zähne **putzen, putzte, hat ... geputzt** to brush one's teeth
die **Pyramide, -n** pyramid

Q

der **Quader, -** cuboid (36)
das **Quadrat, -e** square (36)
quadratisch square (36)
die **Qualität, -en** quality
qualitativ qualitative(ly) (94)
der **Quarzkristall, -e** quartz-crystal (30)
queer queer
die **Quelle, -n** source (68)

R

das **Raclette, -s** raclette
das **Rädchen, -** small wheel (30)
radikal radical(ly)
das **Radio, -s** radio (65)
radioaktiv radioactive(ly) (44)
das **Radioprogramm, -e** radio program
die **Radiosendung, -en** radio program, radio broadcast
der **Radius, Radien** radius
der **Radsport** cycling (99)
der **Radweg, -e** cycle path, (bi)cycle lane
jdn. (*akk.*) in **Rage bringen, brachte, hat ... gebracht** to make sb. furious, push sb.'s button
ragen (aus + *dat.*), **ragte, hat ... geragt** to stick out
der **Rahmen, -** frame (92)
die **Rampe, -n** ramp (21)
das **Ranking, -s** ranking
rappen, rappte, hat ... gerappt to rap
rasen, raste, ist ... gerast to speed, rush (47)
die **Rasse, -n** race
der **Rassismus** racism (8)
rassistisch racist (53)
der **Rat, ⸚e** council (49)
der **Rat** advice
raten (rät), riet, hat ... geraten to guess (61)
das **Rathaus, ⸚er** townhall, city hall (81)
rational rational(ly)
(das) **Rätoromanisch(e)** Romansh (39)
der **Ratschlag, ⸚e** advice
rätselhaft mysterious, puzzling (60)
der **Raub, -e** robbery
der **Rauch** smoke (44)
der **Raum, ⸚e** room; space
die **Raumfahrtforschung, -en** aeronautics research
die **Räumung, -en** eviction, evacuation (45)
reagieren (auf + *akk.*), **reagierte, hat ... reagiert** to react (to) (24)
die **Reaktion, -en** reaction (48)
real real
realistisch realistic(ally)
die **Realität, -en** reality (76)
die **Realschule, -n** *type of secondary school in Germany*
die **Recherche, -n** search, research
recherchieren, recherchierte, hat ... recherchiert to research, investigate
rechnen, rechnete, hat ... gerechnet to do math; calculate
das **Recht, -e** right (47)
jdm. (*dat.*) **Recht geben (gibt), gab, hat ... gegeben** to prove sb. right (92)
Recht haben (hat), hatte, hat ... gehabt to be right
das **Rechteck, -e** rectangle (36)
rechteckig rectangular (36)
rechtfertigen, rechtfertigte, hat ... gerechtfertigt to justify
rechts right, on the right side
recyceln, recycelte, hat ... recycelt to recycle (41)
der **Redakteur, -e** editor (*male*)
die **Redakeurin, -nen** editor (*female*)
die **Rede, -n** speech (1)
eine **Rede halten (hält), hielt, hat ... gehalten** to give/deliver a speech (1)
das **Redemittel, -** useful phrases
reduzieren, reduzierte, hat ... reduziert to reduce
die **Reduzierung, -en** reduction
referieren, referierte, hat ... referiert to give a presentation (on)
ein **Referat halten (hält), hielt, hat ... gehalten** to give a presentation
die **Reformation, -en** reformation (30)
der **Reformator, -en** reformer (*e.g. religious or political*) (*male*)
die **Reformatorin, -nen** reformer (*e.g. religious or political*) (*female*)
der **Refrain, -s** chorus, refrain
die **Regel, -n** rule, norm, regulation (37)
in der **Regel** generally, normally
regelmäßig regular(ly) (57)
regeln, regelte, hat ... geregelt to regulate, govern (41)
die **Regelung, -en** regulation; arrangement
regenerieren, regenerierte, hat ... regeneriert to regenerate
die **Regie** direction
die **Regieanweisung, -en** stage direction (75)
regieren, regierte, hat ... regiert to govern (3)
die **Regierung, -en** government (93)
der **Regierungschef, -s** head of government (*male*)
die **Regierungschefin, -nen** head of government (*female*)
die **Regierungsform, -en** form of government, system of government
das **Regiment, -e** regiment
die **Region, -en** region; area
regional regional(ly), local
die **Regionalsprache, -n** regional language
der **Regisseur, -e** director (*male*) (8)
die **Regisseurin, -nen** director (*female*) (8)
regulieren, regulierte, hat ... reguliert to regulate
die **Reibe, -n** grater
die **Reibung, -en** friction
der **Reichstag, -e** Reichstag
der **Reichtum, ⸚er** riches (*pl.*)
der **Reifekeller, -** ripening cellar
reifen, reifte, ist ... gereift to ripen; mature
die **Reifezeit, -en** ripening season; maturation period (35)
die **Reihe, -n** series; row
die **Reihenfolge, -n** order, sequence
reinigen, reinigte, hat ... gereinigt to clean
die **Reise, -n** trip, travel
der **Reisebericht, -e** travelog, travel account
die **Reisefreiheit** freedom of travel
reisen, reiste, ist ... gereist to travel
der **Reisende, -n** traveller (*male*)
die **Reisende, -n** traveller (*female*)
reißen, riss, ist ... gerissen to rip, tear
der **Reißverschluss, ⸚e** zipper
der **Reiz, -e** appeal (*attraction*); stimulation
rekapitulieren, rekapitulierte, hat ... rekapituliert to recapitulate
die **Reklame, -n** commercial, advertisement (69)
der **Rekord, -e** record (19)
rekreieren, rekreierte, hat ... rekreiert to recreate
relativierend relativizing
der **Relativsatz, ⸚e** relative clause
relevant (für + *akk.*) relevant (for) (1)
die **Religion, -en** religion
der **Reporter, -** reporter (*male*)
die **Reporterin, -nen** reporter (*female*)
repräsentativ representative (52)
repräsentieren, repräsentierte, hat ... repräsentiert to represent (28)
die **Reproduktion, -en** reproduction
die **Reserve, -n** provision; spare
respektieren, respektierte, hat ... respektiert to respect
respektlos disrespectful
die **Ressource, -n** resource (43)
Ressourcen bereit·stellen, stellte ... bereit, hat ... bereitgestellt to provide/supply resources
der **Restmüll** residual waste
das **Resultat, -e** result, outcome, consequence
retten, rettete, hat ... gerettet to save (28)
retten (vor + *dat.*), **rettete, hat ... gerettet** to protect (from) (39)
die **Rezension, -en** review (8)
die **Rezeption, -en** reception (96)
rezessiv recessive
richten (an + *akk.*), **richtete, hat ... gerichtet** to address (to)
richtig right
die **Richtung, -en** direction
die **Richtungsanweisung, -en** instruction for directions
das **Riesenrad, ⸚er** Ferris wheel (14)
die **Rinde, -n** rind (*of cheese*), outer layer; bark
das **Rindfleisch** beef
der **Ring, -e** orbital; ring
ringförmig circular, annular, ring-like (36)
das **Risiko, Risiken** risk
das **Ritual, -e** ritual (92)
der **Roboter, -** robot
das **Rohr, -e** pipe
die **Rohranlage, -n** pipe system
der **Rohstoff, -e** raw material, commodity (30)
die **Rolle, -n** role (32)
in eine **Rolle schlüpfen, schlüpfte, ist ... geschlüpft** to slip into a role
eine **Rolle spielen, spielte, hat ... gespielt** to play a role
das **Rollenspiel, -e** role play
der **Roller, -** scooter
der **Rollstuhl, ⸚e** wheelchair (21)
der **Roman, -e** novel (8)
rostfrei stainless, rustless (30)
rot red
Ruanda Rwanda
der **Rücken, -** back
die **Rückkehr** return (57)
Rücksicht nehmen (auf + *akk.*) **(nimmt), nahm, hat ... genommen** to be considerate (of) (4)
rückwärts backwards (19)
der **Rückzugsort, -e** retreat; haven (21)
der **Ruf** reputation (96)
rufen, rief, hat ... gerufen to call, exclaim (9)
die **Ruhe** quiet, calm (17)
der **Ruhestand, ⸚e** retirement
ruhig quiet(ly), calm(ly)
rühren, rührte, hat ... gerührt to stir (35)
Rumänien Romania
der **Rummel** funfair, carnival
rund round, circular (36)
der **Rundfunk** broadcast, radio (71)
Russland Russia

S

das **Sachbuch, ⸚er** non-fiction book
die **Sache, -n** thing
der **Sachinhalt, -e** factual content (48)
die **Sage, -n** legend
sagen, sagte, hat ... gesagt to say
saisonal seasonal
die **Salatschüssel, -n** salad bowl
das **Salz** salt
das **Salzbad, ⸚er** salt bath
sammeln, sammelte, hat ... gesammelt to collect (33)
das **Sandmännchen, -** sandman
die **Sanduhr, -en** hourglass (30)
der **Sänger, -** singer (*male*)
die **Sängerin, -nen** singer (*female*)
der **Sarkasmus** sarcasm
die **Satire, -n** satire

satirisch satirical(ly)
der **Satz, ¨-e** set (*of objects*); sentence
die **Satzstellung, -en** sentence structure
sauber machen, machte, hat ... gemacht to clean up (7)
die **saubere Energie, -n** clean energy
der **Sauerstoff** oxygen
der **saure Regen, -** acid rain
die **Schachtel, -n** box (*e.g. of chocolates*), cardboard box (36)
der **Schaden, ¨** damage, harm
schädigen, schädigte, hat ... geschädigt to harm
der **Schadstoff, -e** pollutant, harmful/toxic substance (41)
schaffen, schaffte, hat ... geschafft to accomplish (25)
schaffen, schuf, hat ... geschaffen to create (7)
der **Schallpegel, -** sound level
die **Scham** shame
der **Schatten, -** shade, shadow (21)
der **Schatz, ¨-e** treasure
schätzen, schätzte, hat ... geschätzt to appreciate; estimate
schauen, schaute, hat ... geschaut to watch (68)
der **Schauplatz, ¨-e** site (*scene*)
der **Schauspieler, -** actor (31)
die **Schauspielerin, -nen** actress (31)
der **Schausteller, -** show traveller; fairground person (*male*) (14)
die **Schaustellerei, -en** showmanship (14)
die **Schaustellerin, -nen** show traveller; fairground person (*female*) (14)
der **Scheiß** (*vulg.*) crappy, shitty (*vulg.*)
schenken, schenkte, hat ... geschenkt to present (*gift*)
der **Scherz, -e** joke
das **Schicksal, -e** fate, destiny
die **Schiene, -n** rail (21)
die **Schießbude, -n** shooting gallery (*at a fair*) (14)
schießen, schoss, hat ... geschossen to shoot (28)
das **Schiff, -e** ship
das **Schild, -er** sign (21)
die **Schlacht, -en** battle
schlafend sleeping
die **Schlaflosigkeit** insomnia
schlagen (schlägt), schlug, hat ... geschlagen to beat, hit
die **Schlange, -n** line; snake (21)
schlecht bad(ly)
die **Schleife, -n** bow
schließen, schloss, hat ... geschlossen to close, shut (1)
schließlich finally
schlimm severe, sad (12)
der **Schlitten, -** sled
das **Schloss, ¨-er** castle; lock
schlucken, schluckte, hat ... geschluckt to swallow
die **Schlupftür, -en** wicket door
der **Schluss, ¨-e** ending (69)
der **Schlüssel, -** key (81)
das **Schlüsselwort, ¨-er** key word
schmecken (nach + *dat.*), **schmeckte, hat ... geschmeckt** to taste (of/like) (35)
der **Schmelztiegel, -** melting pot (93)
der **Schmerz, -en** pain (33)
schmerzen, schmerzte, hat ... geschmerzt to hurt (24)
der **Schmierstoff, -e** lubricant
der **Schmuck** jewelry (30)
schmücken, schmückte, hat ... geschmückt to decorate
das **Schneckentempo, -s** very low speed, snail pace
schneiden, schnitt, hat ... geschnitten to cut
schnell fast (19)
im **Schnitt** on average (65)
das **Schnittprogramm, -e** program for cutting and editing
schockieren, schockierte, hat ... schockiert to shock
schockierend shocking
die **Schokolade, -n** chocolate (36)
schön nice; beautiful(ly)
schonen, schonte, hat ... geschont to spare sb., refrain from doing harm
die **Schönheit** beauty (59)
die **Schraube, -n** vertical spin; screw (21)
der **Schraubenzieher, -** screwdriver (30)
schrecklich awful, terrible, dreadful (75)
schreiben, schrieb, hat ... geschrieben to write
der **Schreibstil, -e** writing style (77)
die **Schreibweise, -n** spelling (61)
die **Schrift, -en** font; writing (*e.g. handwriting*)
schriftlich written, in writing (5)
der **Schriftsteller, -** writer (*male*) (12)
die **Schriftstellerin, -nen** writer (*female*) (12)
der **Schriftverkehr** correspondence (37)
der **Schritt, -e** step (35)
schuld sein (an + *dat.*) **(ist), war, ist ... gewesen** to be at fault / to blame (for)
die **Schuld, -en** guilt; debt
der **Schuldige, -n** culprit (*male*) (60)
die **Schuldige, -n** culprit (*female*) (60)
der **Schüler, -** student (*male*)
die **Schülerin, -nen** student (*female*)
die **Schulform, -en** type of school (100)
der **Schulhof, ¨-e** school yard, playground (*at school*) (37)
das **Schuljahr, -e** school year (37)
schüren, schürte, hat ... geschürt to stir up, fuel (*e.g. conflict or fear*) (59)
der **Schuss, ¨-e** gunshot
schütteln, schüttelte, hat ... geschüttelt to shake (44)
der **Schütze, -n** gunman, shooter (*male*)
schützen (vor + *dat.*), **schützte, hat ... geschützt** to protect (from) (12)
die **Schützin, -nen** gunwoman, shooter (*female*)
schwach weak (71)
die **Schwäche, -n** weakness
schwanger pregnant (57)
die **Schwangerschaft, -en** pregnancy (7)
der **Schwarze Deutsche, -n** Black German (*male*)
die **Schwarze Deutsche, -n** Black German (*female*)
die **Schweiz** Switzerland
der **Schweizer, -** Swiss (*male*)
(das) **Schweizerdeutsch(e)** Swiss-German (37)
die **Schweizerin, -nen** Swiss (*female*)
schwer heavy (20)
schwer beladen heavily laden (63)
schwer·fallen (fällt schwer), fiel ... schwer, ist ... schwergefallen to be difficult
schwer verletzt severely injured
die **Schwere** gravity; heaviness
schwerelos weightless (20)
die **Schwerkraft, ¨-e** gravity, gravitational force (20)
schwierig difficult
schwimmen, schwamm, ist ... geschwommen to swim
schwitzen, schwitzte, hat ... geschwitzt to sweat (24)
schwul homosexual, gay
der **Scooter, -** scooter
sechseckig hexagonal
der **See, -n** lake (57)
der **Segen, -** blessing
sehen (sieht), sah, hat ... gesehen to see
sehenswert worth seeing (71)
die **Sehenswürdigkeit, -en** sight, tourist attraction
sich (*akk.*) **sehnen (nach** + *dat.*), **sehnte, hat ... gesehnt** to long (for), yearn (for)
die **Seilbahn, -en** cable car
die **Seilwinde, -n** rope winch
sein (ist), war, ist ... gewesen to be
seit (+ *dat.*) since (*time*); for
seitdem since then
die **Seite, -n** page; side
der **Sekretär, -e** secretary (*male*)
die **Sekretärin, -nen** secretary (*female*)
selber myself, yourself, herself, etc. (48)
selbst -self
die **Selbstaussage, -n** self-statement (48)
die **Selbstbestimmung, -en** self-determination
selbstfliegend flying by itself
die **Selbstschussanlage, -n** self firing plants
das **Selfie, -s** selfie
selten rare(ly) (94)
das **Semester, -** semester
der **Sender, -** channel (*TV, radio*)
die **Sendung, -en** program, broadcast; shipment (65)
auf **Sendung gehen, ging, ist ... gegangen** to broadcast, go on air
senken, senkte, hat ... gesenkt to reduce, lower (47)
sensationalistisch sensationalist (68)
sensibel sensitive(ly)
die **Sensibilisierung, -en** sensitization
der **Sensor, -en** sensor (29)
die **Sequenz, -en** sequence
die **Serie, -n** sequence; show (*TV*) (69)
seriös reputable, reliable (68)
servieren, servierte, hat ... serviert to serve
der **Sexismus, Sexismen** sexism
die **Show, -s** show (65)
sicher safe; secure; sure (45)
sicher sein, dass to be sure that (85)
die **Sicherheit, -en** safety, security; certainty (3)
für **Sicherheit sorgen, sorgte, hat ... gesorgt** to ensure safety
das **Sicherheitssystem, -e** safety system
der **Sicherheitsvertrag, ¨-e** security agreement
der **Sicherheitszaun, ¨-e** security fence
sichern, sicherte, hat ... gesichert to ensure, secure (41)
die **Sicht, -en** view
sichtbar visible
sichtbar machen, machte, hat ... gemacht to make visible (86)
die **Sichtbarkeit, -en** visibility (71)
die **Sichtweise, -n** point of view
der **Sieg, -e** victory
der **Sieger, -** winner (*male*) (99)
die **Siegerin, -nen** winner (*female*) (99)
das **Signal, -e** signal; sign (0)
signalisieren, signalisierte, hat ... signalisiert to signal
das **Silber** silver (30)
simplifizierend simplifying (68)
singen, sang, hat ... gesungen to sing (0)
sinken, sank, ist ... gesunken to decrease; sink (47)
der **Sinn, -e** sense
das **Sinnbild, -er** symbol; allegory

sinnstiftend meaningful
sinnvoll useful, reasonable (31)
der **Sitz, -e** seat
sitzend seated, sitting (21)
der **Sitzplatz, ¨-e** seat
die **Sitzposition, -en** sitting position
die **Skala, Skalen** scale (80)
der **Skandal, -e** scandal
der **Skilangläufer, -** cross-country skier (*male*)
die **Skilangläuferin, -nen** cross-country skier (*female*)
die **Skizze, -n** sketch
skizzieren, skizzierte, hat ... skizziert to draft, sketch out
der **Slogan, -s** slogan
das **Smartphone, -s** smartphone
so ... wie as ... as (52)
so schnell wie as fast as (52)
so viel wie as much as (52)
so viele ... wie möglich as many ... as possible
soweit ich weiß as far as I know
sobald wie möglich as soon as possible
soeben just now
sofort immediately (9)
sogar even, actually (75)
sogenannt so called
die **Solarenergie, -n** solar energy
solche such
der **Soldat, -en** soldier (*male*) (94)
die **Soldatin, -nen** soldier (*female*) (94)
die **Solidarität, -en** solidarity (59)
sollen, sollte, hat ... gesollt shall; to be supposed (to)
sondern but rather (82)
sonst else, otherwise (94)
die **Sorge, -n** concern
sorgen (**für** + *akk.*), **sorgte, hat ... gesorgt** to take care (of) (14)
sich (*akk.*) **sorgen** (**um** + *akk.*), **sorgte, hat ... gesorgt** to worry (about)
sich (*akk.*) **Sorgen machen** (**um** + *akk.*), **machte, hat ... gemacht** to worry (about) (84)
die **Sorte, -n** kind, type (35)
sortieren, sortierte, hat ... sortiert to arrange, sort
das **Sortiment, -e** assortment
das **Souvenir, -s** souvenir
die **Sowjetunion** Soviet Union
sozial social(ly)
das **soziale Netzwerk, -e** social network
die **soziale Norm, -en** social norm
die **soziale Schicht, -en** social class
die **sozialen Medien** (*pl.*) social media (68)
die **Sozialisierung, -en** socialisation
sozialistisch socialist
die **Sozialversicherung, -en** social security (*insurance*) (93)
der **Soziologe, -n** sociologist (*male*)
die **Soziologin, -nen** sociologist (*female*)
spalten, spaltete, hat ... gespalten/ gespaltet to divide, split (45)
Spanien Spain
spannend exciting, suspenseful (31)
die **Spannung, -en** tension (9)
sparen, sparte, hat ... gespart to save (*e.g. money, energy, resources*) (35)
der **Sparschäler, -** (potato) peeler
der **Spaß, ¨-e** fun
zum **Spaß** for fun
Spaß machen, machte, hat ... gemacht to be fun (14)
spät late (0)
später later (32)
spätestens at the latest (37)
spazieren gehen, ging, ist ... gegangen to go for a walk (9)
die **Speise, -n** dish, food
die **Speisekarte, -n** menu
der **Speiseplan, ¨-e** menu, meal plan
spektakulär spectacular
die **Spekulation, -en** speculation (72)
spekulativ speculative (72)
spekulieren, spekulierte, hat ... spekuliert to speculate (72)
spenden, spendete, hat ... gespendet to donate (43)
die **Sperre, -n** barrier; blockage (3)
sperren, sperrte, hat ... gesperrt to block (3)
der **Spezialeffekt, -e** special effect
die **Spezialeinheit, -en** special forces unit
das **Spezialgebiet, -e** specialty
das **Spiel, -e** game
spielen, spielte, hat ... gespielt to play
die **Spielfigur, -en** token
der **Spielfilm, -e** full-length movie, feature film
das **Spielgeschäft, -e** gaming/gambling business
spionieren, spionierte, hat ... spioniert to spy (12)
spitz pointed, sharp (36)
spontan spontaneous(ly) (65)
der **Sport** sport
Sport treiben, trieb, hat ... getrieben to do sports, play sports (99)
die **Sportart, -en** type of sport
der **Sportgeist** sporting spirit (99)
der **Sportler, -** athlete (*male*)
die **Sportlerin, -nen** athlete (*female*)
der **Sportschütze, -n** sporting marksman (99)
die **Sportschützin, -nen** sporting markswoman (99)
die **Sportveranstaltung, -en** sports event
der **Sportverein, -e** sports club
die **Sprache, -n** language
der **Sprachgebrauch** use of language (97)
sprachlich linguistic(ally) (97)
die **Sprechaufgabe, -n** speaking task
sprechen (**spricht**), **sprach, hat ... gesprochen** to speak
sprechen (**über** + *akk.*) (**spricht**), **sprach, hat ... gesprochen** to talk (about)
der **Sprecher, -** speaker (*male*) (48)
die **Sprecherin, -nen** speaker (*female*) (48)
das **Sprichwort, ¨-er** saying (30)
die **Sprosse, -n** spoke, rundle
der **Spruch, ¨-e** saying, line (81)
spülen, spülte, hat ... gespült to wash the dishes
die **Spur, -en** track, trace (86)
spürbar noticeable, perceptible (41)
auf der **Spur sein** (**ist**), **war, ist ... gewesen** to be on the scent (65)
spüren, spürte, hat ... gespürt to feel (44)
der **Staat, -en** state (1)
staatlich national; governmental
staatlich gefördert state-sponsored (94)
die **Staatsangehörigkeit, -en** citizenship, nationality (53)
die **Staatsform, -en** form of government, system of government
das **Staatsoberhaupt, ¨-er** head of state
der **Stab, ¨-e** stick, staff, pole
der **Stacheldraht, ¨-e** barbwire
die **Stadt, ¨-e** city center; city
städtisch urban; municipal
der **Stadtrat, ¨-e** city council
die **Staffel, -n** season (*TV, radio*) (71)
der **Stahl, ¨-e** steel (19)
der **Stahldorn, -en** steel bar
der **Stalinrasen, -** Stalin lawn (*hist.*)
der **Stammbaum, ¨-e** family tree, genealogical tree
stammen (**aus** + *dat.*), **stammte, hat ... gestammt** to descend (from), originate (from)
der **Standard, -s** standard
die **Standardsprache, -n** standard language
stapeln, stapelte, hat ... gestapelt to pile, stack
stark strong
die **Stärke, -n** strength
die **Starre** rigidity, stiffness (24)
starren, starrte, hat ... gestarrt to stare (65)
die **Stasi** (**Staatssicherheitsdienst**) Stasi (State Security of the GDR) (9)
die **Station, -en** station
stationieren, stationierte, hat ... stationiert to station
stationiert stationed
statisch static
die **Statistik, -en** statistic
statt (+ *gen.*) instead of (41)
stattdessen instead
statt·finden, fand ... statt, hat ... stattgefunden to take place
die **Statue, -n** statue
der **Stau, -s** traffic jam (47)
der **Staubsauger, -** vacuum cleaner
die **Stechmücke, -n** moscito
der **Steckbrief, -e** profile, briefing (63)
die **Steckdose, -n** outlet
stecken, steckte, hat ... gesteckt to be; stick (43)
stehen (**für** + *akk.*), **stand, hat ... gestanden** to stand (for) (53)
stehend standing (21)
stehlen (**stiehlt**), **stahl, hat ... gestohlen** to steal
der **Stehplatz, ¨-e** standing place (*e.g. at concert*)
steigen, stieg, ist ... gestiegen to rise, increase (8)
steigend rising, increasing
die **Steigerung, -en** increase (45)
steil steep (21)
der **Stein, -e** stone, brick
die **Stelle, -n** position, job (84)
Stellung beziehen, bezog, hat ... bezogen to take a stand, take a stance
stempeln, stempelte, hat ... gestempelt to stamp
sterben (**stirbt**), **starb, ist ... gestorben** to die, pass away (23)
das **Stereotyp, -e** stereotype (92)
stereotypisch stereotypical (16)
der **Stern, -e** star
die **Steuer, -n** tax (89)
die **Steuerung, -en** control
der **Stichpunkt, -e** bullet point
stichwortartig in bullet points
der **Stift, -e** pin (*tech.*); pen (30)
die **Stiftung, -en** foundation, institution, charity (47)
die **Stigmatisierung, -en** stigmatization
der **Stil, -e** style (39)
die **Stille** silence
die **Stimme, -n** voice (73)
stimmen, stimmte, hat ... gestimmt to be true/right (65)
das **Stimmrecht, -e** right to vote (32)
die **Stimmung, -en** mood; atmosphere
der **Stipendiat, -en** scholar (*scholarship holder*) (*male*)
die **Stipendiatin, -nen** scholar (*scholarship holder*) (*female*)
das **Stipendium, Stipendien** scholarship, grant (94)

der **Stolperdraht, ¨-e** tripwire
stolpern, stolperte, ist ... gestolpert to stumble (88)
der **Stolperstein, -e** stumbling stone (88)
stolz (auf + *dat.*) proud (of) (94)
die **Stop-motion Technik** stop-motion technique
stopfen, stopfte, hat ... gestopft to cram, jam
stören, störte, hat ... gestört to bother; disturb (93)
störend disturbing
die **Störung, -en** disturbance (17)
stoßen (auf + *akk.*) **(stößt), stieß, ist ... gestoßen** to encounter
stottern, stotterte, hat ... gestottert to stammer, stutter (24)
die **Strafe, -n** punishment, sentence
der **Strahl, -en** beam (*e.g. of light*) (29)
die **Strahlung, -en** radiation (84)
der **Strang, ¨-e** strand
die **Straße, -n** street
der **Straßenname, -n** street name
das **Straßenschild, -er** road sign, street sign (86)
der **Straßentunnel, -** road tunnel
der **Straßenverkehr** traffic (34)
die **Strategie, -n** strategy (65)
streamen, streamte, hat ... gestreamt to stream (69)
sich (*akk.*) **strecken, streckte, hat ... gestreckt** to stretch (o.s.)
das **Streichholz, ¨-er** match, matchstick
der **Streik, -s** strike, walkout (80)
streiten (mit + *dat.*), **stritt, hat ... gestritten** to argue (with) (82)
sich (*akk.*) **streiten (über** + *akk.*), **stritt, hat ... gestritten** to argue (about) (59)
streng nehmen (nimmt), nahm, hat ... genommen to take seriously
streng religiös devout (54)
die **Streusel** (*pl.*) crumble
der **Strom** electricity
der **Strom, ¨-e** tide, flow
der **Stromanschluss, ¨-e** power connection
die **Strophe, -n** stanza (25)
die **Struktur, -en** structure (49)
strukturieren, strukturierte, hat ... strukturiert to structure (72)
das **Stück, -e** piece
der **Student, -en** student (*male*)
die **Studentendemonstration, -en** student demonstration (1)
die **Studentin, -nen** student (*female*)
die **Studie, -n** study (92)
der **Studiengang, ¨-e** field of study, course of study (94)
die **Studiengebühr, -en** tuition (*fees*) (94)
der **Studienplatz, ¨-e** place at college/university (100)
studieren, studierte, hat ... studiert to study
der **Studierende, -n** student (*male*)
die **Studierende, -n** student (*female*)
der **Studierendenausweis, -e** student ID
das **Studium** studies
der **Stummfilm, -e** silent film (73)
die **Stunde, -n** hour
der **Sturm, ¨-e** storm (68)
stürmen, stürmte, hat ... gestürmt to storm
die **Subkultur, -en** subculture
die **Subvention, -en** subvention, grant
subventionieren, subventionierte, hat ... subventioniert to subsidize
suchen, suchte, hat ... gesucht to look for, search (14)
der **Süden** south
südeuropäisch South European
südlich (von + *dat.*) south (of)
die **Summe, -n** sum; total
der **Sünder, -** sinner (*male*)
die **Sünderin, -nen** sinner (*female*)
der **Supermarkt, ¨-e** supermarket
die **Supermarktkette, -n** supermarket chain
die **Suppe, -n** soup
süß sweet
die **Süßigkeit, -en** sweet, candy, treat
das **Süßwasser, ¨** freshwater
das **Symbol, -e** symbol
die **Symbolik, -en** symbolism
symbolisch symbolic(ally)
symbolisieren, symbolisierte, hat ... symbolisiert to symbolize (85)
sympathisch likeable (67)
die **Synchronisation, -en** synchronization, dubbing (73)
synchronisieren, synchronisierte, hat ... synchronisiert to synchronize, dub (73)
der **Synchronsprecher, -** dubbing artist, voice-over artist (*male*) (73)
die **Synchronsprecherin, -nen** dubbing artist, voice-over artist (*female*) (73)
Syrien Syria
das **System, -e** system
das **Szenario, Szenarien** scenario (72)
die **Szene, -n** scene (28)

T

die **Tabelle, -n** chart
die **Tablette, -n** pill (*e.g. painkiller*), tablet (33)
tabu taboo
das **Tabu, -s** taboo
die **Tafel, -n** board (0)
der **Tag der Deutschen Einheit** German Unification Day (1)
der **Tag, -e** day
täglich daily (30)
tagsüber during the day
das **Tal, ¨-er** valley (20)
Tansania Tanzania
der **Tanz, ¨-e** dance
tanzen (zu + *dat.*), **tanzte, hat ... getanzt** to dance (to) (9)
die **Tanzgruppe, -n** dance group
die **Tanzkultur, -en** dance culture
der **Tanzkurs, -e** dancing lessons, dancing class
der **Tanzstil, -e** dancing style
die **Tapferkeit, -en** bravery, courage (96)
der **Tarifvertrag, ¨-e** labor agreement
die **Tasche, -n** pocket; purse
der **Taschendieb, -e** pickpocket (*male*)
die **Taschendiebin, -nen** pickpocket (*female*)
das **Taschenmesser, -** pocketknife
der **Taschenspiegel, -** pocket mirror
die **Taschenuhr, -en** pocket watch (30)
der **Tastsensor, -en** tactile sensor
die **Tat, -en** action
der **Täter, -** perpetrator, offender (*male*)
die **Täterin, -nen** perpetrator, offender (*female*)
tätig sein (ist), war, ist ... gewesen to work; act
der **Tatort, -e** crime scene, crime site
die **Tatsache, -n** fact, matter of fact (94)
tatsächlich real(ly), actual(ly) (31)
der **Tatverdächtige, -n** suspect (*male*)
die **Tatverdächtige, -n** suspect (*female*)
taub deaf (21)
tauschen, tauschte, hat ... getauscht to change, exchange, swap
der **Tauschhändler, -** barterer (*male*)
die **Tauschhändlerin, -nen** barterer (*female*)
das **Team, -s** team
der **Teamsport** team sport (99)
die **Technik, -en** technique; technology
technisch technical
die **Technologie, -n** technology
teil- partly
das/der **Teil, -e** part
Teil sein (von + *dat.*) **(ist), war, ist ... gewesen** to be part (of), participate (in) (28)
das **Teilchen, -** particle (29)
teilen, teilte, hat ... geteilt to divide; share (3)
teil·nehmen (an + *dat.*) **(nimmt ... teil), nahm ... teil, hat ... teilgenommen** to participate (in) (4)
der **Teilnehmende, -n** participant (*male*)
die **Teilnehmende, -n** participant (*female*)
der **Teilnehmer, -** participant (*male*) (76)
die **Teilnehmerin, -nen** participant (*female*) (76)
die **Telepathie** telepathy
der **Tellerwäscher, -** dishwasher (*male*) (93)
die **Tellerwäscherin, -nen** dishwasher (*female*) (93)
die **Temperatur, -en** temperature (35)
das **Tempolimit, -s** speed limit
tendieren (zu + *dat.*), **tendierte, hat ... tendiert** to be inclined to, tend to
der **Teppich, -e** rug
der **Termin, -e** appointment (48)
einen **Termin aus·machen, machte ... aus, hat ... ausgemacht** to schedule an appointment (7)
der **Terminkalender, -** day planner (30)
das **Territorium, Territorien** territory
testen, testete, hat ... getestet to test
die **Testphase, -n** test phase
teuer expensive
der **Teufel, -** devil (81)
der **Teufelskreis, -e** vicious cycle
der **Textabschnitt, -e** paragraph
die **Textstelle, -n** passage in a text
das **Theater, -** theater
die **Theaterbewegung, -en** theater movement
das **Theaterstück, -e** play (59)
theatralisch theatrical
das **Thema, Themen** theme, topic (16)
thematisieren, thematisierte, hat ... thematisiert to deal with
der **Themenbereich, -e** topic, subject area
das **Themenfeld, -er** range of topics
die **Themenwelt, -en** theme world (*in amusement park*) (16)
die **Theokratie, -n** theocracy
theoretisch denkbar theoretically conceivable
die **Theorie, -n** theory
der **Thriller, -** thriller (12)
die **Tiefe, -n** depth (29)
der **Tiefpunkt, -e** low; anticlimax (25)
das **Tier, -e** animal
die **Tiergruppe, -n** group of animals
der **Tierschutz** animal protection, animal welfare
der **Tipp, -s** tip, hint, clue
der **Titel, -** title, headline
die **Titelseite, -n** cover page
der **Tod, -e** death (23)
die **Todesstrafe, -n** death penalty
der **Todesstreifen, -** death strip
Togo Togo
die **Toilette, -n** toilet; restroom
toll great
die **Tonne, -n** ton
der **Tontechniker, -** sound technician (*male*)
die **Tontechnikerin, -nen** sound technician (*female*)
das **Tor, -e** gate (9)
tot dead
töten, tötete, hat ... getötet to kill (28)

der **Tourismus** tourism
der **Tourist, -en** tourist (*male*)
die **Touristin, -nen** tourist (*female*)
die **Tradition, -en** tradition (30)
traditionell traditional (7)
tragbar portable; bearable (30)
tragen (trägt), trug, hat ... getragen to carry; wear (15)
der **Trailer, -** trailer
tränen, tränte, hat ... getränt to tear, water (*of eyes*) (24)
transatlantisch transatlantic
die **Transitstraße, -n** transit road/route
transkulturell transcultural
transnational transnational
der **Transport, -e** transport (54)
transportieren, transportierte, hat ... transportiert to carry, transport
das **Transportmittel, -** means of transportation
der **Transportweg, -e** route of transportation
das **Trapez, -e** trapezoid (36)
die **Trasse, -n** line (3)
sich (*akk.*) **trauen, traute, hat ... getraut** to dare, have the courage to do (14)
die **Trauer** grief, mourning
der **Traum, ¨-e** dream (5)
traurig sad (23)
sich (*akk.*) **treffen (trifft), traf, hat ... getroffen** to hit; meet (28)
das **Treffen, -** meeting
der **Treibhauseffekt, -e** greenhouse effect
das **Treibhausgas, -e** greenhouse gas
der **Treibhausgasausstoß, ¨-e** greenhouse gas emission
der **Trend, -s** trend
sich (*akk.*) **trennen, trennte, hat ... getrennt** to split up, separate
die **Trennung, -en** division; separation (3)
treten (auf + *akk.*) **(tritt), trat, ist ... getreten** to step (on) (4); kick (88)
trinken, trank, hat ... getrunken to drink (0)
trocken dry
die **Tropen** (*pl.*) tropics, tropical regions
trotz (+ *gen.*) in spite of (49)
trotzdem nevertheless (4)
tun, tat, hat ... getan to do
zu **tun haben (mit** + *dat.*) **(hat), hatte, hat ... gehabt** to concern
zu **tun haben (mit** + *dat.*) **(hat), hatte, hat ... gehabt** to concern
die **Türkei** Turkey
der **Turm, ¨-e** tower (23)
der **Tweet, -s** tweet
twittern, twitterte, hat ... getwittert to tweet
der **Typ, -en** type; guy
typisch typical (3)

U

über (+ *dat.* / + *akk.*) about; above; over (0)
überall everywhere
überarbeiten, überarbeitete, hat ... überarbeitet to revise
die **Überarbeitung, -en** revision, edit
überdurchschnittlich above average
übergewichtig overweight
überhaupt anyway; after all (65)
überhaupt nicht not at all (16)
überleben, überlebte, hat ... überlebt to survive (54)
überlegen, überlegte, hat ... überlegt to reflect, think (about) (1)
übernehmen (übernimmt), übernahm, hat ... übernommen to take over; to adopt, borrow
überraschen, überraschte, hat ... überrascht to surprise (39)
überraschend surprising (60)
jdn. (*akk.*) **überreden (zu** + *dat.*), **überredete, hat ... überredet** to persuade sb. (to) (82)
überrollen, überrollte, hat ... überrollt to roll over (59)
die **Überschrift, -en** headline
überschwemmen, überschwemmte, hat ... überschwemmt to flood
die **Überschwemmung, -en** flooding, flood
übersehen (übersieht), übersah, hat ... übersehen to miss, overlook (44)
übersetzen, übersetzte, hat ... übersetzt to translate
die **Übersetzung, -en** translation
die **Übersicht, -en** overview
die **Überstunde, -n** (an hour of) overtime (93)
übertragen (überträgt), übertrug, hat ... übertragen to broadcast; transmit (71)
übertreiben, übertrieb, hat ... übertrieben to exaggerate, overstate (84)
überwachen, überwachte, hat ... überwacht to surveil, observe (12)
die **Überwachung, -en** surveillance (84)
überwältigt overwhelmed
überzeugen, überzeugte, hat ... überzeugt to convince (39)
überzeugend convincing (32)
die **Uhr, -en** clock; watch
der **Uhrmacher, -** clocksmith, watch maker (*male*) (30)
die **Uhrmacherin, -nen** clocksmith, watch maker (*female*) (30)
das **Uhrwerk, -e** clockwork (30)
im **Uhrzeigersinn** clockwise
um ... zu in order to ...
um·benennen, benannte ... um, hat ... umbenannt to rename (86)
die **Umbenennung, -en** renaming
sich (*akk.*) **um·drehen, drehte ... um, hat ... umgedreht** to turn, turn around
der **Umfang, ¨-e** scope, extent, range
das **Umfeld, -er** environment; surrounding
die **Umfrage, -n** survey, poll, questionnaire
die **Umgangsform, -en** way of behaving (92)
die **Umgangssprache, -n** colloquial/informal language (54)
umgangssprachlich colloquial (61)
die **Umgebung, -en** environment, surroundings (11)
um·gehen (mit + *dat.*), **ging ... um, ist ... umgegangen** to handle, deal (with)
umgekehrt opposite
der **Umsatz, ¨-e** sales, revenue
um·setzen, setzte ... um, hat ... umgesetzt to implement (14)
um·steigen (in + *akk.*), **stieg ... um, ist ... umgestiegen** to transfer; change (*train, bus etc.*)
umstritten controversial, disputed (85)
die **Umwelt** environment (41)
der **Umweltaktivist, -en** environmental activist (*male*)
die **Umweltaktivistin, -nen** environmental activist (*female*)
die **Umweltbewegung, -en** environmental movement, ecological movement (45)
das **Umweltbewusstsein** environmental awareness (49)
das **Umweltbundesamt, ¨-er** Federal Environment Agency
umweltfreundlich environmentally friendly
der **Umweltminister, -** minister of the environment (*male*) (17)
die **Umweltministerin, -nen** minister of the environment (*female*) (17)
umweltschädlich environmentally unfriendly, environmentally harmful
um·ziehen, zog ... um, ist ... umgezogen to move
unabhängig independent(ly) (99)
die **Unabhängigkeit, -en** independence (57)
unangenehm uncomfortable
unbedingt absolute(ly), desperately (73)
unbekannt unknown, unfamiliar
die **Unendlichkeit, -en** eternity
unerwartet unexpected(ly) (75)
der **Unfall, ¨-e** accident (47)
Ungarn Hungary
ungefähr approximately, about
ungelogen truly, honestly (65)
die **Ungerechtigkeit, -en** injustice
ungewöhnlich unusual, uncommon
ungezähmt untamed
die **Ungleichheit, -en** inequality
das **Unglück, -e** disaster; misfortune (23)
ungültig invalid (9)
unheimlich uncanny, eerie, scary (69)
die **Uniform, -en** uniform (81)
die **Unizeitung, -en** university newspaper
unkonzentriert inattentive, unconcentrated
unmoralisch immoral
unnötig unnecessary
unproduktiv unproductive
unqualifiziert unqualified
das **Unrecht** injustice (11)
unsauber tainted (*e.g. evidence*); unclean
unschuldig innocent (60)
die **Unsicherheit, -en** insecurity
unsichtbar invisible (92)
unten below; down; downstairs
unter (+ *dat.* / + *akk.*) under; underneath; below
unterbrechen (unterbricht), unterbrach, hat ... unterbrochen to disrupt, interrupt (88)
die **Unterbrechung, -en** disruption, interruption
unterdrückt suppressed (63)
unterernährt malnourished, undernourished
unter·gehen, ging ... unter, ist ... untergegangen to perish, sink, set (*sun, moon*)
unterhalten (unterhält), unterhielt, hat ... unterhalten to entertain
sich (*akk.*) **unterhalten (unterhält) (mit** + *dat.*), **unterhielt, hat ... unterhalten** to amuse o.s.; have a chat, talk (to)
unterhaltsam entertaining (21)
die **Unterhaltung, -en** entertainment; conversation (71)
die **Unterlegenheit** inferiority
unternehmen (unternimmt), unternahm, hat ... unternommen to undertake, do
das **Unternehmen, -** business, company (19)
der **Unternehmer, -** entrepreneur (*male*), businessman
die **Unternehmerin, -nen** entrepreneur (*female*), businesswoman
der **Unterricht** classes (*school, lessons*)
unterrichten, unterrichtete, hat ... unterrichtet to teach
die **Unterrichtssprache, -n** language of education, language of instruction
unterscheiden, unterschied, hat ... unterschieden to differentiate (11)
sich (*akk.*) **unterscheiden, unterschied, hat ... unterschieden** to differ
der **Unterschied, -e** difference
unterschiedlich different (31)
unterschreiben, unterschrieb, hat ... unterschrieben to sign (17)
unterstellen, unterstellte, hat ... unterstellt to allege (4)
unterstreichen, unterstrich, hat ... unterstrichen to underline

unterstützen, unterstützte, hat ... unterstützt to support (32)
die **Unterstützung, -en** support (45)
untersuchen, untersuchte, hat ... untersucht to examine, analyze (33)
die **Untersuchung, -en** study; examination (47)
der **Untertitel, -** subtitle (73)
untertreiben, untertrieb, hat ... untertrieben to downplay, understate
unterwegs on the road
ununterbrochen uninterrupted, perpetual
unverheiratet single, not married (7)
unverpackt unpacked, loose
unwichtig unimportant
unzugänglich inaccessible
die **Uraufführung, -en** premiere (*of a play, movie, etc.*) (75)
urban urban
der **Ureinwohner, -** native (*male*)
die **Ureinwohnerin, -nen** native (*female*)
die **Urgroßmutter, ¨** great grandmother
der **Urgroßvater, ¨** great grandfather
der **Urknall** big bang (29)
der **Urlaub, -e** vacation
die **Ursache, -n** cause, reason (25)
Keine **Ursache!** No problem!; You are welcome!
der **Ursprung, ¨e** origin, root (19)
ursprünglich original(ly), initial(ly) (8)
das **Ursprungsland, ¨er** country of origin
die **USA** USA
das **USB-Mikrofon, -e** USB microphone
utopisch utopian

V

die **Validität** validity
die **Variante, -n** version, variety
die **Varietät, -en** variety (61)
väterlicherseits paternal
sich (*akk.*) **verabreden, verabredete, hat ... verabredet** to arrange to meet sb.
die **Verallgemeinerung, -en** generalization (92)
verändern, veränderte, hat ... verändert to alter, change (16)
sich (*akk.*) **verändern, veränderte, hat ... verändert** to change (o.s.)
die **Veränderung, -en** change (7)
die **Veranstaltung, -en** event
die **Verantwortung, -en** responsibility (41)
verantwortungsbewusst responsible, responsible-minded
verantwortungsvoll responsible (80)
verarbeiten, verarbeitete, hat ... verarbeitet to process
das **Verb, -en** verb
verbessern, verbesserte, hat ... verbessert to improve
die **Verbesserung, -en** improvement (71)
der **Verbesserungsvorschlag, ¨e** suggestion for improvement
verbieten, verbot, hat ... verboten to prohibit (7)
verbinden (mit + *dat.*)**, verband, hat ... verbunden** to connect, associate (with)
verbindlich obligatory
die **Verbindung, -en** connection, link (49)
in **Verbindung stehen (zu** + *dat.*)**, stand, hat ... gestanden** to be related (to)
das **Verbot, -e** prohibition, ban
der **Verbrauch** consumption, wastage, expenditure (47)
verbrauchen, verbrauchte, hat ... verbraucht to use (47)
das **Verbrechen, -** crime
der **Verbrecher, -** criminal (*male*)
die **Verbrecherin, -nen** criminal (*female*)
verbrecherisch felonious, criminal
verbreiten, verbreitete, hat ... verbreitet to distribute (30)
verbrennen, verbrannte, ist ... verbrannt to burn, sear
verbringen, verbrachte, hat ... verbracht to spend (*time*)
die **Verbundenheit, -en** connectedness, closeness
der **Verdächtige, -n** suspect (*male*)
die **Verdächtige, -n** suspect (*female*)
verdienen, verdiente, hat ... verdient to earn; deserve (14)
der **Verein, -e** club; association (4)
vereinen, vereinte, hat ... vereint to bring together, unite
vereinfachen, vereinfacht, hat ... vereinfacht to simplify
die **Vereinigung, -en** union; unification
vererben, vererbte, hat ... vererbt to bequeath, hand down
die **Vererbung, -en** heredity, inheritance
die **Verfassung, -en** constitution (9)
der **Verfassungsgrundsatz, ¨e** constitutional principle
die **Verfilmung, -en** screen adaptation, film version (*of a book*)
verfolgen, verfolgte, hat ... verfolgt to persecute (56)
ein Ziel **verfolgen, verfolgte, hat ... verfolgt** to pursue a goal (45)
die **Vergangenheit, -en** past
vergeben taken (*in a relationship*)
vergeben (an + *akk.*) **(vergibt), vergab, hat ... vergeben** to allocate (to) (29)
vergessen (vergisst), vergaß, hat ... vergessen to forget
der **Vergleich, -e** comparison
vergleichbar comparable (41)
vergleichen, verglich, hat ... verglichen to compare (3)
vergrößern, vergrößerte, hat ... vergrößert to enlarge, extend
verhaften, verhaftete, hat ... verhaftet to arrest (4)
die **Verhaftung, -en** detention, arrest (60)
das **Verhalten** behavior (41)
die **Verhaltensänderung, -en** change of behavior
das **Verhältnis, -se** relationship (75)
verhandeln, verhandelte, hat ... verhandelt to negotiate, debate (28)
verharmlosen, verharmloste, hat ... verharmlost to downplay
verheiratet married
verhelfen (zu + *dat.*) **(verhilft), verhalf, hat ... verholfen** to help provide (32)
verhindern, verhinderte, hat ... verhindert to prevent (3)
der **Verkauf, ¨e** sale
verkaufen, verkaufte, hat ... verkauft to sell
der **Verkehr** traffic
das **Verkehrsmittel, -** (means of) transportation
die **Verkehrssicherheit, -en** traffic/road safety
verklärt glorified; idealized (93)
sich (*akk.*) **verkleiden (als), verkleidete, hat ... verkleidet** to dress up (as)
verkleinern, verkleinerte, hat ... verkleinert to reduce, downsize
der **Verlag, -e** publisher (92)
verlassen (verlässt), verließ, hat ... verlassen to leave (3)
verlangen (von + *dat.*)**, verlangte, hat ... verlangt** to demand (from) (82)
der **Verlauf, ¨e** process; course (33)
verlegen, verlegte, hat ... verlegt to move, transfer; postpone (88)
die **Verlegenheit, -en** embarrassment
verletzen, verletzte, hat ... verletzt to hurt
verletzt werden (wird), wurde, ist ... worden to get hurt
die **Verletzung, -en** violation; injury
sich (*akk.*) **verlieben (in** + *akk.*)**, verliebte, hat ... verliebt** to fall in love (with) (94)
verlieren, verlor, hat ... verloren to lose (5)
verlobt engaged
vermarkten, vermarktete, hat ... vermarktet to (put on the) market (40)
die **Vermarktung, -en** marketing; commercialization (41)
vermauern, vermauerte, hat ... vermauert to wall up
vermeiden, vermied, hat ... vermieden to prevent, avoid
die **Vermeidung, -en (von** + *dat.*) prevention, avoidance (of)
vermissen, vermisste, hat ... vermisst to miss (57)
vermitteln, vermittelte, hat ... vermittelt to convey; mediate (16)
vermuten, vermutete, hat ... vermutet to assume, suppose, guess (7)
die **Vermutung, -en** assumption, guess (71)
vernetzen, vernetzte, hat ... vernetzt to link, connect, crosslink
das **Vernichtungslager, -** death camp
veröffentlichen, veröffentlichte, hat ... veröffentlicht to publish
die **Verordnung, -en** regulation, bylaw
die **Verpackung, -en** packaging, wrapping
verpassen, verpasste, hat ... verpasst to miss (65)
verraten (verrät), verriet, hat ... verraten to reveal, disclose; betray (65)
verringern, verringerte, hat ... verringert to lower, reduce, decrease (43)
verrückt crazy (5)
verschicken, verschickte, hat ... verschickt to post, send
verschieden different, various (61)
verschlimmern, verschlimmerte, hat ... verschlimmert to aggravate, worsen
die **Verschmutzung, -en** pollution
verschönern, verschönerte, hat ... verschönert to embellish
die **Verschwendung, -en** waste, wastefulness (43)
verschwinden, verschwand, ist ... verschwunden to disappear (97)
versichern, versicherte, hat ... versichert to ensure (3)
die **Versicherung, -en** insurance
die **Version, -en** version
die **Versklavung, -en** enslavement
die **Verspätung, -en** delay (68)
versprechen (verspricht), versprach, hat ... versprochen to promise (28)
das **Versprechen, -** promise
die **Versprechung, -en** promise
das **Verständigungsproblem, -e** communication problem (48)
das **Verständnis** understanding (96)
verstecken, versteckte, hat ... versteckt to hide (28)
verstehen, verstand, hat ... verstanden to understand (39)
verteidigen, verteidigte, hat ... verteidigt to defend; advocate
der **Verteidigungsbund, ¨e** defense organization, defense association (28)
vertikal vertical

der **Vertrag, ¨-e** contract; treaty (1)
einen **Vertrag schließen, schloss, hat ... geschlossen** to enter into an agreement / a contract (1)
der **Vertragsarbeiter, -** contract worker (*male*)
die **Vertragsarbeiterin, -nen** contract worker (*female*)
das **Vertrauen** trust
vertrauen, vertraute, hat ... vertraut to trust (33)
vertraut familiar; intimate (57)
vertreiben, vertrieb, hat ... vertrieben to expel, displace (56)
vertreten (vertritt), vertrat, hat ... vertreten to represent (92)
der **Vertreter, -** representative (*male*)
die **Vertreterin, -nen** representative (*female*)
der **Vertriebene, -n** displaced person (*male*) (56)
die **Vertriebene, -n** displaced person (*female*)
verunstalten, verunstaltete, hat ... verunstaltet to disfigure, deface
verursachen, verursachte, hat ... verursacht to cause (47)
vervollständigen, vervollständigte, hat ... vervollständigt to complete
verwandt related (61)
der **Verwandte, -n** relative (*male*)
die **Verwandte, -n** relative (*female*)
verwenden, verwendete, hat ... verwendet to use (4)
die **Verwendung, -en** usage (75)
der **Verwundete, -n** wounded (*male*)
die **Verwundete, -n** wounded (*female*)
der **Verzehr** consumption (*of food*)
das **Video, -s** video
die **Videosequenz, -en** video sequence
das **Videospiel, -e** video game (76)
viele many
die **Vielfalt** variety, multiplicity, diversity (35)
vielfältig diverse (52)
vielleicht maybe, possibly
vielsprachig multilingual
die **Vielsprachigkeit, -en** multilingualism
das **Vier-Seiten-Modell, -e** four-sides model
viereckig quadrangular (36)
das **Viertel, -** quarter; neighborhood
Vietnam Vietnam
vietnamesisch Vietnamese
virtuell virtual (76)
visualisieren, visualisierte, hat ... visualisiert to visualize
visuell visual(ly)
das **Visum, Visa** visa
der **Vogel, ¨** bird
der **Vogt, ¨-e** governor, reeve
der **Vokal, -e** vowel (61)
das **Volk, ¨-er** nation; people; tribe
der **Völkermord, -e** genocide
die **Völkerschau, -en** „ethnological exposition"
die **Volksabstimmung, -en** national referendum (32)
das **Volksfest, -e** folk festival; fair
die **Volkszählung, -en** population census (56)
voll full(y)
Vollzeit arbeiten, arbeitete, hat ... gearbeitet to work full-time
der **Vollzeitarbeiter, -** full-time worker (*male*)
die **Vollzeitarbeiterin, -nen** full-time worker (*female*)
von (*+ dat.*) of; by; from
von wem by whom
vor allem above all (47)
voraus·sagen, sagte ... voraus, hat ... vorausgesagt to predict, forecast
vorbei·kommen, kam ... vorbei, ist ... vorbeigekommen to come by, stop by
vor·bereiten, bereitete ... vor, hat ... vorbereitet to prepare
das **Vorbild, -er** role model (23)
der **Vorfahr[e], -n** ancestor (*male*) (54)
die **Vorfahrin, -nen** ancestor (*female*)
vorher before, beforehand
vorherig previous, former
vor·kommen, kam ... vor, ist ... vorgekommen to occur, appear
vor·lesen (liest ... vor), las ... vor, hat ... vorgelesen to read to, read out loud
das **Vorlesungsverzeichnis, -se** course catalog (100)
der **Vorname, -n** first name, given name
der **Vorschlag, ¨-e** suggestion (16)
vor·schlagen (schlägt ... vor), schlug ... vor, hat ... vorgeschlagen to suggest, propose (17)
vor·singen, sang ... vor, hat ... vorgesungen to audition, sing to sb.
der **Vorstand, ¨-e** board, executive committee (99)
die **Vorstellung, -en** presentation; imagination; show (*e.g. theater*) (40)
sich (*dat.*) **vor·stellen, stellte ... vor, hat ... vorgestellt** to imagine
sich (*akk.*) **vor·stellen, stellte ... vor, hat ... vorgestellt** introduce o.s.
der **Vorteil, -e** advantage
vorteilhaft advantageous (76)
der **Vortrag, ¨-e** lecture, talk, presentation
das **Vorurteil, -e** prejudice (92)
der **Vorwand, ¨-e** pretence, make-believe
jdm. (*dat.*) etw. **vor·werfen (wirft ... vor), warf ... vor, hat ... vorgeworfen** to accuse so. of sth. (71)
das **Vorwissen** prior knowledge, preknowledge
vulgär vulgar

W

wach werden (wirst), wurde, ist ... geworden to wake up
wachsen (wächst), wuchs, ist ... gewachsen to grow, increase (96)
das **Wachstum** growth, increase
der **Wachturm, ¨-e** watch tower
der **Wagen, -** car, vehicle (20)
der **Waggon, -s** wagon (*rail*)
die **Wahl, -en** election; choice (68)
wählen, wählte, hat ... gewählt to pick, choose; vote (3)
der **Wähler, -** voter (*male*)
die **Wählerin, -nen** voter (*female*)
das **Wahlplakat, -e** election poster (45)
das **Wahlprogramm, -e** election program
wahr true (65)
während (*+ gen.*) while, during (4)
die **Wahrheit, -en** truth (65)
als **Wahrheit gelten (gilt), galt, hat ... gegolten** to count as truth (65)
wahrnehmbar noticeable, perceivable
wahr·nehmen (nimmt ... wahr), nahm ... war, hat ... wahrgenommen to perceive
die **Wahrnehmung, -en** perception
der **Wahrsager, -** fortuneteller (*male*) (14)
die **Wahrsagerin, -nen** fortuneteller (*female*) (14)
wahrscheinlich probably (44)
die **Wahrscheinlichkeit, -en** probability, likelihood
die **Währung, -en** currency
der **Wald, ¨-er** forest; woods (17)
der **Waldbrand, ¨-e** forest fire
die **Wand, ¨-e** wall
wandern, wanderte, ist ... gewandert to migrate; hike
das **Wappen, -** emblem, coat of arms (29)
die **Ware, -n** goods, merchandise (14)
die **Wärme** warmth
warnen (vor *+ dat.*)**, warnte, hat ... gewarnt** to warn (of) (3)
das **Warnsignal, -e** warning signal
warten (auf *+ akk.*)**, wartete, hat ... gewartet** to wait (for) (81)
warum why (0)
Was noch? What else?
die **Waschmaschine, -n** washing machine
das **Wasser, -** water
die **Wasserfontäne, -n** plume of water, water fountain (29)
die **Webseite, -n** website (8)
wechseln, wechselte, hat ... gewechselt to switch; change
das **Wechselwirkungsprinzip, -ien** action-reaction principle
weg sein (ist), war, ist ... gewesen to be gone
der **Weg, -e** path (3)
einen weiten **Weg zurück·legen, legte ... zurück, hat ... zurückgelegt** to cover a long distance
wegen (*+ gen.*) because of (49)
weg·fallen (fällt ... weg), fiel ... weg, ist ... weggefallen to disappear
weg·gucken, guckte ... weg, hat ... weggeguckt to look away
weg·spülen, spülte ... weg, hat ... weggespült to wash away
weh·tun, tat ... weh, hat ... wehgetan to hurt, ache (24)
das **Weib, -er** woman, broad
weiblich female
weich soft (35)
der **Weichkäse, -** soft cheese (35)
weil because
weinen, weinte, hat ... geweint to cry (24)
weiß white
weit far
weit entfernt (von *+ dat.*) far away from
weit weg far away
die **Weiterbildung, -en** further education, further training (84)
weitere additional; further
weiter·gehen, ging ... weiter, ist ... weitergegangen to continue; keep going (16)
weiterhin furthermore; still (53)
weiter·machen, machte ... weiter, hat ... weitergemacht to continue (100)
weiter·verkaufen, verkaufte ... weiter, hat ... weiterverkauft to resell, sell on
welche(r, s) which
die **Welle, -n** wave (59)
die **Welt, -en** world (0)
das **Weltall** outer space
weltbekannt world-famous
der **Weltkrieg, -e** world war (1)
der Erste **Weltkrieg** First World War
der Zweite **Weltkrieg** Second World War
weltlich worldly, earthly
der **Weltmarkt, ¨-e** global market
die **Weltmeisterschaft, -en** world championship (99)
die **Weltoffenheit, -en** cosmopolitanism, open-mindedness
der **Weltraum, ¨-e** space (*cosmic*)
weltweit worldwide, global (41)
wem whom
die **Wende** turning point (*hist.: German reunification*) (9)
wenig few, little
wenn when; if

wenn ... doch if only (17)
die **Werbeanzeige, -n** advertisement
die **Werbekampagne, -n** advertising campaign
die **Werbepause, -n** commercial break (69)
die **Werbesprache, -n** language of advertising
die **Werbung, -en** commercials, advertisement
der **Werdegang, ⸚e** career (100)
werden (wird), wurde, ist ... geworden to become
werfen (wirft), warf, hat ... geworfen to throw (81)
das **Werkzeug, -e** tool (30)
Wert legen (auf + *akk.*)**, legte, hat ... gelegt** to put emphasis (on), value (37)
der **Wert, -e** data, result; value
die **Wertsachen** (*pl.*) valuables
weshalb why
Westberlin West Berlin (1)
der **Westen** west
westlich (von + *dat.*) west (of)
das **Wetter** weather
der **Wettlauf, ⸚e** race
wichtig important (0)
widerlegen, widerlegte, hat ... widerlegt to debunk
der **Widerspruch, ⸚e** contradiction (99)
der **Widerstand, ⸚e** resistance; opposition (80)
Widerstand leisten, leistete, hat ... geleistet to resist, make a stand, offer resistance (82)
der **Widerständler, -** insurgent, resister (*male*) (82)
die **Widerständlerin, -nen** insurgent, resister (*female*) (82)
Wie spät ist es? What time is it?
wie verrückt like crazy, how crazy (25)
wie weit how far
wieder again (9)
wieder·geben (gibt ... wieder), gab ... wieder, hat ... wiedergegeben to describe, reproduce (72)
wieder·gut·machen, machte ... wieder gut, hat ... wiedergutgemacht to indemnify
die **Wiederherstellung, -en** restoration; recovery (60)
wiederholen, wiederholte, hat ... wiederholt to repeat
wiederholt repeatedly
die **Wiedervereinigung, -en** reunification (1)
wiegen, wog, hat ... gewogen to weigh
die **Wiese, -n** meadow
der **Wilde Westen** Wild West
die **Wildwasserbahn, -en** white-water ride
willkommen heißen, hieß, hat ... geheißen to welcome
die **Windenergie, -n** wind energy
der **Winter, -** winter
wirken, wirkte, hat ... gewirkt to act, have an effect (20)
wirken (auf + *akk.*)**, wirkte, hat ... gewirkt** to affect
wirklich really, actually
die **Wirklichkeit, -en** reality (7)
der **Wirkstoff, -e** active agent/ingredient (*medicine*) (33)
die **Wirkung, -en** impression, effect (32)
der **Wirkungsgrad, -e** level/degree of efficiency (20)
die **Wirtschaft, -en** economy (8)
wirtschaftlich economic(ally) (45)
das **Wirtschaftswunder, -** economic miracle
das **Wissen** knowledge
wissen (weiß), wusste, hat ... gewusst to know
die **Wissenschaft, -en** science (29)
der **Wissenschaftler, -** scientist (*male*) (76)
die **Wissenschaftlerin, -nen** scientist (*female*) (76)
wissenschaftlich scientific (29)
die **Witwe, -n** widow
der **Witwer, -** widower
der **Witz, -e** joke (75)
witzig funny (85)
die **Woche, -n** week
das **Wochenende, -n** weekend
wöchentlich weekly
wofür for what (80)
wogegen against what (80)
woher from where
sich (*akk.*) **wohl·fühlen, fühlte ... wohl, hat ... wohlgefühlt** to feel comfortable (93)
wohnen, wohnte, hat ... gewohnt to live
das **Wohnheim, -e** dormitory, residential home
der **Wohnort, -e** residence
die **Wohnung, -en** apartment
der **Wohnwagen, -** caravan; trailer
die **Wolke, -n** cloud (44)
wollen (will), wollte, hat ... gewollt to want (to)
womit? with what?
woraus? from what? of what?
das **Wort, ⸚er/-e** word (0)
in eigenen **Worten** in one's own words
das **Wörterbuch, ⸚er** dictionary
wovon from what
das **Wunder, -** miracle (94)
der **Wunsch, ⸚e** wish (17)
auf **Wunsch** by request
wünschen, wünschte, hat ... gewünscht to wish
würde (+ inf.) would (14)
der **Würfel, -** cube; die (36)
würfeln, würfelte, hat ... gewürfelt to roll the dice
die **Wurzel, -n** root (63)
würzig aromatic, tangy (*spicy*) (35)
die **Wut** rage; anger
vor **Wut explodieren** to burst with anger
wütend angry (9)

X

xenophobisch xenophobic

Y

das **Yoga** yoga

Z

zackig jagged, pronged (36)
die **Zahl, -en** number
zahlen, zahlte, hat ... gezahlt to pay
zählen, zählte, hat ... gezählt to count; matter
zahlreich numerous (94)
die **Zahnbürste, -n** tooth brush
das **Zahnrad, ⸚er** cogwheel (30)
der **Zaun, ⸚e** fence (3)
sich (*akk.*) die **Zähne putzen, putzte, hat ... geputzt** to brush one's teeth
das **Zehntel, -** tenth
das **Zeichen, -** character (*in a word*); sign (89)
zeichnen, zeichnete, hat ... gezeichnet to draw (1)
die **Zeichnung, -en** drawing, illustration
der **Zeigefinger, -** index finger
zeigen, zeigte, hat ... gezeigt to show (3)
der **Zeiger, -** hand (*clock, watch*) (30)
die **Zeile, -n** line (5)
die **Zeit, -en** time (30)
Zeit ein·teilen, teilte ... ein, hat ... eingeteilt to allot time
Zeit gewinnen, gewann, hat ... gewonnen to win time
Zeit verbringen (mit + *dat.*)**, verbrachte, hat ... verbracht** to spend time (with) (30)
Zeit verlieren, verlor, hat ... verloren to lose time (5)
die **Zeitangabe, -n** designation of time; adverb of time
der **Zeitdruck** time pressure (30)
unter **Zeitdruck stehen, stand, hat ... gestanden** to be under time pressure (30)
die **Zeitform, -en** tense
der **Zeitgeist** zeitgeist, spirit of the time
zeitgleich simultaneous(ly)
zeitlos timeless
das **Zeitmanagement, -s** time management
der **Zeitraum, ⸚e** period, stretch of time (4)
der **Zeitstrahl, -en** timeline
die **Zeitung, -en** newspaper
der **Zeitungsartikel, -** newspaper article (68)
der **Zeitzeuge, -n** witness of a (time) period (*male*) (56)
die **Zeitzeugin, -nen** witness of a (time) period (*female*)
die **Zelle, -n** cell
das **Zellophan** cellophane
das **Zelt, -e** tent
die **Zentrifugalkraft, ⸚e** centrifugal force (20)
das **Zentrum, Zentren** center, centrum (33)
zerschneiden, zerschnitt, hat ... zerschnitten to cut (up) (35)
zerstören, zerstörte, hat ... zerstört to destroy, demolish
die **Zerstörung, -en** destruction
der **Zeuge, -n** witness (*male*)
die **Zeugin, -nen** witness (*female*)
ziehen, zog, hat ... gezogen to pull, draw
das **Ziel, -e** destination; goal
die **Zielgruppe, -n** target audience, target group
das **Zielland, ⸚er** country of destination (93)
ziemlich quite
das **Zifferblatt, ⸚er** clock-face (30)
die **Zimmerlautstärke, -n** household noise level, room volume (*level*)
der **Zirkus, -se** circus
zittern, zitterte, hat ... gezittert to shiver, shake (23)
zivil civil
der **Zivilist, -en** civilian (*male*)
die **Zivilistin, -nen** civilian (*female*)
der **Zuchtbetrieb, -e** farm (*breeding establishment*)
der **Zucker** sugar
die **Zuckerwatte, -n** cotton candy
der **Zuckerwürfel, -** sugar cube
zuerst first
der **Zufall, ⸚e** coincidence (3)
zufällig coincidental(ly)
jdm./etw. (*dat.*) **zufolge** according to
zufrieden (mit + *dat.*) content, happy (with) (47)
die **Zufriedenheit** contentment, happiness
der **Zug, ⸚e** procession, parade; train
zugänglich accessible (21)
die **Zugänglichkeit, -en** accessibility (21)
zu·geben (gibt ... zu), gab ... zu, hat ... zugegeben to add; admit (35)
der **Zugvogel, ⸚** migrating bird
zuhause at home
das **Zuhause** home
zu·hören, hörte ... zu, hat ... zugehört to listen
der **Zuhörer, -** listener (*male*) (65)
die **Zuhörerin, -nen** listener (*female*) (65)
die **Zukunft** future

zukünftig prospective, future (71)
zuletzt last, lastly, recently
zu·nehmen (nimmt ... zu), nahm ... zu, hat ... zugenommen to increase; to gain (*weight*) (56)
zunehmend increasing
die **Zunge, -n** tongue
zu·ordnen, ordnete ... zu, hat ... zugeordnet to match, associate
zur Zeit currently, at the moment
zu dieser **Zeit** during this time (1)
zurück back (57)
zurück·gehen, ging ... zurück, ist ... zurückgegangen to return, go back (8)
zurück·kehren, kehrte ... zurück, ist ... zurückgekehrt to return, come back (53)
zurück·lassen (lässt ... zurück), ließ ... zurück, hat ... zurückgelassen to leave behind
zurück·laufen (läuft ... zurück), lief ... zurück, ist ... zurückgelaufen to walk/run back
zurück·schicken, schickte ... zurück, hat ... zurückgeschickt to send back
zurück·ziehen, zog ... zurück, ist ... zurückgezogen to move back (93)
die **Zusage, -n** acceptance (*of an invitation or appointment*) (100)
zusammen together
zusammen·fassen, fasste ... zusammen, hat ... zusammengefasst to summarize (17)
die **Zusammenfassung, -en** summary
zusammen·gehen, ging ... zusammen, ist ... zusammengegangen to go together
zusammen·gehören, gehörte ... zusammen, hat ... zusammengehört to belong together (54)
zusammen·leben, lebte ... zusammen, hat ... zusammengelebt to live together (88)
der **Zusammenschluss, ⸚e** coalition
zusammen·wachsen (wächst ... zusammen), wuchs ... zusammen, ist ... zusammengewachsen to grow closer (5)
zusätzlich additional(ly) (37)
zu·schauen, schaute ... zu, hat ... zugeschaut to watch
der **Zuschauer, -** viewer (*male*)
die **Zuschauerin, -nen** viewer (*female*)
die **Zuschauerzahl, -en** number of spectators
die **Zuschreibung, -en** ascription
der **Zuschuss, ⸚e** grant, subsidy
der **Zustand, ⸚e** condition, state (29)
zustande kommen, kam, ist ... gekommen to come into being
jdm. (*dat.*) **zu·stimmen, stimmte ... zu, hat ... zugestimmt** to agree (with sb.) (28)
die **Zutat, -en** ingredient
zu·teilen, teilte ... zu, hat ... zugeteilt to assign; allocate
zu·weisen, wies ... zu, hat ... zugewiesen to allocate, assign
zwar admittedly, indeed
der **Zweck, -e** purpose, objective (75)
der **Zweifel, -** doubt
zweifeln (an + *dat.*), **zweifelte, hat ... gezweifelt** to doubt
der **Zweite Weltkrieg** Second World War
zweithäufigste second most (*common*)
ein **Zweiunddreißigstel** one thirty-second (19)
die **Zwiebel, -n** onion
zwingen, zwang, hat ... gezwungen to force (47)
zwischen (+ *dat.* / + *akk.*) between
zwischen den Zeilen lesen to read between the lines (17)
die **Zwischenprüfung, -en** midterm exam
der **Zwischenstopp, -s** layover, stopover
der **Zylinder, -** cylinder

Englisch – Deutsch

The following list contains only English words that were direct translations of German words in the chapter vocabulary lists (which you can find in the **LERNEN** workbook). Please note that alternate German translations may be more appropriate, depending on the context.

A

to **abduct** entführen, entführte, hat … entführt (31)
abduction die Entführung, -en (72)
to be **able (to)** können (kann), konnte, hat … gekonnt
to **abort** ab·treiben, trieb … ab, hat … abgetrieben (7)
about über (+ *dat.* / + *akk.*)
above über (+ *dat.* / + *akk.*)
above all vor allem (47)
absolute(ly) unbedingt (73)
to **absorb** auf·nehmen (nimmt … auf), nahm … auf, hat … aufgenommen (35)
acceleration die Beschleunigung, -en (20)
accelerator der Beschleuniger, - (29)
to **accept** akzeptieren, akzeptierte, hat … akzeptiert (85)
acceptance (*of an invitation or appointment*) die Zusage, -n (100)
accessibility die Zugänglichkeit, -en (21); **accessibility** (*for people with impairments/ disabilities*) die Barrierefreiheit, -en (21)
accessible zugänglich (21); **accessible** (*for people with impairments/ disabilities*) barrierefrei (21)
accident der Unfall, ¨-e (47)
to **accomplish** schaffen, schaffte, hat … geschafft (25)
accomplishment die Leistung, -en (20)
accounting for the past die Aufarbeitung, -en (86)
to get **accustomed (to)** sich (*akk.*) gewöhnen (an + *akk.*), gewöhnte, hat … gewöhnt (100)
stomach **ache** der Magenschmerz, -en (33)
to **ache** weh·tun, tat, hat … wehgetan (47)
to **achieve** erreichen, erreichte, hat … erreicht (20)
to **act** tätig sein (ist), war, ist … gewesen (14); handeln, handelte, hat … gehandelt (41)
to act, have an effect wirken, wirkte, hat … gewirkt (20)
to **act stupid (on purpose)** sich (*akk.*) dumm an·stellen, stellte … an, hat … angestellt (61)
action das Handeln (49); die Aktion, -en (67); die Handlung, -en (67)
active agent/ingredient (*med.*) der Wirkstoff, -e (33)
activist (*female*) die Aktivistin, -nen (89)
activist (*male*) der Aktivist, -en (89)
activist (*gender-neutral alternatives*) der*die Aktivist*in (*sing.*), die Aktivist*innen (*pl.*), der politisch aktive Mensch (*sing.*) (89)
activity die Aktivität, -en (30)
actor der Schauspieler, - (31), der Darsteller, - (69)
actor/actress, performer (*gender-neutral alternative*) der*die Darstellende, -n (31)
actress die Schauspielerin, -nen (31), die Darstellerin, -nen (69)
actual(ly) eigentlich (30), tatsächlich (31)
to **add** zu·geben (gibt … zu), gab … zu, hat … zugegeben (35)
to **add up to (a total)** ergeben (ergibt), ergab, hat … ergeben (47)
additional(ly) zusätzlich (37)
to **address** an·sprechen (spricht … an), sprach … an, hat … angesprochen (21)
administration (*governing authority*) die Behörde, -n (4)
administrative language die Amtssprache, -n (39)
to **admit** zu·geben (gibt … zu), gab … zu, hat … zugegeben (35); to **admit** (*e.g. in school*) auf·nehmen (nimmt … auf), nahm … auf, hat … aufgenommen (35)
advanced fortschrittlich (7)
advantageous vorteilhaft (76)
adventure das Erlebnis, -se (36)
to **advertise** bewerben (bewirbt), bewarb, hat … beworben (49)
advertisement die Anzeige, -n (49)
advice der Rat, ¨-e (49)
advisor (*female*) die Beraterin, -nen (16)
advisor (*male*) der Berater, - (16)
advisor (*gender-neutral alternatives*) der*die Berater*in (*sing.*), die Berater*innen (*pl.*), die beratende Person (*sing.*) (16)
aesthetically pleasant ästhetisch ansprechend (31)
to **affect** betreffen (betrifft), betraf, hat … betroffen (44)
to **afford** sich (*dat.*) leisten, leistete, hat … geleistet (14)
afraid ängstlich (9)
to be **afraid (of)** Angst haben (vor + *dat.*) (hat), hatte, hat … gehabt (14)
after nach (+ *dat.*) (4)
afterwards anschließend (57)
again wieder (9)
against gegen (+ *akk.*) (80)
against it/that dagegen (80)
against what wogegen (80)
active **agent** (*med.*) der Wirkstoff, -e (33)
to **agree** zu·stimmen, stimmte … zu, hat … zugestimmt (28); to **agree (on)** sich (*akk.*) einigen (auf + *akk.*), einigte, hat … geeinigt (28); to **agree (with)** einer Meinung sein (mit + *dat.*) (ist), war, ist … gewesen (82)
agreement das Abkommen, - (8)
to enter into an **agreement** / a contract einen Vertrag schließen, schloss, hat … geschlossen (1)
to **gain** (*weight*) zu·nehmen (nimmt … zu), nahm … zu, hat … zugenommen (56)
air die Luft, ¨-e (76)
alert der Alarm, -e (44)
alive lebendig (23)
all of a sudden plötzlich (24)
to **allege** unterstellen, unterstellte, hat … unterstellt (4)
allegory das Sinnbild, -er (93)
allies die Alliierten (*pl.*) (8)
to **allocate** zu·teilen, teilte … zu, hat … zugeteilt (52); to **allocate (to)** vergeben (an + *akk.*) (vergibt), vergab, hat … vergeben (29)
allopathic allopathisch (33)
alloy die Metalllegierung, -en (30)
alone allein(e) (25)
to take **along** mit·nehmen (nimmt … mit), nahm … mit, hat … mitgenommen (44)
alpine climbing das Bergsteigen (99)
to **alter** verändern, veränderte, hat … verändert (16)
although obwohl (47)
ambitious(ly) ambitioniert (75)
amount der Anteil, -e (43); die Menge, -n (47)
to **amount to** betragen (beträgt), betrug, hat … betragen (20); to **amount to** (*sum*) ergeben (ergibt), ergab, hat … ergeben (47)
amusement park der Freizeitpark, -s (16)
analytical analytisch (68)
to **analyze** analysieren, analysierte, hat … analysiert (29); untersuchen, untersuchte, hat … untersucht (33)
ancestor (*male*) der Vorfahr[e], -n (53)
ancestor (*female*) die Vorfahrin, -nen (53)
ancestor (*gender-neutral alternative*) die Verwandten der Vergangenheit (*pl.*) (53)
angry wütend (9)
angular eckig (36)
to **animate** animieren, animierte, hat … animiert (49)
anniversary das Jubiläum, die Jubiläen (73)
to **annotate** beschriften, beschriftete, hat … beschriftet (40)
to **announce** an·kündigen, kündigte … an, hat … angekündigt (85); kund·geben (gibt … kund), gab … kund, hat … kundgegeben (80); melden, meldete, hat … gemeldet (9)
to be/get **annoyed (at)** sich (*akk.*) ärgern (über + *akk.*), ärgerte, hat … geärgert (81)
national **anthem** die Nationalhymne, -n (9)
anticlimax der Tiefpunkt, -e (25)
anyway überhaupt (65)
to take **apart** ab·bauen, baute … ab, hat … abgebaut (14)
to **apologize** sich (+ *akk.*) entschuldigen (für + *akk.*), entschuldigte, hat … entschuldigt (18)
appeal die Bitte, -n (17); die Wirkung, -en (44), der Appell, -e (48)
to **appear** wirken, wirkte, hat … gewirkt (20)
appliance das Gerät, -e (75)
to be **applied** zur Anwendung kommen, kam, ist … gekommen (37)
to **apply (sth.)** an·wenden, wendete/wandte … an, hat … angewendet/angewandt (3); to **apply** (*for a job*) sich (*akk.*) bewerben (bewirbt), bewarb, hat … beworben (100)
appointment der Termin, -e (48)
to schedule an **appointment** einen Termin aus·machen, machte … aus, hat … ausgemacht (7)
to **appreciate** schätzen, schätzte, hat … geschätzt (93)
apprenticeship die Ausbildung, -en (100)
approach die Herangehensweise, -n (103)
to **approach** an·sprechen (spricht … an), sprach … an, hat … angesprochen (21)
archive das Archiv, -e (75)
area die Gegend, -en (11), Gebiet, -e (30)
to **argue (about)** sich (*akk.*) streiten (über + *akk.*), stritt, hat … gestritten (59); to **argue (with)** streiten (mit + *dat.*), stritt, hat … gestritten (82)
to **arise** (*to develop*) entstehen, entstand, ist … entstanden (84); to **arise** (*to occur*) ein·treten (tritt … ein), trat … ein, ist … eingetreten (97)
armed bewaffnet (28)
aromatic würzig (35)
to **arrest** verhaften, verhaftete, hat … verhaftet (4)

arrest die Verhaftung, -en (60)
arrival die Ankunft, ⸚e (59)
to **arrive** an·kommen, kam … an, ist … angekommen (57)
arrow der Pfeil, -e (28)
art die Kunst, ⸚e (30)
art work das Kunstwerk, -e (85)
newspaper **article** der Zeitungsartikel, - (68)
article der Beitrag, ⸚e (80)
artificial(ly) künstlich (84)
artificial intelligence die künstliche Intelligenz (84)
artist (*female*) die Künstlerin, -nen (39)
artist (*male*) der Künstler, - (39)
artist (*gender-neutral alternatives*) der*die Künstler*in (*sing.*), die Künstler*innen (*pl.*), der*die Kunstschaffende (*sing.*), die kunstschaffende Person (*sing.*), die Kunstschaffenden (*pl.*) (39)
artistic(ally) künstlerisch (75)
as da (82); **as** (*a child/group*) als (Kind/ Gruppe) (11)
as … as so … wie (52)
ascent die Auffahrt, -en (21)
to **ascent** besteigen, bestieg, hat … bestiegen (23)
to **ask for help** um Hilfe bitten, bat, hat … gebeten (92)
to **ask permission** um Erlaubnis fragen, fragte, hat … gefragt (7)
to **assassinate** ermorden, ermordete, hat … ermordet (56)
to **assess** ein·schätzen, schätzte … ein, hat … eingeschätzt (57)
assessment die Bewertung, -en (32)
to **assign** zu·teilen, teilte … zu, hat … zugeteilt (52)
assignment der Auftrag, ⸚e (19)
to **assimilate** sich (*akk.*) assimilieren, assimilierte, hat … assimiliert (93)
to **associate** assoziieren, assoziierte, hat … assoziiert (30)
defense **association** der Verteidigungsbund, ⸚e (28)
association der Verein, -e (4)
to **assume** vermuten, vermutete, hat … vermutet (7)
assumption die Vermutung, -en (71)
at auf (+ *akk.* / + *dat.*) (14)
at least mindestens (56)
at present derzeit (47)
at the latest spätestens (37)
at the most höchstens (47)
atmosphere die Stimmung, -en (25), die Atmosphäre, -n (39)
to **attach** befestigen, befestigte, hat … befestigt (28)
attachment der Anhang, ⸚e (103)
attendance die Besucherzahl, -en (16)
attention die Aufmerksamkeit, -en (7)
to attract **attention** Aufmerksamkeit erregen, erregte, hat … erregt (32), auf·fallen (fällt … auf), fiel … auf, ist … aufgefallen (85)
to pay **attention (to)** achten (auf + *akk.*), achtete, hat … geachtet (9), beachten, beachtete, hat … beachtet (29)
attentive aufmerksam (71)
attitude die Haltung, -en (71)
to **attract attention** Aufmerksamkeit erregen, erregte, hat … erregt (32), auf·fallen (fällt … auf), fiel … auf, ist … aufgefallen (85)
audience das Publikum, Publika (89)
author (*female*) die Autorin, -nen (8)
author (*male*) der Autor, -en (8)
author (*gender-neutral alternatives*) die schreibende Person (*sing.*), die Schreibenden (*pl.*) (8)
automatic(ally) automatisch (84)
automation die Automatisierung, -en (84)
avalanche die Lawine, -n (59)
on **average** im Schnitt (65)
award die Auszeichnung, -en (60), der Preis, -e (92)
aware bewusst (93)
environmental **awareness** das Umweltbewusstsein (49)

B

to come **back** zurück·kommen, kam … zurück, ist … zurückgekommen (49), zurück·kehren, kehrte … zurück, ist … zurückgekehrt (53)
back zurück (57)
back then damals (5)
migration **background** der Migrationshintergrund, ⸚e (53)
backwards rückwärts (19)
band die Band, -s (81)
marching **band** die Marschkapelle, -n (96)
barrier die Sperre, -n (3)
based basierend (auf + *dat.*) (77)
to be **based (on)** basieren (auf + *dat.*), basierte, hat … basiert (7)
basic information die Eckdaten (*pl.*) (100)
battery die Batterie, -n (30)
to **be** stecken, steckte, hat … gesteckt (43)
beam (*e.g. of light*) der Strahl, -en (29)
bearable tragbar (30)
beauty die Schönheit (59)
because of wegen (+ *gen.*) (49)
before bevor (4)
to **begin** los·gehen, ging … los, ist … losgegangen (65); to **begin (with)** beginnen (mit + *dat.*), begann, hat … begonnen (82)
way of **behaving** die Umgangsform, -en (92)
behavior das Verhalten (41)
being (*existence*) das Leben, - (41)
belief der Glaube (54)
to **believe** glauben, glaubte, hat … geglaubt (65); to **believe (in)** glauben (an + *akk.*), glaubte, hat … geglaubt (81); to **believe that** glauben, dass (85)
to **belong (to)** gehören (zu + *dat.*), gehörte, hat … gehört (3)
to **belong together** zusammen·gehören, gehörte … zusammen, hat … zusammengehört (54)
below unter (+ *akk.* / + *dat.*) (21)
besides außerdem (43), außer (+ *dat.*) (56); nebenbei (69)
to get **better (health)** sich (+ *akk.*) erholen, erholte, hat … erholt (67)
to read **between the lines** zwischen den Zeilen lesen (17)
big bang der Urknall (29)
blackboard die Tafel, -n (88)
blatant krass (21)
to **block** sperren, sperrte, hat … gesperrt (3)
blockage die Sperre, -n (3)
board (*in a classroom*) die Tafel, -n; **board** (*of a company*) der Vorstand, ⸚e (99);
body (*of a human being*) der Körper, - (24);
body (*of a device*) das Gehäuse, - (30);
book recommendation die Buchempfehlung, -en (77)
border die Grenze, -n (1)
to **border (on)** grenzen (an + *akk.*), grenzte, hat … gegrenzt (27)
border checkpoint der Grenzübergang, ⸚e (9)
boring langweilig (67)
boss (*female*) die Chefin, -nen (39)
boss (*male*) der Chef, -s (39)
boss (*gender-neutral alternative*) der*die Vorgesetzte, -n (39)
to **bother** stören, störte, hat … gestört (93)
boundary die Grenze, -n (1)
cardboard **box** (*e.g. of chocolates*) die Schachtel, -n (36)
bracelet das Armband, ⸚er (30)
branch die Branche, -n (84)
brass das Messing (30)
brave mutig (23)
bravery die Tapferkeit, -en (96)
to **break out** aus·brechen (bricht … aus), brach … aus, ist … ausgebrochen (68)
My **breath is taken away!** Mir stockt der Atem! (24)
to **breathe** atmen, atmete, hat … geatmet (24)
breathtaking atemberaubend (23)
building **brick** der Baustein, -e (29)
to **bring** bringen, brachte, hat … gebracht (30)
to **bring in** ein·bringen, brachte … ein, hat … eingebracht (93)
to **bring into contact** verbinden, verband, hat … verbunden (44)
broad breit (11)
broadcast die Sendung, -en (65); **broadcast (radio)** der Rundfunk (71)
to **broadcast** aus·strahlen, strahlte … aus, hat … ausgestrahlt (69); übertragen (überträgt), übertrug, hat … übertragen (71)
buddy (*female*) die Kumpelin, -nen (54)
buddy (*male*) der Kumpel, - (54)
buddy (*gender-neutral alternatives*) der*die Kumpel*in (*sing.*), die Kumpel*innen (*pl.*), der Freundeskreis (54)
to **build** bauen, baute, hat … gebaut (3)
building das Gebäude, - (3); das Bauwerk, -e (88)
building brick der Baustein, -e (29)
bulk die Masse, -n (35)
bumper car ride der Autoscooter, - (14)
burglar (*female*) die Einbrecherin, -nen (24)
burglar (*male*) der Einbrecher, - (24)
burglar (*gender-neutral alternatives*) die einbrechende Person (*sing.*), die einbrechenden Personen (*pl.*) (24)
to **burn** brennen, brannte, hat … gebrannt (49)
business der Betrieb, -e (100); **business** (*company*) das Unternehmen, - (19); **business** (*store*) das Geschäft, -e (41)
business hours die Öffnungszeiten (*pl.*) (100)
but aber (82)
but rather sondern (82)
by von (+ *dat.*) (27)

C

cable TV das Kabelfernsehen (69)
to **calculate** berechnen, berechnete, hat … berechnet (19), rechnen, rechnete, hat … gerechnet (37)
calendar der Kalender, - (30)
to **call** rufen, rief, hat … gerufen (9)
calm die Ruhe (17)
Calvinistic calvinistisch (30)
concentration **camp** das Konzentrationslager, - (56)
campaign die Kampagne, -n (32), die Aktion, -en (86)
can (*v.*) können (kann), konnte, hat … gekonnt
can knockdown (*game*) das Dosenwerfen (14)
candidate (*female*) die Kandidatin, -nen (71)
candidate (*male*) der Kandidat, -en (71)

candidate (*gender-neutral alternatives*) die antretende Person (*sing.*), die Antretenden (*pl.*) (71)
doctoral **candidate** (*female*) die Doktorandin, -nen (93)
doctoral **candidate** (*male*) der Doktorand, -en (93)
doctoral **candidate** (*gender-neutral alternatives*) die promovierende Person (*sing.*), die Promovierenden (*pl.*) (93)
candied almonds die gebrannten Mandeln (*pl.*) (14)
chocolate **candy** die Praline, -n (36)
capacity die Kapazität, -en (21)
car der Wagen, - (20)
caravan der Wohnwagen, - (14)
card die Karte, -n (53)
cardboard box die Schachtel, -n (36)
to take **care (of)** sorgen (für + *akk.*), sorgte, hat ... gesorgt (14), sich (*akk.*) kümmern (um + *akk.*), kümmerte, hat ... gekümmert (7); to take **care of** (*nurse*) pflegen, pflegte, hat ... gepflegt (35)
cardinal direction die Himmelsrichtung, -en (27)
career der Werdegang, ⸚e (100); **career** die Karriere, -n (75)
Carnival der Karneval, -s (81)
carousel das Karussell, -s/-e (14)
swing **carousel** das Kettenkarussell, -s/-e (14)
carrot die Möhre, -n (86)
to **carry** tragen (trägt), trug, hat ... getragen (15)
to **carry out** aus·führen, führte ... aus, hat ... ausgeführt (99)
to solve a **case** einen Fall lösen, löste, hat ... gelöst (60)
case (*crime*) der Fall, ⸚e (68); **case** (*of a device*) das Gehäuse, - (30)
castor die Rolle, -n (84)
course **catalog** das Vorlesungsverzeichnis, -se (100)
catalyst der Beschleuniger, - (29)
catastrophe die Katastrophe, -n (44)
to **catch** erwischen, erwischte, hat ... erwischt (82); to **catch (at)** erwischen, erwischte, hat ... erwischt (bei + *dat.*) (82), ertappen, ertappte, hat ... ertappt (bei + *dat.*) (82)
cause die Ursache, -n (25)
to **cause** bewirken, bewirkte, hat ... bewirkt (32), verursachen, verursachte, hat ... verursacht (47)
celebrity (*female*) die Prominente, -n (52)
celebrity (*male*) der Prominente, -n (52)
celebrity (*gender-neutral alternatives*) der*die Prominente, -n, die prominente Persönlichkeit (*sing.*) (52)
population **census** die Volkszählung, -en (56)
center das Zentrum, Zentren (33)
centrifugal force die Fliehkraft, ⸚e (20), die Zentrifugalkraft, ⸚e (20)
centrum das Zentrum, Zentren (33)
ceramics die Keramik (30)
certainty die Sicherheit, -en (3)
chairoplane das Kettenkarussell, -s/-e (14)
world **championship** die Weltmeisterschaft, -en (99)
chance die Gelegenheit, -en (23)
change die Veränderung, -en (7), die Änderung, -en (7)
to **change** verändern, veränderte, hat ... verändert (16), ändern, änderte, hat ... geändert (41); to **change (o.s.)** sich (*akk.*) ändern, änderte, hat ... geändert (44), sich (*akk.*) verändern, veränderte, hat ... verändert (84); to **change** (*train etc.*) um·steigen (in + *akk.*), stieg ... um, ist ... umgestiegen (31)
character die Persönlichkeit, -en (52), die Figur, -en (67), Charakter, -e (69); **character** (*in a word*) das Zeichen, - (89)
characteristic das Merkmal, -e (35)
charity die Stiftung, -en (47)
curve **chart** das Kurvendiagramm, -e (57)
chart (*diagram*) das Diagramm, -e (53); **chart** (*grafic*) die Grafik, -en (53)
cheap günstig (41)
border **checkpoint** der Grenzübergang, ⸚e (9)
soft **cheese** der Weichkäse, - (35)
cheesery die Käserei, -en (35)
child education die Kindererziehung (7)
child with a foreign military parent das Besatzungskind, -er (53)
chocolate die Schokolade, -n (36)
chocolate candy die Praline, -n (36)
choice (*election*) die Wahl, -en (68); **choice** (*selection*) die Auswahl, -en (69)
to **choose** (*elect*) wählen, wählte, hat ... gewählt (16); to **choose** (*select*) aus·suchen, suchte ... aus, hat ... ausgesucht (5)
chronological(ly) chronologisch (72)
church-related kirchlich (81)
cinema das Kino, -s (73)
circular ringförmig; rund (36)
citizen (*female*) die Bürgerin, -nen (17)
citizen (*male*) der Bürger, - (17)
citizen (*gender-neutral alternative*) der Mitmensch, -en (17)
citizen's initiative das Bürger*innenbegehren, - (17)
citizenship die Staatsangehörigkeit, -en (53)
city hall das Rathaus, ⸚er (81)
civil war der Bürgerkrieg, -e (57)
to **clarify** auf·klären, klärte ... auf, hat ... aufgeklärt (63); to **clarify**) formulieren, formulierte, hat ... formuliert (41)
to **clash** aufeinander prallen, prallte aufeinander, ist ... aufeinander geprallt (29), kollidieren, kollidierte, ist ... kollidiert (29)
claw der Greifer, - (84)
to **clean up** sauber machen, machte, hat ... gemacht (7)
clerical kirchlich (81)
climate protection der Klimaschutz (41)
climax der Höhepunkt, -e (25)
to **climb** besteigen, bestieg, hat ... bestiegen (23), klettern, kletterte, ist ... geklettert (23)
alpine **climbing** das Bergsteigen (99)
clock die Uhr, -en (30)
clock-face das Zifferblatt, ⸚er (30)
clocksmith (*female*) die Uhrmacherin, -nen (30)
clocksmith (*male*) der Uhrmacher, - (30)
clocksmith (*gender-neutral alternatives*) der*die Uhrmacher*in (*sing.*), die Uhrmacher*innen (*pl.*), die Uhren herstellende Person (*sing.*) (30)
clockwork das Uhrwerk, -e (30)
to **close** schließen, schloss, hat ... geschlossen (1)
to grow **closer** zusammen·wachsen (wächst ... zusammen), wuchs ... zusammen, ist ... zusammengewachsen (5)
cloud die Wolke, -n (44)
club der Verein, -e (4)
to have no **clue** keine Ahnung haben (hat), hatte, hat ... gehabt (96)
co-determination die Mitbestimmung, -en (80)
coat of arms das Wappen, - (29)
cocoa der Kakao, -s (36)
coefficient der Faktor, -en (20)
cogwheel das Zahnrad, ⸚er (30)
coincidence der Zufall, ⸚e (3)
Cold War der Kalte Krieg (1)
to **collapse** ein·fallen (fällt ... ein), fiel ... ein, ist ... eingefallen (41)
to **collect** sammeln, sammelte, hat ... gesammelt (33)
college die Hochschule, -n (94)
place at **college** der Studienplatz, ⸚e (100)
to **collide** aufeinander prallen, prallte aufeinander, ist ... aufeinander geprallt (29), kollidieren, kollidierte, ist ... kollidiert (29)
collision die Kollision, -en (29)
colloquial umgangssprachlich (61)
colloquial language die Umgangssprache, -n (54)
coloring der Farbstoff, -e (35)
to **combat** bekämpfen, bekämpfte, hat ... bekämpft (56)
to **come back** zurück·kommen, kam ... zurück, ist ... zurückgekommen (49), zurück·kehren, kehrte ... zurück, ist ... zurückgekehrt (53)
to **come into mind** ein·fallen (fällt ... ein), fiel ... ein, ist ... eingefallen (17)
to **come to** betragen (beträgt), betrug, hat ... betragen (20)
to **come to know** erfahren (erfährt), erfuhr, hat ... erfahren (20)
comedy die Komödie, -n (12)
to feel **comfortable** sich (*akk.*) wohl·fühlen, fühlte ... wohl, hat ... wohlgefühlt (93)
to **commemorate** gedenken, gedachte, hat ... gedacht (88)
commemoration das Gedenken (88)
comment der Kommentar, -e (71)
commerce der Handel (41)
commercial break die Werbepause, -n (69)
commercialization die Vermarktung, -en (41)
to **commit o.s. (to)** sich (*akk.*) engagieren (für + *akk.*), engagierte, hat ... engagiert (80)
executive **committee** der Vorstand, ⸚e (99)
commodity (*commercial*) die Ware, -n (41);
commodity (*raw material*) der Rohstoff, -e (30);
commodity (*stock*) der Rohstoff, -e (41)
common(ly) (*frequent*) häufig (25); **common** (*joint/shared*) gemeinsam (54)
commonality die Gemeinsamkeit, -en (39)
communication problem das Verständigungsproblem, -e (48)
communism der Kommunismus (54)
community (*collective/association*) die Gemeinschaft, -en (11); **community** (*congregation/borough/commune*) die Gemeinde, -n (54)
company (*firm*) die Firma, Firmen (33);
company (*organization/corporation*) das Unternehmen, - (19)
comparable vergleichbar (41)
to **compare** vergleichen, verglich, hat ... verglichen (3)
to **compile** erstellen, erstellte, hat ... erstellt (94)
to **complain (about)** sich (*akk.*) beschweren (über + *akk.*), beschwerte, hat ... beschwert (82)
to **complement** ergänzen, ergänzte, hat ... ergänzt (82)
to **complete** (*complement/supplement*) ergänzen, ergänzte, hat ... ergänzt (82); to **complete** (*fill out*) aus·füllen, füllte ... aus, hat ... ausgefüllt (77)
complex komplex (68)
component der Baustein, -e (29)
to **comprise** enthalten (enthält), enthielt, hat ... enthalten (47)
concentration camp das Konzentrationslager, - (56)
concept das Konzept, -e (92)
to **concern** betreffen (betrifft), betraf, hat ... betroffen (44)

condition die Bedingung, -en (7); **condition** (*state/status*) der Zustand, ⸚e (29)
cone der Kegel, - (36)
conflict der Konflikt, -e (28)
to **conform (to/with)** entsprechen (+ *dat.*) (entspricht), entsprach, hat … entsprochen (56)
congress der Kongress, -e (28)
to **connect** verbinden, verband, hat … verbunden (44)
connection die Verbindung, -en (49)
conscious bewusst (93)
consequence die Konsequenz, -en (28), die Folge, -n (56)
to **consider** bedenken, bedachte, hat … bedacht (85)
to be **considerate (of)** Rücksicht nehmen (auf + *akk.*) (nimmt), nahm, hat … genommen (4)
to **consist (of)** bestehen (aus + *dat.*), bestand, hat … bestanden (3)
console die Konsole, -n (76)
consonant der Konsonant, -en (61)
conspicuous(ly) auffällig (65)
to **constitute** bilden, bildete, hat … gebildet (92)
federal **constitution** die Bundesverfassung, -en (32)
constitution die Verfassung, -en (9)
to **construct** auf·bauen, baute … auf, hat … aufgebaut (14)
construction der Bau (1); **construction** (*building*) der Bau, -ten (45)
lightweight **construction plane** der Leichtbauflieger, - (3)
consultant for culture (*female*) die Kulturberaterin, -nen (16)
consultant for culture (*male*) der Kulturberater, - (16)
consultant for culture (*gender-neutral alternatives*) die kulturell beratende Person (*sing.*), die kulturell beratenden Personen (*pl.*) (16)
to **consume** konsumieren, konsumierte, hat … konsumiert (43)
consumer (*female*) die Konsumentin, -nen (41)
consumer (*male*) der Konsument, -en (41)
consumer (*gender-neutral alternatives*) die konsumierende Person (*sing.*), die Konsumierenden (*pl.*) (41)
consumption der Konsum (36), der Verbrauch (47)
to bring into **contact** verbinden, verband, hat … verbunden (44)
to **contain** enthalten (enthält), enthielt, hat … enthalten (35)
content zufrieden (mit + *dat.*) (47)
content der Inhalt, -e (32), der Sachinhalt, -e (48)
contentious kontrovers (80)
to **continue** (*get on with*) fort·führen, führte … fort, hat … fortgeführt (4); to **continue** (*go on*) weiter·gehen, ging … weiter, ist … weitergegangen (16); to **continue** (*proceed*) weiter·machen, machte … weiter, hat … weitergemacht (100)
contract der Vertrag, ⸚e (1)
to enter into a **contract** einen Vertrag schließen, schloss, hat … geschlossen (1)
contradiction der Widerspruch, ⸚e (99)
on the **contrary** dagegen (88)
in **contrast** dagegen (88)
to **contribute** ein·bringen, brachte … ein, hat … eingebracht (93)
contribution der Beitrag, ⸚e (68)
to **control** kontrollieren, kontrollierte, hat … kontrolliert (33)
controversial kontrovers (80), umstritten (85)
conversation die Unterhaltung, -en (71)
to **convey** vermitteln, vermittelte, hat … vermittelt (16)
to **convince** überzeugen, überzeugte, hat … überzeugt (39)
convincing überzeugend (32)
cork-screw der Korkenzieher, - (21)
corner die Ecke, -n (4)
correspondence der Schriftverkehr (37)
corruption die Korruption, -en (57)
to **cough** husten, hustete, hat … gehustet (33)
council der Rat, ⸚e (49)
to **count** zählen, zählte, hat … gezählt (53)
to **count as truth** als Wahrheit gelten (gilt), galt, hat … gegolten (65)
home **country** das Heimatland, ⸚er (54)
country of destination das Zielland, ⸚er (93)
country of immigration das Einwanderungsland, ⸚er (53)
courage der Mut (28), die Tapferkeit, -en (96)
to have the **courage to do** sich (*akk.*) trauen, traute, hat … getraut (14)
courageous mutig (23)
course catalog das Vorlesungsverzeichnis, -se (100)
course of study der Studiengang, ⸚e (94)
to take **courses** Kurse belegen, belegte, hat … belegt (100)
court das Gericht, -e (35)
cow die Kuh, ⸚e (35)
to **crash** ab·stürzen, stürzte … ab, ist … abgestürzt (25)
crazy verrückt (5)
to **create** schaffen, schuf, hat … geschaffen (12), erstellen, erstellte, hat … erstellt (94)
creative kreativ (65)
crime story der Krimi, -s (60)
crisis die Krise, -n (1)
criterion das Kriterium, Kriterien (*pl.*) (85)
critic (*female*) die Kritikerin, -nen (85)
critic (*male*) der Kritiker, - (85)
critic (*gender-neutral alternatives*) der*die Kritiker*in (*sing.*), die Kritiker*innen (*pl.*), die kritisierende Person (*sing.*), die kritischen Stimmen (*pl.*) (85)
critical(ly) kritisch (81)
to **criticize** kritisieren, kritisierte, hat … kritisiert (28)
critique die Kritik, -en (71)
to **crop** ernten, erntete, hat … geerntet (36)
cross das Kreuz, -e (80)
crown (*also part of watch*) die Krone, -n (30)
to **cry** weinen, weinte, hat … geweint (24)
cube der Würfel, - (36)
cuboid der Quader, - (36)
culprit (*female*) die Schuldige, -n (60)
culprit (*male*) der Schuldige, -n (60)
culprit (*gender-neutral alternatives*) der*die Schuldige, -n (60)
to **cultivate** an·bauen, baute … an, hat … angebaut (36)
cultivation der Anbau (36)
cultural kulturell (30)
cultural standard der Kulturstandard, -s (92)
consultant for **culture** (*female*) die Kulturberaterin, -nen (16)
consultant for **culture** (*male*) der Kulturberater, - (16)
consultant for **culture** (*gender-neutral alternatives*) der*die Kulturberater*in (*sing.*), die Kulturberater*innen (*pl.*), die Kulturberatung (*pl.*) (16)
(to be) **curious** neugierig (67), gespannt sein (ist), war, ist … gewesen (73)
current aktuell (45)
currently derzeit (47)
curve die Kurve, -n (21)
curve chart das Kurvendiagramm, -e (57)
to **cut** ab·schneiden, schnitt … ab, hat … abgeschnitten (81)
to **cut (up)** zerschneiden, zerschnitt, hat … zerschnitten (35)
cycling der Radsport (99)

D

daily täglich (30)
dairy (*place for making cheese*) die Käserei, -en (35)
to **damage** beschädigen, beschädigte, hat … beschädigt (88)
to **dance** tanzen, tanzte, hat … getanzt (9)
danger die Gefahr, -en (24)
to put o.s. in **danger** sich (*akk.*) in Gefahr begeben (begibt), begab, hat … begeben (3)
dangerous gefährlich (46)
to **dare** sich (*akk.*) trauen, traute, hat … getraut (14)
dart der Pfeil, -e (28)
key **data** die Eckdaten (*pl.*) (100)
day planner der Terminkalender, - (30)
deaf taub (21)
to **deal** handeln, handelte, hat … gehandelt (14); to **deal (with)** handeln (von + *dat.*), handelte, hat … gehandelt (8); to **deal with** (*subject, problem*) sich (*akk.*) auseinander·setzen (mit + *dat.*), setzte … auseinander, hat … auseinandergesetzt (75)
death der Tod, -e (23)
to **debate** verhandeln, verhandelte, hat … verhandelt (28)
debate die Debatte, -n (47)
debt die Schuld, -en (18)
decade das Jahrzehnt, -e (33)
to **decide** (*make up one's mind*) sich (*akk.*) entscheiden, entschied, hat … entschieden (88); to **decide (sth.)** (etw.) entscheiden, entschied, hat … entschieden (9)
to make a **decision** eine Entscheidung treffen (trifft), traf, hat … getroffen (100)
decision die Entscheidung, -en (28)
to **decrease** (*decline/sink/drop*) sinken, sank, ist … gesunken (47); to **decrease** (*diminish/reduce*) verringern, verringerte, hat … verringert (43); to **decrease** (*slim / reduce weight*) ab·nehmen (nimmt … ab), nahm … ab, hat … abgenommen (81)
defense association/organization der Verteidigungsbund, ⸚e (28)
to **define** definieren, definierte, hat … definiert (63)
definitely auf jeden Fall (16)
degree der Abschluss, ⸚e (29)
degree of efficiency der Wirkungsgrad, -e (20)
delay die Verspätung, -en (68)
delight die Freude, -n (71)
to **deliver** liefern, lieferte, hat … geliefert (48)
to **deliver a speech** eine Rede halten (hält), hielt, hat … gehalten (1)
demand die Forderung, -en (17); **demand** (*petition*) das Begehren, - (17)
to **demand** fordern, forderte, hat … gefordert (57); to **demand (from)** verlangen (von + *dat.*), verlangte, hat … verlangt (82)
German **Democratic Republic (GDR)** die Deutsche Demokratische Republik (DDR) (1)
to **demonstrate** demonstrieren, demonstrierte, hat … demonstriert (1)
student **demonstration** die Studierendendemonstration, -en (1)
demonstration die Demonstration, -en (80)

to **denaturalize** aus·bürgern, bürgerte ... aus, hat ... ausgebürgert (4)
to **denote** bezeichnen, bezeichnete, hat ... bezeichnet (86)
departure die Ausreise, -n (9)
to **depict** dar·stellen, stellte ... dar, hat ... dargestellt (1)
depiction die Darstellung, -en (44)
to be **deployed** zum Einsatz kommen, kam, ist ... gekommen (96)
depth die Tiefe, -n (29)
derogatory abwertend (53)
descent (*ancestry*) die Abstammung, -en (63); **descent** (*origin*) die Herkunft, ⸚e (53)
to **describe** wieder·geben (gibt ... wieder), gab ... wieder, hat ... wiedergegeben (72)
to **deserve** verdienen, verdiente, hat ... verdient (14)
design das Design, -s (21)
to **design** (*draft/plan*) entwerfen (entwirft), entwarf, hat ... entworfen (16); to **design** (*shape/create*) gestalten, gestaltete, hat ... gestaltet (71)
to **designate** benennen, benannte, hat ... benannt; bezeichnen, bezeichnete, hat ... bezeichnet (86)
desire das Begehren, - (17)
desperately unbedingt (73)
despite obwohl (47)
despite that trotzdem (89)
destination das Ziel, -e (93)
country of **destination** das Zielland, ⸚er (93)
detective (*female*) die Detektivin, -nen (60)
detective (*male*) der Detektiv, -e (60)
detective (*gender-neutral alternatives*) die ermittelnde Person (*sing.*), die Ermittelnden (*pl.*) (60)
detention die Verhaftung, -en (60)
co-**determination** die Mitbestimmung, -en (80)
to **determine** bestimmen, bestimmte, hat ... bestimmt (92)
to **develop** entwickeln, entwickelte, hat ... entwickelt (11)
to **deviate (from)** ab·weichen (von + *dat.*), wich ... ab, ist ... abgewichen (37)
device das Gerät, -e (75)
devil der Teufel, - (81)
devout streng religiös (54)
diagram das Diagramm, -e (53)
dialect die Mundart, -en (37)
diamond der Diamant, -en (30)
die, dice der Würfel, - (36)
to **die** sterben (stirbt), starb, ist ... gestorben (23)
different unterschiedlich (31), anders, verschieden (31); **different** (*unfamiliar*) fremd (57)
to **differentiate** unterscheiden, unterschied, hat ... unterschieden (11)
digital(ly) digital (76)
stage **direction** die Regieanweisung, -en (75)
director (*female*) die Regisseurin, -nen (8)
director (*male*) der Regisseur, -e (8)
director (*gender-neutral alternatives*) die Regie führende Person (*sing.*), die Regie führenden Personen (*pl.*) (8)
disability die Behinderung, -en (21)
disadvantage der Nachteil, -e (39)
to **disappear** verschwinden, verschwand, ist ... verschwunden (97)
to **disappoint** enttäuschen, enttäuschte, hat ... enttäuscht (69)
disaster das Unglück, -e (23)
to **disclose** verraten (verrät), verriet, hat ... verraten (65)
to **discriminate** diskriminieren, diskriminierte, hat ... diskriminiert (53)
discrimination die Diskriminierung, -en (11)
to **discuss** (*argue/grapple with*) sich (*akk.*) auseinander·setzen (mit + *dat.*), setzte ... auseinander, hat ... auseinandergesetzt (75); to **discuss** (*talk about*) besprechen (bespricht), besprach, hat ... besprochen (76)
disease die Erkrankung, -en (25), die Krankheit, -en (25)
dish das Gericht, -e (35)
dishwasher (*male*) der Tellerwäscher, - (93)
dishwasher (*female*) die Tellerwäscherin, -nen (93)
dishwasher (*gender-neutral alternative*) die Spülhilfe, -n (93)
to **dismantle** demontieren, demontierte, hat ... demontiert (1), ab·bauen, baute ... ab, hat ... abgebaut (1)
to **dismiss** entlassen (entlässt), entließ, hat ... entlassen (73)
to **displace** vertreiben, vertrieb, hat ... vertrieben (56)
displaced person (*female*) die Vertriebene, -n (56)
displaced person (*male*) der Vertriebene, -n (56)
displaced person (*gender-neutral alternatives*) der*die Vertriebene (*sing.*), die Vertriebenen (*pl.*) (56)
disputed umstritten (85)
to **disrupt** unterbrechen (unterbricht), unterbrach, hat ... unterbrochen (88)
to **distract** ab·lenken, lenkte ... ab, hat ... abgelenkt (65)
distress die Not, ⸚e (65)
to **distribute** verbreiten, verbreitete, hat ... verbreitet (30)
district der Bezirk, -e (1)
to **disturb** stören, störte, hat ... gestört (93)
disturbance die Störung, -en (17)
diverse vielfältig (52)
diversity die Diversität, -en (53)
to **divert** ab·lenken, lenkte ... ab, hat ... abgelenkt (65)
to **divide** teilen, teilte, hat ... geteilt (3), spalten, spaltete, hat ... gespalten/gespaltet (45)
division die Trennung, -en (3)
to **do** aus·führen, führte ... aus, hat ... ausgeführt (99)
to **do math** rechnen, rechnete, hat ... gerechnet (37)
to **do sports** Sport treiben, trieb, hat ... getrieben (99)
doctoral candidate (*female*) die Doktorandin, -nen (93)
doctoral candidate (*male*) der Doktorand, -en (93)
doctoral candidate (*gender-neutral alternatives*) der*die Doktorand*in (*sing.*), die Doktorand*innen (*pl.*), die Promovierenden (*pl.*) (93)
to **donate** spenden, spendete, hat ... gespendet (43)
downhill bergab (25)
to **draft** entwerfen (entwirft), entwarf, hat ... entworfen (16)
draft der Entwurf, ⸚e (85)
drama das Drama, Dramen (12)
dramatic(ally) dramatisch (12)
to **draw** zeichnen, zeichnete, hat ... gezeichnet (1)
dreadful schrecklich (75)
dream der Traum, ⸚e (5)
to **drink** trinken, trank, hat ... getrunken
drive der Antrieb, -e (30)
drug das Arzneimittel, - (33), das Medikament, -e (33)
to **dub** synchronisieren, synchronisierte, hat ... synchronisiert (73)
dubbing die Synchronisation, -en (73)
dubbing artist (*female*) die Synchronsprecherin, -nen (73)
dubbing artist (*male*) der Synchronsprecher, - (73)
dubbing artist (*gender-neutral alternatives*) die synchronsprechende Person (*sing.*), die Synchronsprechenden (*pl.*) (73)
during während (+ *gen.*) (4)
during this time zu dieser Zeit (1)
dye der Farbstoff, -e (35)

E

each other einander (1)
earlier eher (54)
early frühzeitig (43)
to **earn** verdienen, verdiente, hat ... verdient (14)
to **earn money** Geld verdienen, verdiente, hat ... verdient (85)
earth die Erde, -n (43)
Eastern European osteuropäisch (1)
easy leicht (43)
to **eat sweet things** naschen, naschte, hat ... genascht (36)
eating das Essen, - (43)
ecological ökologisch (41)
ecological movement die Umweltbewegung, -en (45)
ecological system das Ökosystem, -e (41)
economic(ally) ökonomisch (41), wirtschaftlich (45)
economy die Wirtschaft, -en (8)
ecosystem das Ökosystem, -e (41)
edit die Bearbeitung, -en (35)
to **educate** aus·bilden, bildete ... aus, hat ... ausgebildet (33)
further **education** die Weiterbildung, -en (84)
education die Bildung, -en (93); **education** (*apprenticeship*) die Ausbildung, -en (53)
education system das Bildungswesen (100), Bildungssystem, -e (100)
eerie unheimlich (69)
effect die Wirkung, -en (32)
to **effect** bewirken, bewirkte, hat ... bewirkt (32)
level/degree of **efficiency** der Wirkungsgrad, -e (20)
efficiency die Effizienz, -en (30)
election die Wahl, -en (68)
election poster das Wahlplakat, -e (45)
electricity der Strom (59)
element das Element, -e (84)
elementary school die Grundschule, -n (39)
elevator der Aufzug, ⸚e (21)
else sonst (94)
embassy die Botschaft, -en (1)
emblem das Wappen, - (29)
to **emerge** entstehen, entstand, ist ... entstanden (84)
case of **emergency** der Notfall, ⸚e (44)
emergency (*need/hardship*) die Not, ⸚e (65)
to **emigrate** aus·wandern, wanderte ... aus, ist ... ausgewandert (93)
emigration die Auswanderung, -en (93)
emission die Emission, -en (43)
emotion die Emotion, -en (1)
emperor der Kaiser, - (28)

emperor/empress, **head of an empire** (*gender-neutral workaround for emperor/empress*) das Staatsoberhaupt, ¨-er im Kaisertum
to put **emphasis (on)** Wert legen (auf + *akk.*) (legt), legte, hat ... gelegt (37)
to **emphasize** betonen, betonte, hat ... betont (65)
to **employ** beschäftigen, beschäftigte, hat ... beschäftigt (84)
employed berufstätig (7)
employee (*female*) die Beschäftigte, -n (84)
employee (*male*) der Beschäftigte, -n (84)
employee (*gender-neutral alternatives*) der*die Beschäftigte (*sing.*), die Beschäftigten (*pl.*) (84)
employment die Beschäftigung, -en (41)
empress die Kaiserin, -nen (28)
empty leer (5)
to **encounter** begegnen, begegnete, ist ... begegnet (29)
to **encourage** animieren, animierte, hat ... animiert (49)
to **end** enden, endete, hat ... geendet (81)
endangered bedroht (39), gefährdet (39)
ending der Schluss, ¨-e (69)
kinetic/motional **energy** die Bewegungsenergie, -n (20)
position **energy** die Lageenergie, -n (20)
energy needs der Energiebedarf (45)
engine der Antrieb, -e (30)
engineer (*female*) die Ingenieurin, -nen (19)
engineer (*male*) der Ingenieur, -e (19)
engineer (*gender-neutral alternatives*) die Fachperson für Ingenieurwesen (*sing.*), Fachpersonal für Ingenieurwesen (*pl.*) (19)
to **enjoy** genießen, genoss, hat ... genossen (14)
enough genug (8)
enrichment die Bereicherung, -en (61)
to **enter** (*e.g. into a list*) ein·tragen (trägt ... ein), trug ... ein, hat ... eingetragen (1)
to **enter into an agreement / a contract** einen Vertrag schließen, schloss, hat ... geschlossen (1)
enterprise der Betrieb, -e (100)
entertainment die Unterhaltung, -en (71)
environment die Umwelt (41)
minister of the **environment** (*female*) die Umweltministerin, -nen (17)
minister of the **environment** (*male*) der Umweltminister, - (17)
minister of the **environment** (*gender-neutral alternatives*) der*die Umweltminister*in (*sing.*), die Umweltminister*innen (*pl.*), die Leitung des Umweltministerium (*sing.*) (17)
environment (*surroundings/ambience*) die Umgebung, -en (11)
environmental awareness das Umweltbewusstsein (49)
environmental movement die Umweltbewegung, -en (45)
episode (*TV show*) die Folge, -n (56)
equal rights die Gleichberechtigung, -en (7)
equality die Gleichberechtigung, -en (7)
equality of opportunities die Chancengleichheit, -en (7)
equally entitled (to) gleichberechtigt (7)
equivalent das Äquivalent, -e (7)
to **escape (from)** flüchten (vor + *dat.*) (flüchtet), flüchtete, ist ... geflüchtet (1)
escape die Flucht, -en (24)
to **establish** (*assemble/build*) auf·bauen, baute ... auf, hat ... aufgebaut (14); to **establish** (*found/incorporate*) gründen, gründete, hat ... gegründet (4); to **establish** (*open/inaugurate*) eröffnen, eröffnete, hat ... eröffnet (30)
establishment die Gründung, -en (1)
estimate die Einschätzung, -en (7)
to **estimate** schätzen, schätzte, hat ... geschätzt (93)
ethical(ly) ethisch (41)
ethnic(ally) ethnisch (30)
ethnicity die Ethnie, -n (53)
Eastern **European** osteuropäisch (1)
evacuation die Räumung, -en (45)
to **evaluate** ein·schätzen, schätzte ... ein, hat ... eingeschätzt (57)
evaluation (*analysis*) die Auswertung, -en (12); **evaluation** (*assessment*) die Bewertung, -en (16); **evaluation** (*estimation*) die Einschätzung, -en (7)
even sogar (75)
event das Ereignis, -se (19)
ever jemals (69)
everyday alltäglich (92)
eviction die Räumung, -en (45)
to **exaggerate** übertreiben, übertrieb, hat ... übertrieben (84)
examination die Untersuchung, -en (47)
to **examine** untersuchen, untersuchte, hat ... untersucht (33)
to **exchange** (*substitute/replace*) aus·tauschen, tauschte ... aus, hat ... ausgetauscht (96); to **exchange** (*swap/trade*) tauschen, tauschte, hat ... getauscht (16)
exciting spannend (31)
to **exclaim** rufen, rief, hat ... gerufen (9)
to **exclude** aus·grenzen, grenzte ... aus, hat ... ausgegrenzt (63)
excluding außer (+ *dat.*) (56)
exclusion die Ausgrenzung, -en (63)
excuse die Ausrede, -n (24)
to **excuse o.s. (for)** sich (+ *akk.*) entschuldigen (für + *akk.*), entschuldigte, hat ... entschuldigt (18)
executive committee der Vorstand, ¨-e (99)
exhaustion die Erschöpfung, -en (25)
to **exist** existieren, existierte, hat ... existiert (28)
existing bestehend (73)
to **expand** erweitern, erweiterte, hat ... erweitert (76)
expansion die Erweiterung, -en (17), Ausbau, -ten (45)
to **expatriate** aus·bürgern, bürgerte ... aus, hat ... ausgebürgert (4)
to **expect** erwarten, erwartete, hat ... erwartet (12)
expectation die Erwartung, -en (25)
to **expel** vertreiben, vertrieb, hat ... vertrieben (56)
expellee (*female*) die Vertriebene, -n (56)
expellee (*male*) der Vertriebene, - (56)
expellee (*gender-neutral alternatives*) der*die Vertriebene (*sing.*), die Vertriebenen (*pl.*), die vertriebene Person (*sing.*) (56)
expenditure der Verbrauch (47)
hands-on/practical **experience** die praktische Erfahrung, die praktischen Erfahrungen (100)
to gain **experience** Erfahrung sammeln, sammelte, hat ... gesammelt (100)
to **experience** erleben, erlebte, hat ... erlebt (1), erfahren (erfährt), erfuhr, hat ... erfahren (20)
experience die Erfahrung, -en (53)
experience (*event*) das Erlebnis, -se (36)
expert (*female*) die Expertin, -nen (71)
expert (*male*) der Experte, -n (71)
expert (*gender-neutral alternatives*) der*die Expert*in (*sing.*), die Expert*innen (*pl.*), die Fachperson (*sing.*), die Fachleute (*pl.*) (71)
field of **expertise** das Fachgebiet, -e (100)
to **explain** erklären, erklärte, hat ... erklärt (52)
to **explore** erforschen, erforschte, hat ... erforscht (33)
to **express** aus·drücken, drückte ... aus, hat ... ausgedrückt (61)
expression der Ausdruck, ¨-e (30)
extension die Erweiterung, -en (17)
to what **extent** inwiefern (36)
to become **extinct** aus·sterben (stirbt ... aus), starb ... aus, ist ... ausgestorben (39)
extinction das Aussterben (39)
extracurricular außerschulisch (100)
extraordinarily außergewöhnlich (65)
extreme sports der Extremsport (23)
eye-contact der Blickkontakt, -e (72)

F

fact die Tatsache, -n (94)
factor der Faktor, -en (20)
fair der Jahrmarkt, ¨-e (14), das Volksfest, -e (35)
gender-**fair** geschlechtergerecht (7)
gender-**fair language** die geschlechtergerechte Sprache (7)
fairground person (*female*) die Schaustellerin, -nen (14)
fairground person (*male*) der Schausteller, - (14)
fairground person (*gender-neutral alternatives*) der*die Schausteller*in (*sing.*), die Schausteller*innen (*pl.*), die Betreibenden eines Schaustellerbetriebs (*pl.*) (14)
faith der Glaube (54)
to **fall** fallen (fällt), fiel, ist ... gefallen (77); to **fall** (*from a great height*) ab·stürzen, stürzte ... ab, ist ... abgestürzt (25)
to **fall in love (with)** sich (*akk.*) verlieben (in + *akk.*), verliebte, hat ... verliebt (94)
familiar vertraut (57)
famous berühmt (28)
farming der Anbau (36)
fashion die Mode, -n (41)
fast schnell (19)
favorable günstig (41)
fear die Angst, Ängste (32)
fear of heights die Höhenangst, ¨-e (23)
feasible plausibel (72)
feather die Feder, -n (30)
feature das Merkmal, -e (35)
federal constitution die Bundesverfassung, -en (32)
Federal Government die Bundesregierung, -en (45)
Federal Republic of Germany (FDR) die Bundesrepublik Deutschland (BRD) (1)
federalism der Föderalismus (32)
feed das Futter (43)
to **feel** (*condition/health*) sich (*akk.*) fühlen, fühlte, hat ... gefühlt (5), sich (*akk.*) befinden, befand, hat ... befunden (80); to **feel** (*sense/perceive*) spüren, spürte, hat ... gespürt (44)
feeling das Gefühl, -e (1)
fellow traveler (*female*) die Mitreisende, -n (92)
fellow traveler (*male*) der Mitreisende, -n (92)
fellow traveler (*gender-neutral alternatives*) der*die Mitreisende (*sing.*), die Mitreisenden (*pl.*), die mitreisende Person (*sing.*) (92)
fence der Zaun, ¨-e (3)
Ferris wheel das Riesenrad, ¨-er (14)
folk **festival** das Volksfest, -e (35)
fever das Fieber, - (33)
field of expertise das Fachgebiet, -e (100)
field of study der Studiengang, ¨-e (94)

to **fight (against)** bekämpfen, bekämpfte, hat ... bekämpft (56); to **fight (for)** kämpfen (für + *akk.*), kämpfte, hat ... gekämpft (7)
to **fill out/in** aus·füllen, füllte ... aus, hat ... ausgefüllt (77)
film history die Filmgeschichte (73)
finally endlich (5)
financial(ly) finanziell (94)
to **find out** heraus·finden, fand ... heraus, hat ... herausgefunden (4), erfahren (erfährt), erfuhr, hat ... erfahren (65)
to **find that** finden, dass (85)
firm die Firma, Firmen (33)
firm hart (35)
first erst (32)
fitness der Fitnesssport (99)
flat flach (36)
flavor der Geschmack, ⸚e (35)
to **flee** flüchten (flüchtet), flüchtete, ist ... geflüchtet (1), fliehen, floh, ist ... geflohen (3)
flight die Flucht, -en (24)
float der Wagen, - (81)
floor der Boden, ⸚ (88)
flow der Strom, ⸚e (59)
flu die Grippe, -n (68)
fluid die Flüssigkeit, -en (35)
flyer das Flugblatt, ⸚er (82)
folk festival das Volksfest, -e (35)
food das Essen, - (43); **food** (*for animals*) das Futter (43)
fool (*female*) die Närrin, -nen (81)
fool (*male*) der Narr, -en (81)
fool (*gender-neutral alternatives*) der*die Närr*in (*sing.*), die Närr*innen (*pl.*), die närrische Person (*sing.*), die Narrenfigur (*sing.*) (81)
footprint der Fußabdruck, ⸚e (43)
for für (+ *akk.*) (80)
for (time) seit (+ *dat.*) (14)
for it dafür (80)
for that dafür (80)
for that reason deswegen (30)
for what wofür (80)
force die Kraft, ⸚e (20)
gravitational **force** die Schwerkraft, ⸚e (20)
to **force** zwingen, zwang, hat ... gezwungen (47)
occupation **force** die Besatzungsmacht, ⸚e (53)
forceful kraftvoll (96)
to **forecast** prognostizieren, prognostizierte, hat ... prognostiziert (45)
foreign fremd (57)
foreign language die Fremdsprache, -n (37)
foreign-language fremdsprachig (56)
foreigner (*female*) die Ausländerin, -nen (53)
foreigner (*male*) der Ausländer, - (53)
foreigner (*gender-neutral alternatives*) die ausländische Person (*sing.*), die ausländischen Menschen (*pl.*) (53)
foresite die Front, -en (82)
forest der Wald, ⸚er (17)
form die Form, -en (80)
to **form** bilden, bildete, hat ... gebildet (92)
format das Format, -e (71)
formation die Bildung, -en (93)
former ehemalig (86)
formula die Formel, -n (20)
fortuneteller (*male*) der Wahrsager, - (14)
fortuneteller (*female*) die Wahrsagerin, -nen (14)
fortuneteller (*gender-neutral alternatives*) der*die Wahrsager*in (*sing.*), die Wahrsager*innen (*pl.*), die wahrsagende Person (*sing.*) (14)
to look **forward (to)** sich (*akk.*) freuen (auf + *akk.*), freute, hat ... gefreut (81)
foundation (*endowment/trust*) die Stiftung, -en (47)
founder (*female*) die Gründerin, -nen (4)
founder (*male*) der Gründer, - (4)
founder (*gender-neutral alternatives*) die gründende Person (*sing.*), die Gründenden (*pl.*) (4)
fraidy cat der Angsthase, -n (23)
frame der Rahmen, - (92)
freedom die Freiheit, -en (3)
freedom of press die Pressefreiheit, -en (3)
freedom of speech/opinion die Meinungsfreiheit, -en (3)
frequent(ly) häufig (25)
to be **frightened (by)** sich (*akk.*) erschrecken (vor + *dat.*), erschreckte, hat ... erschreckt (24)
from von (+ *dat.*) (27)
front die Front, -en (82)
to **fuel** (*e.g. conflict or fear*) schüren, schürte, hat ... geschürt (59)
to be **fun** Spaß machen, machte, hat ... gemacht (14)
fun ride (*business*) das Fahrgeschäft, -e (14)
to **function** funktionieren, funktionierte, hat ... funktioniert (30)
funfair der Jahrmarkt, ⸚e (14)
funny (*comical/weird*) komisch (44); **funny** (*witty/humorous*) witzig (85)
further education/training die Weiterbildung, -en (84)
furthermore (*besides / in addition*) außerdem (43); **furthermore** (*still*) weiterhin (53)
future zukünftig (71)

G

to **gain experience** Erfahrung sammeln, sammelte, hat ... gesammelt (100)
video **game** das Videospiel, -e (76)
Olympic **Games** die Olympischen Spiele (*pl.*) (99)
gate das Tor, -e (9)
gem der Edelstein, -e (30)
gender das Geschlecht, -er (7)
gender-fair geschlechtergerecht (7)
gender-fair language die geschlechtergerechte Sprache (7)
general secretary (*female*) die Generalsekretärin, -nen (1)
general secretary (*male*) der Generalsekretär, -e (1)
general secretary (*gender-neutral alternatives*) der*die Generalsekretär*in (*sing.*), die Generalsekretär*innen (*pl.*), die Leitung der Organisation/Partei etc. (*sing.*) (1)
generalization die Verallgemeinerung, -en (92)
to **generate** erstellen, erstellte, hat ... erstellt (94)
geometry die Geometrie, -n (36)
High/standard **German** das Hochdeutsch (31)
Swiss-**German** (das) Schweizerdeutsch(e) (37)
High **German** (das) Hochdeutsch(e) (61)
Low **German** (das) Plattdeutsch(e) (61)
German Democratic Republic (GDR) die Deutsche Demokratische Republik (DDR) (1)
German studies die Germanistik (93)
German Unification Day der Tag der Deutschen Einheit (1)
Federal Republic of **Germany (FRG)** die Bundesrepublik Deutschland (BRD) (1)
to **get in** ein·steigen, stieg ... ein, ist ... eingestiegen (14)
to **get out** heraus·kommen (aus + *dat.*), kam ... heraus, ist herausgekommen (25)
to **get ready** sich (*akk.*) fertig machen, machte, hat ... gemacht (7)
to **get used (to)** sich (*akk.*) gewöhnen (an + *akk.*), gewöhnte, hat ... gewöhnt (100)
ghost train (*amusement ride*) die Geisterbahn, -en (14)
to **give sb. a ride** mit·nehmen (nimmt ... mit), nahm ... mit, hat ... mitgenommen (44); to **give up** auf·geben (gibt ... auf), gab ... auf, hat ... aufgegeben (19); to **give a speech** eine Rede halten (hält), hielt, hat ... gehalten (1)
magnifying **glass** die Lupe, -n (30)
global(ly) global, weltweit (41)
globe die Erde, -n (43)
to **go back** zurück·gehen, ging ... zurück, ist ... zurückgegangen (8)
to **go for a walk** spazieren gehen, ging, ist ... gegangen (9)
to **go with** mit·fahren (fährt ... mit), fuhr ... mit, ist ... mitgefahren (24)
goal das Ziel, -e (93)
to keep **going** weiter·gehen, ging ... weiter, ist ... weitergegangen (16)
goods (*pl.*) die Ware, -n (41)
to **govern** (*regulate*) regeln, regelte, hat ... geregelt (41); to **govern** (*reign*) regieren, regierte, hat ... regiert (3)
Federal **Government** die Bundesregierung, -en (45)
government die Regierung, -en (93)
grade die Note, -n (100)
graded benotet (100)
graduation der Abschluss, ⸚e (94)
graffiti das Graffiti, -s (85)
grant das Stipendium, Stipendien (94)
graph die Grafik, -en (53); das Diagramm (53)
gravitational force die Schwerkraft, ⸚e (20)
gravity (*gravitation/force*) die Schwerkraft, ⸚e (20); **gravity** (*heaviness/weight*) die Schwere (20)
to **greet** grüßen, grüßte, hat ... gegrüßt (28)
gripper der Greifer, - (84)
ground der Boden, ⸚ (88)
to **grow** wachsen (wächst), wuchs, ist ... gewachsen (96); to **grow (sth.)** (etw.) an·bauen, baute ... an, hat ... angebaut (36)
to **grow closer** zusammen·wachsen (wächst ... zusammen), wuchs ... zusammen, ist ... zusammengewachsen (5)
to make a **guess** raten (rät), riet, hat ... geraten (61)
guess die Vermutung, -en (71)
to **guess** (*believe*) vermuten, vermutete, hat ... vermutet (7); to **guess** (*mean/think*) meinen, meinte, hat ... gemeint (85)
guest worker (*female*) die Gastarbeiterin, -nen (8)
guest worker (*male*) der Gastarbeiter, - (8)
guest worker (*gender-neutral alternative*) die Gastarbeitskraft, ⸚e (8)
guilt die Schuld, -en (18)
gymnastics die Gymnastik, -en (99)

H

half die Hälfte, -n (43)
hand (*clock*) der Zeiger, - (30)
handicap die Behinderung, -en (21)
handling die Bearbeitung, -en (35)
hands-on experience die praktische Erfahrung, die praktischen Erfahrungen (100)
to **happen** passieren, passierte, ist ... passiert (19)
happy froh (94); to be **happy (about)** sich (*akk.*) freuen (über + *akk.*), freute, hat ... gefreut (81); **happy (with)** zufrieden (mit + *dat.*) (47)
hard hart (14)
hard cheese der Hartkäse, - (35)

hardness die Härte, -n (35)
hardship (*hardness/toughness*) die Härte, -n (35); **hardship** (*misery/emergency*) die Not, ¨-e (65)
harmful substance der Schadstoff, -e (41)
to **harvest** ernten, erntete, hat ... geerntet (36)
hat der Hut, ¨-e (28)
to **have to** müssen (muss), musste, hat ... gemusst
to **have no clue/idea** keine Ahnung haben (hat), hatte, hat ... gehabt (96)
to **have the courage to do** sich (*akk.*) trauen, traute, hat ... getraut (14)
headache der Kopfschmerz, -en (33)
health die Gesundheit, -en (25)
healthwise gesundheitlich (76)
to **hear** hören, hörte, hat ... gehört (5)
to **heat** erwärmen, erwärmte, hat ... erwärmt (35)
heavily laden schwer beladen (63)
heaviness die Schwere (20)
heavy schwer (20)
Hebrew hebräisch (54)
height die Höhe, -n (21)
fear of **heights** die Höhenangst, ¨-e (23)
help die Hilfe, -n (25)
to **help** helfen (hilft), half, hat ... geholfen (+ *dat.*) (37); to **help (with)** jdm. (*dat.*) helfen (bei + *dat.*) (hilft), half, hat ... geholfen (82)
helpless hilflos (5)
herb das Kraut, ¨-er (35)
herself selber (48)
heterogeneity die Heterogenität, -en (53)
heterogeneous heterogen (53)
to **hide** verstecken, versteckte, hat ... versteckt (28)
high to the power of; hoch (20)
High German das Hochdeutsch (31)
higher level of high school die Oberstufe, -n (100)
hill der Hügel, - (20)
history die Geschichte, -n (28)
film **history** die Filmgeschichte, -n (73)
to **hit** treffen (trifft), traf, hat ... getroffen (28)
to **hold** halten (hält), hielt, hat ... gehalten (31)
hole das Loch, ¨-er (35)
home (*country/region*) die Heimat, -en (8)
home country das Heimatland, ¨-er (54)
homeopathic(ally) homöopathisch (33)
homeopathy die Homöopathie, -n (33)
homogeneity die Homogenität, -en (53)
homogeneous homogen (53)
honest ehrlich (28); **honestly** ungelogen (65)
honor die Ehre, -n (19)
to **honor** aus·zeichnen, zeichnete ... aus, hat ... ausgezeichnet (31)
to **hope** hoffen, hoffte, hat ... gehofft (5); to **hope (for)** hoffen (auf + *akk.*), hoffte, hat ... gehofft (53)
hourglass die Sanduhr, -en (30)
business **hours** die Öffnungszeiten (*pl.*) (100)
housing das Gehäuse, - (30)
how crazy wie verrückt (25)
human der Mensch,-en (14)
hunter (*gender neutral alternative*) die jagende Person (*sing.*), die Jagenden (*pl.*) (28)
huntsman der Jäger, - (28)
huntswoman die Jägerin, -nen (28)
to be in a **hurry** es eilig haben (hat), hatte, hat ... gehabt (48)
to **hurt (ache)** schmerzen, schmerzte, hat ... geschmerzt (24), wehtun (tut), tat, hat ... wehgetan (24)

I

ice skating das Eislaufen (99)
to **ice-skate** eis·laufen (läuft ... eis), lief ... eis, ist ... eisgelaufen (99)
to have no **idea** keine Ahnung haben (hat), hatte, hat ... gehabt (96)
to **identify (with)** sich (*akk.*) identifizieren (mit + *dat.*), identifizierte, hat ... identifiziert (16); to **identify as** sich (*akk.*) identifizieren (als + *nom.*), identifizierte, hat ... identifiziert (11)
identity die Identität, -en (11)
if only wenn ... doch (17)
illegal(ly) illegal (85)
illness (*disease*) die Krankheit, -en (33); **illness** (*sickness*) die Erkrankung, -en (25)
imagination die Vorstellung, -en (40)
immediately sofort (9)
immigrant (*female*) die Einwanderin, -nen (53)
immigrant (*male*) der Einwanderer, - (53)
immigrant (*gender-neutral alternatives*) die einwandernde Person (*sing.*), die Einwandernden/Eingewanderten (*pl.*) (53)
to **immigrate** ein·wandern, wanderte ... ein, ist ... eingewandert (53)
country of **immigration** das Einwanderungsland, ¨-er (53)
immigration die Einwanderung, -en (93)
to **implement** um·setzen, setzte ... um, hat ... umgesetzt (14)
important wichtig
impression der Eindruck, ¨-e (12), die Wirkung, -en (32)
first **impression** der erste Eindruck, ¨-e (4)
to **imprison** inhaftieren, inhaftierte, hat ... inhaftiert (56)
improvement die Verbesserung, -en (71)
to **improvise** improvisieren, improvisierte, hat ... improvisiert (75)
to get **in** ein·steigen, stieg ... ein, ist ... eingestiegen (14)
to be **in a hurry** es eilig haben (hat), hatte, hat ... gehabt (48)
in contrast dagegen (88)
in spite of trotz (+ *gen.*) (49)
in the vicinity (of) in der Nähe (von + *dat.*) (14)
incentive der Antrieb, -e (30)
to **include** enthalten (enthält), enthielt, hat ... enthalten (35)
to **incorporate** auf·nehmen (nimmt ... auf), nahm ... auf, hat ... aufgenommen (35)
increase die Steigerung, -en (45)
to **increase** zu·nehmen (nimmt ... zu), nahm ... zu, hat ... zugenommen (56)
independence die Unabhängigkeit, -en (57)
independent(ly) unabhängig (99)
individual sport der Einzelsport (99)
industry die Industrie, -n (30), das Gewerbe, - (84)
retail **industry** der Einzelhandel (84)
infection die Infektion, -en (33)
influence der Einfluss, ¨-e (12)
to **influence** (*affect/manipulate*) beeinflussen, beeinflusste, hat ... beeinflusst (32); to **influence** (*coin/shape*) prägen, prägte, hat ... geprägt (57)
to **inform** (*brief/update*) informieren, informierte, hat ... informiert (31); to **inform** (*tell/convey*) mit·teilen, teilte ... mit, hat ... mitgeteilt (72); to **inform (about)** informieren (über + *akk.*), informierte, hat ... informiert (81)
informal language die Umgangssprache, -n (54)
basic **information** die Eckdaten (*pl.*) (100)
source of **information** die Nachrichtenquelle, -n (68)
to **ingest** zu sich (*akk.*) nehmen (nimmt), nahm, hat ... genommen (43)
active **ingredient** (*med.*) der Wirkstoff, -e (33)
initial(ly) ursprünglich (8)
initiative (*project*) die Aktion, -en (86)
injustice das Unrecht (11)
innocent unschuldig (60)
innovation die Innovation, -en (19)
inside drinnen (99)
instead of statt (+ *gen.*) (41)
institution die Stiftung, -en (47)
insurgent (*female*) die Widerständlerin, -nen (82)
insurgent (*male*) der Widerständler, - (82)
insurgent (*gender-neutral alternatives*) der*die Widerständige, -n (*sing.*), die Widerstand leistende Person (*sing.*) (82)
intellectual(ly) intellektuell (68)
intelligent intelligent (67)
interest das Interesse, -n
interested interessiert (67)
interior life, interiority das Innenleben, - (30)
to **interpret** interpretieren, interpretierte, hat ... interpretiert (29)
to **interrupt** unterbrechen (unterbricht), unterbrach, hat ... unterbrochen (88)
intimate vertraut (57)
to **introduce** ein·führen, führte ... ein, hat ... eingeführt (19)
introduction die Einführung, -en (61), die Einleitung, -en (65)
introductory phrase der Einleitungssatz, ¨-e (67)
intruder (*female*) die Einbrecherin, -nen (24)
intruder (*male*) der Einbrecher, - (24)
intruder (*gender-neutral alternatives*) der*die Einbrecher*in (*sing.*), die Einbrecher*innen (*pl.*), die einbrechende Person (*sing.*) (24)
invalid ungültig (9)
to **investigate** ermitteln, ermittelte, hat ... ermittelt (60)
invisible unsichtbar (92)
to become **involved (in)** sich (*akk.*) engagieren (für + *akk.*), engagierte, hat ... engagiert (80)
Iron Curtain der Eiserne Vorhang (1)
ironic(ally) ironisch (92)
islamophobic islamophobisch (63)
item der Gegenstand, ¨-e (75)

J

jagged zackig (36)
jester (*female*) die Närrin, -nen (81)
jester (*male*) der Narr, -en (81)
jester (*gender-neutral alternatives*) der*die Närr*in (*sing.*), die Närr*innen (*pl.*), die närrische Person (*sing.*), die Narrenfigur (*sing.*) (81)
Jew (*female*) die Jüdin, -nen (54)
Jew (*male*) der Jude, -n (54)
Jew (*gender-neutral alternatives*) die jüdische Person (*sing.*), die jüdischen Menschen (*pl.*) (54)
jewel der Edelstein, -e (30)
jewelry der Schmuck (30)
Jewish jüdisch (54)
job der Arbeitsplatz, ¨-e (23), die Stelle, -n (84), die Arbeitsstelle, -n (94)
joke der Witz, -e (75)
joy die Freude, -n (71)
jubilee das Jubiläum, die Jubiläen (73)

K

to **keep** behalten (behält), behielt, hat ... behalten (36)
to **keep going** weiter·gehen, ging ... weiter, ist ... weitergegangen (16)
key der Schlüssel, - (81)
key data die Eckdaten (*pl.*) (100)
to **kick** treten (tritt), trat, ist ... getreten (88)
to **kidnap** entführen, entführte, hat ... entführt (31)
to **kill** töten, tötete, hat ... getötet (28)
kind (*form*) die Form, -en (80); **kind** (*sort/type*) die Sorte, -n (35); **kind** (*way/method/manner*) die Art und Weise (75)
kinetic energy die Bewegungsenergie, -n (20)
to come to **know** erfahren (erfährt), erfuhr, hat ... erfahren (20)
to **know (as a fact) that** wissen, dass (85)
known bekannt (40); **known (for)** bekannt (für + *akk.*) (19)
Kurd (*female*) die Kurdin, -nen (54)
Kurd (*male*) der Kurde, -n (54)
Kurd (*gender-neutral alternatives*) die kurdische Person (*sing.*), die kurdischen Menschen (*pl.*) (54)

L

to **label** (*inscribe/superscribe*) beschriften, beschriftete, hat ... beschriftet (40)
to **label** (*name/call*) benennen, benannte, hat ... benannt (86), bezeichnen, bezeichnete, hat ... bezeichnet (86)
heavily **laden** schwer beladen (63)
lake der See, -n (57)
landmark das Denkmal, ¨-er (88)
foreign **language** die Fremdsprache, -n (37)
national **language** die Landessprache, -n (37)
official **language** die Amtssprache, n (39)
foreign-**language** fremdsprachig (56)
native **language** die Muttersprache, -n (56)
youth **language** die Jugendsprache, -n (61)
gender-fair **language** die geschlechtergerechte Sprache, (7)
use of **language** der Sprachgebrauch (97)
to **last** (*suffice*) aus·reichen, reichte ... aus, hat ... ausgereicht (5); to **last** (*take*) dauern, dauerte, hat ... gedauert (7)
last-minute kurzfristig (14)
late spät
later später (32)
at the **latest** spätestens (37)
to **laugh** lachen, lachte, hat ... gelacht (24)
to make (sb) **laugh** jdn. (*akk.*) zum Lachen bringen, brachte, hat ... gebracht (31)
to **launch** ab·schießen, schoss ... ab, hat ... abgeschossen (20)
law das Gesetz, -e (20)
layout die Gestaltung, -en (21)
to **lead (to)** führen (zu + *dat.*), führte, hat ... geführt (3)
league die Liga, Ligen (94)
to **leak** (*fluid*) aus·treten (tritt ... aus), trat ... aus, ist ... ausgetreten (35)
at **least** mindestens (56)
to **leave** verlassen (verlässt), verließ, hat ... verlassen (3); to **leave** (*a country*) aus·reisen, reiste ... aus, ist ... ausgereist (1)
left links
legal(ly) legal (85)
length die Länge, -n (21)
to **let** lassen (lässt), ließ, hat ... gelassen (9)
letter der Buchstabe, -n (61)
level of efficiency der Wirkungsgrad, -e (20)
liar (*female*) die Lügnerin, -nen (65)
liar (*male*) der Lügner, - (65)
liar (*gender-neutral alternatives*) die lügende Person (*sing.*), die Lügenden (*pl.*) (65)
liberation die Befreiung, -en (11)
lie die Lüge, -n (65)
to (tell a) **lie** lügen, log, hat ... gelogen (65)
to **lie** (*recline*) liegen, lag, hat ... gelegen (47)
life das Leben, - (41)
light leicht (93); **light** (*weight*) leicht (43)
lighting die Beleuchtung, -en (20)
lightweight construction plane der Leichtbauflieger, - (3)
likeable sympathisch (67)
liked beliebt (35)
to **limit** ein·schränken, schränkte ... ein, hat ... eingeschränkt (32)
limitless grenzenlos (54)
line die Linie, -n (29); **line** (*queue*) die Schlange, -n (21); **line** (*row*) die Zeile, -n (5); **line** (*saying*) der Spruch, ¨-e (81); **line** (*trail/route*) die Trasse, -n (3)
linguistic(ally) sprachlich (97)
link die Verbindung, -en (49)
liquid die Flüssigkeit, -en (35)
listener (*female*) die Zuhörerin, -nen (65)
listener (*male*) der Zuhörer, - (65)
listener (*gender-neutral alternatives*) die zuhörende Person (*sing.*), die Zuhörerschaft (65)
to **live** leben, lebte, hat ... gelebt (23)
to **live together** zusammen·leben, lebte ... zusammen, hat ... zusammengelebt (88)
lively lebendig (23)
local einheimisch (86)
to be **located** sich (*akk.*) befinden, befand, hat ... befunden (76)
location (*place*) der Ort, -e (29); **location** (*position*) die Lage, -n (57)
locomotion die Fortbewegung, -en (84)
to **look** aus·sehen (sieht ... aus), sah ... aus, hat ... ausgesehen (43)
to **look at** an·sehen (sieht ... an), sah ... an, hat ... angesehen (69)
to **look familiar** bekannt vor·kommen, kam ... vor, ist ... vorgekommen (28)
to **look for** suchen, suchte, hat ... gesucht (14)
to **look forward (to)** sich (*akk.*) freuen (auf + *akk.*), freute, hat ... gefreut (81)
looping der Looping, -s (19)
to **lose** verlieren, verlor, hat ... verloren (5)
to **lose time** Zeit verlieren, verlor, hat ... verloren (5)
to **lose weight** ab·nehmen (nimmt ... ab), nahm ... ab, hat ... abgenommen (81)
loud laut (9)
to fall in **love (with)** sich (*akk.*) verlieben (in + *akk.*), verliebte, hat ... verliebt (94)
low der Tiefpunkt, -e (25)
Low German (das) Plattdeutsch(e) (61), Platt
low in price günstig (84)
to **lower** verringern, verringerte, hat ... verringert (43), senken, senkte, hat ... gesenkt (47)
lying liegend (21)

M

machine der Automat, -en (14)
magnet der Magnet, -e (30)
magnifying glass die Lupe, -n (30)
maiden die Jungfrau, -en (81)
main Haupt- (17)
main part der Hauptteil, -e (67)
main person die Hauptperson, -en (72)
main suspect (*female*) die Hauptverdächtige, -n (60)
main suspect (*male*) der Hauptverdächtige, -n (60)
main suspect (*gender-neutral alternative*) der*die Hauptverdächtige, -n (60)
to **maintain** erhalten (erhält), erhielt, hat ... erhalten (19)
major das Hauptfach, ¨-er (100)
majority die Mehrheit, -en (7)
to **make a decision** eine Entscheidung treffen (trifft), traf, hat ... getroffen (100)
to **make a stand** Widerstand leisten, leistete, hat ... geleistet (82)
to **manage** managen, managte, hat ... gemanagt (30)
manner die Art und Weise (75)
manufacture die Industrie, -n (30); die Produktion, -en (30)
manufacturer (*female*) die Herstellerin, -nen (19)
manufacturer (*male*) der Hersteller, - (19)
manufacturer (*gender-neutral alternatives*) der*die Hersteller*in (*sing.*), die Hersteller*innen (*pl.*), das herstellende Unternehmen (*sing.*), die herstellende Person (*sing.*) (19)
map der Plan, ¨-e (48), die Karte, -n (48)
marching band die Marschkapelle, -n (96)
Mardi Gras der Karneval, -s (81)
marginalization die Ausgrenzung, -en (63)
to **marginalize** aus·grenzen, grenzte ... aus, hat ... ausgegrenzt (63)
market der Markt, ¨-e (33)
to (put on the) **market** vermarkten, vermarktete, hat ... vermarktet (40)
marketing die Vermarktung, -en (41)
mass die Masse, -n (35)
material das Material, -ien (30)
to **matter** (*count*) zählen, zählte, hat ... gezählt (53); to **matter** (*mean*) bedeuten, bedeutete, hat ... bedeutet (3)
matter of fact die Tatsache, -n (94)
maturation period (*e.g. cheese*) die Reifezeit, -en (35)
to **mature** reifen, reifte, ist ... gereift (35)
may (*v.*) können (kann), konnte, hat ... gekonnt
to **mean** (*matter*) bedeuten, bedeutete, hat ... bedeutet (3); to **mean** (*think/believe*) meinen, meinte, hat ... gemeint (85); to **mean that** meinen, dass (85)
meaning die Bedeutung, -en (86)
means (*pl.*) das Mittel, - (81)
to be **meant** gemeint sein (ist), war, ist ... gewesen (67)
meanwhile mittlerweile (97)
to **measure** messen (misst), maß, hat ... gemessen (30)
mechanical(ly) mechanisch (84)
medal die Medaille, -n (99)
media die Medien (*pl.*) (11)
social **media** die sozialen Medien (*pl.*) (68)
to **mediate** vermitteln, vermittelte, hat ... vermittelt (16)
medication das Arzneimittel, - (33), das Medikament, -e (33)
medicine die Medizin (33)
medium das Medium, Medien (65)
to **meet** treffen (trifft), traf, hat ... getroffen (28)
melting pot der Schmelztiegel, - (93)
member das Mitglied, -er (3)
memorial (*monument*) das Denkmal, ¨-er (88)
memorial (*warning future generations*) das Mahnmal, -e (88)
to **memorize** behalten (behält), behielt, hat ... behalten (36)
memory die Erinnerung, -en (11)

to **mention** erwähnen, erwähnte, hat ... erwähnt (93)
merchandise die Ware, -n (14)
message die Botschaft, -en (1), die Nachricht, -en (48)
method die Methode, -en (30)
microscope das Mikroskop, -e (30)
Middle Ages das Mittelalter (81)
migrant (*female*) die Migrantin, -nen (53)
migrant (*male*) der Migrant, -en (53)
migrant (*gender-neutral alternatives*) die Person, -en mit Migrationshintergrund (53)
migration background der Migrationshintergrund, ⸚e (53)
military das Militär (81)
military militärisch (82)
child with a foreign **military parent** das Besatzungskind, -er (53)
to **milk** melken, molk/melkte, hat ... gemolken/gemelkt (35)
to come into **mind** ein·fallen (fällt ... ein), fiel ... ein, ist ... eingefallen (17)
minister of the environment (*female*) die Umweltministerin, -nen (17)
minister of the environment (*male*) der Umweltminister, - (17)
minister of the environment (*gender-neutral alternatives*) der*die Umweltminister*in (*sing.*), die Umweltminister*innen (*pl.*), die Leitung des Umweltministeriums (*sing.*) (17)
minor das Nebenfach, ⸚er (100)
minority die Minderheit, -en (39)
miracle das Wunder, - (94)
misfortune das Unglück, -e (23)
to **miss** (*e.g. the bus*) verpassen, verpasste, hat ... verpasst (65); to **miss** (*long/want*) vermissen, vermisste, hat ... vermisst (57); to **miss** (*overlook*) übersehen (übersieht), übersah, hat ... übersehen (44)
module der Baustein, -e (29)
moment der Moment, -e (72)
to **monitor** beobachten, beobachtete, hat ... beobachtet (29)
month der Monat, -e
monument das Denkmal, ⸚er (88)
mood die Stimmung, -en (25)
moral(ly) moralisch (49)
at the **most** höchstens (47)
mostly meistens (14)
motional energy die Bewegungsenergie, -n (20)
motivation die Motivation, -en (75)
mountain der Berg, -e (57)
mountaineering das Bergsteigen (99)
to **move** verlegen, verlegte, hat ... verlegt (88)
to **move back** zurück·ziehen, zog ... zurück, ist ... zurückgezogen (93)
ecological/environmental **movement** die Umweltbewegung, -en (45)
movement die Bewegung, -en (45); **movement** (*locomotion*) die Fortbewegung, -en (84)
multicultural multikulturell (56)
multiplicity die Vielfalt (35)
municipal städtisch (14)
municipality die Gemeinde, -n (37)
to **murder** ermorden, ermordete, hat ... ermordet (56)
music genre die Musikrichtung, -en (96)
musical das Musical, -s (96)
mutual(ly) gegenseitig (96)
myself selber (48)
mysterious rätselhaft (60)
myth der Mythos, Mythen (28)

N

to **name** benennen, benannte, hat ... benannt (86)
narrow eng (36)
nation das Volk, ⸚er (14)
national anthem die Nationalhymne, -n (9)
national language die Landessprache, -n (37)
national referendum die Volksabstimmung, -en (32)
nationality die Nationalität, -en (54); **nationality** (*citizenship*) die Staatsangehörigkeit, -en (53)
nationwide bundesweit (45)
native einheimisch (86)
native language die Muttersprache, -n (56)
natural resource der Rohstoff, -e (41)
natural science die Naturwissenschaft, -en (29)
naturally auf natürliche Weise (41)
nature die Natur, -en (41)
to **need** brauchen, brauchte, hat ... gebraucht (8), benötigen, benötigte, hat ... benötigt (20)
to **negotiate** verhandeln, verhandelte, hat ... verhandelt (28)
neighbor (*female*) die Nachbarin, -nen (12)
neighbor (*male*) der Nachbar, -n (12)
neighbor (*gender-neutral alternatives*) die benachbarte Person (*sing.*), die Benachbarten (*pl.*) (12)
neighborhood das Viertel, - (29);
neighborhood die Nachbarschaft, -en (61)
nervous(ly) nervös (67)
neutrality die Neutralität, -en (28)
never nie (57)
nevertheless (*however/still*) dennoch (82);
nevertheless (*regardless/anyway*) trotzdem (4)
news (*message*) die Nachricht, -en (48); **news** (*newscast*) die Nachrichten (*pl.*) (68)
news report der Nachrichtenbericht, -e (68)
newscast die Nachrichten (*pl.*) (68)
newspaper article der Zeitungsartikel, - (68)
next nächst-
to **nibble** naschen, naschte, hat ... genascht (36)
nightmare der Alptraum, ⸚e (60)
source of **noise** die Lärmquelle, -n (34)
noise das Geräusch, -e (63)
norm die Regel, -n (37), die Norm, -en (37)
not at all überhaupt nicht (16)
not married unverheiratet (7)
note die Notiz, -en (72)
novel der Roman, -e (8)
now nun (65)
(by) **now** mittlerweile (97)
nowadays heutzutage (25)
nuclear power die Atomenergie, -n (44), die Atomkraft, ⸚e (44), die Kernenergie, -n (44)
opponent of **nuclear power** (*female*) die Atomkraftgegnerin, -nen (45)
opponent of **nuclear power** (*male*) der Atomkraftgegner, - (45)
opponent of **nuclear power** (*gender-neutral alternatives*) die Person, -en gegen Atomkraft (45)
nuclear power plant das Kernkraftwerk, -e (44)
nuclear research die Kernforschung, -en (29)
number of visitors die Besucherzahl, -en (16)
numerous zahlreich (94)
nut (*tech.*) die Mutter, -n (30)
nutty nussig (35)

O

object der Gegenstand, ⸚e (75)
objective der Zweck, -e (75)
observation die Beobachtung, -en (9)
to **observe** (*supervise/monitor*) überwachen, überwachte, hat ... überwacht (12); to **observe** (*watch*) beobachten, beobachtete, hat ... beobachtet (29)
occasional(ly) gelegentlich (99)
(pre-)**occupation** die Beschäftigung, -en (41)
occupation force die Besatzungsmacht, ⸚e (53)
occupation zone die Besatzungszone, -n (56)
to **occur** erfolgen, erfolgte, ist ... erfolgt (9), ein·treten (tritt ... ein), trat ... ein, ist ... eingetreten (97)
odd komisch (44)
of the church kirchlich (81)
to **offer** an·bieten, bot ... an, hat ... angeboten (37)
offer das Angebot, -e (47)
officer (*female*) die Offizierin, -nen (9)
officer (*male*) der Offizier, -e (9)
officer (*gender-neutral alternatives*) der*die Offizier*in (*sing.*), die Offizier*innen (*pl.*), die Person mit Offiziersrang (*sing.*) (9)
official language die Amtssprache, n (39)
Olympic Games die Olympischen Spiele (*pl.*) (99)
only nur, erst (32)
open offen (9)
to **open** auf·machen, machte ... auf, hat ... aufgemacht (9); to **open** (*inaugurate*) eröffnen, eröffnete, hat ... eröffnet (30)
opera singer (*female*) die Opernsängerin, -nen (94)
opera singer (*male*) der Opernsänger, - (94)
opera singer (*gender-neutral alternatives*) der*die Opernsänger*in (*sing.*), die Opernsänger*innen (*pl.*), die Opern Singenden (*pl.*) (94)
opinion die Meinung, -en (7)
in my **opinion** meiner Meinung nach (85)
freedom of **opinion** die Meinungsfreiheit, -en (3)
opponent of nuclear power (*female*) die Atomkraftgegnerin, -nen (45)
opponent of nuclear power (*male*) der Atomkraftgegner, - (45)
opponent of nuclear power (*gender-netral alternatives*) der*die Atomkraftgegner*in (*sing.*), die Atomkraftgegner*innen (*pl.*), Person gegen Atomkraft (*sing.*), die Atomkraftwiderparten (*pl.*)
equality of **opportunities** die Chancengleichheit, -en (7)
opportunity die Gelegenheit, -en (23), die Möglichkeit, -en (23)
opposition der Widerstand, ⸚e (81), die Opposition, -en (81)
optical optisch (84)
optimistic(ally) optimistisch (84)
oral(ly) mündlich (65)
orbital der Ring, -e (29)
order (*command*) der Befehl, -e (12); **order** (*system*) die Ordnung, -en (60); **order** (*task*) der Auftrag, ⸚e (19)
organ das Organ, -e (84)
organism der Organismus, Organismen (84)
organization die Organisation, -en (28)
defense **organization** der Verteidigungsbund, ⸚e (28)
origin (*birth*) die Herkunft, ⸚e (53); **origin** (*source*) der Ursprung, ⸚e (19)
original(ly) ursprünglich (8)
otherwise sonst (94)

to get **out** heraus·kommen (aus + *dat.*), kam … heraus, ist herausgekommen (25)
out aus (+ *dat.*) (33)
outcome das Ergebnis, -se (20)
to **outside** sich (*akk.*) begeben (begibt), begab, hat … begeben (44)
outside draußen (99)
outsider (*female*) die Außenstehende, -n (92)
outsider (*male*) der Außenstehende, -n (92)
outsider (*gender-neutral alternatives*) der*die Außenstehende (*sing.*), die Außenstehenden (*pl.*) (92)
over über (+ *dat.* / + *akk.*)
to **overlook** übersehen (übersieht), übersah, hat … übersehen (44)
to **oversee** managen, managte, hat … gemanagt (30)
to **overstate** übertreiben, übertrieb, hat … übertrieben (84)
(an hour of) **overtime** die Überstunde, -n (93)
own eigene(r, s) (37)
owner (*female*) die Besitzerin, -nen (88)
owner (*male*) der Besitzer, - (88)
owner (*gender-neutral alternatives*) der*die Besitzer*in (*sing.*), die Besitzer*innen (*pl.*), die besitzhabende Person (*sing.*), die Besitzhabenden (*pl.*) (88)

P

package das Paket, -e (72)
pain der Schmerz, -en (33)
parade der Zug, ¨-e (81)
paragraph der Abschnitt, -e (54)
paralyzed gelähmt (25)
parenting die Kindererziehung (7)
amusement **park** der Freizeitpark, -s (16)
parody die Parodie, -n (81)
to **parody** parodieren, parodierte, hat … parodiert (81)
part (*component*) das Einzelteil, -e (30); **part** (*piece*) der/das Teil, -e (29); **part** (*place*) die Stelle, -n (86)
to be **part (of)** Teil sein (von + *dat.*) (ist), war, ist … gewesen (28)
participant (*female*) die Teilnehmerin, -nen (76)
participant (*male*) der Teilnehmer, - (76)
participant (*gender-neutral alternatives*) die teilnehmende Person (*sing.*), die Teilnehmenden (*pl.*), die Beteiligten (*pl.*) (76)
to **participate (in)** sich (*akk.*) beteiligen (an + *dat.*), beteiligte, hat … beteiligt (4), teil·nehmen (an + *dat.*) (nimmt … teil), nahm … teil, hat … teilgenommen (4), Teil sein (von + *dat.*) (ist), war, ist … gewesen (28)
participation die Mitbestimmung, -en (80)
particle das Teilchen, - (29)
particular besondere(r, s) (16)
particularly vor allem (28)
party (*political*) die Partei, -en (3)
to **pass** (*walk by*) passieren, passierte, ist … passiert (60)
to **pass away** sterben (stirbt), starb, ist … gestorben (23)
passage (*e.g. of a book*) die Stelle, -n (44)
passport der Pass, ¨-e (3)
path der Weg, -e (3)
to **pay attention (to)** achten (auf + *akk.*), achtete, hat … geachtet (9); beachten, beachtete, hat … beachtet (29)
payment die Bezahlung, -en (94)
peak der Höhepunkt, -e (25)
pen der Stift, -e (30)
pendulum das Pendel, - (30)
people die Leute (*pl.*) (3)
people (nation) das Volk, ¨-er (14)
to **perform** (*achieve*) ab·schneiden, schnitt … ab, hat … abgeschnitten (81); to **perform** (*execute*) aus·führen, führte … aus, hat … ausgeführt (99); to **perform** (*stage*) auf·führen, führte … auf, hat … aufgeführt (75)
performance die Leistung, -en (20)
performer (*female*) die Darstellerin, -nen (69)
performer (*male*) der Darsteller, - (69)
performer (*gender-neutral alternatives*) der*die Darstellende, -n, die darstellende Person (*sing.*) (69)
period der Zeitraum, ¨-e (4)
maturation **period** (*e.g. cheese*) die Reifezeit, -en (35)
permanent(ly) dauerhaft (93)
to ask **permission** um Erlaubnis fragen, fragte, hat … gefragt (7)
to **permit** erlauben, erlaubte, hat … erlaubt (9)
residence **permit** die Aufenthaltsgenehmigung, -en (93)
to **persecute** verfolgen, verfolgte, hat … verfolgt (56)
person der Mensch, -en (14)
displaced **person** (*female*) die Vertriebene, -n (56)
displaced **person** (*male*) der Vertriebene, -n (56)
displaced **person** (*gender-neutral alternatives*) der*die Vertriebene, -n (56)
fairground **person** (*female*) die Schaustellerin, -nen (14)
fairground **person** (*male*) der Schausteller, - (14)
fairground **person** (*gender-neutral alternative*) die Betreibenden eines Schaustellerbetriebs (*pl.*) (14)
timid **person** der Angsthase, -n (23)
personal life das Privatleben, - (52)
personality die Persönlichkeit, -en (52)
perspective die Perspektive, -n (80)
to **persuade sb. (to)** jdn. (*akk.*) überreden (zu + *dat.*), überredete, hat … überredet (82)
pessimistic(ally) pessimistisch (84)
Ph.D. student (*female*) die Doktorandin, -nen (93)
Ph.D. student (*male*) der Doktorand, -en (93)
Ph.D. student (*gender-neutral alternatives*) der*die Doktorand*in (*sing.*), die Doktorand*innen (*pl.*), die Promovierenden (*pl.*)
phenomenon das Phänomen, -e (61)
phobia die Phobie, -n (23)
to **phrase** formulieren, formulierte, hat … formuliert (41)
physicist (*female*) die Physikerin, -nen (29)
physicist (*male*) der Physiker, - (29)
physicist (*gender-neutral alternatives*) die Fachperson für Physik (*sing.*), das Fachpersonal für Physik (*pl.*) (29)
to **pick** (*harvest*) ernten, erntete, hat … geerntet (36)
to **pick** (*select*) wählen, wählte, hat … gewählt (3)
to **pick up** abholen (72)
pill (*e.g. painkiller*) die Tablette, -n (33)
pin (*tech.*) der Stift, -e (30)
place (*location/site*) der Ort, -e (14); **place** (*point*) die Stelle, -n (86); **place** (*spot*) der Platz, ¨-e (43)
place at college/university der Studienplatz, ¨-e (100)
plan der Plan, ¨-e (25)
lightweight construction **plane** der Leichtbauflieger, - (3)
plaque die Tafel, -n (88)
plausible plausibel (72)
play das Theaterstück, -e (59)
to **play sports** Sport treiben, trieb, hat … getrieben (99)
playground (*at school*) der Schulhof, ¨-e (37)
plea der Appell, -e (48)
aesthetically **pleasant** ästhetisch ansprechend (31)
plot die Handlung, -en (67)
plume of water die Wasserfontäne, -n (29)
pocket watch die Taschenuhr, -en (30)
poet (*female*) die Lyrikerin, -nen (52)
poet (*male*) der Lyriker, - (52)
poet (*gender-neutral alternatives*) der*die Dichtende, -n (52)
pointed spitz (36)
poison das Gift, e (75)
policies die Politik, -en (41)
polite(ly) höflich (17)
political system das politische System (32)
politics die Politik, -en (41)
pollutant der Schadstoff, -e (41)
pope (*male*) der Papst, ¨-e (81)
popular beliebt (35)
population die Bevölkerung, -en (32)
population census die Volkszählung, -en (56)
portable tragbar (30)
portfolio das Portfolio, -s (103)
portion der Anteil, -e (43)
position die Stelle, -n (84); die Arbeitsstelle, -n (94); **position** (*location*) die Lage, -n (57)
position energy die Lageenergie, -n (20)
possibility die Möglichkeit, -en (31)
possible möglich (31)
poster das Plakat, -e (32)
election **poster** das Wahlplakat, -e (45)
to **postpone** verlegen, verlegte, hat … verlegt (88)
posture die Haltung, -en (71)
pottery die Keramik (30)
(engine) **power** die Leistung, -en (20)
power die Macht, ¨-e (28)
nuclear **power** die Atomenergie, -n (44), die Atomkraft, ¨-e (44), die Kernenergie, -n (44)
nuclear **power plant** das Kernkraftwerk, -e (44)
powerful kraftvoll (96)
practical experience die praktische Erfahrung, die praktischen Erfahrungen (100)
practice die Praktik, -en (92)
to **practice** (*sport*) betreiben, betrieb, hat … betrieben (14)
to **praise** loben, lobte, hat … gelobt (71)
praise das Lob (92)
precise(ly) präzise (30)
precision die Präzision, -en (30)
to **predict** prognostizieren, prognostizierte, hat … prognostiziert (45)
to **prefer** bevorzugen, bevorzugte, hat … bevorzugt (8)
preferably möglichst (41)
pregnancy die Schwangerschaft, -en (7)
pregnant schwanger (57)
prejudice das Vorurteil, -e (92)
premiere (*of a play*) die Uraufführung, -en (75)
premise das Grundstück, -e (88)
at **present** derzeit (47)
presentation die Vorstellung, -en (40)
preservative der Konservierungsstoff, -e (35)
to **preserve** erhalten (erhält), erhielt, hat … erhalten (41)
president der Präsident, -en (1)
freedom of **press** die Pressefreiheit, -en (3)
press die Presse (96)
time **pressure** der Zeitdruck (30)
to **prevent** verhindern, verhinderte, hat … verhindert (3)
price der Preis, -e (92)

principle das Prinzip, -ien (20); **principle** (*law*) das Gesetz, -e (20); **principle** (*maxim/axiom/policy*) der Grundsatz, ⸚e (28)
prison das Gefängnis, -se (3)
probably wahrscheinlich (44)
communication **problem** das Verständigungsproblem, -e (48)
procession der Zug, ⸚e (81)
to **produce** erzeugen, erzeugte, hat … erzeugt (47), produzieren, produzierte, hat … produziert (73)
producer (*female*) die Herstellerin, -nen (19); die Produzentin, -nen (71)
producer (*male*) der Hersteller, - (19); der Produzent, -en (71)
producer, manufacturer (*gender-neutral alternatives*) die herstellende Person (*sing.*), die herstellenden Personen (*pl.*) (19), das herstellende Unternehmen (*sing.*), die Produktionsleitung (*sing.*), die Produzierenden (*pl.*) (71)
production die Herstellung, -en (30), die Produktion, -en (30)
(stage) **production** die Inszenierung, -en (94)
professor (*female*) die Professorin, -nen
professor (*male*) der Professor, -en
professor (*gender-neutral alternatives*) der*die Professor*in (*sing.*), der*die Professor*innen (*pl.*), die Professur innehabende Person (*sing.*), die Professorenschaft
profile der Steckbrief, -e (63)
(TV) **program** die Sendung, -en (65)
program das Programm, -e (75)
progressive fortschrittlich (7)
to **prohibit** verbieten, verbot, hat … verboten (7)
to **promise** versprechen (verspricht), versprach, hat … versprochen (28)
to **promote** (*foster/support*) fördern, förderte, hat … gefördert (89); to **promote** (*solicit*) bewerben (bewirbt), bewarb, hat … beworben (49)
prone liegend (21)
pronged zackig (36)
to **pronounce** aus·sprechen (spricht … aus), sprach … aus, hat … ausgesprochen (11)
property das Grundstück, -e (88)
proposal das Angebot, -e (47)
to **propose** vor·schlagen (schlägt … vor), schlug … vor, hat … vorgeschlagen (17)
prospective zukünftig (71)
to **protect** schützen, schützte, hat … geschützt (12); to **protect (from)** retten (vor + *dat.*), rettete, hat … gerettet (39)
climate **protection** der Klimaschutz (41)
to **protest** protestieren, protestierte, hat … protestiert (28)
protest der Protest, -e (80)
protester der*die Protestierende, -n
proud (of) stolz (auf + *dat.*) (94)
to **prove sb. right** jdm. (*dat.*) Recht geben (gibt), gab, hat … gegeben (92)
to **provide** liefern, lieferte, hat … geliefert (48)
provocation die Provokation, -en (32)
provocative(ly) provokant (63)
Prussia Preußen (81)
Prussian preußisch (81)
psyche die Psyche, -n (24)
public(ly) öffentlich (29)
to **publish** publizieren, publizierte, hat … publiziert (97)
to be **published** heraus·kommen (aus + *dat.*), kam … heraus, ist herausgekommen (25)
publisher der Verlag, -e (92)
purpose der Zweck, -e (75)
to **pursue a goal** ein Ziel verfolgen, verfolgte, hat … verfolgt (45)
to **put emphasis (on)** Wert legen (auf + *akk.*) (liegt), legte, hat … gelegt (37)
to **put on the market** vermarkten, vermarktete, hat … vermarktet (40)
to **put o.s. in danger** sich (*akk.*) in Gefahr begeben (begibt), begab, hat … begeben (3)
puzzling rätselhaft (60)

Q

quadrangular viereckig (36)
qualitative(ly) qualitativ (94)
quantity die Menge, -n (47)
quarter das Viertel, - (29)
quartz-crystal der Quarzkristall, -e (30)
quiet die Ruhe (17)
quiet(ly) leise (9)
quotation das Angebot, -e (47)
quote das Angebot, -e (47)

R

racism der Rassismus (8)
racist rassistisch (53)
radiation die Strahlung, -en (84)
radio das Radio, -s (65), der Rundfunk (71)
radioactive(ly) radioaktiv (44)
rail die Schiene, -n (21)
to **rally** demonstrieren, demonstrierte, hat … demonstriert (80)
ramp die Rampe, -n (21); **ramp** (*driveway/drive-up*) die Auffahrt, -en (21)
to **rank** ein·stufen, stufte … ein, hat … eingestuft (23)
rare(ly) selten (94)
but **rather** sondern (82)
rather (*actual(ly)*) eigentlich (30); **rather** (*if anything / first*) eher (54); **rather** (*preference*) lieber (14)
raw material der Rohstoff, -e (30)
re-telling die Nacherzählung, -en (67)
to **reach** erreichen, erreichte, hat … erreicht (20)
to **react (to)** reagieren (auf + *akk.*), reagierte, hat … reagiert (24)
reaction die Reaktion, -en (48)
to **read between the lines** zwischen den Zeilen lesen (17)
to get **ready** sich (*akk.*) fertig machen, machte, hat … gemacht (7)
real(ly) tatsächlich (31)
reality die Wirklichkeit, -en (7), die Realität, -en (76)
reason die Ursache, -n (25), der Grund, ⸚e (25)
for that **reason** deswegen (30)
to **reason** begründen, begründete, hat … begründet (7)
reasonable sinnvoll (31)
rebellion der Aufstand, ⸚e (1)
to **recall** erinnern (an + *akk.*), erinnerte, hat … erinnert (11)
to **receive** erhalten (erhält), erhielt, hat … erhalten (19), empfangen (empfängt), empfing, hat … empfangen (48)
recent aktuell (45)
reception die Rezeption, -en (96)
receptive to offen für (+ *akk.*) (57)
recipient (*female*) die Empfängerin, -nen (48)
recipient (*male*) der Empfänger, - (48)
recipient (*gender-neutral alternatives*) die empfangende Person (*sing.*), die Empfangenden (*pl.*) (48)
reciprocal gegenseitig (96)
to **recognize** erkennen, erkannte, hat … erkannt (61)
to **recommend** empfehlen (empfiehlt), empfahl, hat … empfohlen (8)
book **recommendation** die Buchempfehlung, -en (77)
recommendation die Empfehlung, -en (89)
record der Rekord, -e (19); die Platte, -n (96)
to **record** auf·nehmen (nimmt … auf), nahm … auf, hat … aufgenommen (48)
recovery (*rest*) die Erholung (57); **recovery** (*restoration/recreation*) die Wiederherstellung, -en (60)
rectangle das Rechteck, -e (36)
rectangular rechteckig (36)
to **recycle** recyceln, recycelte, hat … recycelt (41)
red herring die falsche Fährte, -n (60)
to **reduce** (*descrease/diminish*) verringern, verringerte, hat … verringert (43); to **reduce** (*lower/drop*) senken, senkte, hat … gesenkt (47)
reference der Bezug, ⸚e (36)
referendum die Abstimmung, -en (32)
national **referendum** die Volksabstimmung, -en (32)
to **reflect** jdn. (*akk.*) zum Nachdenken bringen, brachte, hat … gebracht (31); to **reflect (on)** nach·denken (über + *akk.*), dachte … nach, hat … nachgedacht (81)
reformation die Reformation, -en (30)
refugee (*female*) die Geflüchtete, -n (59)
refugee (*male*) der Geflüchtete, -n (59)
refugee (*gender-neutral alternatives*) der*die Geflüchtete (*sing.*), die Geflüchteten (*pl.*) (59)
refugee (*legal*) der Flüchtling, e (59)
refugee crisis die Flüchtlingskrise, -n (59)
refusal die Absage, -n (100)
to **refuse** ab·lehnen, lehnte … ab, hat … abgelehnt (88)
region (*neighborhood/area*) die Gegend, -en (11); **region** (*territory*) das Gebiet, -e (30)
regular(ly) regelmäßig (57)
to **regulate** regeln, regelte, hat … geregelt (41)
regulation die Regel, -n (37)
Third **Reich** das Dritte Reich (82)
reign die Herrschaft, -en (73)
to **reject** ab·lehnen, lehnte … ab, hat … abgelehnt (88)
rejection die Absage, -n (100)
related verwandt (61)
relation die Beziehung, -en (48)
in **relation to** in Bezug auf (+ *akk.*) (89)
relationship die Beziehung, -en (48), das Verhältnis, -se (75)
to **relax** sich (+ *akk.*) erholen, erholte, hat … erholt (67)
relevant (for) relevant (für + *akk.*) (1)
reliable seriös (68)
to **remain** bleiben, blieb, ist … geblieben (28)
to **remember sb.** (*remembrance*) jds. (*gen.*) gedenken, gedachte, hat … gedacht (88);
to **remember** (*remind*) sich (*akk.*) erinnern (an + *akk.*), erinnerte, hat … erinnert (11); to **remember** (*retain*) behalten (behält), behielt, hat … behalten (92)
remembrance das Gedenken (88)
to **remind** erinnern (an + *akk.*), erinnerte, hat … erinnert (11)
reminder die Erinnerung, -en (11)
remote control die Fernsteuerung, -en (84)
to **rename** um·benennen, benannte … um, hat … umbenannt (86)
renewable (*raw materials*) nachwachsend (Rohstoffe) (41)
repeatedly mehrmals (76)

repercussion die Auswirkung, -en (43)
to **replace** ersetzen, ersetzte, hat … ersetzt (14)
to **report** (*notify*) melden, meldete, hat … gemeldet (9); to **report** (*tell*) berichten, berichtete, hat … berichtet (68)
to **represent** (*play / appear as*) dar·stellen, stellte … dar, hat … dargestellt (1); to **represent** (*speak for*) repräsentieren, repräsentierte, hat … repräsentiert (28); to **represent** (*substitute*) vertreten (vertritt), vertrat, hat … vertreten (92)
representative repräsentativ (52)
to **reproduce** wieder·geben (gibt … wieder), gab … wieder, hat … wiedergegeben (72)
reproduction die Nacherzählung, -en (67)
German Democratic **Republic (GDR)** die Deutsche Demokratische Republik (DDR) (1)
Federal **Republic of Germany (FRG)** die Bundesrepublik Deutschland (BRD) (1)
reputable seriös (68)
reputation der Ruf (96)
request die Bitte, -n (17)
to **require** (*need*) benötigen, benötigte, hat … benötigt (20), erfordern, erforderte, hat … erfordert (47)
research die Forschung, -en (29)
nuclear **research** die Kernforschung, -en (29)
to **research** erforschen, erforschte, hat … erforscht (33)
residence permit die Aufenthaltsgenehmigung, -en (93)
to **resign** aus·treten (tritt … aus), trat … aus, ist … ausgetreten (35)
to **resist** Widerstand leisten, leistete, hat … geleistet (82)
resistance der Widerstand, ⸚e (80)
to offer **resistance** Widerstand leisten, leistete, hat … geleistet (82)
resister (*female*) die Widerständlerin, -nen (82)
resister (*male*) der Widerständler, - (82)
resister (*gender-neutral alternatives*) der*die Widerständler*in (*sing.*), die Widerständler*innen (*pl.*), die Widerstand leistende Person (*sing.*) (82)
to **resolve** auf·klären, klärte … auf, hat … aufgeklärt (63)
natural **resource** der Rohstoff, -e (41)
resource die Ressource, -n (43)
respectively jeweils (86)
responsibility die Verantwortung, -en (41)
responsible verantwortungsvoll (80)
rest die Erholung (57)
restoration die Wiederherstellung, -en (60)
to **restrict** ein·schränken, schränkte … ein, hat … eingeschränkt (32)
result das Ergebnis, -se (20)
retail industry der Einzelhandel (84)
retrospectively nachträglich (57)
to **return** zurück·kommen, kam … zurück, ist … zurückgekommen (49), zurück·kehren, kehrte … zurück, ist … zurückgekehrt (53); to **return** zurück·gehen, ging … zurück, ist … zurückgegangen (8)
return die Rückkehr (57)
reunification die Wiedervereinigung, -en (1)
to **reveal** verraten (verrät), verriet, hat … verraten (65)
review die Rezension, -en (8)
revolt der Aufstand, ⸚e (1)
to give sb. a **ride** mit·nehmen (nimmt … mit), nahm … mit, hat … mitgenommen (44)
to **ride** (*a roller coaster / dark ride / ghost train*) fahren (mit + *dat.*) (fährt), fuhr, ist … gefahren (14)
fun **ride** (*business*) das Fahrgeschäft, -e (14)
to **ride along** mit·fahren (fährt … mit), fuhr … mit, ist … mitgefahren (24)
right das Recht, -e (47)
right to vote das Stimmrecht, -e (32)
to be **right** stimmen, stimmte, hat … gestimmt (65)
equal **rights** die Gleichberechtigung, -en (7)
rigidity die Starre (24)
rigor die Härte, -n (35)
ring der Ring, -e (29)
to **ripen** reifen, reifte, ist … gereift (35)
ripening season die Reifezeit, -en (35)
to **rise** steigen, stieg, ist … gestiegen (8)
ritual das Ritual, -e (92)
road sign das Straßenschild, -er (86)
roasted almonds die gebrannten Mandeln (*pl.*) (14)
role die Rolle, -n (32)
role model das Vorbild, -er (23)
to **roll over** überrollen, überrollte, hat … überrollt (59)
roller coaster die Achterbahn, -en (14)
Romansh das Rätoromanisch (39)
room der Raum, ⸚e (92)
root (*bot.*) die Wurzel, -n (63); **root** (*origin*) der Ursprung, ⸚e (19)
rotating sich drehend (21)
round rund (36)
route die Linie, -n (29)
to **rub (in)** ein·reiben, rieb … ein, hat … eingerieben (35)
rule (*command/sovereignty*) die Herrschaft, -en (73); **rule** (*norm*) die Regel, -n (37)
to **run (a business)** betreiben, betrieb, hat … betrieben (14)
to **rush** rasen, raste, ist … gerast (47)
rustless rostfrei (30)

S

sad (*bad/fatal*) schlimm (12); **sad** (*sorry/ mournful*) traurig (23)
safe sicher (45)
safety die Sicherheit, -en (3)
salary das Gehalt, ⸚er (57)
to **satirize** parodieren, parodierte, hat … parodiert (81)
to **save** retten, rettete, hat … gerettet (28); (*e.g. money*) sparen, sparte, hat … gespart (35)
saying (*proverb/adage*) das Sprichwort, ⸚er (30); **saying** (*slogan*) der Spruch, ⸚e (81)
scale die Skala, Skalen (80)
scary unheimlich (69)
scenario das Szenario, Szenarien (72)
scene die Szene, -n (28)
to be on the **scent** auf der Spur sein (ist), war, ist … gewesen (65)
schedule der Plan, ⸚e (48), das Programm, -e (48)
to **schedule an appointment** einen Termin aus·machen, machte … aus, hat … ausgemacht (7)
scholarship das Stipendium, Stipendien (94)
type of **school** die Schulform, -en (100)
elementary **school** die Grundschule, -n (39)
school yard der Schulhof, ⸚e (37)
school year das Schuljahr, -e (37)
science die Wissenschaft, -en (29)
natural **science** die Naturwissenschaft, -en (29)
scientific wissenschaftlich (29)
scientist (*female*) die Wissenschaftlerin, -nen (76)
scientist (*male*) der Wissenschaftler, - (76)
scientist (*gender-neutral alternatives*) die forschende Person (*sing.*), die Forschenden (*pl.*) (76)
screw die Schraube, -n (21)
screwdriver der Schraubenzieher, - (30)
script das Drehbuch, ⸚er (69)
sculptor (*female*) die Bildhauerin, -nen (99)
sculptor (*male*) der Bildhauer, - (99)
sculptor (*gender-neutral alternatives*) der*die Bildhauer*in (*sing.*), die Bildhauer*innen (*pl.*), die Bildhauenden (*pl.*) (99)
to **search** suchen, suchte, hat … gesucht (14)
ripening **season** die Reifezeit, -en (35)
season (*TV show*) die Staffel, -n (71)
seated sitzend (21)
secondary school diploma (*general qualification for university entrance*) das Abitur (100)
secret das Geheimnis, -se (72)
secret geheim (92)
general **secretary** (*female*) die Generalsekretärin, -nen (1)
general **secretary** (*male*) der Generalsekretär, -e (1)
general **secretary** (*gender-neutral alternatives*) der*die Generalsekretär*in (*sing.*), die Generalsekretär*innen (*pl.*), die Leitung der Organisation/Partei etc. (*sing.*) (1)
section der Abschnitt, -e (54)
sector (*area/scope*) der Bereich, -e (100); **sector** (*industry*) die Branche, -n (84)
to **secure** sichern, sicherte, hat … gesichert (41)
secure sicher (45)
secured gesichert (1)
security die Sicherheit, -en (3)
selection die Auswahl, -en (69)
self-statement die Selbstaussage, -n (48)
semester abroad das Auslandssemester, - (100)
senior high school die Oberstufe, -n (100)
sensationalist sensationalistisch (68)
sense das Gefühl, -e (24)
to **sense** fühlen, fühlte, hat … gefühlt (24)
sensor der Sensor, -en (29)
topic **sentence** der Einleitungssatz, ⸚e (67)
sentiment die Stimmung, -en (44)
separation die Trennung, -en (3)
sequence die Serie, -n (14)
series (*TV*) die Serie, -n (69)
serious(ly) ernst (67); ernsthaft (39)
to take **serious(ly)** ernst nehmen (nimmt), nahm, hat … genommen (68)
to **serve (as)** dienen (zu + *dat.*), diente, hat … gedient (3)
to **service** warten, wartete, hat … gewartet (14)
service die Dienstleistung, -en (49)
stage **set** das Bühnenbild, -er (75)
to **settle** sich (*akk.*) einigen (auf + *akk.*), einigte, hat … geeinigt (28)
severe schlimm (12)
to **shake** schütteln, schüttelte, hat … geschüttelt (44); to **shake** (*shiver*) zittern, zitterte, hat … gezittert (23)
shallow flach (36)
to **shape** (*coin/influence*) prägen, prägte, hat … geprägt (57); to **shape** (*design/ create*) gestalten, gestaltete, hat … gestaltet (71)
to **share** teilen, teilte, hat … geteilt (3)
share der Anteil, -e (43)
to **share an opinion (with)** einer Meinung sein (mit + *dat.*) (ist), war, ist … gewesen (82)
sharp spitz (36)
shiny glänzend (24)
shipment die Sendung, -en (65)
to **shiver** zittern, zitterte, hat … gezittert (23)
to **shoot** schießen, schoss, hat … geschossen (28); to **shoot** (*down / fire off*) ab·schießen, schoss … ab, hat … abgeschossen (20)

shooting gallery (*at a fair*) die Schießbude, -n (14)
shop das Geschäft, -e (41)
short kurz (61)
short-term kurzfristig (14)
to **show** zeigen, zeigte, hat … gezeigt (3)
show die Show, -s (65); **show** (*e.g. theater*) die Vorstellung, -en (40); **show** (*TV*) die Serie, -n (14)
show traveller (*female*) die Schaustellerin, -nen (14)
show traveller (*male*) der Schausteller, - (14)
show traveller (*gender-neutral alternatives*) der*die Schaustellende, -n, die Betreibenden eines Schaustellerbetriebs (*pl.*) (14)
showmanship die Schaustellerei, -en (14)
to **shut** schließen, schloss, hat … geschlossen (1)
to **shut down** schließen, schloss, hat … geschlossen (44)
on the **side** nebenbei (69)
sidewalk der Gehweg, -e (88)
sightseeing die Besichtigung, -en (60)
to **sign** unterschreiben, unterschrieb, hat … unterschrieben (17)
road **sign** das Straßenschild, -er (86)
street **sign** das Straßenschild, -er (86)
sign (*label/tag*) das Schild, -er (21); **sign** (*mark/symbol*) das Zeichen, - (89); **sign** (*signal*) das Signal, -e
signal das Signal, -e
significant(ly) deutlich (43)
silence die Stille (63)
silent film der Stummfilm, -e (73)
silver das Silber (30)
similar ähnlich (29)
similarity die Ähnlichkeit, -en (63)
simplifying simplifizierend (68)
since da (82); **since** (*time*) seit (+ *dat.*) (14)
to **sing** singen, sang, hat … gesungen
opera **singer** (*female*) die Opernsängerin, -nen (94)
opera **singer** (*male*) der Opernsänger, - (94)
opera singer (*gender-neutral alternatives*) der*die Opernsänger*in (*sing.*), die Opernsänger*innen (*pl.*), die Opern Singenden (*pl.*) (94)
single (*individual*) einzeln (3); **single** (*unwed*) ledig (7), unverheiratet (7)
to **sink** sinken, sank, ist … gesunken (47)
site der Ort, -e (14)
sitting sitzend (21)
to **skate** eis·laufen (läuft … eis), lief … eis, ist … eisgelaufen (99)
ice **skating** das Eislaufen (99)
skin color die Hautfarbe, -n (53)
to **slather** (*e.g. with a lotion*) ein·reiben, rieb … ein, hat … eingerieben (35)
slide die Folie, -n (103)
smoke der Rauch (44)
snake die Schlange, -n (21)
so far bisher (67)
social media die sozialen Medien (*pl.*) (68)
societal(ly) gesellschaftlich (89)
society die Gesellschaft, -en (11)
soft weich (35)
soft cheese der Weichkäse, - (35)
soldier (*male*) der Soldat, -en (9)
soldier (*female*) die Soldatin, -nen (9)
soldier (*gender-neutral alternative*) das Mitglied, -er der Streitkräfte (9)
solidarity die Solidarität, -en (59)
to **solve a case** einen Fall lösen, löste, hat … gelöst (60)
some manche (60)
somehow irgendwie (5)
soon (*shortly*) bald (53); **soon** (*upcoming*) demnächst (75)
to **sound** klingen, klang, hat … geklungen (37)
sound (*noise*) das Geräusch, -e (63); **sound** (*tone*) der Laut, -e (37)
source die Quelle, -n (68)
source of information die Nachrichtenquelle, -n (68)
source of noise die Lärmquelle, -n (34)
space (*room*) der Raum, ¨-e (92)
space (*spot*) der Platz, ¨-e (43)
speaker (*female*) die Sprecherin, -nen (48)
speaker (*male*) der Sprecher, - (48)
speaker (*gender-neutral alternatives*) das Sprachrohr (*sing.*), die Sprechenden (*pl.*) (48)
special besonders (16)
specialty das Fachgebiet, -e (100)
to **speculate** spekulieren, spekulierte, hat … spekuliert (72)
speculation die Spekulation, -en (72)
speculative spekulativ (72)
speech die Rede, -n (1)
to give/deliver a **speech** eine Rede halten (hält), hielt, hat … gehalten (1)
freedom of **speech** die Meinungsfreiheit, -en (3)
speed die Geschwindigkeit, -en (19)
to **speed** rasen, raste, ist … gerast (47)
spelling die Schreibweise, -n (61)
to **spend** (*money*) aus·geben (gibt … aus), gab … aus, hat … ausgegeben (33)
to **spend time** Zeit verbringen (mit + *dat.*) (30)
sphere die Kugel, -n (36)
spherical kugelig (36)
to **split** spalten, spaltete, hat … gespalten/gespaltet (45)
state-**sponsored** staatlich gefördert (94)
spontaneous(ly) spontan (65)
team **sport** der Teamsport (99)
sporting marksman der Sportschütze, -n (99)
sporting markswoman die Sportschützin, -nen (99)
sporting shooter die sportschießende Person (99)
sporting spirit der Sportgeist (99)
to play **sports** Sport treiben, trieb, hat … getrieben (99)
spring die Feder, -n (30)
to **spy** spionieren, spionierte, hat … spioniert (12)
square quadratisch (36)
square das Quadrat, -e (36)
stage die Bühne, -n (75)
stage direction die Regieanweisung, -en (75)
stage set das Bühnenbild, -er (75)
staging die Inszenierung, -en (94)
stainless rostfrei (30)
to **stammer** stottern, stotterte, hat … gestottert (24)
to make a **stand** Widerstand leisten, leistete, hat … geleistet (82)
to **stand (for)** stehen (für + *akk.*), stand, hat … gestanden (53)
cultural **standard** der Kulturstandard, -s (92)
standard German (das) Hochdeutsch(e) (31)
standing stehend (21)
stanza die Strophe, -n (25)
to **stare** starren, starrte, hat … gestarrt (65)
stark krass (21)
to **start** los·gehen, ging … los, ist … losgegangen (65)
to **start (with)** an·fangen (mit + *dat.*) (fängt … an), fing … an, hat … angefangen (82)
to **start (from)** aus·gehen (von + *dat.*), ging … aus, ist … ausgegangen (103)
Stasi (State Security of the GDR) die Stasi (Staatssicherheitsdienst) (9)
state (*condition*) der Zustand, ¨-e (29); **state** (*country/nation*) der Staat, -en (1)
state-sponsored staatlich gefördert (94)
statement (*comment/expression*) die Äußerung, -en (63); **statement** (*testimony/prediction*) die Aussage, -n (29)
to **stay** bleiben, blieb, ist … geblieben (28)
steel der Stahl, ¨-e (19)
steep steil (21)
step der Schritt, -e (35)
to **step** treten (tritt), trat, ist … getreten (88)
to **step in** ein·steigen, stieg … ein, ist … eingestiegen (14)
stereotype das Stereotyp, -e (92)
stereotypical stereotypisch (16)
to **stick** stecken, steckte, hat … gesteckt (43)
stiffness die Starre (24)
still (*furthermore*) weiterhin (53); **still** (*however/nevertheless*) dennoch (82); **still** (*regardless/anyway*) trotzdem (89)
to **stir** rühren, rührte, hat … gerührt (35)
to **stir up** schüren, schürte, hat … geschürt (59)
stomachache der Bauchschmerz, -en (33)
to **stop** auf·hören (mit + *dat.*), hörte … auf, hat … aufgehört (5); to **stop** (*e.g. bus, train*) halten (hält), hielt, hat … gehalten (31)
storage die Lagerung, -en (36)
to **store** lagern, lagerte, hat … gelagert (35)
storm der Sturm, ¨-e (68)
story die Geschichte, -n (28)
crime **story** der Krimi, -s (60)
strange komisch (44)
strategy die Strategie, -n (65), die Herangehensweise, -n (65)
to **stream** streamen, streamte, hat … gestreamt (69)
street sign das Straßenschild, -er (86)
strength die Kraft, ¨-e (20)
to **stress** betonen, betonte, hat … betont (65)
stretch of time der Zeitraum, ¨-e (4)
strike der Streik, -s (80)
striking(ly) auffällig (65)
structure die Struktur, -en (49)
to **structure** strukturieren, strukturierte, hat … strukturiert (72)
Ph.D. **student** (*female*) die Doktorandin, -nen (93)
Ph.D. **student** (*male*) der Doktorand, -en (93)
Ph.D. **student** (*gender-neutral alternatives*) der*die Doktorand*in (*sing.*), die Doktorand*innen (*pl.*), die Promovierenden (*pl.*) (93)
student demonstration die Studierendendemonstration, -en (1)
study die Untersuchung, -en (47), die Studie, -n (92)
course of **study** der Studiengang, ¨-e (94)
field of **study** der Studiengang, ¨-e (94)
to **stumble** stolpern, stolperte, ist … gestolpert (88)
stumbling stone der Stolperstein, -e (88)
to act **stupid** (*on purpose*) sich (*akk.*) dumm an·stellen, stellte … an, hat … angestellt (61)
to **stutter** stottern, stotterte, hat … gestottert (24)
style der Stil, -e (39); writing **style** der Schreibstil, -e (77); **style** (*design*) die Gestaltung, -en (21)
subsequent(ly) nachträglich (57); anschließend (57)
harmful/toxic **substance** der Schadstoff, -e (41)
to **substitute** ersetzen, ersetzte, hat … ersetzt (14)

subtitle der Untertitel, - (73)
to **succeed** gelingen, gelang, ist … gelungen (3)
success der Erfolg, -e (19)
successful erfolgreich (19)
all of a **sudden** plötzlich (24)
suddenly plötzlich (24)
to **suffer (from)** leiden (unter/an + *dat.*), litt, hat … gelitten (43)
to **suffice** aus·reichen, reichte … aus, hat … ausgereicht (5)
to **suggest** vor·schlagen (schlägt … vor), schlug … vor, hat … vorgeschlagen (17)
suggestion der Vorschlag, ¨-e (16)
sum die Summe, -n (20)
to **summarize** zusammen·fassen, fasste … zusammen, hat … zusammengefasst (17)
summit der Höhepunkt, -e (25)
to **supply** liefern, lieferte, hat … geliefert (48)
to **support** unterstützen, unterstützte, hat … unterstützt (32)
support die Unterstützung, -en (45)
to **suppose** vermuten, vermutete, hat … vermutet (7)
suppressed unterdrückt (63)
sure sicher (45)
to be **sure that** sicher sein, dass (85)
to **surprise** überraschen, überraschte, hat … überrascht (39)
surprising überraschend (60)
surroundings die Umgebung, -en (11)
to **surveil** überwachen, überwachte, hat … überwacht (12)
surveillance die Überwachung, -en (84)
to **survive** überleben, überlebte, hat … überlebt (54)
main **suspect** (*female*) die Hauptverdächtige, -n (60)
main **suspect** (*male*) der Hauptverdächtige, -n (60)
main **suspect** (*gender-neutral alternatives*) der*die Hauptverdächtige (*sing.*), die Hauptverdächtigen (*pl.*) (60)
suspenseful spannend (31)
sustainability die Nachhaltigkeit (41)
sustainable nachhaltig (30)
to **sweat** schwitzen, schwitzte, hat … geschwitzt (24)
to eat **sweet things** naschen, naschte, hat … genascht (36)
swing carousel das Kettenkarussell, -s/-e (14)
Swiss-German (das) Schweizerdeutsch(e) (37)
to **switch** tauschen, tauschte, hat … getauscht (16)
symbol das Sinnbild, -er (93)
to **symbolize** symbolisieren, symbolisierte, hat … symbolisiert (85)
synchronization die Synchronisation, -en (73)
to **synchronize** synchronisieren, synchronisierte, hat … synchronisiert (73)
education **system** das Bildungssystem, -e (100)
political **system** das politische System (32)
ecological **system** das Ökosystem, -e (41)

T

tablet die Tablette, -n (33)
tainted (*e.g. evidence*) unsauber (29)
to **take** dauern, dauerte, hat … gedauert (7)
to **take along** mit·nehmen (nimmt … mit), nahm … mit, hat … mitgenommen (44)
to **take care (of)** sich (*akk.*) kümmern (um + *akk.*), kümmerte, hat … gekümmert (7), sorgen (für + *akk.*), sorgte, hat … gesorgt (7)
to **take courses** Kurse belegen, belegte, hat … belegt (100)
to **take serious(ly)** ernst nehmen (nimmt), nahm, hat … genommen (68)
to **take turns** sich (*akk.*) ab·wechseln, wechselte … ab, hat … abgewechselt (1)
tangy (*spicy*) würzig (35)
task der Auftrag, ¨-e (19)
taste der Geschmack, ¨-e (35)
to **taste** schmecken, schmeckte, hat … geschmeckt (+ *dat.*) (35)
tax die Steuer, -n (89)
to **teach** bei·bringen, brachte … bei, hat … beigebracht (89)
team (*sports*) die Mannschaft, -en (94)
team sport der Teamsport (99)
to **tear** tränen, tränte, hat … getränt (24)
telecontrol die Fernsteuerung, -en (84)
television das Fernsehen (69)
temperature die Temperatur, -en (35);
temperature (*fever*) das Fieber, - (33)
tenet der Grundsatz, ¨-e (28)
term der Begriff, -e (28)
terrible furchtbar (82)
territory das Gebiet, -e (56)
than als (92)
theme das Thema, Themen (16)
there dort (16)
therefore deswegen (30), dadurch (53), deshalb (84)
to make sb. **think** jdn. (*akk.*) zum Nachdenken bringen, brachte, hat … gebracht (31)
to **think** (*mean*) meinen, meinte, hat … gemeint (85); to **think** (*reflect/ponder*) überlegen, überlegte, hat … überlegt (1), nach·denken (über + *akk.*), dachte … nach, hat … nachgedacht (81); to **think (about/of)** denken (an + *akk.*), dachte, hat … gedacht (81); to **think that** denken, dass (85)
Third Reich das Dritte Reich (82)
though obwohl (47)
thought der Gedanke, -n (17)
threat die Bedrohung, -en (28)
to **threaten** bedrohen, bedrohte, hat … bedroht (39)
threatened bedroht (39)
thriller der Thriller, - (12)
to **throw** werfen (wirft), warf, hat … geworfen (81)
ticket (*admission*) die Eintrittskarte, -n (14)
tide der Strom, ¨-e (59)
tie die Krawatte, -n (81)
time die Zeit, -en (30)
today's **time** die heutige Zeit (31)
stretch of **time** der Zeitraum, ¨-e (4)
time pressure der Zeitdruck (30)
to be under **time pressure** unter Zeitdruck stehen, stand, hat … gestanden (30)
timid person der Angsthase, -n (23)
together gemeinsam (54)
to belong **together** zusammen·gehören, gehörte … zusammen, hat … zusammengehört (54)
tool das Werkzeug, -e (30)
on **top of** auf (+ *akk.* / + *dat.*) (14)
top speed die Höchstgeschwindigkeit, -en (20)
topic das Thema, Themen (16)
topic sentence der Einleitungssatz, ¨-e (67)
total die Summe, -n (20)
to **touch** berühren, berührte, hat … berührt (75)
tough hart (14)
tour die Besichtigung, -en (60)
tower der Turm, ¨-e (23)
townhall das Rathaus, ¨-er (81)
toxic substance der Schadstoff, -e (41)
trace die Spur, -en (86)
track die Spur, -en (86)
to **trade** handeln, handelte, hat … gehandelt (14)
trade der Handel, - (41)
to **trade (in)** handeln, handelte, hat … gehandelt (41)
tradition die Tradition, -en (30)
traditional traditionell (7)
traffic der Straßenverkehr (34)
traffic jam der Stau, -s (47)
traffic light die Ampel, -n (48)
trailer der Wohnwagen, - (14)
to **train** aus·bilden, bildete … aus, hat … ausgebildet (33)
train der Zug, ¨-e (81)
ghost **train** (*amusement ride*) die Geisterbahn, -en (14)
training die Ausbildung, -en (100)
further **training** die Weiterbildung, -en (84)
trait das Merkmal, -e (35)
to **transfer** verlegen, verlegte, hat … verlegt (88)
to **transfer** (*train etc.*) um·steigen (in + *akk.*), stieg … um, ist … umgestiegen (31)
to **transmit** übertragen (überträgt), übertrug, hat … übertragen (71)
transport der Transport, -e (54)
trapezoid das Trapez, -e (36)
fellow **traveler** (*female*) die Mitreisende, -n (92)
fellow **traveler** (*male*) der Mitreisende, -n (92)
fellow **traveler** (*gender-neutral alternatives*) der*die Mitreisende (*sing.*), die Mitreisenden (*pl.*), die mitreisende Person (*sing.*) (92)
to **treat** behandeln, behandelte, hat … behandelt (45)
to **treat o.s. (to)** sich (*dat.*) leisten, leistete, hat … geleistet (14)
treatment die Bearbeitung, -en (35)
treaty (*agreement/contract*) der Vertrag, ¨-e (1);
treaty (*pol.*) das Abkommen, - (8)
trench der Graben, - (3)
triangle das Dreieck, -e (36)
tribe das Volk, ¨-er (14)
trigonal dreiseitig (36)
That is **true!** Das stimmt! (16)
to be **true** stimmen, stimmte, hat … gestimmt (65)
truly ungelogen (65)
to **trust** vertrauen, vertraute, hat … vertraut (33)
truth die Wahrheit, -en (65)
to **try** versuchen, versuchte, hat … versucht (29); to **try (out)** aus·probieren, probierte … aus, hat … ausprobiert (23)
tuition (*fees*) die Studiengebühr, -en (94)
to **turn** drehen, drehte, hat … gedreht (16)
turn (*bend*) die Kurve, -n (21)
turning point [*hist.: German reunification*] die Wende [*hist.: Wiedervereinigung Deutschlands*] (9)
to take **turns** sich ab·wechseln, wechselte … ab, hat … abgewechselt (1)
TV das Fernsehen (69)
cable **TV** das Kabelfernsehen (69)
tweezers die Pinzette, -n (30)
type die Sorte, -n (35)
type of school die Schulform, -en (100)
typical typisch (3)

U

unacceptable inakzeptabel (29)
uncanny unheimlich (69)
unclean unsauber (29)
under unter (+ *akk.* / + *dat.*) (21)
underneath unter (+ *akk.* / + *dat.*) (21)
to **understand** verstehen, verstand, hat … verstanden (39)
understanding das Verständnis (96)
unexpected(ly) unerwartet (75)
German **Unification Day** der Tag der Deutschen Einheit (1)
uniform die Uniform, -en (81)
unit die Einheit, -en (1)
unity die Einheit, -en (1)
university die Hochschule, -n (94)
place at **university** der Studienplatz, ¨e (100)
to be **unlucky** Pech haben (hat), hatte, hat … gehabt (61)
unrealistic irreal (17)
until now bisher (67)
to be **up/down (for) sth.** Lust haben (auf + *akk.*) (hat), hatte, hat … gehabt (96)
uphill bergauf (25)
uprising der Aufstand, ¨e (1)
to be **upside down** auf dem Kopf stehen, stand, hat … gestanden (20)
urban städtisch (14)
urgent(ly) dringend (24)
usage die Verwendung, -en (75)
to **use** benutzen, benutzte, hat … benutzt (33), verwenden, verwendete, hat … verwendet (36); to **use** (*expend/dissipate*) verbrauchen, verbrauchte, hat … verbraucht (47)
use of language der Sprachgebrauch (97)
to be **used** zum Einsatz kommen, kam, ist … gekommen (96)
to get **used (to)** sich (*akk.*) gewöhnen an (+ *akk.*), gewöhnte, hat … gewöhnt (100)
useful sinnvoll (31)
useless nutzlos (25)
user (*female*) die Benutzerin, -nen (89)
user (*male*) der Benutzer, - (89)
user (*gender-neutral alternatives*) der*die Benutzer*in (*sing.*), die Benutzer*innen (*pl.*), die Nutzenden (*pl.*) (89)
usually meistens (14)

V

valid gültig (80)
valley das Tal, ¨er (20)
to **value** Wert legen (auf + *akk.*) (liegt), legte, hat … gelegt (37)
variety die Vielfalt (35), Varietät, -en (61)
vehicle der Wagen, - (20)
vendor (*vending machine*) der Automat, -en (14)
verbal(ly) mündlich (5)
vertical spin die Schraube, -n (21)
vertigo die Höhenangst, ¨e (23)
in the **vicinity (of)** in der Nähe (von + *dat.*) (14)
video game das Videospiel, -e (76)
view der Blick, -e (12)
village das Dorf, ¨er (28)
violence die Gewalt (8)
violent gewaltsam (45)
virgin die Jungfrau, -en (81)
virtual virtuell (76)
visibility die Sichtbarkeit, -en (71)
to make **visible** sichtbar machen, machte, hat … gemacht (86)
to **visit** besuchen, besuchte, hat … besucht (29); to **visit** (*e.g. tourist attraction*) besichtigen, besichtigte, hat … besichtigt (29)
visit der Besuch, -e (73)
number of **visitors** die Besucherzahl, -en (16)
visual optisch (84)
voice die Stimme, -n (73)
voice-over artist (*female*) die Synchronsprecherin, -nen (73)
voice-over artist (*male*) der Synchronsprecher, - (73)
voice-over artist (*gender-neutral alternatives*) der*die Synchronsprecher*in (*sing.*), die Synchronsprecher*innen (*pl.*), die synchronsprechenden Personen (*pl.*) (73)
voluntary/voluntarily freiwillig (75)
to **vote** wählen, wählte, hat … gewählt (16)
right to **vote** das Stimmrecht, -e (32)
vote die Stimme, -n (80)
to **vote** wählen, wählte, hat … gewählt (81)
voting die Abstimmung, -en (32)
voting rights for women das Frauenstimmrecht, -e (28)
vowel der Vokal, -e (61)

W

wage das Gehalt, ¨er (57), der Lohn, -e (89)
wagon der Wagen, - (81)
to **wait** warten, wartete, hat … gewartet (14)
to **wait (for)** warten (auf + *akk.*), wartete, hat … gewartet (81)
to go for a **walk** spazieren gehen, ging, ist … gegangen (9)
walkout der Streik, -s (80)
wall (*structure made of bricks*) die Mauer, -n (1)
Cold **War** der Kalte Krieg (1)
world **war** der Weltkrieg, -e (1)
to **warm (up)** erwärmen, erwärmte, hat … erwärmt (35)
to **warn (of)** warnen (vor + *dat.*), warnte, hat … gewarnt (3)
wastage der Verbrauch (47)
waste die Verschwendung, -en (43)
wastefulness die Verschwendung, -en (43)
watch die Armbanduhr, -en (30)
to **watch** schauen, schaute, hat … geschaut (68), an·sehen (sieht … an), sah … an, hat … angesehen (69)
watch maker (*female*) die Uhrmacherin, -nen (30)
watch maker (*male*) der Uhrmacher, - (30)
watch maker (*gender-neutral alternatives*) der*die Uhrmacher*in (*sing.*), die Uhrmacher*innen (*pl.*), die Uhren herstellende Person (*sing.*) (30)
plume of **water** die Wasserfontäne, -n (29)
to **water (of eyes)** tränen, tränte, hat … geträntt (24)
water fountain die Wasserfontäne, -n (29)
wave die Welle, -n (59)
way of behaving die Umgangsform, -en (92)
weak schwach (71)
to **wear** tragen (trägt), trug, hat … getragen (15)
website die Webseite, -n (8)
to lose **weight** ab·nehmen (nimmt … ab), nahm … ab, hat … abgenommen (81)
weightless schwerelos (20)
well-known berühmt (28)
West Berlin Westberlin (1)
wet nass (16)
for **what** wofür (80)
small **wheel** das Rädchen, - (30)
wheel die Rolle, -n (84)
wheelchair der Rollstuhl, ¨e (21)
when als (92)
while während (+ *gen.*) (4)
to **whisper** flüstern, flüsterte, hat … geflüstert (77)
why warum
wide breit (11)
window cleaner (*female*) die Fensterputzerin, -nen (23)
window cleaner (*male*) der Fensterputzer, - (23)
window cleaner (*gender-neutral alternative*) die Fensterreinigungskraft, ¨e (23)
winner (*female*) die Siegerin, -nen (99)
winner (*male*) der Sieger, - (99)
winner (*gender-neutral alternatives*) der*die Sieger*in (*sing.*), die Sieger*innen (*pl.*), der*die Erstplatzierte, -n (99)
wish der Wunsch, ¨e (17)
within innerhalb (54)
witness of a (time) period (*female*) die Zeitzeugin, -nen (56)
witness of a (time) period (*male*) der Zeitzeuge, -n (56)
witness of a (time) period (*gender-neutral alternative*) der*die Bezeugende, -n der Zeit
women's suffrage das Frauenstimmrecht, -e (28)
wood das Holz, ¨er (21)
woods der Wald, ¨er (17)
word das Wort, ¨er/-e
to **work** (*function*) funktionieren, funktionierte, hat … funktioniert (5); to **work** (*operate/act*) tätig sein (ist), war, ist … gewesen (14)
guest **worker** (*female*) die Gastarbeiterin, -nen (8)
guest **worker** (*male*) der Gastarbeiter, - (8)
guest **worker** (*gender-neutral alternatives*) der*die Gastarbeiter*in (*sing.*), die Gastarbeiter*innen (*pl.*), die Gastarbeitskraft (*sing.*) (8)
workplace der Arbeitsplatz, ¨e (23)
world die Welt, -en
world championship die Weltmeisterschaft, -en (99)
world war der Weltkrieg, -e (1)
worldwide weltweit (41)
to **worry (about)** sich (*akk.*) Sorgen machen (um + *akk.*), machte, hat … gemacht (84)
worth seeing sehenswert (71)
would würde (+ *inf.*) (14)
wristband das Armband, ¨er (30)
to **write sth. up** (*esp. to put in a definite form*) formulieren, formulierte, hat … formuliert (41)
writer (*female*) die Schriftstellerin, -nen (12)
writer (*male*) der Schriftsteller, - (12)
writer (*gender-neutral alternatives*) die schriftstellerisch tätige Person (*sing.*), die Schreibenden (*pl.*)
in **writing** schriftlich (5)
writing style der Schreibstil, -e (77)
written schriftlich (5)

X

xenophobia die Fremdenfeindlichkeit, -en (8)
xenophobic ausländerfeindlich (63)

Y

Yiddish (das) Jiddisch(e) (61)
yourself selber (48)
youth language die Jugendsprache, -n (61)

Z

occupation **zone** die Besatzungszone, -n (56)

Picture Credits

Cover.1 (Suzanne Tucker); **Cover.2** (Bokica); 123RF.com, Nidderau: **49.2** (Peter Wey); **173.1** (panama7); @Zum goldenen Hirschen **93.5**; akg-images, Berlin: **58.4**; Alamy, Abingdon, UK: **20.1** (Norbert Michalke); **53.1** (Zoonar/Oliver Gutfleisch); **151.1** (Oliver Gutfleisch); Archiv für Zeitgeschichte ETH Zürich: NL Gertrud Kurz/ 906; Urheber: Urs Lang-Kurz; © sabine mescher **59.1**; aus Ulrike Rylance: Penny Pepper „;Alarm auf der Achterbahn";, Seiten 52, 53, 55, 87, 89, 111 und 151 von dtv junior, München 2015 mit freundlicher Genehmigung von dtv Verlagsgesellschaft mbH &Co. KG **38.1**, **39.1**, **39.3**, **39.4**, **61.1**; Axel Springer Syndication GmbH / BILD 03.02.2007 **101.1**; Ballhaus Naunynstraße_Das Summen der Montagswürmer_@Ute Langkafel MAIFOTO **152.2**; Ballhaus Naunynstraße_Jung, giftig und Schwarz_@ Ute Langkafel MAIFOTO **152.1**; bpk | Deutsches Historisches Museum | Wolfgang Albrecht **7.1**; Copyright Zahlen (c) US Census Bureau **188.5**; David Liuzzo, recoloured by Ulamm, edited by Niko Tracksdorf/ CC BY-SA 2.0 DE (https://creativecommons.org/licenses/by-sa/2.0/de/deed.en) **114.1**; Deborah Moses Sanks **176.1**; George (Jürgen) Wittenstein / akg-images **166.2**; Getty Images (assalve), München; © Mondelez International **75.4**; Getty Images (VogelSP), München; © Locarno Film Festival **64.2**; Getty Images, München: **185**; **206.8.1**, **54.6** (ljubaphoto); **2.1** (LumiNola); **131**; **206.6.1** (Rowan Jordan); **161**; **206.7.1** (Vesnaandjic); **G-0.1**, **16.3**, **16.3**, **54.5**, **68.3**, **70.1** (Jose Luis Pelaez Inc); **xiv.5** (da-vooda); **3.1** (Pekic); **4.1** (querbeet); **A-xx.1** (SimeonDonov); **1**; **206.1.1**, **118.1** (fotokon); **V-0.1** (domin_domin); **A-0.1** (Ascent Xmedia); **83**; **206.4.1** (Pom669); **A-xx.4** (Egasit_Mullakhut); **A-xx.7** (ZargonDesign); **A-xx.8** (iPhotographer62); **A-xx.9** (shaunl); **v.1** (Nadasaki); **5.1** (Photitos2016); **5.2** (bbuong); **6.1** (FG Trade); **7.2**, **65.3**, **160.4** (monkeybusinessimages); **7.3** (FatCamera); **10.1**, **133.1** (Deagreez); **10.2** (grebeshkovmaxim); **12.1** (apichon_tee); **12.2** (wagnerokasaki); **14.1** (Supersmario); **14.2** (SHIGEKI KAWAKITA/amanaimagesRF); **14.3**, **14.4** (georgeclerk); **14.7** (txking); **14.8**, **51.3** (Thomas Northcut); **14.9** (MarioGuti); **14.10** (PeterGrof); **14.11** (hohl); **14.12** (libre de droit); **15.1**, **111.2** (Flashpop); **16.2** (Uwe Krejci); **17.1**, **50.1** (4x6); **18.1**, **77.1**, **81.2** (fotografixx); **18.2** (Ivan-balvan); **20.1** (PytyCzech); **21.1** (AndreasWeber); **22.1** (eddygaleotti); **23.1** (RolandBlunck); **24.1** (Tara Moore); **24.2**, **51.1**, **183.2**, **207.3** (John M Lund Photography Inc); **24.3** (Plume Creative); **25.1**, **46.11**, **95.1**, **95.4**, **190.1** (Nikada); **26.1** (ozgurdonmaz); **26.2** (IvicaNS); **27.1** (Images_By_Kenny); **27.3** (Stígur Már Karlsson /Heimsmyndir); **28.1**, **156.1**, **160.2** (SDI Productions); **28.2** (frederikloewer); **28.3** (AndreyPopov); **28.4** (Asvolas); **30.1** (ronaldino3001); **30.2**, **167.1** (Carso80); **30.3**, **32.4** (sebastian-julian); **30.4**, **31.1** (andresr); **30.5**, **32.1**, **32.3**, **46.10** (FooTToo); **30.6**, **43.3**, **54.4**, **85.2**, **99.1**, **200.1**, **200.5** (Thomas Barwick); **30.7** (valentinrussanov); **30.8** (kontrast-fotodesign); **30.9** (MumboJumbo1); **30.10** (kzenon); **30.11** (davelogan); **30.12** (killerbayer); **32.2** (golero); **32.5** (Halfpoint); **33.1** (Jacobs Stock Photography Ltd); **34.1**, **122.3** (ewg3D); **34.2**, **48.15**, **148.3** (Jacob Ammentorp Lund); **35.1** (CREATISTA); **36.2** (Andyworks); **37.1**, **162.1** (vasiliki); **38.1** (powerofforever); **38.2** (VikaValter); **41.5**, **41.9** (vector simple style.); **41.1**, **41.2**, **41.3**, **41.6**, **41.7.1** (mehmetbuma); **41.4** (aomvector); **41.8** (RSfotography); **41.10** (michalz86); **42.1** (DaydreamsGirl); **42.2** (RichVintage); **43.1**, **48.14** (anton5146); **44.4** (pitr134); **46.1** (Aaron Foster); **46.2** (AM-C); **46.3** (nechaev-kon); **46.4** (photo75); **46.5** (amriphoto); **46.6** (deepblue4you); **46.7** (lindsay_imagery); **46.8** (LeoPatrizi); **46.9** (vgajic); **46.12** (SolStock); **47.1** (mcbrugg); **47.2** (7postman); **48.1** (abadonian); **48.2** (ianmcdonnell); **48.3** (MaximFesenko); **48.4** (bernardbodo); **48.5** (AlexSava); **48.6** (Nathan Bilow); **48.7** (Michele Westmorland); **48.8** (alvarez); **48.9** (AscentXmedia); **48.10** (Markus Volk); **48.11** (B&M Noskowski); **48.12** (vernonwiley); **48.13**, **175.1** (Image Source); **49.1** (sharply_done); **50.2**, **91.1** (MediaProduction); **51.2** (Marcos Calvo); **51.4** (Bene-Images); **52.1** (wetcake); **54.1** (10';000 Hours); **54.2**, **155.3** (Miguel Navarro); **54.3** (jarenwicklund); **56.2**, **76.1** (Rainer Lesniewski); **56.1** (Jekaterina Nikitina); **56.2** (assalve); **57.1** (FotoDuets); **57.2** (DSGpro); **57.3** (DebbiSmirnoff); **57.4** (vchal); **57.5** (RBOZUK); **57.6** (stocksnapper); **57.7** (newnaux); **57.8** (DonNichols); **57.9** (Difydave); **57.10** (bhofack2); **57.11** (fotogeng); **57.12** (RyanJLane); **57.13** (AngiePhotos); **57.14** (philly077); **57.15** (Brzozowska); **57.16** (dcdebs); **57.17** (Panama7); **57.18** (Vladyslav Danilin); **57.19** (Ekaterina Lutokhina); **57.20** (andydidyk); **58.1** (ZU_09); **58.2** (duncan1890); **58.3** (btgbtg); **59.1** (PeterHermesFurian); **59.2** (Buba1955); **59.3** (gameover2012); **60.1**, **60.5** (xenotar); **60.2** (Wysiati); **60.3** (anouchka); **60.4** (Walter Bibikow); **62.1** (RapidEye); **62.2** (travelpixpro); **62.3** (JuergenBosse); **63.1**, **196.2** (clu); **64.1** (VogelSP); **65.1** (JBryson); **65.2** (Michael Blann); **65.4**, **85.1**, **139.3**, **146.2**, **191.4**, **202.3** (Klaus Vedfelt); **66.1** (Niyazz); **67.3** (katleho Seisa); **67.5**, **141.3** (Luis Alvarez); **68.1**, **136.2** (skynesher); **68.2** (LaylaBird); **68.4** (stephenallen75); **69.1** (juefraphoto); **71.1**, **202.1** (ThomasVogel); **72.1** (NicolasMcComber); **72.2** (deimagine); **72.3** (Boarding1Now); **72.4** (gaffera); **72.5** (PicturePartners); **72.6** (Azure-Dragon); **72.7** (photohomepage); **72.8** (only_fabrizio); **73.1** (seraficus); **74.1** (Talaj); **74.2** (NOKFreelance); **75.1**; **75.2** (amtitus); **75.6** (julos); **78.1** (Weekend Images Inc.); **79.1** (kate_sept2004); **80.1** (typo-graphics); **80.2** (pichitstocker); **82.1** (Oliver Rossi); **82.2**, **204.1** (Wavebreakmedia); **82.3**, **99.2**, **99.3**, **125.1**, **129.1**, **181.4** (Hinterhaus Productions); **82.4** (Django); **84.1** (george tsartsianidis); **86.1** (-slav-); **86.2** (milehightraveler); **86.3** (Stephen Frink); **86.4** (Mark L Stanley); **86.5** (Willowpix); **86.6** (VisualCommunications); **87.1** (Matthew Micah Wright); **87.2** (doug4537); **88.1** (crossbrain66); **88.2** (Peter Dazeley); **89.1** (JamesBrey); **90.1**, **154.1**, **208.3** (Jon Feingersh Photography Inc); **90.2** (CHUYN); **90.3** (FangXiaNuo); **92.1** (thall); **94.1** (AdrianHancu); **94.2** (Viktorcvetkovic); **94.3** (Greice Baltieri); **94.4** (PIKSEL); **95.2** (mf-guddyx); **95.3** (fotoVoyager); **95.5** (RossHelen); **95.6** (mh-fotos); **97.1** (Bertlmann); **97.2** (monzenmachi); **98.6** (fotostorm); **98.1**, **98.2**, **98.3**, **98.4**, **98.5** (VectorFun); **100.1** (Rawpixel); **100.2** (Finn Fox); **102.1** (damircudic); **103.1**, **117.3**, **135.1**, **150.3** (PeopleImages); **104.1** (Abstract Aerial Art); **104.2**, **111.1**, **157.3**, **188.2**, **190.4** (Morsa Images); **104.3** (Hiroshi Watanabe); **104.4** (DNY59); **109.1** (negoworks); **112.1** (Maciej Frolow); **112.2** (peakSTOCK); **113.1** (Thom Lang); **113.2** (Anthony Harvie); **116.1** (Oliver Strewe); **116.2** (enigma_images); **117.1** (atlantic-kid); **118.2** (wallix); **119.1** (BalkansCat); **119.2** (taranchic); **120.1** (Joel Carillet); **122.1** (stocklapse); **122.2** (Jan-Otto); **122.4**, **130.3**, **146.1** (TommL); **122.5** (Alexander Hassenstein); **122.6** (DieterMeyrl); **122.7** (Kutsuks); **124.1** (bluejayphoto); **125.2**, **194.3** (Taiyou Nomachi); **126.1** (rclassenlayouts); **126.2** (olgna); **126.3** (Vima); **127.1** (iuliia_n); **127.2** (GMVozd); **127.3** (mauroholanda); **127.4** (AlizadaStudios); **127.5** (GreenPimp); **127.6** (annata78); **127.7** (kerstiny); **127.8** (Jana Loesch); **129.2** (Floortje); **129.3** (dima266f); **130.1** (lechatnoir); **130.2** (Tomas Rodriguez); **132.1**, **194.2** (recep-bg); **132.2** (Cirilopoeta); **134.1** (pixdeluxe); **134.2** (mixetto); **135.2** (BrianAJackson); **136.1** (Martin Janecek); **137.1** (Joos Mind); **137.2** (fizkes); **137.3** (Maskot); **139.1**, **202.2** (Andersen Ross Photography Inc); **139.2** (Ariel Skelley); **140.1** (simpson33); **141.1** (stockcam); **141.2** (JGalione); **142.2** (franz12); **143.1** (ii-graphics); **145.3** (eldinhoid); **147.1** (alexkich); **148.1** (narvikk); **148.2** (Terroa); **149.1** (yanyong); **150.1** (RUNSTUDIO); **150.2** (NickyLloyd); **151.2** (uchar); **151.3** (Klubovy); **151.4** (AYakovlev); **151.5** (blanaru); **151.6**, **182.1** (kali9); **155.1** (Kathrin Ziegler); **155.2** (Artur Debat); **157.1** (Eva-Katalin); **157.2** (pixelfit); **158.1** (Atlantide Phototravel); **158.2** (S M Nazmul Haque); **158.3** (matthewleesdixon); **159.1** (IGphotography); **160.1** (tdub303); **160.3** (eclipse_images); **160.5** (chaoss); **162.2** (Campre83); **162.3** (Heiko Küverling); **163.1** (karelnoppe); **164.2** (Animaflora); **166.1** (nedomacki); **166.3** (Mike Hill); **168.1** (Mixmike); **168.2** (emyerson); **170.3** (vm); **171.1** (PhonlamaiPhoto); **171.2** (zoranm); **171.3** (mevans); **172.2** (Heiko119); **174.1** (QwazzMe Photo); **174.2** (Spauln); **176.2**, **190.2** (martin-dm); **176.3** (themacx); **178.1** (chrisdorney); **178.2** (Meinzahn); **179.1** (pressdigital); **179.2** (Mete Basar); **180.1** (Tim Robberts); **181.1** (Robin Skjoldborg); **181.2**, **181.3** (Juanmonino); **181.5** (xavierarnau); **183.1** (brazzo); **184.1**, **187.1**, **202.4** (malerapaso); **186.1** (Machacekcz); **186.2** (Dimitris66); **188.1** (gahsoon); **188.3**, **190.3**, **105**; **206.5.1** (Willie B. Thomas); **188.4** (Gary John Norman); **189.1** (donstock); **189.2** (ATU Images); **190.5** (tichr); **190.6** (_ultraforma_); **190.7** (spreephoto.de); **191.3** (xijian); **191.5** (John Lund); **192.1** (Raul_Mellado); **192.2** (YinYang); **194.1** (Henrik Sorensen); **195.2** (Ozgur Donmaz); **196.1** (Fly View Productions); **197.1** (wakila); **197.2** (Zigy Kaluzny); **198.1** (seewhatmitchsee); **200.3** (Daniel Milchev); **200.4** (kreci); **200.6** (Yellow Dog Productions); **201.1** (Tempura); **201.2** (piola666); **201.3** (svetikd); **204.2** (Rosemary Calvert); **204.4** (3000ad); **204.4** (NASA/Bryan Allen); **205.1** (Tom Werner); **207.1** (triloks); **207.2** (Radachynskyi); **208.1** (artpartner-images); **208.2** (FilippoBacci); **208.4** (annebaek); **xiv.8** (GreenTana); GfP, Köln; © Archiv Grünes Gedächtnis der Heinrich-Böll-Stiftung **93.4**; Grafik Werkstatt

Bielefeld; © Archiv Grünes Gedächtnis der Heinrich-Böll-Stiftung **93.3, 99.1**; Grafik: Bartz/Stockmar, CC BY 4.0; boell.de/fleischatlas2018 **89.2**; Grafik: PLASTIKATLAS | Appenzeller/Hecher/Sack, CC BY 4.0 **96.1**; grebeshkovmaxim **8.1**; imago images / Friedrich Stark **119.2**; Klett-Archiv, Stuttgart: **123.1, 123.2, 123.3, 123.4, 123.5, 123.6**; Lipstar; Frederic Lippe (Fred Production) [CC BY-SA (https://creativecommons.org/licenses/by-sa/2.5)] **128.1**; MAKKABI Deutschland e. V. **111.3**; MaltexMueller **22.2**; Markgraph; © Archiv Grünes Gedächtnis der Heinrich-Böll-Stiftung **93.2**; Nelson Müller **106.10**; Niko Tracksdorf **8.3**; OTTO (twoforfashion), www.otto.de/twoforfashion **33.2**; Phantasialand **36.2**; picture alliance/akg-images **11.2**; picture alliance/Jens Kalaene/dpa-Zentralbild/dpa **145.2**; picture alliance/Photo12/Ann Ronan Picture Librar **195.1**; picture alliance/REUTERS **19.1**; picture alliance/ullstein bild **168.4**; picture alliance/XAMAX/dpa **145.1**; picture-alliance, Frankfurt: **65.5**; Quelle: AGF Videoforschung in Zusammenarbeit mit GfK; VIDEOSCOPE 1.3, 01.01.2019-31.12.2019, Marktstandard: TV, Datenpaket 2451 vom 17.03.2020, Zuschauer gesamt, Montag bis Sonntag, 03:00-03:00 Uhr **142.1**; Quelle: AlliiertenMuseum/U.S. Army; Copyright: Public Domain **201.2**; Quelle: Statistisches Bundesamt: Ausländische Bevölkerung. Ergebnisse des Ausländerzentralregisters (AZR) Lizenz: cc by-nc-nd/3.0/de/ **108.2**; Quelle: Statistisches Bundesamt: Mikrozensus – Bevölkerung mit Migrationshintergrund Lizenz: cc by-nc-nd/3.0/de/ **108.1**; Schweizerische Nationalbibliothek, Graphische Sammlung: Plakatsammlung; Urheber: Donald Brun; © Roland Kupper, Basel **67.1**; Shutterstock, New York: **xiv.6**; **xiv.9** (Palau); **8.2** (RuPhoto); **45.3** (Food Travel Stockforlife); **106.1** (ct_photo); **106.2, 106.4, 106.15, 106.18, 106.20** (Markus Wissmann); **106.3** (Marcel Paschertz); **106.5** (Mattis Kaminer); **106.6** (Tinseltown); **106.7** (lev radin); **106.8, 106.14** (Leonard Zhukovsky); **106.9** (Jaguar PS); **106.11** (Jan von Uxkull-Gyllenband); **106.12** (Foto-berlin.net); **106.13** (ph.FAB); **106.15** (Dmytro Larin); **106.16** (paparazzza); **106.19** (360b); **164.1** (Ewa Studio); Stefan Roehl / Alamy Stock Foto **99.4**; stefano baldini / Alamy Stock Foto **172.1**; Stiftung Haus der Geschichte der Bundesrepublik Deutschland, Bonn **115.1**; Urheber: Hermann Eidenbenz; © Familie Eidenbenz, CH-8008 Zürich **67.4**; Verlag Friedrich Ernst Fehsenfeld / Public domain **193.1**; Wikimedia Commons, San Francisco: **8.2** (Ericmetro); © AMPELMANN GmbH **14.5, 14.6**; © Bild Yanik Bürkli **81.1**; © CERN **55**; 206.3.1, 61.1, 61.2; © Chocoladefabriken Lindt & Sprüngli AG **75.5**; © D. Schoppen **29**; **206.2.1, 40.1, 42.2, 44.1, 44.2, 44.3, 44.5, 44.6**; © dpa **40.2, 128.2**; © Europa-Park **45.1**; © Europa-Park, blue fire Megacoaster powered by Nord Stream 2 Scope & Sequence; © Heide Park Resort **45.2**; © Jan Müller, Stuttgart **121.1**; © Katja Sämann **106.17**; © KMGNE **100**; © Nestlé Suisse S.A. **75.3**; © Phantasialand **36.1**; © privat **191.1**; © Reimkultur GmbH & Co. KG, Hamburg, Fotograf: Sven A. Hagolani **187.2**; © Statista 2020 **170.1, 170.2**; © TGO Photography **191.2**

Authentic Texts and Copyrights

S. 12: Katja Hildebrand: „Zwischen uns die Mauer", S. 92–93 © 2006 Thienemann in der Thienemann-Esslinger Verlag GmbH, Stuttgart
S. 14, 15: Textauszüge mit freundlicher Genehmigung und Unterstützung der AMPELMANN GmbH, ampelmann.de
S. 23: aus Gedicht „grenzenlos und unverschämt. ein gedicht gegen die deutsche sch-einheit" von May Ayim aus „weitergehen" © Orlanda Verlag, Berlin 2018, S. 65
S. 25: Anna Sauerbrey / Der Tagesspiegel – Interview mit Steffen Mau
S. 38, 39: aus Ulrike Rylance: Penny Pepper „Alarm auf der Achterbahn", Seiten 52, 53, 55, 87, 89, 111 und 151 von dtv junior, München 2015 mit freundlicher Genehmigung von dtv Verlagsgesellschaft mbH &Co. KG
S. 37 Activity Cards zu Aufgabe 56: Brief auf www.bi-50tausendbaeume.de © Marion Sand
S. 53: aus Beitrag „Vom Manager zum Obdachlosen" des Deutschlandfunks Kultur, Moderation: Susanne Führer
S. 60: aus dem Factsheet „LHC – Die Weltmaschine" auf www.weltmaschine.de © Deutsches Elektronen-Synchrotron DESY – Ein Forschungszentrum der Helmholtz-Gemeinschaft
S. 76: Hörtext basiert auf Zahlen und Fakten aus „Sprachen in der Schweiz" auf www.MySwitzerland.com von Schweiz Tourismus sowie auf Zahlen und Fakten aus „Schweizer Bevölkerung ist mehrsprachig" auf www.zukunft-ch.ch der Stiftung Zukunft CH
S. 77: aus „Unterrichtssprache" auf www.bildungssystem.educa.ch mit freundlicher Genehmigung des Informations- und Dokumentationszentrums IDES der EDK
S. 91: Abschnitt 1 aus „Die Wolke" von Gudrun Pausewang (S. 13 und 14) © Ravensburger Verlag GmbH, Ravensburg; Abschnitte 2 und 3, vereinfachte Form aus der Serie „Easy Readers" (S. 5) © Alinea Verlag, Dänemark
S. 95: Umweltbundesamt: Die Stadt für Morgen: Die Vision. https://www.umweltbundesamt.de/themen/verkehr-laerm/nachhaltige-mobilitaet/die-stadt-fuer-morgen-die-vision (Stand 30.10.2018). Dessau-Roßlau.
S. 138: Basiert auf eine Grafik von polisphere, www.polisphere.eu/de
S. 142: AGF Videoforschung in Zusammenarbeit mit GfK; VIDEOSCOPE 1.3, 01.01.2019-31.12.2019, Marktstandard: TV, Datenpaket 2451 vom 17.03.2020, Zuschauer gesamt, Montag bis Sonntag, 03:00-03:00 Uhr
S. 177: Gedicht „afro-deutsch I" von May Ayim aus „weitergehen" © Orlanda Verlag, Berlin 2018.
S. 188: U.S. Census Bureau, census.gov
S. 200: Grundlage der Tabelle auf www.marktmeinungmensch.at/studien/die-beliebtesten-sportarten-der-oesterreicher-2015/ ; Quelle: Umfrage marketagent; 14-69-jährige Onlineaffine Bevölkerung; n=1002; Juni 2015

Audio Material

Aufnahmeleitung: Katharina Theml, Büro Z, Wiesbaden
Produktion: Andreas Nesic, custom music, Stuttgart
Sprecher: Robert Atzlinger, Dorothea Baltzer, Irene Baumann, Marit Beyer, Chantal Busse, Dominik Eisele, Anuschka Herbst, Alistair Mehne, Maximilian Mehne, Lola Moos, Stephan Moos, Mario Pitz, Lotta Rojas, Corinne Steudler, Elisa Taggert

Pennsylvania Dutch: Mark Louden
Texas German: © Texas German Dialect Project, represented by Professor Hans C. Boas, Director of the Texas German Dialect Project

Video Material

Konzept und Aufnahmeleitung: Niko Tracksdorf
Produktion: Ernst Klett Sprachen GmbH
Redaktion & Regie: Niko Tracksdorf
Postproduktion: Ernst Klett Sprachen GmbH
Musik: Marcel Schechter
Mitwirkende: Mahdi Ghalandari, Marie Kieß, Jana Murosová, Li Peng, Charlotte Pfeil, Lorenz Pfeil, Jan Stein, Nardos Tecle

Kapitel 4, Aktivität 164: „Bumerang Nachhaltigkeitsvideo" vom Nachhaltigkeitsrat; © KMGNE